天下文化

BELIEVE IN READING

1926年楊振寧攝於合肥。
（楊振寧提供）

1927年前後楊振寧與母親羅孟華攝於合肥。
（楊振寧提供）

1927年楊振寧與父親楊武之、母親羅孟華攝於廈門。（楊振寧提供）

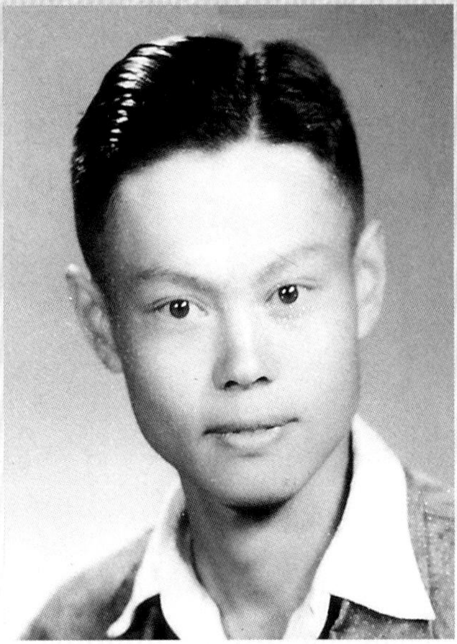

1944年楊振寧攝於昆明。（楊振寧提供）

1938年2月攝於漢口。
後排左起：
堂兄楊振聲、
楊振寧。
中坐者左起：
父親楊武之、
母親羅孟華、
堂姐楊振華。
前排左起：
二弟楊振平、
五弟楊振復、
妹妹楊振玉、
三弟楊振漢。
（楊振寧提供）

1947 年的杜致禮。（楊振寧提供）

1949 年秋楊振寧攝於美國費城。（楊振寧提供）

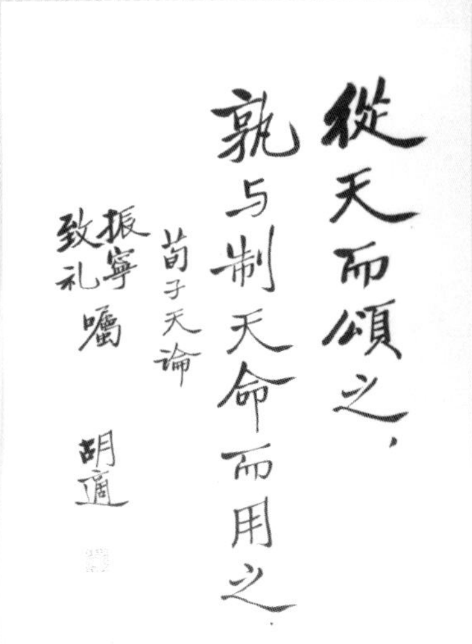

1950年代初胡適書贈。
（楊振寧提供）

1950年8月26日楊振寧和杜致禮在普林斯頓結婚。（楊振寧提供）

胡適的書贈後來掛在楊振寧香港中文大學的辦公室裡。（江才健攝）

1950年代初楊振寧在香港中文大學的辦公室裡。（江才健攝）

1950年代後期的楊振寧。（楊振寧提供）

1955年夏天楊振寧和杜致禮攝於舊金山。（楊振寧提供）

1957年（左起）楊武之、楊光諾、杜致禮、楊振寧攝於日內瓦，這是楊振寧和父親第一次在日內瓦團聚時照的。（楊振寧提供）

1962年華裔大數學家陳省身（左）和楊武之（右）攝於日內瓦。（楊振寧提供）

1966年夏天杜致禮和楊振寧攝於普林斯頓住宅院中。（楊振寧提供）

1976年感恩節攝於家中。左起：次子楊光宇、杜致禮、長子楊光諾、女兒楊又禮、楊振寧。（楊振寧提供）

1978年楊光宇（左）、楊振寧和楊又禮（右）攝於北京北海公園。（楊振寧提供）

1983年楊振寧和母親攝於香港中文大學教師宿舍十一苑。（楊振寧提供）

1993年11月楊振寧和杜致禮攝於西班牙托雷多（Toledo）。（楊振寧提供）

1994年8月杜致禮和楊振寧攝於長城。（楊振寧提供）

1994年6月楊振寧和杜致禮攝於日本箱根「雕塑之森」中亨利・摩爾（Herry Moore）作品前。
（楊振寧提供）

1996年10月杜致禮和楊振寧攝於印度Taj Mahal(泰姬陵)前。
(楊振寧提供)

1997年5月攝於楊振寧石溪家門前。楊振寧（右三）與太太杜致禮（右四）、楊振平（右一）與太太史美（右二）、楊振漢（左四）與太太譚茀蕓（左一）、楊振玉（左三）與丈夫范世藩（左二）。（楊振寧提供）

2000年4月楊振寧和楊振平（中）、楊振漢（右）攝於昆明西北郊龍院村老家門口。（楊振漢、譚茀蕓提供）

2000年10月杜致禮和楊振寧攝於雲南麗江。(楊振寧提供)

2006年楊振寧與翁帆在青海。(楊振寧提供)

2009年楊振寧與翁帆在台灣新竹縣內灣。(楊振寧提供)

2009年楊振寧與翁帆在香港沙田。(楊振寧提供)

2011年楊振寧與翁帆在紐約大學石溪分校客房。（楊振寧提供）

一九　與家人

2018年楊振寧與翁帆同楊振寧的大兒子楊光諾（左三）小女兒楊又禮（左二）和次子楊光宇（左一）同遊三峽大壩。（楊振寧提供）

1973年在毛澤東書房，左起：周恩來、楊振寧的老師周培源、毛澤東、楊振寧。（楊振寧提供）

1983年12月28日鄧小平（左）與楊振寧。（楊振寧提供）

1992年楊振寧攝於天津，背景是他的畫像。（江才健攝）

1993年8月19日攝於澳門大炮台（又名三巴炮台），背景所見是珠海的遠山。（楊振寧提供）

1993年楊振寧攝於吉林長白山。（楊振寧提供）

1993年7月楊振寧攝於台灣阿里山附近。(楊振寧提供)

1995年楊振寧在廈門日光岩，他1929年拍過照片的同一地點，再照了一張照片。(楊振寧提供)

2000 年 4 月楊振寧在雲南麗江遠眺雲山。（江才健攝）

1982年吳大猷（右）參加楊振寧六十歲生日慶祝宴會前攝。（楊振寧提供）

1992年攝於香港中文大學的楊振寧七十歲生日晚宴上。台上的講者是冼為堅。坐著的左起：吳大猷、楊振寧、利國偉。（楊振寧提供）

楊振寧的兒時玩伴熊秉明1992年寫的立軸與對聯。（楊振寧提供）

楊振寧對於熊秉明的藝術工作十分推崇。(江才健攝)

北京清華大學於2002年6月17日為楊振寧教授八十歲壽辰舉行晚宴的會場。(楊振寧提供)

1957年12月10日楊振寧自瑞典國王手中接受諾貝爾獎章。(楊振寧提供)

楊振寧和杜致禮在1957年諾貝爾獎宴會後共舞。(楊振寧提供)

1957年12月10日杜致禮與瑞典國王攝於斯德哥爾摩。（楊振寧提供）

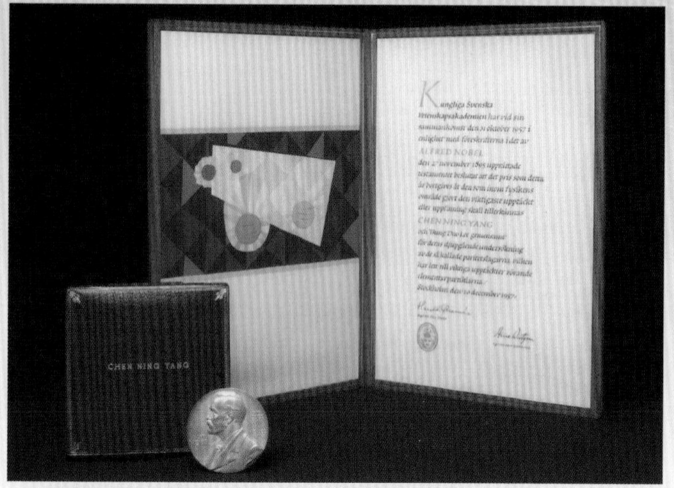

楊振寧所獲得的1957年諾貝爾獎章與獎狀。（楊振寧提供）

1986年美國總統雷根（右）授予楊振寧美國國家科學獎。（楊振寧提供）

2001年2月16日楊振寧在利雅德的費瑟國王國際獎頒獎典禮上演講。（楊振寧提供）

楊振寧獲得的2000年沙烏地阿拉伯費瑟國王國際獎的獎章與獎狀。（楊振寧提供）

2001年2月16日在費瑟國王國際獎頒獎典禮上，左起：楊振寧、費瑟國王基金會的總裁Khalid Al-Faisal王子、王儲Abdullah bin Abdulaziz、英國王儲查爾斯王子。（楊振寧提供）

楊振寧和李政道（左）早年在學術上合作密切，情逾兄弟。
（A Courtesy of the Archives of the Institute for Advanced Study.）

1961 年前後，當時均在普林斯頓高等研究院的派斯（Abraham Pais，左一）、李政道（左二）、楊振寧、戴森（Freeman Dyson，右一）的一張歷史合照。（楊振寧提供。Courtesy of A. Richards.）

攝於1963年11月。左起：陳省身、拉比（I. I Rabi）、高德伯格（Marvin Goldberger）、楊振寧。（楊振寧提供）

1986年楊振寧攝於石溪辦公室內，他不是一個帝國的建造者。（楊振寧提供）

1981年楊振寧攝於石溪他的研討室中。（楊振寧提供）

1999年楊振寧正式退休以後，石溪的理論物理研究所改名為楊振寧理論物理研究所。（江才健攝）

2002年6月史坦伯格（J. Steinberger，右）與楊振寧攝於北京清華大學。（楊振寧提供）

2002年6月葛爾曼（M. Gell-Mann）和楊振寧攝於北京清華大學交談，葛爾曼是最早提出夸克的著名理論物理學家。（楊振寧提供）

1998年5月20日香港中文大學授予楊振寧榮譽理學博士學位，左起：李國章、楊振寧、何文匯。（楊振寧提供）

2000年11月攝於梵蒂岡。楊振寧（左）與教宗若望保祿二世（Pope John Paul II，右）。（楊振寧提供）

2015年3月楊振寧與翁帆在台大榮譽博士學位頒授式上。（楊振寧提供）

2017年北京清華大學慶祝楊振寧九十五歲會議上，楊振寧與諾貝爾物理獎得主朱棣文（左一）談話，中坐者為翁帆。（楊振寧提供）

楊振寧與翁帆在慶祝楊振寧九十五歲會議上。（楊振寧提供）

2019年楊振寧在北京舉行的科學探索獎頒獎典禮講話。(楊振寧提供)

楊振寧傳

規範與對稱之美

趙東明題

江才健二〇〇二年出版的楊振寧傳是一本有深度，
有文采的好書。
十多年過去了，現在補上一章，
增加一些相片，重新出版，
我認為是極好的事。

楊振寧
2020年7月31日

1992 年作者（右）與楊振寧合照於山西太原。（江才健提供）

出版者的話

跨世紀的大科學家

——《楊振寧傳——規範與對稱之美》問世

高希均

（一）為歷史留下紀錄

一個時代的歷史，是由一些英雄與無數無名英雄，以血、淚、汗所共同塑造的。其中有國家命運的顛簸起伏，有社會結構的解體與重建，有經濟的停滯與飛騰，更有人間的悲歡離合。

近百年來我們中國人的歷史，正就徘徊在絕望與希望之中、毀滅與重生之中、失敗與成功之中。

歷史是一本舊帳。但讀史的積極動機，不是在算舊帳，而是在擷取教訓，避免悲劇的重演。

歷史更可以是一本希望之帳，記錄這一代中國人的奮鬥與成就，鼓舞下一代，以民族自尊與驕傲，在二十一世紀開拓一個中國人的天下！

以傳播進步觀念為己任的「天下文化」，二十年來，先後出版了重要人士的相關著作。這些人士都是廣義的英雄，他們或有英雄的抱負，或有英雄的志業，或有英雄的犧牲，或有英雄的功績。在發表的文集、傳記、回憶錄中，這些企業家、科學家、專家學者、政軍領袖，都坦率而又系統地，以歷史見證人的視野，細述他們的經歷軌跡與成敗得失。

就他們所撰述的，我們尊重，但不一定表示認同；如果因此引起的爭論，我們同樣尊重，但也不一定表示認同。我們的態度是：以專業水準出版他們的著述，不以自己的價值判斷來評論對錯。

在翻騰的歷史長河中，蓋棺也已無法論定，誰也難以掌握最後的真理。我們所希望的是，請每一位人物或自己執筆、或親自口述、或經由第三者的觀察與敘述，寫下他們的歷練與感受，為歷史留下一頁珍貴的紀錄。

（二）一本動人而震撼的傳記

這本江才健先生窮四年之功，撰述的《楊振寧傳——規範與對稱之美》，是繼《吳健雄傳》後又一力作，建立了他在華文世界「大科學家傳記」作者的重要地位。這不是楊教授的自傳，讀者無法確知楊教授對這本傳記的評價，但從每一章幾十條附注中，透露了作者思維的細密與嚴謹。

做為一個知識份子，讀完原稿，思潮澎湃，情緒激動。自己不是讀物理的，特別體會的震撼，不是楊教授物理學上偉大的成就，而是做一個中國人感到的震撼。

幾世紀以來，中國一直缺乏科學家，尤其大科學家。二十世紀終於在古老的中國誕生了一位空前偉大的、跨世紀的物理學家——楊振寧教授。

不僅他在一九五七年得到了諾貝爾物理獎，更在於他在得獎之後，仍有源源不斷的重大貢獻。

引述幾則中外學術界的讚譽（見第十三與十六章）：

- 繼愛因斯坦、狄拉克之後，為二十世紀物理科學家樹立風格的一代大師（第498頁）。
- 本世紀最偉大的物理學家之一，也是一個獨一無二的精采人物（第436頁）。
- 中國人在國際科學上有建立不朽之功績者，乃自楊振寧始（第437頁）。
- 一個才華四溢，又是一個非常慷慨引導別人的學者（第444頁）。
- 一個最正常的天才（第451頁）。

但是，當有人問他一生最大貢獻的時候，他的答案卻是：「幫助改變了中國人自己覺得不如人的心理作用。」

（三）再回清華

他最掛念的故土——中國，也終於在二十世紀末葉，幾乎奇蹟般地掙脫了教條的束縛與貧窮的桎梏，跳躍式地走向現代化；十三億中國人民也終於有了明天。

當八十歲的楊教授今天漫步於清華校園與學生交談時，是否會急切地告訴這一代，中國失去的歲月，只有靠加倍地努力才能補償？當他再把視野放到世界科學平台，心中是否更焦慮：中國要變成一流國家，必須要加快培養出一流的科研人才，做出一流的科研成就？

清華園是他幼年成長的地方，美國則有他半世紀豐盛的科學生涯，在「何須惆悵近黃昏」的餘年，終於又回到了清華。

正如作者江才健所描述：一個新的事業——三年前啟用的清華大學高等研究中心——正等待新的主人。

沒有當年的清華，就沒有今天的楊振寧；有了今天楊振寧奉獻的清華，才會有以後更多更多的楊振寧。

東方的人生八十才開始。

二〇〇二年九月十日　台北

再版序

《楊振寧傳》是二〇〇二年出版的，迄今已有十八年時間，對於楊振寧在科學上的歷史評價，《楊振寧傳》已作了完整的表述，無需添足。在繁體版出版之後九年，大陸出版了簡體版，繁簡體兩個版本的出版相隔了九年，個中有些緣由，而這九年當中，楊振寧的生活有較大的改變，因此簡體版曾經加上過一個後記，對那段時間楊振寧的一些行止，稍作些補足。這回繁體版再發行增訂改版，則加了一個特別的篇章〈再版後記：東籬歸根〉，不只是楊振寧十八年來的行止，更有楊振寧在物理科學歷史地位的一個總體評價。

對於十八年後《楊振寧傳》的再版，因應時代的變遷，或可以多說幾句話。一般都知道，楊振寧是一位諾貝爾獎得主，但是楊振寧與李政道同得諾貝爾獎的「宇稱不守恆」工作，並不是他在科學歷史上最有貢獻的工作，在那項工作之前楊振寧做出的「楊—密爾斯規範理論」，早已被世界公認是上世紀二戰之後最重要的理論工作，簡單來說，如果和「楊—密爾斯規範理論」相比較，「宇稱不守恆」在物理科學上的探索深度和在科學歷史上的重要性，都相去甚遠。

俄國在前蘇聯時代有位十分傑出的理論物理學家朗道（Lev Landau），他不只本身的科學成就傑出，對於俄國的物理科學以及學術承傳都有很重要的貢獻，朗道在一九六二年發生了一次嚴重的車禍，傷及腦部，爾後不能從事物理工作，但是由於他在理論物理方面早有傑出成就，當年就獲頒諾貝爾物理獎。

朗道在一九六八年去世，除了在理論物理方面的許多重要工作，還留下一個所謂的「朗道尺度」（Landau Scale），是一個衡量科學家的標準。根據這個「朗道尺度」，一般認為牛頓、麥克斯威與愛因斯坦是第零級的跨世紀偉大物理學家，第一級的世紀大科學家則包括費米、狄拉克、楊振寧與費曼等人，再下來一級則是包括諾貝爾獎在內的物理學家。

楊振寧位列如此大科學家的道理，主要一個原因就是他「楊—密爾斯規範理論」的理論成就，一九九四年楊振寧因「楊—密爾斯規範理論」成就獲得美國地位崇隆的鮑爾獎，鮑爾獎的給獎頌辭說，「『楊—密爾斯規範理論』的重要，可以與麥克斯威與愛因斯坦相提並論」，當然楊振寧在國際物理學界受到普遍推崇的道理，不只因為「楊—密爾斯規範理論」，也來自他半個世紀物理工作所展現的深邃精簡的美妙風格。

在物理科學的領域，一般公認二十世紀有三位極為傑出的理論物理學家，他們的理論工作都展現出精簡美妙的數學風格，這三位理論物理學家當中最年長的是愛因斯坦，愛因斯坦之後公認風格最像愛因斯坦的是英國大物理學家狄拉克，而狄拉克之後風格最像狄拉克的就是楊振寧。

許多人或許未必清楚，愛因斯坦雖說公認是二十世紀最偉大的物理學家，但是他晚年工作重心，卻不是在當時物理科學的主流大潮之中，原因是愛因斯坦對於一九二〇年代發展大起而蔚為風潮的量子力學，一直抱持著懷疑態度，認為那不是一個完備的理論，因此許多年輕的物理學家甚至認為，愛因斯坦晚期失去了他原有物理眼光，落入一個自我封閉的執念之中。

一向對愛因斯坦的科學視野十分讚嘆的楊振寧，在科學生涯的後期，也有類似於愛因斯坦的處遇，對於基本理論物理科學的晚近走向，楊振寧也有著針對其根本完備性的質疑，雖說他由物理現象出發，從數學完備性推演而得到的「楊—密爾斯規範理論」，對於近幾十年的理論物理核心理論，具有關鍵的貢獻，但是楊振寧卻因著一種思想完備性的直觀視野，質疑這些理論對於宇宙結構認知的瑕疵甚或是誤謬。

其實楊振寧對於近代物理理論的質疑，啟始甚早，在他得到諾貝爾獎之後的四年，年方三十九歲的楊振寧於麻省理工學院百週年慶的一個討論會上，就發表了〈物理學的未來〉，對於近代物理科學基於一些簡近方式所累聚的思想進程，提出質疑，也對於人類認知宇宙的智能限度，提出警示。二〇一五年，楊振寧在新加坡的量子力學九十年會議上，發表〈物理學的未來 重新思考〉，為他五十四年前的物理思考再續新篇，我認為，楊振寧的這些思考，將會是物理科學歷史中的不朽文獻。

也因著這種對於物理科學理論根本性質的思考，近四十年來，楊振寧對於基本物質結構現象學探究的大潮流，一直持著審慎質疑的態度，對於如此探究物質基本結構主流實驗工具的粒子大加速器，不只是不甚熱中，甚至要反對其事，造成他一再反對中國造大加速器的計畫，引起一些物理學同儕的不快與批評，在新版的〈再版後記：東籬歸根〉中也對此做了討論。

一般認為，如果要舉出當今在世影響最深遠的理論物理學家，楊振寧必然要列名居先，現今九八高齡的楊振寧，雖說因年歲而有的不可避免生理衰退，但智慮清明、思緒敏銳，他的思想視野，特別不同於一些西方頂尖科學家，是根植於深厚中國文化傳統，所作出的對於近代科學宇宙思維的典範評價，這應該是楊振寧在近代科學歷史中最為深遠的貢獻。

江才健

二〇二〇年七月二十二日　台北

以詩代序

愛翁初啟幾何門
楊子始開大道深
物理幾何是一家
炎黃子孫躋西賢

注：愛因斯坦的廣義相對論將物理釋為幾何。規範場論作成大道，令人鼓舞。

陳省身

〔本文作者陳省身為二十世紀的數學大師，一九八四年沃爾夫獎（Wolf Prize）得主〕

「始開大道深」的楊振寧，演說時的神情。（楊振寧提供）

序

寫在《楊振寧傳——規範與對稱之美》之前

李遠哲

江才健先生費時多年所完成的《楊振寧傳——規範與對稱之美》是一部甚具雄心的書。全書共分十六章，厚五百多頁，稱得上體大思精，內容豐富；重要的是，江先生對書中所敘各節，每能以文獻或訪談紀錄佐證，即使對楊振寧院士學術生涯中若干事件的分析，也儘可能秉持客觀析論的精神，避免臆測之辭。從前傅斯年先生教人治史找材料要能「上窮碧落下黃泉」，江先生在撰寫這部傳記時，恐怕也是抱持這樣的態度的。

江先生這本傳記不僅詳實敘述楊院士的出身家世、求學過程、學術生涯、科學成就、家庭生活，更及於過去三十年楊院士與大陸、台灣、香港，乃至新加坡等華人地區科學界的互動情形。江先生尤其花了不少篇幅，記述楊院士自一九七〇年代開始，如何排除萬難，身體力行，協助大陸的科學發展，其中曲折，讀來令人動容。楊院士那一代的科學家生於憂患，成長於中國積弱之秋，心懷家國之痛，多少繼承了五四餘緒，感時憂國是很自然的事，他們的心情也因此必須擺在中國近代歷史的脈絡中才比較能夠體會。這是習於黨同伐異的人所不容易理解的。

江先生在敘事之餘，還意圖在這本傳記中藉楊院士的際遇作為，勾勒楊院士的家國之思、親情之愛、科學品味與人格信仰。這本傳記因此不僅是事件的堆積而已，我們還看到江先生如何嘗試賦予這些事件倫理與文化意義，企圖藉此帶領讀者進入楊院士的心靈世界與價值體系。這是這本傳記之所以引人入勝的地方。

楊院士被公認是當代最有成就的物理學家之一，他的研究涵蓋了近代物理學的許多重要領域。江先生這本傳記幾乎是以編年的方式，相當詳盡地敘述楊院士在各個領域不同階段的研究與發展。由於楊院士在近代物理學研究的世界級地位，這一部分的敘述其實也可以被視為近代物理學若干領域的發展史。

這確實是一部相當動人的科學家傳記。透過這本傳記，我們不僅可以了解楊院士的學思生涯，也可以管窺中國現代物理學的發展，更可以掌握近代物理學的流變與演進。

民國九十一年十月十日於中央研究院

（本文作者李遠哲為一九八六年諾貝爾化學獎得主，中央研究院院長）

規範與對稱之美

楊振寧傳

目次

有人說，
一個人的生命長短不應用年份來度量，
而應歷數他所經歷過的成功事業。

——楊振寧

第1章

去來中國情

1971年8月4日楊振寧在南口長城上遠眺，感受中國文化悠長傳統，內心澎湃不已。（楊振寧提供）

楊振寧記得很清楚，那是一九七八年的八月十九日，一個星期六。那天晚上吃過晚飯以後，他由住的北京飯店走到附近天安門廣場，那時雖然是夏天，不過時間有點晚了，廣場上沒有什麼人，天安門廣場北邊的紫禁城和四周巨大的建築，都沉在夜色裡，楊振寧在廣場邊上繞了一圈，心中很不痛快。①

楊振寧是一九七一年最早由美國到中國去訪問的華裔科學家。當時中國還處於半封閉的狀態，那一年美國國務卿季辛吉在巴基斯坦假稱肚子痛密訪中國大陸之後，野心勃勃的尼克森總統正準備完成他的雄圖大略，想要打開和中國這個沉睡獅子打交道的大門。楊振寧在尼克森第二年正式訪問中國之前，率先公開的到大陸去訪問，他頂著諾貝爾獎得主的桂冠，那時候在美國物理學界也已經被公認是頂尖的幾個理論物理學家之一，他的回到中國，不只在華人科學界，就是在美國的科學界，也都變成非常具有象徵意義的一個行動。

七一年以後，楊振寧差不多每一年都再去大陸訪問。他是中國最高領導人的座上嘉賓，大陸媒體稱頌他對祖國的偉大貢獻，科學界人士也普遍的對他極為敬重。

在這樣一種地位崇隆、備受禮遇的情況之下，楊振寧會有不痛快的感覺，豈不奇怪？

楊振寧在一九七一年首途訪問大陸，看到離開二十六年之久的中國這些年的發展，印象非常深刻。第二年他又再到中國訪問，一方面因為他的父親，中國有名數學家楊武之因糖尿病長年臥病在床，楊振寧負笈在美多年，無法隨侍父母左右，為了父親的健康，也為了心所嚮往的中國的發展，他自然是非常熱心於回中國訪問的。

一九七一年七月楊振寧回到中國訪問了一個多月。在這次訪問中，他先到上海家裡探望臥病的父親和家人，然後又訪問了中國大陸許多的地方，行程當中一站是他出生之地的安徽省合肥市。

楊振寧在合肥訪問住在專門接待外賓的稻香樓賓館，那是一個在湖邊的建築。楊振寧晚上在稻香樓賓館他住的房間牆上，看到毛澤東寫的「為有犧牲多壯志，敢教日月換新天」的詩句。楊振寧看到這兩句詩，想到他一九四五年離開昆明到美國留學，中國在這二十六年當中所發生的驚天動地變化，當年非常破舊的合肥，如今已發展成為一個中等的工業城市。他想起幾位多年老友，在國外唸書學成後回中國建設祖國的努力，想到父親幾次在國外和他見面，說起祖國發展並要他回國報效的諄諄告誡，心中激動之情，久久難以平息，對於自己對中國的沒有什麼貢獻，有著一種難以言喻的罪疚之感。

幾天之後，楊振寧到北京訪問。中國科學院在北京飯店的頂樓舉行一個歡迎楊振寧的盛大宴會，當時中國科學界最著名的代表人物，像周培源、吳有訓、竺可楨等楊振寧老師輩的人物，都等在大廳門口，楊振寧一走進大門，周培源就上前握著楊振寧的手說：「振寧啊，我們等了你好多年啦！」②

在那一天的晚宴上，楊振寧也起來作了公開的講話。楊振寧面容上那種堅毅誠懇的神情，聲音中有時些許喑啞的嗓音，使得他總是情意真切、言詞優雅的演說，更加的有一種感動人的力量。楊振寧在那一次講話中，特別提到他在合肥稻香樓賓館房間牆上看到「為有犧牲多壯志，敢教日月換新天」詩句時內心激動的感觸。那正是一個典型的楊振寧式充滿感情的演講。③

一九七一年楊振寧在中國的訪問，不可避免的去了當時文革年代最著名的幾個樣板地點，像是山西大寨的紅星公社，也見到了陳永貴之類的樣板人物，這些見聞或多或少的在楊振寧的印象中，起了一些積極正面的作用，讓他認定新中國是一片欣欣向榮。後來他在美國和歐洲好幾個地方演講他的大陸之行經驗，盛讚大陸的發展，被許多人批評為過分天真；楊振寧確實有一點天真，但是還不到愚蠢的程度，因為他的演講最後結束用的幻燈片，是一張滿面皺紋的中國老人。④

影響楊振寧對中國印象更為真切的，恐怕是他和一些老友見面的經驗。楊振寧在這些老友身上，看到「為有犧牲多壯志」詩文的真實寫照。

和楊振寧在西南聯大時代相識的黃昆，是楊振寧年輕時代學問和人生啟蒙階段最好的朋友之一，他們在昆明鐵皮屋頂的教室裡上課，在人聲嘈雜的茶館裡論學議事，後來黃昆考上庚款留英，一九四五年到英國去留學。黃昆在英國書唸得很好，還跟當時英國著名的量子力學大

1971年夏楊振寧第一次訪問新中國。周恩來設宴招待。前排左起：楊振寧的岳父杜聿明、三弟楊振漢、妹妹楊振玉、岳母曹秀清、楊振寧、周恩來、郭沫若、劉西堯。（楊振寧提供）

師玻恩（M. Born）合寫過一本書。一九五一年黃昆學成立刻回到中國，後來成為中國大陸半導體研究方面頂尖的代表人物之一。

黃昆在英國的時候認識了一位英國的女孩A. Rhys，也是唸物理的，兩人還合寫過一篇論文，感情很好。一九五一年黃昆回到中國以後，Rhys小姐在第二年也到中國和黃昆相聚結婚，後來就一直住在中國，也有了一個中國名字叫做李愛扶。

黃昆回到中國以後，中斷了他原本做得非常傑出的科學研究，和幾位中國的物理學家開始進行物理基本教育的工作，培養了幾個世代的年輕物理學家，後來又倡議開始中國大陸半導體的研究。

鄧稼先是楊振寧從小一起長大的朋友，他們父親都是清華大學的教授，家裡也都認識，兩人在北京唸崇德中學的時候還是同學。一九四八年鄧稼先比楊振寧晚三年也到美國留學，鄧稼先是自費留美，經費上十分的拮据，他幾乎可以說是在枵腹向學的情況下，只花了十一個月唸完博士學位，拿到學位之後九天就坐上了回中國的輪船。後來鄧稼先成為中國造原子彈和氫彈計畫中幾個最重要的領導科學家之一。

楊振寧一九七一年回到中國，中國還在文化大革命當中，鄧稼先這樣頂尖的核武專家，雖然受到保護，但是後來四人幫也開始迫害到他們頭上。楊振寧回到中國，接待單位問他要見什麼人，他就提到了鄧稼先，也使得鄧稼先可以說逃過了一劫。⑤

楊振寧在美國一直很注意中國的發展，一九六四年十月十六日中國大陸成功的試爆了第一顆原子彈，在《紐約時報》報導中就提到了鄧稼先是領導工作的科學家。楊振寧回到中國，知道中國對於做原子彈是保密的，所以並沒有問鄧稼先這方面的事情。

楊振寧訪問將要結束由北京回上海之前，鄧稼先送他到飛機場去，楊振寧臨上飛機，突然回過頭來問鄧稼先說：「稼先，我聽說中國做原子彈計畫有一個美國人叫寒春（Joan Hinton）的參加了，是不是真的？」⑥

寒春是楊振寧在芝加哥大學的一個美國女同學，曾經跟隨義大利裔的著名物理學家費米（Enrico Fermi）參加過美國的原子彈計畫。她因為不滿美國在二次大戰之後軍事祕密研究的狂熱發展，一九四八年就到中國延安等地加入中國共產黨的活動，後來一直住在中國，往後大部分時間在農場中從事乳牛的改良工作。但是在美國卻一直流傳著一種說法，認為寒春是出賣美國原子彈祕密給中國的間諜。⑦

鄧稼先回到家裡跟他的太太許鹿希說：「今天在飛機場，振寧問了我一個問題，他問得真聰明，我是說也不是，不說也不是。」中國參加原子彈工作的科學家，當時還沒有解禁公開，因此楊振寧的問題確實讓鄧稼先左右為難。面對多年老友無法說出實情，鄧稼先心中甚為不安。⑧

後來鄧稼先向上面提出報告，由周恩來總理親自批准讓鄧稼先如實告訴楊振寧。鄧稼先於是連夜寫了一封信，由於還得用繁體字，所以折騰了一個晚上，趕第二天特別的託人坐民航班機送到上海給楊振寧。

那封信送到上海的那天晚上，正好是上海市革委會主任給楊振寧餞行。專人把這封信送給正在吃飯的楊振寧，楊振寧看了鄧稼先的信，知道中國做原子彈的艱辛，知道中國是在完全沒有依賴外人幫助情況下完成的，一時之間情緒激動難抑，熱淚盈眶，必須起身告退到廁所裡整容。⑨

當然楊振寧知道，新中國的改造，並不只是靠黃昆和鄧稼先，還靠著更多的千千萬萬個黃昆和鄧稼先，這是一個世代一個世代的「為有犧牲多壯志」所造就的。

因此楊振寧一九七二年六月第二次的回到中國，除了探望病情日益沉重的父親，並且在北京做了十次演講和座談，這些活動延續了一個多禮拜之久。其中特別有代表意義的一次座談是七月四日下午在北京飯店舉行的「高能物理發展與展望」的座談會。在這個座談會上，楊振寧獨排眾議，不贊成中國大陸在那個時候建造高能量的加速器，全力發展高能物理實驗研究的計畫。這一個座談會的紀錄，後來在中國大陸科學界有一個「楊振寧舌戰群儒」的名稱。⑩

中國科學界的人士，在那個時候會有建造高能量加速器的想法，一方面中國在高能物理方面的發展比較落後，一方面也是認為中國這麼大一個國家，應該要對人類的知識領域作出一些貢獻，這其實有一點是呼應毛澤東當時「中國應當對人類有較大貢獻」的一句話，而高能物理就是可以達到這個目的的一個科學領域。

當時的中國在政治方面的禁忌還是很多的，尤其又碰到文化大革命的影響，但是由中國科學院原子能研究所做的座談會紀錄來看，這個座談會的發言是坦率而直接的，沒有人因為楊振寧當時是共產黨的貴賓身分而有所保留。

這個座談會是由當時中國科學院原子能研究所副所長張文裕主持，張文裕是中國老一輩相當有地位的一位物理學家，由英國留學回來以後，在西南聯大還做過楊振寧的老師，一九四五年楊振寧初到美國，又在普林斯頓大學和在那研究的張文裕見過面，張文裕那時和美國著名的物理學家惠勒（John Wheeler）有一項共同合作的工作，在物理科學上有「張氏輻射」之名，可惜未受到應有的重視。

在這個座談會上，楊振寧一開始就不贊成中國要花上一億美金的代價，去建造一個高能量的加速器。當時就有人質疑楊振寧說，難道中國就一直不要發展高能實驗物理嗎？

楊振寧的回答是：「中國去年的鋼產量是二一〇〇萬噸，可以等這個數字增加三倍以後再來討論。這個數字是美國和蘇聯的六分之一，但是美國和蘇聯的人口是中國的三分之一。中國有很多別的事情要做，中國應當對人類有較大的貢獻，但我不覺得應當就是在高能加速器方面。」⑪

接著參加座談會的物理學家包括徐紹旺、汪容、何祚庥、嚴太玄、冼鼎昌等一些人，分別從中國發展高能物理需要時間培養，可以從小的、能量低的加速器做起，日本的高能加速器的發展經驗，中國發展高能物理的戰略目標，以及中國必須自力更生建立自己的實驗基地等幾個方向，挑戰楊振寧的看法。

楊振寧顯然對於高能物理的發展已有他非常固定的看法，他對每一個人的挑戰都有相當直接而明確的答案，他反問道：「如果有一億美元為什麼不拿來造計算機，發展生物化學，培養更多的人才？而一定要拿來研究高能加速器。」他認為當時中國的物理人才還太少，由於文化大革命，教育中斷了，加緊培養更多的物理人才是更優先的要務。⑫

經過很長的近乎是辯論的談話，楊振寧說：「我有個感覺，在座的有許多位贊成中國造大加速器，這是我沒有預料到的。對我來說，這問題是很明顯的，造貴的加速器與目前中國的需要不符合。我的想法也許是錯的。但據我的觀察，我相信，我的想法是對的。」⑬

在這個座談會上，張文裕並沒有發表多少意見。事實上張文裕是十分主張中國自己建造高能加速器的物理學家，而且就在那一年的秋天，由他領銜的十八位科學家聯名給周恩來總理寫了一封信，提出發展中國高能物理的建議。周恩來總理很重視這個建議並親筆批示，隨後就成立了高能物理研究所，張文裕被任命為第一任的所長。⑭

楊振寧的物理研究工作範圍非常廣泛，在高能物理方面更是成就非凡，他得到諾貝爾獎的工作就是在這個領域，因此對於整個高能物理的發展有非常清楚的認識，也因而有著自己的一種不同於潮流的看法。對於高能物理在七〇年代以後走向一種唯象研究的發展方向，楊振寧事實上是不太滿意的，他不但認為那不會是最後的解答，也認為雖然整個高能實驗物理當時發展蓬勃，但是前景並不樂觀。

楊振寧因為有這樣的一種看法，所以自然認為當時經濟能力十分有限、國家發展百廢待舉、人民生活還那樣苦的中國大陸，去發展高能物理，特別是花大錢去建造一個高能加速器，絕對不是優先要做的事情。

但是顯然中國對於發展高能物理的興趣非常之大，成立高能物理研究所以後，科學界雖然幾經討論和波折，但是朝向自己建立起一個有大加速器的高能物理基地的方向，卻一直沒有改變。當時甚至還有一個傳說，說是到了一九七六年周恩來總理身體不行的時候，病危之際還再三囑咐鄧小平，中國一定要搞一個加速器的高能物理基地。⑮

一九七八年鄧小平已經上台。那一年的春天中國召開全國科學會議，會議中決定了一個科學計畫，中間有一百多項要做的科學項目。那個計畫裡面定出了一些大的題目，比如說宇宙的起源、生命的起源等等，高能物理也是其中的一個項目，那是為了要探討物質的基本結構。

楊振寧認為，那樣的一個計畫，只是反映了那時候中國對於發展近代科學的缺乏經驗和認識不夠，而中國的科學家也只是拚命的強調自己那一門科學領域的發展，因而就製造出來了這麼一個漫無邊際的、和中國當時現實一點也扯不上關係的一個大政策，而高能物理是當時這些政策裡頭花錢最多的一個項目。⑯

一九七八年八月，楊振寧到了北京。八月十八日的早上，熊向暉請楊振寧吃早飯，熊向暉曾經做過中國駐墨西哥的大使，也曾經做過周恩來總理的祕書，在中國黨政方面是很重要的人物。結果熊向暉在吃早飯的時候向楊振寧說，對於科學方面有什麼建議，都希望楊振寧再提出來。

在那以前，楊振寧反對造加速器不成之後，先是知道張文裕等人向周總理寫了一封建議發展高能物理的信，而且又得到周恩來總理的大力支持，加上還有周恩來去世前交代鄧小平要建立高能物理基地的傳說。甚至後來又有一個講法，說中國國防科工領導人物朱光亞曾打電話給張文裕告知一個好的消息，就是中共中央已經決定支持他們的提議，要建造一個加速器高能物理基地。因此到了一九七七、七八年的時候，楊振寧說他心中覺得很失望，因為他認為在那個時候花一億美金來建造一個加速器，完全是錯誤的。⑰

因此熊向暉邀請他吃早飯的時候說出那樣的話，令楊振寧相當的意外，因為熊向暉是代表政府的人，難道是政府裡面還有其他的想法？這讓楊振寧因為重燃起一線希望而感到有些振奮。

那一天早上十點半的時候，鄧小平親自和方毅到北京飯店來和楊振寧談話。方毅那個時候是中國大陸科學方面的總負責人，是國務院的國務委員，在科學政策的決定方面，可說有一言九鼎的地位。鄧小平和方毅跟楊振寧談話之後，還請他吃午飯，當然楊振寧還是反對建造加速器的，因此吃完飯以後，鄧小平就跟方毅說，楊教授還有沒有講完的意思，請你再跟他談一談。[18]

結果第二天下午五點鐘，由方毅代表政府，還有張文裕、周培源、吳有訓、錢三強、朱洪元等許多最有資望的科學家，再到北京飯店和楊振寧談話，並且一起吃晚飯。楊振寧在跟他們談話當中，發現他們講話的口氣是一致的，他知道中國政府已經下決心要做這件事情，事情已經不可挽回。

因此吃過晚飯以後，楊振寧便到天安門廣場去轉了一圈，當時他的感覺是中國要白花很多的錢，而他自己好像非常的失敗，心中自然不大痛快。楊振寧說他那天晚上回去睡了一覺，第二天早上起來以後，感覺比較好一點，覺得至少自己已經做了應做的事情，成不成功是另外一回事了。[19]

到了七八年下半年、七九年的時候，對於建造加速器的這個計畫有好幾個決定，一個決定就是要把這個高能物理基地建在明陵的附近，一個就是要做五百億電子伏特（50 GeV）能量的質子加速器。對於這個加速器的能量等的一些建議，這時候就有許多海外高能物理學家的參與意見，負責這個計畫的張文裕也曾經邀請吳健雄、袁家騮、鄧昌黎等一些科學家，共同向政府表達支持這個計畫的意見。

後來也有消息傳說，說是鄧小平跟他周邊的人講，以後這個事情你們就不要去找楊振寧，你們可以去找李政道。⑳李政道是一九五七年和楊振寧共同得到諾貝爾物理獎最早的兩位中國得主之一。㉑

那個時候，在海外重要的物理學家裡頭，大概只有楊振寧一個人是反對中國建造加速器的，楊振寧的這種堅持反對的立場，自然讓許多人不大高興。像是負責這個計畫的張文裕，雖然他在西南聯大就做過楊振寧的老師，後來兩人在普林斯頓大學也見過面，關係可以說還算密切的，對於楊振寧的一個勁地反對，自然不大舒服。

在一九七八年的時候，也許基本上只有楊振寧在反對這個高能加速器的計畫，但是很快的中國大陸科學界也開始反對了，因為做生物的人、做工程的人、唸數學的人都說，這樣一來所有的錢都被高能物理給吸光了。所以到了八〇年的時候就有了一種說法，說是我們這兒飯都吃不飽，高能物理所在那兒吃肥肉。㉒

由於受到國內科學界許多人的反對，這個蓋加速器的高能物理計畫，就變得有一點情況危急。於是一九八〇年的一月，在廣州附近一個有溫泉的叫從化的地方開了一個高能理論物理會議。這個會議雖然是其他人組織起來，卻是由楊振寧和李政道兩個人出面作發起人，這也因為他們兩人是最早得到諾貝爾獎的兩個華人物理學家，在華人物理學界最有資望。

從化這個地方再早幾年還發生過一個非常著名的事件。大概是文化大革命的期間，由美國紐約州立大學來的一個女教授叫做威琪（Roxane Witke），被江青請到從化，江青和她在那裡盤桓了好幾天，跟她講了很多事情，威琪回到美國就寫了一本江青的傳記，後來那個傳記還翻譯成中文，叫做《紅都女皇》，轟動一時。

這本英文傳記還沒有出版以前，出版社寄一個書稿給當時中國駐聯合國的大使黃華，黃華看了以後趕快通知周恩來總理，據說周恩來後來把這個消息告訴了毛澤東，毛澤東於是大發脾氣，認為江青怎麼可以沒有得到中共中央的同意，就逕自找一個外國人來給她寫傳記。[23]

從化會議在當時是非常重要的一個高能物理的會議，除了中國大陸的科學家之外，由美國去了四、五十位華裔的理論物理學家，那個時候中國大陸出國的人還很少，這些物理學家大多數是由台灣畢業到美國留學的。參加會議的人數總共大概一百人左右，可說是當時高能理論物理學界一個群賢畢至的聚會，所以很受到中國政府當局的重視，當時廣東省省委書記楊尚昆和省長習仲勛還設宴請他們吃飯。

飯局之後，由李政道出面安排了一個座談會，討論中國高能物理的發展。楊振寧知道這個座談會的目的，無非就是要海外許多人來簽字背書，共同支持中國造一個五百億電子伏特的加速器，楊振寧說他想了一想，決定不去參加這個座談會。當時參加從化會議和楊振寧有合作關係的吳大竣和鄒祖德二人，因為楊振寧不去，還來問楊振寧他們要不要去呢？楊振寧說沒有什麼不可以去的，他們於是就都參加了。

這個由李政道主持的座談會討論了一兩個鐘頭以後，草擬了一封信，大力支持中國建造一個五百億電子伏特的加速器，並且要大家簽字。吳大竣跟鄒祖德受到很大的壓力，也都簽了名。然後這些開會的人就都坐飛機到了北京，並且立刻把這封信直接交給中國政府的最高當局。後來鄧小平還出面請所有物理學家吃飯，但是沒有再討論加速器的事情。㉔

一九八〇年從化會議以後沒有多久，楊振寧在美國聽到有人對他很不滿意，認為為什麼大家一致簽名支持的事情，只有楊振寧要反對。於是楊振寧在一九八〇年的三月十二日寫了一封公開信，說明他的立場。

到一九八〇年代中期，因為國內反對的聲浪很高，加上經濟的考慮，於是這個五百億電子伏特質子加速器的計畫，就改變為一個能量比較低的電子加速器，經費也縮減為原來四分之一的兩千五百萬美金。此時這個計畫改由谷雨主持，谷雨是擔任過毛澤東政治祕書的胡喬木的太太，她曾經做過國家科委外事局局長。

谷雨主持其事以後，到美國去了一趟，並且和楊振寧見面，當然是要聽聽楊振寧的意見。楊振寧說當時中國在高能物理方面的情況，和十年以前不一樣，已經有了很多的人才，了解也比較多，所以他們這些海外人的意見已經不是最重要了。

另外楊振寧認為用兩千多萬美金蓋一個加速器，應該對於應用的方面多加注意，也就是除了高能物理外，還可以做同步輻射的研究。楊振寧說，持此意見的並不只有他一個人，也有很多其他的人講，後來在北京的電子正電子對撞機加速器，也就加入了同步輻射光源的應用設施。

中國大陸的高能加速器計畫，也就是北京電子正電子對撞機（BEPC），在一九八四年由鄧小平親自主持破土動工，到一九八九年完成。鄧小平非常支持這個計畫，他似乎要以這個基礎科學的計畫，做為他經濟改革開放之外的另外一個里程碑。楊振寧認為這個對撞機做得很成功，代表中國有相當聰明而且很有能力的人，而包括李政道在內許多人幫忙聯絡美國和歐洲實驗室的合作，都是有功勞的。㉕

楊振寧雖然反對造加速器的計畫，但是後來對於中國派人出國進修高能物理與加速器研究，也還是熱心的幫忙聯絡安排。不過楊振寧認為，如果由物理科學的意義來說，北京電子正電子對撞機的物理結果，事實上在物理方面沒有真正重要的意義，宣傳成就超過實際太多。另外就是在高能物理方面訓練了幾千人，這些人將來發展怎麼辦，也是沒有完全解決的問題。

楊振寧一直認為他自己是很幸運的，因為他的科學研究生涯正好碰到高能物理向上快速發展的時機，但是這個美好的時代已經過去了。他說如果他現在做研究生，絕對不會再搞到高能物理裡頭去，他也不鼓勵自己的學生搞到高能物理裡頭去。

楊振寧一直有著這樣的信念，他也堅持著這樣的信念，因此在中國的頭十幾年的經驗，雖然貴為中國政府最高領導的上賓，但是因為他堅持反對高能物理的立場，得罪了不少高層領導人，譬如說負責中國科學方面決策的重要人物方毅，就對楊振寧十分的不快。㉖楊振寧說，他今天還是認為他當時說的話完全是對的，他說今天的中國政府了解到這個道理，所以他們不再做新的一個高能加速器的計畫。

楊振寧在一九八〇年三月十二日那一封以「親愛的朋友們」開頭的英文信上寫著：

我了解到一些參加從化會議的人認為我不在那一封信上面簽字，是很奇怪的事情。這是一個簡短的解釋。

當然我們每一個人都可以由他們各自對於中國社會，對於中國高能物理發展的歷史和問題的了解，來形成他們自己的意見，而這裡面最重要的是中國人民的需要和殷望。在中國有很強烈的意見，反對五百億電子伏特加速器的計畫，這個計畫被認為像是一個「超級強權」，而其他的領域是「第三世界」……

我有意的不參加廣東那一個會議，因為我知道那個問題非常複雜，有許多是我不了解的。我覺得我不應該積極試圖去影響其他人的意見。而且，中國的領導人和科學家已經十分清

楚我的意見。㉗

差不多二十年以後，楊振寧不但說自己的看法依然沒有改變，也覺得當年他的那一封信寫得很好，他以為裡頭最重要的一句話就是：

我不能夠無愧於心的去簽署這一個文件，因為我認為真正需要的不是我的簽名，而是中國人民的簽名。㉘

【注】

①楊振寧訪問談話，一九九九年五月十一日，紐約州立大學石溪分校。
②楊振玉訪問談話，一九九九年九月十日，紐約州立大學石溪分校。
③楊振玉訪問談話，一九九九年九月十日，紐約州立大學石溪分校，另外所有聽過楊振寧演講的人都認為他的演講風格是充滿了動人感情的。
④趙午訪問談話，一九九八年十月九日，加州舊金山史丹福直線加速中心。
⑤許鹿希、葛康同訪問談話，一九九八年九月二十二日，北京清華大學。
⑥同上。
⑦江才健，〈北京見寒春〉，《中國時報》，一九九五年三月二十七日、二十八日，人間副刊。
⑧許鹿希、葛康同訪問談話，一九九八年九月二十二日，北京清華大學。
⑨同上。
⑩楊振寧訪問談話，一九九二年六月二十二日，上海新錦江飯店咖啡廳。
⑪美籍中國物理學家楊振寧學術活動紀錄（之八），一九七二年七月四日。
⑫同上。
⑬同上。
⑭《中國現代科學家傳記》，第四集，北京：科學出版社，一九九三年，第121頁。
⑮楊振寧訪問談話，一九九九年五月十一日，紐約州立大學石溪分校。
⑯同上。
⑰同上。
⑱同上。
⑲同上。

⑳同上。

㉑在瑞典諾貝爾委員會正式的紀錄上，楊振寧和李政道是唯二的中國籍得主，因為一九五七年楊、李二人還是拿中華民國護照的身分。

㉒楊振寧訪問談話，一九九九年五月十一日，紐約州立大學石溪分校。

㉓同上。

㉔同上。

㉕同上。

㉖葛墨林訪問談話，一九九八年九月二十一日，北京清華大學。

㉗楊振寧，公開信，一九八〇年三月十二日。這封信原來是英文寫的，中文是作者的翻譯。

㉘同上。

第2章

早熟的童年

1935年楊振寧（右後）和妹妹振玉（左一）、二弟振平（左二）、三弟振漢（右前）在清華園西院十一號門前合影。（楊振寧提供）

楊振寧是安徽太湖縣都司楊家駒落籍合肥以後第四代的長孫。合肥在歷史上曾經出過宋朝廉吏包拯和清朝重臣李鴻章等的一些代表性人物，但是整體而論還是貧窮落後的地方。

西元一八七七年（清光緒三年）楊家駒任滿回到安徽原籍鳳陽，途經合肥，拜望他的老同學張厚齋。張厚齋是合肥著名書法家張琴襄的父親，兩人相聚甚歡，流連數月。楊家駒在原籍鳳陽並無恆產，親友也少，看到合肥物產豐富、民俗敦厚，加上張厚齋的力勸，於是就在合肥落戶。

楊家駒因官卑俸薄、家境清貧，生養的五子二女之中，只有長子楊邦勝和么子楊邦甸讀書，其餘都經商維生。

楊家的大排行是「家、邦、克、振」。楊振寧的祖父楊邦勝是楊家第二代的長子，生於一八六二年（清同治元年），自幼讀書，一八八〇年參加應考。本來按照舊例，客籍童生可以不回到原籍報考，但是就地應考須稟生二人具保，而且請稟生具保要花二兩銀子送禮，當時楊家經濟拮据，連這二兩銀子都籌不出來，楊邦勝不得不步行數百里回到原籍鳳陽應考，得中秀才。

楊邦勝考上秀才之後，先在家開館授徒，後來到天津投入擔任津南巡警道的合肥人段芝貴幕中，擔任筆禮，有了固定收入，後來加上二弟楊邦瑞的營商所得，在合肥四古巷買下市房一所，前後七進，前面三進租給啟源泰中藥店，後面四進自用。一九二二年的農曆八月十一日

（西曆十月一日），楊振寧就在這一間老房子第五進正東房中出生。①

楊振寧的父親楊克純是楊邦勝的長子，字武之，一八九六年生，他雖九歲喪母，十二歲喪父，卻立志發憤唸書。一九一四年他畢業於安徽省立第二中學，第二年考入北京高等師範預科，一九一八年畢業於北京高等師範本科。畢業後受聘回到母校安徽省立第二中學任教，並且擔任訓育主任。

楊武之對教育事業忠誠盡責，對於當時學校中少數紈褲子弟不守校規，在外賭博宿娼深夜不歸，嚴加管教整頓，引起這些學生不滿，甚至揚言要將楊武之打死，學校亦未有對策，楊武之乃憤而離開位於合肥的省立二中。

楊振寧的母親羅孟華是還沒有出生便許配給了他的父親楊武之，這種指腹為婚在那個時候的中國本來並非罕見，而這一個聯姻還有特別原因，那就是楊振寧做土郎中的外祖父羅竹泉，治好了他祖父楊邦勝的病。兩人的夫人接著懷的孩子便在腹中訂了親，後來羅孟華和楊武之在一九一九年結婚。②

楊振寧出生的時候，他的父親楊武之正在安徽當時省會安慶某中學當數學老師，安慶舊名懷寧，楊振寧的「寧」就是這樣來的。

楊武之在安慶做數學老師大約兩年，考取了安徽省的官費留美考試。不同於全國性的官

1925年前後，楊武之攝於芝加哥大學。
（楊振寧提供）

楊振寧十個月大時與父母親攝於合肥四古巷故居窗外。
（楊振寧提供）

費留學，如中英、中美庚款留美，這種由各省教育廳考選的官費留美必須自己籌措部分經費。一九二三年楊武之赴美留學，先在史丹福大學讀書一年，得到數學學士學位。第二年進入芝加哥大學，到一九二八年得到數學博士，由於補助金額不足生活用度，楊武之曾經做過餐館洗碗和農場摘葡萄等臨時雜工，以維持生計。

一九二三年，楊武之出國留學之前，一家三口在合肥老家院子的一角照了一張相片，穿著長袍馬褂的楊武之站在一邊，母親抱著才十個月大的楊振寧坐著，年輕的父母兩人表情都很嚴肅，倒是十個月大的楊振寧眼睛看向一邊，一顆特別大的頭顱顯得格外有趣。此後一直到楊振寧六歲，他都是和母親在合肥的老家相依度日。

羅孟華是舊式的婦女，沒有受過新式教育，也沒有受過多少舊式教育，但是意志堅強，給楊振寧終生的影響很大。楊振寧吃母親的奶吃到兩歲，感情上和母親十分親近，父親不在的五年當中，母親在大家庭中生活，有些委屈也只能跟兒子說一說，楊振寧不但成為母親唯一的精神支柱，也造成他的比較早熟。③

羅孟華雖然自己受的教育不多，但是對於楊振寧的教育十分注意，四歲開始教楊振寧認識方塊字，一年多的時間認識了三千個方塊字，楊振寧說他終其一生認得的方塊字，不超過當時的兩倍。④

五歲的時候開始，楊振寧和大家庭中的堂兄弟姐妹一起，跟著一位老先生讀書，他們唸的頭一本書是《龍文鞭影》，楊振寧把這一本包含著自然知識和歷史典故的文言啟蒙讀物，背得滾瓜爛熟。母親對於楊振寧的生活教育也相當盡心，常教誨他做人的道理，楊振寧本來天生是一個左撇子，母親也都費了一番精神把他吃飯和寫字改成用右手。⑤

對於在合肥前六年的生活，楊振寧只有很少的記憶，他曾經回憶道：

印象最深的是那時軍閥混戰，常常打到合肥來。我們經常要「跑反」，跑到鄉下或醫院裡去躲避。因為醫院是外國教會辦的，在那裡面比較保險。我印象中最深的第一個記憶，是三歲那年在一次「跑反」後回到「四古巷」家裡，在房子角落裡看到的一個子彈洞。⑥

一九二八年，楊武之由美國留學回國，母親帶著六歲的楊振寧到上海去接他，楊振寧說他這一次看見父親，等於是看見了一個陌生的人，欣喜之中難免有一些羞怯。父親問他唸過書沒有？他說唸過，問他唸過什麼書？他說是《龍文鞭影》。叫他背，他就都背了出來，但是對於父親問他書上講的是什麼意思，他完全說不出來。父親顯然是高興的，送了他一枝自來水筆，那是楊振寧從來沒有見過的東西。⑦

楊武之那一代的留學生，許多人從國外留學回來之後，便和原本家裡面訂親的舊式老婆離婚，這一方面是因為知識有了差距，一方面也是當時一種追求愛情自主的新風氣。因此楊武

1924年攝於合肥。楊力瑳（楊振寧的叔父）與他的長女楊振華（右）、長子楊振聲（左）和侄子楊振寧（中）。
（楊振寧提供）

楊振寧（右二）與大家庭中的堂姐和堂兄弟攝於合肥。（楊振寧提供）

1929年楊振寧攝於廈門鼓浪嶼日光岩。(楊振寧提供)

之要從美國回來的時候，楊振寧的母親羅孟華心裡也忐忑不安，不知道五年多沒有見面，現在又得了博士學位的丈夫，對自己會是什麼樣的態度？

當時羅孟華其實已經做了最壞的打算，如果丈夫另外找了新式老婆，她就帶著兒子到天主教修女院裡面去避難，並且和修女都說好，準備獨自撫養兒子長大。結果楊武之從美國返回上海之前，就打電報要她帶著兒子振寧到上海相聚，羅孟華喜出望外，一時間痛哭失聲。[8]

父親楊武之和母親羅孟華的感情始終很好，楊武之曾經說：「夫婦應始終如一，胡適之從來不嫌棄他的小腳太太，我很贊成他。」[9]他們生養了四子一女，終生相互扶持。楊振寧嘗謂，中國舊社會裡成長起來的婦女，往往比男人意志堅強。他的母親數十年克勤克儉辛苦持家，正是一個最好的例子。楊武之晚年在病榻上也曾經說：「你母親勤儉持家、一生奉獻給丈夫和子女。」[10]這些事情都在楊振寧對於人生和家庭的信念上，起了積極正面的作用。

一九二八年秋天，楊武之受聘到廈門大學數學系任教，楊振寧跟隨有些陌生的父親，和母親一塊到南方海邊的廈門住下。廈門的生活，在楊振寧的記憶中是很幸福的。廈門大學的校舍很漂亮，教授的住宅設備也很現代化，還有抽水茅坑，對楊振寧來說都是很新鮮的。六歲的楊振寧常和父母到海邊去散步，和一般的孩子一樣，他也喜歡撿拾海邊的貝殼。楊武之特別注意到兒子挑的貝殼常常是很精緻而且多半是極小的，顯現出不同於常人的觀察力。[11]

楊振寧在廈門進了比較現代化的小學，那是廈門大學教職員子弟集中唸書的小學。有一位姓汪的老師教學很認真，楊振寧的數學和國文都唸得還不壞，只有手工藝做得不大成功。有一回他用泥土做了一隻雞，拿回家裡給父母看，他們說做得很好，問：「是一隻耦吧？」⑫

楊武之是中國學習代數獲得博士學位的第一人，對於中國近代數學教育，有很大的貢獻，中國近代的大數學家華羅庚，楊武之有提攜之功。

對於自己的兒子，楊武之也是悉心的教誨。在廈門時代，他就曾經給楊振寧介紹近代自然科學知識，並且教他一些簡單的算術問題，同時也要楊振寧背唐詩和一些中國的古籍知識。楊武之自己喜歡唱京戲，不過他並沒有教楊振寧唱戲，只教他唱民國初年的「中國男兒，中國男兒，要將只手撐天空……」之類的歌曲。那些歌曲反映了那一代的中國知識份子，看到國家積弱動蕩不安，在國外留學又飽受歧視之後，心底最深沉的感情。

楊武之的圍棋下得很好，在廈門的時候他就教楊振寧下圍棋，但是楊振寧的圍棋一直下得不算好，起初楊武之可以讓楊振寧十六個子，慢慢的楊振寧進步到九個子，但是他顯然沒有從後來在上海還得到圍棋比賽優勝獎的父親那裡學到圍棋的真傳。到一九六二年，四十歲的楊振寧和父親在日內瓦見面下棋，棋力的差距還是在七個子以上。⑬

一九二九年秋天，楊武之應聘到清華大學數學系任教，楊家也舉家北遷到北平，住在清華園西院十九號（後來在新建西院時門牌改為十一號）。此後一直到一九三七年，楊振寧和父母一起在清華園度過相當平靜的童年和青少年歲月。

一九一一年，用美國歸還得自八國聯軍賠款半數的一千一百萬美金而設立的「清華國立學堂」，本身就是中國近代史中混合著屈辱和自強情感的一個象徵。因為「庚子賠款」的這個歷史背景，老一代的清華師生都稱自己的學校為「國恥紀念碑」。

這個學校是有遠見的一批美國人在中國最好的投資。一九〇六年美國伊利諾大學校長詹姆士（E. J. James）在給美國老羅斯福總統的備忘錄寫道：「哪一個國家能夠做到教育這一代年輕人，哪一個國家就能因這一努力而在精神和商業的影響上取回最大的收穫。如果美國在三十年前已經做到把中國學生潮流引向美國，並使之擴大，那麼我們現在一定能用最圓滿、最巧妙的方式控制中國的發展。」⑭

這一個「游美預備學校」，培養出了一個世代受美國精神影響的青年學子，這些人對於中國近代的發展確實產生了相當巨大的影響。

清華建校的校園，在北京西北郊繁盛的園林區，原是清朝初年英明的康熙皇帝之行園「熙春園」。到了道光初年，「熙春園」一分為二，西邊取名作「近春園」，到了咸豐年間，「熙春園」改名為「清華園」。一八六〇年，英法聯軍入侵北京火燒圓明園，「近春園」亦遭到破壞。⑮

一九一一年，清華大學在一九〇〇年八國聯軍之後就荒廢的這一片皇家園林上建立起來，有其得天獨厚的林園勝境，蜿蜒流過的萬泉河和其間的湖泊小溪，更塑成「水木清華」。現在校園裡荷花池畔朱自清塑像的「荷塘月色」，校園裡聞一多和王國維的紀念碑，都述說著二〇、三〇年代清華大學梁啟超、陳寅恪、趙元任一代大師薈萃鼎盛時期的絕代風華。

對於這八年在清華園的生活，楊振寧曾經回憶道：

清華園的八年在我的回憶中是非常美麗、非常幸福的。那時中國社會十分動盪，內憂外患，困難很多。但我們生活在清華園的圍牆裡頭，不大與外界接觸。我在這樣一個被保護起來的環境裡度過了童年。在我的記憶裡頭，清華園是很漂亮的。我跟我的小學同學們在園裡到處遊玩。幾乎每一棵樹我們都曾經爬過，每一棵草我們都曾經研究過。⑯

楊振寧小的時候頭特別的大，外號就叫做楊大頭。楊大頭是清華園裡一群兒時玩伴的孩子頭，他總是有許多奇怪的想法，領著大家玩新花樣。當時在清華園裡面他的玩伴包括清華大學數學教授熊慶來的兒子熊秉明，父親是生物系教授的吳人美（吳人勉），數學系鄭桐蓀教授的兒子鄭士京（鄭師拙）。

楊大頭帶著這些孩子玩各式各樣的花樣，其中一個就是從清華大學氣象台所在的坡頂上

1931年前後攝於清華園。左起：鄭士京（後改名鄭師拙）、楊振寧、吳人美（後改名吳人勉）、熊秉明。

（楊振寧提供）

騎腳踏車衝下來，由一座沒有欄杆而且只用兩片木板搭成的小橋上疾駛而過，這種特技式的冒險，讓這些孩子覺得十分刺激，玩了又玩。

另外他們也在清華大學生物系放金魚缸之間一條磚砌的溝中間，練習騎車的特技。那條水溝約有兩寸深，六、七寸寬，必須有一點不錯的技術，才能夠在窄溝裡面疾駛而過。

對於這種把戲，楊大頭玩了一陣子以後，顯然覺得還不滿意。後來他居然把一九三〇年出生，當時才四歲大的弟弟楊振平放在腳踏車的小座位上來練習這個特技，結果技術不夠純熟，摔了一個大跤，楊振平的左額一頭撞上溝邊，開了一個大口子。楊大頭趕緊把弟弟送到醫院去止血縫合傷口，並且賄賂弟弟，給他吃難得吃到的金錢酥，要他不要聲張，結果楊大頭回家後還是挨了一頓罵。⑰

鄭士京的姐姐，也就是後來嫁給中國大數學家陳省身的鄭士寧也說，楊振寧跟她弟弟幾個小孩，整天都在樹上。⑱楊振寧兒時玩伴之一，後來成為著名雕塑家的熊秉明說，他們常在樹上的原因，是因為清華園裡有很多桑樹。後來他還替鄭士寧的弟弟鄭士京畫了一張畫，畫裡面是一棵樹，樹上有好多小孩，遠方就是頤和園、萬壽山、昆明湖，還有成志學校。熊秉明說，這就是鄭士寧所說的他們都在樹上的一個景象。

當然，楊振寧和這幾個孩子並不是整天都在樹上。楊振寧一九二九年跟父親到清華大學以後，就進了校園裡的成志學校唸三年級。楊振寧回憶說，他每天從在清華園西院的家裡出門，先沿著一條小路向南走，然後向東南方越過一個小土山後就碰到清華的圍牆，沿著圍牆北邊小路向東走就可以走到成志學校。楊振寧說，這樣走一趟要差不多二十分鐘，假如路上沒有看見蝴蝶或者螞蟻搬家等重要事件的話。⑲

現在成志學校的房子還在清華校園裡，依然留有一個學校名稱的牌子，不過已經是學校的工會了。

在清華園的成志學校唸書時期，楊振寧已經顯現出對於知識的濃厚興趣，在學習課業方面也有不凡的才分。楊振寧小的時候就喜歡看書，而且興趣廣泛什麼都看，另外他還有一個習慣，就是喜歡把看書得知的事情講給別人聽。有的時候楊振寧由成志學校放學回家，四個小孩越過山坡一路走回來，父親老遠就聽到楊振寧一個人在那說個不停，一會兒天文，一會兒歷史，一會兒地理，吳人美、鄭士京和熊秉明都是他的聽眾。⑳

在楊振寧九、十歲的時候，楊武之已經看出來他在數學方面的能力很強。但是楊武之對於楊振寧天分的發展，卻是採取一種順其自然的態度，並沒有特別給楊振寧數學方面的訓練。楊振寧說他唸小學的時候，夏天放暑假父親會帶他到清華科學館的辦公室去，楊振寧就在那裡做他的暑假作業，父親偶爾會教他一些四則問題和等差級數等算術問題，但是並沒有要他學更深的三角或者解析幾何。㉑

一九三三年，楊振寧進入了當時的北平崇德中學（現在是北京市三十一中學）。這個學校在北平城裡的西單絨線胡同，和清華園有一段距離，所以楊振寧是住在學校，到週末才回到家裡。這個學校校友中在國際上出名的人物除了楊振寧之外，還有世界著名結構工程大師林同炎、世界著名的中國建築專家梁思成，其中和楊振寧交誼深厚的，就是在中國核武計畫中有重大貢獻，被譽為「兩彈元勛」的鄧稼先。

外號叫做楊大頭的楊振寧和外號叫做老憨的鄧稼先感情很好，兩人常在一塊，有的時候打牆球，有的時候一塊兒玩打彈子。楊振寧比鄧稼先大兩歲，鄧稼先個子比較小，有時候會受到別人欺負，楊振寧也會出面幫忙，勸告別人不要欺負他。㉒

楊振寧的個性裡面有一種好打抱不平的天性，他倒也不會跟別人打架發生衝突，但是卻勇於出面主持正義。楊武之有一次就說，因為楊振寧有這種好打抱不平、拔刀相助的個性，怕他將來在社會上要吃虧的。㉓楊振寧的這種個性，確實也在他往後的人生歷程中，給他帶來了一些有利的和不利的影響。

這個年代的楊振寧也確實的開始對於科學有了相當的興趣，他會買一些燒杯和試管之類的化學儀器，在禮拜六回家之後，把一些化學的溶液倒來倒去，讓它們一會兒變藍、一會兒變紅的表演給弟弟和幾個好朋友看。

另外，那個時候他們在北平清華園的家裡有一個陽台，晚上楊振寧就跑到陽台上去看星

1998年楊振寧攝於母校北平崇德中學（現在為北京市第三十一中學）門口。（楊振寧提供）

象，比較大的弟弟楊振平也跟著上去，一九三二年出生、那個時候還比較小的楊振漢不容易上去，不過心裡卻覺得哥哥真的很像是一個偉大的科學家。㉔

那個時候楊振寧也在家裡自己動手做過一個幻燈機。他是用一個餅乾盒，裡面放一個燈泡，然後再加上一個透鏡做成的。楊振寧的好朋友熊秉明很會畫圖，於是就由熊秉明負責畫連續的圖，然後他們就在自製的幻燈機中間拉動這些連續的圖畫，好像放電影一樣。楊振寧還給他們的電影取了一個名字叫做「身在家中坐，禍從天上來」，劇情是講日本飛機轟炸，家破人亡的故事。㉕

在崇德中學唸書的時候，楊振寧在圖書館裡看了很多的書。當時有一本雜誌叫做《中學生》，每個月厚厚的一本，楊振寧每一期都看，從裡面學到很多文學、歷史、社會和自然科學的知識。他還特別記得曾經看到一篇談論排列組合的文章，這是他頭一次接觸到這方面的數學概念。㉖

一九三四年夏天楊振寧在崇德中學唸完初一，父親雖然看到他在數學方面顯現出早慧的跡象，但是卻沒有特別在這方面去揠苗助長，反而是去找了自己在芝加哥大學唸書時就認識的清華大學著名歷史教授雷海宗，要他介紹一個人來給楊振寧補一下古文，於是雷海宗就找了他的學生丁則良來教楊振寧唸《孟子》。丁則良的學識很豐富，他不只教楊振寧唸《孟子》，還講了許多上古歷史的知識，楊振寧連續唸了兩個暑假，結果可以把《孟子》從頭到尾的背誦出來。

楊振寧認為，他的父親當年發現他有數學方面的天分，不但沒有極力的把他向那個方向上推，反而找人來教他唸《孟子》，擴展他歷史古籍方面知識的層面，是使他終生都大為受用的一件事情。㉗

一九三四年秋天，楊武之從清華大學數學系休假，前往德國柏林大學研究一年，一向辛苦持家的母親又獨自照顧整個家庭。這個時候家裡不只有大兒子振寧，還有老二振平、老三振漢，以及剛剛出生的女兒振玉，母親的責任和負擔之重，可想而知。

十二歲的楊振寧，因為年紀比弟妹長一截，本來就長兄若父般的照顧他們，現在父親不在家，母親有繁重的家務要料理，他更是弟妹們生活和學習方面的總管。母親雖然靠著自學認識了字，但是寫得很慢，因此他每個禮拜都會替母親給父親寫信。楊武之一直覺得大兒子的信寫得很有條理，說北京的天氣如何，說家裡母親很好，弟妹們又如何，清清楚楚的。信上當然是用吾夫開頭，結尾則是愛妻，完全是超齡的大人口氣。㉘

楊振寧在信上還會和父親討論代數和幾何方面的問題，他在課業求知方面的聰穎早慧，在為人處事方面的早熟周慮，都使楊武之意識到兒子不凡的秉賦。在一九三五年楊振寧於清華園家門口照的一張照片的背後，楊武之曾經寫下「振寧似有異稟，吾欲字以伯瓌」的字句。

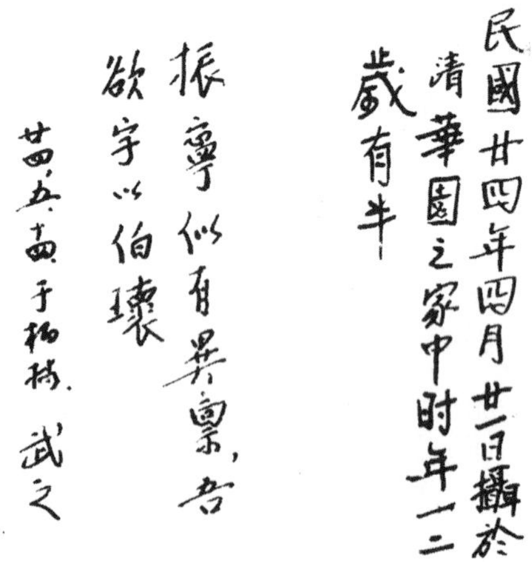
民國廿四年四月廿一日攝於
清華園之家中时年一二
歲有半
振寧似有異稟，吾
欲字以伯瓌
廿四.五.十四 于柏林. 武之

（上）1935年楊振寧攝於清華園西院十一號楊家院子中。（下）照片背後有父親對他期許的文字「振寧似有異稟，吾欲字以伯瓌」。（楊振寧提供）

楊振寧在清華園的八年生活期間，校園外的中國是動盪紛亂的。早些時候是民國成立，地方派系各為己利，加上背後列強在華勢力的介入，造成軍閥割據混戰的局面。蔣介石領導國民黨軍隊北伐之後，又有各派系聯合反蔣的行動，造成一九三〇年「中原大戰」，加上國民黨和共產黨的鬥爭。一九三一年九月十八日日軍侵入瀋陽，造成了「九一八事變」，內亂的中國這時候面對了國家存亡的外患。

「九一八事變」之後，雖然內有調停談判之勢，國際上亦有國聯派來李頓調查團的行動，但是國民黨內部派系紛爭，各地仍有反蔣勢力崛起，加上後來歐洲局勢丕變，國際對中國問題失掉興趣，日本國內軍國勢力當權，因此非但沒有撤軍，一九三二年又有「一二八淞滬之役」，一九三三年更進軍山海關，震動平津，國內此時雖有對日抗戰的強烈要求，但蔣介石「剿匪」先於「抗日」之考慮，加上各地有反蔣的軍事力量，一時之間仍是阢隉不安的局面。

對於外面這樣一個混亂變動的世界，在清華校園裡度過童年和少年時期的楊振寧是受到保護的。他在初中時候有一次參加演講比賽，以「中學生的責任」為演講題目，似乎是知道一九三五年學生要求對日抗戰的「一二、九」、「一二、一六」示威運動。[29]但是整體來說，他是成長在一個安全而平穩的家庭和學校環境中的。

童年的成長環境，對於一個人的人格發展影響很大，尤其是關係到這一個人面對往後人生挑戰的態度和能力。楊振寧後來也說過，雖然他從小成長在一個物質條件困難的年代，但是由於父親給他安排的中國古文教育，使他對於中國文化有著因深刻認知而來的信心，安全穩定的家庭生活，又使他得到中國傳統人倫觀念的正面影響。這些都使得他的人格發展平穩均衡，也使得他後來在國外面對不同的文化和環境挑戰時，能夠適應調整得很好。㉚

一九三七年七月七日，在楊振寧生活的北平城外西南方，一座以橋上數百個形態各異石雕獅子而聞名的盧溝橋畔所開始的戰爭，終於還是結束了楊振寧這一段平靜美好的少年生活。

【注】

①劉秉鈞，〈楊振寧家世述略〉，《楊振寧文集》，上海：華東師範大學出版社，一九九八年，第871頁。現在這個地方是合肥市安慶路的三一五號。

②楊振漢、譚茀蕓訪問談話，一九九八年九月二十六日，香港赤鱲角國際機場。

③同上。

④楊振寧，《讀書教學四十年》，香港：三聯書店，一九八五年，第111頁。

⑤楊振平，〈父親與大哥〉，《楊振寧文集》，上海：華東師範大學出版社，一九九八年，第881頁。

⑥楊振寧，《讀書教學四十年》，香港：三聯書店，一九八五年，第111頁。

⑦同上。

⑧楊振玉，〈父親、大哥和我們〉，《楊振寧文集》，上海：華東師範大學出版社，一九九八年，第905頁。楊振

漢、譚茀蕓訪問談話，一九九八年九月二十六日，香港赤鱲角國際機場。

⑨劉秉鈞，〈楊振寧家世述略〉，《楊振寧文集》，上海：華東師範大學出版社，一九九八年，第871頁。

⑩劉培方，〈母親對我的薰陶和影響〉，新加坡《聯合早報》，一九八七年二月二日。楊振漢，〈家，家教，教育〉，《楊振寧文集》，上海：華東師範大學出版社，一九九八年，第889頁。

⑪楊振平，〈父親與大哥〉，《楊振寧文集》，上海：華東師範大學出版社，一九九八年，第881頁。

⑫楊振寧，《讀書教學四十年》，香港：三聯書店，一九八五年，第112頁。

⑬楊振寧，〈父親和我〉，《楊振寧文集》，上海：華東師範大學出版社，一九九八年，第858頁。

⑭張奠宙，〈中國數理百年話舊〉，香港《二十一世紀》，第七期（一九九一年十月）。在文中張奠宙引用自姚蜀平所寫未發表的〈中國留學運動初探〉一文。

⑮黃炎附，《水木清華》，桂林：廣西師範大學出版社，二〇〇一年。

⑯楊振寧，《讀書教學四十年》，香港：三聯書店，一九八五年，第112頁。

⑰楊振平，〈父親與大哥〉，《楊振寧文集》，上海：華東師範大學出版社出版，一九九八年，第882頁。

⑱陳省身、鄭士寧訪問談話，一九九八年十月六日，舊金山El Cerrito家中。

⑲楊振寧，〈父親與我〉，《楊振寧文集》，上海：華東師範大學出版社，一九九八年，第859頁。

⑳楊振漢、譚茀蕓訪問談話，一九九八年九月二十六日，香港赤鱲角國際機場。

㉑楊振寧訪問談話，一九九九年五月八日，紐約州立大學石溪分校辦公室。

㉒許鹿希、葛康同錄音談話，一九九八年九月二十二日，北京清華大學工字廳。

㉓同上。

㉔楊振漢、譚茀蕓訪問談話，一九九八年九月二十六日，香港赤鱲角國際機場。

㉕楊振漢、譚茀蕓的訪問談話，楊振玉寫的〈父親、大哥和我們〉以及熊秉明訪問中間都談到這件事情。

㉖〈楊振寧與上海大學生談治學之道〉，上海《文匯報》，一九九五年七月二十二日。

㉗同上。

㉘楊振漢、譚茀蕓訪問談話，一九九八年九月二十六日，香港赤鱲角國際機場。

㉙楊振寧，〈建立友誼橋樑的責任〉，香港《七〇年代》，一九七九年四月。

㉚楊振寧訪問談話，一九九九年五月七日，紐約州立大學石溪分校辦公室。

第3章

昆明的歲月

西南聯大物理系1942級畢業生（部分）攝於校門前（1942年）。左起：郭耀松、劉導豐、黃永泰、姓名不詳、戴傳曾、向仁生、婁良京、楊振寧。（楊振寧提供）

一九三七年楊振寧才真正的嘗到戰亂生活的滋味，那一年他還不到十五歲，剛唸完北平崇德中學的高一。

入侵中國的日本軍隊是有備而來的，到七月底北平和天津便相繼陷落。楊振寧的母親羅孟華那個時候已懷孕數月，分娩在即，楊武之於是帶著全家大小，乘坐火車經過天津到了南京，改換乘輪船到蕪湖，再坐公共汽車回到合肥老家。楊武之在清華大學教書略有積蓄，早些年已託在老家的弟弟楊力磋在合肥北油坊巷買下一棟住宅，楊家大小於是就住進這間房宅，楊家最小的男孩楊振復也就在這裡出生。

北平和天津淪陷了以後，北平的北京大學、清華大學和在天津的南開大學便南遷到湖南長沙，聯合成立為臨時大學，由三個學校的校長蔣夢麟、梅貽琦和張伯苓共同主持校務。楊武之在合肥安頓好家小之後，就兼程趕往長沙的臨時大學去了。

楊武之和弟弟楊力磋的感情很好，兩人雖年幼便相繼失母喪父，但一人唸書、一人營商，皆有所成。楊振寧母子多人在合肥便由後來成為合肥商界代表人物的楊力磋照顧。

一九三七年九月，楊振寧進入合肥大書院的濾洲中學繼續高二的學業。不久之後，日軍的飛機便開始對合肥頻繁空襲，濾洲中學就轉移到巢湖西岸的三河鎮，但是戰爭日益逼近，濾洲中學也不得不停辦，到那一年的十二月十三日首都南京陷入日軍之手，日軍進城後大肆燒殺擄掠，為時一週，慘死者數十萬人，是為「南京大屠殺」。

一九三七年十二月，楊武之由湖南長沙趕回三河鎮附近的桃溪鎮，這個時候臨時大學已經決定遷往昆明，於是楊武之帶著一家大小，由桃溪鎮經過安徽的六安、宿松和湖北的黃梅等地，到達了漢口。再由漢口坐火車到了廣州，經過香港搭船到了越南的海防，然後取道越南河內，沿紅河北上，經過老街到中國雲南河口，再搭滇越鐵路火車，整個行程五千公里，到一九三八年二月才到達昆明。

一九三八年，楊家七口在昆明城內西北角文化巷十一號租賃的房子住下之後，楊振寧進了昆華中學唸高二。那個時候輾轉流離而來的中學生非常之多，教育部在那年夏天公布一項措施，所有學生不需要文憑，可以憑同等學力報考大學，所以楊振寧唸完高二以後，就參加了統一招生考試，在兩萬多的考生中，以第二名考進西南聯大。

楊振寧報考的時候，因為對化學很感興趣，於是報考了西南聯大的化學系，後來發覺物理更合他的口味，便轉到了物理系。

一九三八年到一九四二年，楊振寧在西南聯大唸了四年大學，他後來回憶道：「那時聯大的教室是鐵皮屋頂的房子，下雨的時候，叮噹之聲不停，地面是泥土壓成的。幾年以後，滿是泥坑。一些教室和圖書館窗戶沒有玻璃，風吹時必須要用東西把紙張壓住，否則就會被吹掉。」①

當年西南聯大校園的景象。
（楊振寧提供）

相對於如此貧弊的物質條件，西南聯大卻有著最優秀的一流師資，他們不只是北大、清華和南開大學的教授，更是當時中國文化思想界的代表人物。②另外當時民氣凝聚，一心要打贏這場民族存亡的戰爭，這些因素使得從一九三八年到一九四六年，存在只有八年時間的西南聯大，成為了中國近代教育史上一個有點像是奇蹟似的輝煌年代。

楊振寧正是這一個教育奇蹟中的受益者。西南聯大當時因為名師如雲，像一年級的國文，就採用輪流教學法，每一個教授講一兩個禮拜，這種可能在教學上產生混亂的辦法，因為老師的優秀，卻使得楊振寧受益甚多，當時教過楊振寧的國文老師有朱自清、聞一多、羅常培和王力等人，皆一時之選。

在科學方面，教楊振寧大一物理的趙忠堯，大二電磁學的吳有訓和力學的周培源，以及大三原子核物理的張文裕，都是在美國和英國受過良好科學訓練，後來在中國近代科學上有代表地位的科學家。

楊振寧說對他影響最深的兩位教授是吳大猷和王竹溪，吳大猷引領他走上對稱原理的研究方向，王竹溪給了他統計力學方面的啟蒙，而這正是楊振寧後來在科學上創造頂尖地位的兩個領域。③

中國做理論物理研究得博士學位第三人的吳大猷，一九三四年由美國密西根大學回到北大任教，作育甚多中國近代的物理人才，楊振寧認為吳大猷帶頭將量子力學引入中國，對中國近代科學發展貢獻很大。④一九四一年吳大猷在西南聯大教古典力學和量子力學，楊振寧成為他班上的學生，同班的同學還有黃昆、黃授書和張守廉，吳大猷說，這是一個從不易見的群英會。⑤

楊振寧在物理方面得到很好的啟發，而他在數學方面是很有天分的，這個時候也在西南聯大教書的父親楊武之，不像早幾年那樣不鼓勵楊振寧太快的進入數學領域，而開始主動的介紹一些數學的書給他看。楊振寧記得父親介紹給他最早關於數學的兩本書是哈代（G. H. Hardy）所著的《*Pure Mathematics*》（純數學）和貝爾（E. T. Bell）寫的《*Men of Mathematics*》（數學名人傳）。

哈代是英國著名的數學家，他曾經因通信發掘了印度近一百年最偉大的天才數學家拉瑪紐津（**Srinivasa Ramanujan**），傳為美談。哈代的這一本書，是一個範圍非常廣泛，從微積分到數論，談論數學精神的書，中間還有很多十九世紀數學家才會問的問題，這本書給了楊振寧在數學方面很大的啟發。⑥

其實楊振寧早幾年就已經喜歡在父親的書架上翻看一些英文和德文的數學書籍，雖然楊振寧有許多地方看不懂，楊武之總是叫他不要著急慢慢來。後來楊武之雖然給楊振寧介紹了數學的精神，卻不贊成楊振寧唸數學，因為他認為數學不夠實用。

一九四一年楊振寧要寫學士畢業論文，去找吳大猷尋求指導，吳大猷給了他一本《現代物理評論》（*Reviews of Modern Physics*）物理期刊，叫他研究其中一篇討論分子光譜學和群論關係的文章。楊振寧回家把文章給父親看，楊武之不是唸物理的，卻很了解群論，於是就給了楊振寧他芝加哥時代老師狄克遜（L. E. Dickson）所寫的一本小書《近代代數理論》（*Modern Algebraic Theories*）。

楊振寧非常欣賞這一本小書，他說因為它很精簡，沒有廢話，在二十頁之間就把群論中的「表示理論」非常美妙的完全講清楚了。楊振寧說他學到了群論的美妙，和群論在物理中應用的深入，這對於他後來的工作有決定性的影響。⑦

楊振寧在數學方面受到的這些啟蒙，事實上對他一生物理工作中都帶有清簡美妙的數學風格，有著非常大的影響。他後來曾經寫道：

> 我的物理學界同事們大多對數學採取功利主義的態度。也許因為受我父親的影響，我較為欣賞數學。我欣賞數學家的價值觀，我讚美數學的優美和力量：它有戰術上的機巧與靈活，又有戰略上的雄才遠慮。而且，奇蹟中的奇蹟，它的一些美妙概念竟是支配物理世界的基本結構。⑧

楊武之對於楊振寧幾個弟妹的教育也都非常注意，在戰亂遷徙的時候他們難免失學，楊武之就在家裡親自教導這幾個孩子。楊家有一面小的黑板，這面小黑板除了用來教育幾個小的弟妹古文、詩書、算術和英文之外，也常常是楊振寧和父親討論數學的天地。楊振平一直都還記得，大哥和父親常常一面在黑板上寫著許多奇怪的數學符號，一面在討論中提到什麼「香蕉」（相交）和聽起來像是「鋼笛浪滴」（*Comptes Rendus*）的法國學術雜誌的名字。⑨

楊振寧也常常把父親介紹給他的《數學名人傳》中間一些著名數學家的故事，分章分節講給弟妹們聽，因此在楊家的孩子中間，像笛卡兒、費馬等一些數學歷史上的名人，很早就是他們耳熟能詳的對象，楊家確實可以算是一個數學家庭了。

楊振寧因為比弟妹大上八歲到十二歲，因此不但常常把在學校裡的事情，和在書本上看到的故事講給弟妹聽，弟妹們的課業和行為也都是由他來督導教育的。毫無疑問的，楊振寧是一個有權威的兄長，弟妹很服氣他的管教。他常常用花生米來做獎賞，如果弟妹在課業和家裡行為上有好的表現，他就記上一個紅星，一個禮拜以後每一顆紅星可以得到一粒花生米的獎賞，如果紅星夠多的話，甚至還有到昆明城裡去看電影的機會。不過據楊振寧的弟妹說，也有一些花生米一直到楊振寧出國都沒有兌現。⑩

一九四〇年秋天，楊家在昆明小東角城租住的房子被日本飛機的轟炸炸中，幸好家人都躲在防空洞裡，但是僅有一點的家當全部化為灰燼。楊振寧還記得幾天以後，他帶著一把鐵鍬

1942年攝於昆明西北郊龍院村大院中。左起前排：楊振漢、楊振玉、楊振平；後排：楊振復、楊振寧。楊振寧全家於1940至1943年間為了躲避轟炸在此大院中住了三年。同院中住了聯大教授將近十家。

（楊振寧提供）

2000年楊振寧和楊振平（中）、楊振漢（右）重回到昆明龍院村老家的門口。
（楊振漢、譚茀蕓提供）

回去挖出幾本還可以用的書時，那種欣喜若狂的情景。⑪

楊家遭此巨變，一家人只得遷到昆明西北郊的龍院村居住，那是一個窮鄉僻壤的農村，住家生活條件更加的困苦，白天可以看到蛇行屋樑之上，夜半時分後面山上還有狼嚎之聲。楊武之每天要騎腳踏車往返昆明西南聯大和龍院村的家，有一天夜裡因為天黑，腳踏車從崎嶇泥濘的堤埂上滑到下面水溝裡，楊武之渾身是泥，幾處受傷。⑫

楊振寧家裡的情況，在當時的西南聯大並非罕見，許多學校的教授家裡也都有無隔宿之糧、需典當度日的窘境，楊家到戰爭結束時，也是到了無隔夜之炊的境地。楊振寧說，他的母親是一位意志堅強而又克勤克儉的婦女，為了一家七口的溫飽，她年復一年從早到晚辛苦操勞，孩子身上穿的，都是她補了又補、改了又改的舊衣服，連襪子都要補。那個時候楊振寧也經常是穿著一身軍裝改的舊衣服，連報考庚款留美報名表上用的都是那一張「戎裝」照片。

楊振寧說，他母親堅忍卓絕的精神支持全家度過了八年抗戰時期。戰爭結束時，全家個個清瘦，但總算人人健康。⑬

這個年代的楊振寧，已經不像在北平清華園說自己將來要得諾貝爾獎那樣，被父親楊武之認為是一種童言童語，現在西南聯大校園裡，楊振寧已經有了天才的名號，不少人就覺得他將來一定大有成就，這個時候楊武之也認為楊振寧是九十分以上的學生，確實可能得到諾貝爾獎。⑭

楊振寧對自己也很有自信心和大的志向，他一九四二年西南聯大物理系畢業以後，又考進了研究院，這個時候他和已經認識的黃昆和張守廉成為了同班同學。從燕京大學畢業的黃昆，考的是北京大學研究院，跟隨吳大猷做研究，張守廉和楊振寧考的是清華大學研究院，張守廉是周培源的學生，楊振寧跟隨王竹溪做有關統計力學的論文。

在他們唸研究院的時候，由於研究生的待遇不好，家裡經濟情形也很糟，所以楊武之就找他的一個同學，當時昆明昆華中學校長徐繼祖給他們三人找了一個教員的工作，在昆華中學教三班，他們每一個人教一班，薪水由三個人來分。由於在學校教書，昆華中學還給了他們一個房間住，這個新的建築比起西南聯大研究生宿舍好多了。

楊振寧他們三個人白天都在西南聯大校園裡上課、吃飯和上圖書館，晚上才回到三公里外的昆華中學宿舍睡覺。因為大學校園裡沒有供應食水的設備，所以他們養成一個習慣，每天晚飯後回昆華中學以前，都會到大學附近三條街上的茶館裡，喝一兩個小時的茶，並且天南地北無所不談。

楊振寧說，這些在茶館裡喝茶的時間，他們三人真正認識了彼此。他們討論和爭辯一切的一切：從古代的歷史到當代的政治，從大型宏觀的文化模式到最近看的電影裡面的細節。茶館裡的客人也有一些學生，可是大多數是鎮民、馬車夫和由遠處來的商人。大家都高談闊論，

楊振寧和黃昆（左）是西南聯大時代在茶館談學論交的好友。（楊振寧提供）

而楊振寧他們三人通常聲音最大，有的時候正當他們激烈的辯論時，會突然意識到聲音太大，因為大家都正看著他們，但是他們並不因此而停下未完成的辯論。⑮

但是困苦生活背後整個大時代的動盪和不安，有的時候還是會闖進楊振寧他們相對來說單純的學生生活，使他們終生難忘。

楊振寧記得，好幾次坐在鳳翥街的茶館裡，看見一隊一隊的士兵押著一些犯人向北方走去，走向昆明西北郊的小丘陵地帶，那裡滿布著散亂的野墳。每一個犯人都背著一塊白色的板子，上面寫著他的名字和罪行。大多數的罪犯都靜靜的跟著士兵走，有少數喊著一些口號，像：「二十年後，又是一條好漢！」每一次當這種隊伍走過時，茶館裡的喧鬧聲就會突然熄滅。然後，遠處預期的槍聲響了，他們都靜靜的坐著，等待著士兵們走回來，向南方回到城裡去。⑯

那個時候因為他們總是在西南聯大和昆華中學來來去去，所以楊振寧總是揹著一個大書包，裡面裝了很多的書，因為楊振寧比黃昆和張守廉都小兩歲，所以黃昆給他取了一個「小孩背著個大包裹」的外號。楊振寧的穿著比較土氣，但是在思想方面非常的靈活，對於看物理做學問，楊振寧當時發明了兩種說法，一種是俯視，一種是趴視，楊振寧主張做學問要站得比較高，要俯視的，不能夠趴視。⑰

楊振寧、黃昆和張守廉因為天天都在一起，所以感情變得非常密切。楊振寧在茶館的辯論中，觀察到黃昆是一個公平的辯論者，不會坑害他的對手，不過黃昆有一個趨向，就是往往喜歡把他的見解推向極端。黃昆也說自己比較極端，說楊振寧和張守廉都是天才，張守廉比較怪一點，就叫做張怪，楊振寧對於朋友人情都照顧得很好，是一個最正常的天才。⑱他們三個人在當時的西南聯大和茶館裡小有名氣，甚至有「三劍客」的說法。

那時候他們對二〇年代到三〇年代在歐洲發展的物理科學的量子力學非常感到興趣，常常在茶館裡面辯論，有一次他們在爭論關於量子力學中「測量」的準確意義，這是哥本哈根學派一個重大微妙的貢獻。

楊振寧說，那一天從開始喝茶辯論到晚上回到昆華中學，關了電燈上床以後，辯論仍然沒有停止，最後他們三個人都從床上爬起來，點亮了蠟燭，翻看海森堡（Werner Heisenberg）的《量子理論的物理原理》來解決他們辯論的誰是誰非。⑲

他們三人當中，黃昆興趣特別廣泛，英文書也看得比較多，楊振寧除了巴金、曹禺的小說之外，也從黃昆那裡得到引介，到圖書館借來看了康拉德（Joseph Conrad）、吉卜靈（Rudyard Kipling）和高爾斯華綏（John Galsworthy）等一些人的英文小說。那個時候黃昆的表弟凌寧在中央大學唸生物，有的時候也會跑來找他們，並且加入茶館裡的辯論會。黃昆跟張守廉是一派，楊振寧跟凌寧那一派對人道主義特別關心，十分佩服法國大文豪雨果，黃昆說他不那麼看重人道主義。⑳

楊振寧說，當時他們的生活非常簡單，喝茶時加一盤花生米已經是一種奢侈的享受。他們沒有更多物質上的追求和慾望，不覺得苦楚和頹喪，卻有著獲得知識的滿足與快慰。他說他們當時並沒有意識到，這種十分簡單的生活卻影響了他們對物理的認識，形成了他們對物理工作的愛憎，從而給他們以後的研究歷程奠下了基礎。㉑

楊振寧自己也常喜歡找各種各樣的英文書來看，他看過《傲慢與偏見》、《三劍客》、《悲慘世界》等世界名著，另外他也看了《金銀島》、《最後的摩西根人》、《湯姆歷險記》之類的小說。當時在昆明街頭上有許多賣美軍乾糧、軍靴、罐頭、乳酪的地攤，楊振寧也會去買一些美國的袖珍本的書，那些小書從新聞記者到通俗暢銷作家寫的都有，這不但使得楊振寧對於美國的社會有多一點的了解，也反映著那個時候社會上對於美國的一種好奇和印象。㉑

楊振寧還是老毛病不改，喜歡把他在書裡面看到的故事講給弟妹們聽，所以每到週末楊振寧回到龍院村家裡，弟妹們和附近鄰居的好些小孩，都會來聽楊大哥講故事。不過楊振寧有一個問題，就是他總是在第一本書還沒有講完，就開始講他看的第二本書，弄得一大群等著聽上禮拜故事結果的小孩都被吊在半空中。㉒

楊振寧、黃昆和張守廉三個人在昆華中學教了一個學期，覺得每天在西南聯大和昆華中學兩頭的跑很不方便，所以就放棄了教書工作，搬進各自的大學研究生宿舍。後來黃昆去了英國，張守廉也到美國留學，後來還和楊振寧同在紐約州立大學石溪分校，他們終生都維持著親密的友誼關係。

楊振寧在西南聯大唸書期間，就像張守廉說的，當時看起來顯得特別年輕，而且心無旁騖，所以對於物理問題的認識最為深刻，想問題也最仔細最快，但是事實上，有一段時間的楊振寧，其實有著一份少男青春的煩惱。

楊振寧在西南聯大二年級的時候，認識了一個同班的女孩子叫做張景昭。張景昭是數學系的學生，也許比楊振寧還大一兩歲，她因為是楊武之的學生，所以也常常到家裡來，楊武之和太太都很喜歡這個女學生，有的時候還留她在家裡吃飯。

張景昭是皮膚白皙、長頭髮的一個和藹開朗的女孩子，後來好像還做過楊武之的助教，她因為常常穿著紅的衣服，所以楊振玉說他們私下叫這個張姐姐「紅豆」。㉓在抗戰時期一片陰丹士林衣服中間，張景昭一身紅裝，是非常引人注意的，那時十六歲的楊振寧，自然受到這個楊振寧口中所說「非常動人的女孩子」的吸引，墜入了少男的初戀，他說他的感情本來好像是一個很平靜的湖水，張景昭來了以後，就起了很大的波浪。㉔

那個時候楊振寧會打聽張景昭上哪些課，然後在她上課的課堂附近徘徊，希望下課的時候可以看到她，跟她談談話。有的時候張景昭到楊家來，吃過晚飯以後天黑了，楊振寧會護送她回女生宿舍，可以在路上隨便說說話。這樣過了一陣子，楊振寧認為長此以往對他不好，覺

1941 年前後，楊振寧初戀的女孩張景昭攝於雲南的路南石林。
（楊振寧提供）

得那個時候他不應該交女朋友，宜於專心唸書，於是後來漸漸的就冷淡下來，也就不常常見到彼此了。㉕

這一個無疾而終的初戀，在楊振寧的內心雖然留有很深刻的印記，不過他自己想清楚以後，就解決了這個問題，並沒有和父母談過，這似乎正反映出他長子早熟個性的一面。做為家庭中的一個長兄，楊振寧不只律己甚嚴，對於弟妹的教育，也是規矩嚴明的。

那個時候張守廉的妹妹張守慧偶爾也會到楊家來，楊武之本來有意要介紹給楊振寧的，但是楊振寧並沒有興趣。有一次楊振玉和張守慧到昆明最熱鬧的南屏街上去，看到玻璃櫥窗裡面有一個鋁做的非常好玩的小飛機，還有會轉動的螺旋槳，楊振玉看了就停下來不走，意思就是想要張守慧買給她，後來楊振寧知道了，就罵了楊振玉一頓。另外，楊振玉有次撿到一個銀的戒子，楊振寧也要她還給學校去。楊振寧這些給弟妹做人的教育，也反映了他的個性和做人的是非原則。㉖

楊振寧從小就有堅持自己看法的個性，有一次在家裡父母吵架，楊振寧看不下去，就直說如此吵架有失體統，父親楊武之聽了甚為惱怒，大罵了楊振寧一頓。還有一次楊武之兩三個中學同學經過昆明，到楊家來吃飯，這幾個人又抽煙，又大聲咳嗽，又常常吐痰，行止頗為粗野。客人走了以後，楊振寧就跟父親表示對這些人不以為然的意見，也惹得父親大發脾氣。㉗

留美預備班的清華學堂在一九二五年改制成為大學以後，就有了一個庚款留美考試，這個考試在北平舉行過四次，在昆明舉行了兩次，另外還有留英的庚款考試。這種考試出過很多頂尖人才，像是楊振寧唸研究所的老師王竹溪就是留英的庚款出國的，還有也在西南聯大教書的馬仕俊，那個時候還在英國留學的彭桓武，以及早幾年考上庚款留英、後來到美國去的林家翹，都是有名的代表性人物。

在這種環境中，參加庚款考試出國唸書，似乎是自然而然的想法。那個時候在西南聯大，楊振寧已經大有名聲，許多人都知道他考試所向無敵，所以一九四三年楊振寧參加清華第六屆留美庚款考試時，他的好朋友黃昆和張守廉都躲開了楊振寧投考的物理項目，黃昆考的是氣象，張守廉去考無線電，為的是免得被楊振寧打敗。㉘結果這個考試搞了一年才放榜，黃昆和張守廉都沒有考上，楊振寧錄取了。

在那一年庚款留美公布錄取的榜單上，還有楊振寧認識的凌寧，他考取的是動物學門，另外還有沈申甫（航空工程）、洪朝生（無線電學）和鍾開萊（數學）等一些後來出名的人物，其中錄取西洋史學門的何炳棣，後來在美國歷史學界大放異彩，也一直是楊振寧的老朋友。

楊振寧留美庚款的准考證上，在他報考物理項目下面注明了要著重高壓電的實驗，意思也就是他要去做加速器物理的實驗工作。放榜以後，楊振寧去找了趙忠堯，於是趙忠堯給清華大學庚款委員會寫了一封信，讓他可以自由從事物理的學習，並不一定要做加速器實驗。不過

楊振寧庚款留美准考證上用的是「戎裝」照片。
（楊振寧提供）

楊振寧自己倒是認為，因為他在西南聯大實驗的經驗等於零，而物理的基礎是實驗，所以他本來是決心出國要做一篇實驗的論文的。㉙

楊振寧考取了庚款留美，全家都非常的高興。楊振寧記得那時候昆明最講究的電影院叫做南屏大戲院，一九四四年庚款放榜的時候，南屏大戲院放的電影名字叫做「You Can't Take It with You」，中文譯作「國恩家慶」。楊振寧說當時他看到這個電影名字，覺得非常符合他們當時的心境，真的是「國恩家慶」；他當時唸書一帆風順，又考上了留美考試，對於物理非常發生興趣，發現其中妙不可言，自己也覺得前途一片光明。㉚

一九四四年楊振寧考上了留美之後，因為按規定要在原單位等候通知，所以他開始在西南聯大附中教了一年書，西南聯大附中用的教室是原來昆華中學的舊房子，楊振寧就住在教室上面的宿舍裡，教書和改考卷之外的時間就自己研究「場論」。

西南聯大附中的學生，大多數是教職員的子弟，楊振寧教數學的兩班學生當中，有許多出名的人，譬如說教過楊振寧國文的文學大師聞一多的兒子聞立鶴。一九四六年聞一多在昆明被暗殺的時候，聞立鶴壓在父親的身上保護他，結果受傷而名譟一時，後來聞立鶴在新聞界工作。還有就是寫了《中國哲學史》的哲學大師馮友蘭的女兒馮鍾樸，後來馮鍾樸以宗樸做為筆名，成為著名的作家和教授。以及後來嫁給國畫大師黃君璧的儲輝月。

另外就是在六〇年代一本暢銷小說《紅岩》作者之一的羅廣斌。《紅岩》是講抗戰時代蔣

1949年秋攝於紐約吳大猷家中。左起：楊振寧、吳大猷、馬仕俊。
（楊振寧提供）

介石在重慶特務機關中美招待所裡面的故事，《紅岩》中間有一個受到國民黨迫害的英雄人物叫做江姐，文革的時候羅廣斌因為拒絕江青要他把江姐改寫成為江青的化身，被迫害而死。㉛

在這些學生當中還有杜致禮。杜致禮是蔣介石手下愛將杜聿明的長女，她上了楊振寧一年的課，後來也出國唸書。五年以後楊振寧和杜致禮在美國再相遇，後來結為夫妻。

楊振寧那個時候比這些西南聯大附中的學生大不了多少，他本來顯得特別年輕，加上班上又有很多女學生，所以更顯得有一點害羞。有的時候在課堂上同學講起一些好笑的事情，年輕的楊老師就會轉過身去在黑板上寫公式，並不跟著學生嘻笑，態度很嚴肅，不過楊振寧的數學教得很好，甚至有一次杜致禮和幾個同學都要跑到楊振寧的宿舍來問物理的問題。㉜

那個時候中日戰爭已經打了七年，真是到了民窮財盡的狀況，楊振寧家裡的經濟情況也非常不好，所以楊武之還給他和凌寧找到一個教美軍中文的工作。楊振寧說他是在昆明的美軍招待所教一群美國軍官和士兵中文，一星期三個小時，每月可以賺到一百美金，這在當時是很大的一筆數目，對家裡的經濟很有幫助。㉝

那個時候楊振寧和他的幾個好朋友雖然不住在一起，但是他對朋友的友情非常看重和周到。那個時候因為吳大猷由馬背上跌下來受了傷，所以是吳大猷學生的黃昆已經搬到吳大猷住的城外崗頭村附近，就近在家中上課，楊振寧還特別跑去看過黃昆一次。㉞

那時候在西南聯大生理系的凌寧，總是穿著從美軍招待所買來的舊鞋子，但是因為常常要走很遠的路，鞋底很快就破了一個大洞，但是當時窮得沒有錢買新鞋，只好用報紙墊在裡頭。後來凌寧過生日，楊振寧送給他的禮物，就是一雙新鞋子。㉟

楊振寧在西南聯大有七年時間的學習和研究。除了正常的課程之外，他在剛進大學的時候聽過一個系列的電磁學方程講座，後來又聽了剛剛從英國回來的王竹溪講「相變」，雖然當時對有些內容並沒有完全聽懂，但是卻給他的物理基礎打下一個寬廣的根基。

在聯大附中教書的這一年，他又自修學習了馬仕俊所教過的「場論」，後來自己還做了一些筆記，把他對於這些物理的認知推導演算出來。這些過程不但使得他到國外留學的時候，發現自己已經是一個相當成熟的物理研究生，後來也在與「相變」和「場論」相關的領域做出一流的貢獻。

事實上，楊振寧在西南聯大那些紙張像草紙一樣的筆記本，經過半個多世紀以後還完整的保存著，那些筆記本上用鉛筆整齊的寫著很多量子力學的公式和內容。楊振寧說，這些筆記內容非常扎實，有些公式今天還有參考的價值。㊱

楊振寧通過這七年的學習，不只是了解了物理知識的內涵，如他自己所說的，更重要的是形成了他個人對於物理科學的一種品味和愛憎。他曾經說過：

在創造性活動的每一個領域裡，一個人的品味、加上他的能力、氣質和際遇，決定了他的風格。而這種風格又進一步決定了他的貢獻。

乍聽起來，一個人的品味和風格竟然與他對物理學的貢獻如此關係密切，也許會令人感到奇怪，因為一般認為物理學是一門客觀研究物質世界的學問。

然而，物質世界有它的結構，而一個人對這些結構的洞察力，對這些結構的某些特點的喜愛，某些特點的憎厭，正是他形成自己風格的要素。因此，品味和風格之於科學研究，就像它們對文學、藝術和音樂一樣至關重要，這其實並不是稀奇的事情。㊲

楊振寧在西南聯大所培養的對物理的愛憎和品味，使得他後來特別欣賞愛因斯坦（Albert Einstein）、狄拉克（Paul Dirac）和費米等人能夠把物理概念、理論結構和物理現象的本質精煉出來的科學工作風格，但是卻不能夠欣賞另外一位量子力學的大師海森堡的科學風格。㊳

一九四三年以後，日本事實上已在節節敗退中苦撐，一九四五年八月廣島和長崎遭到兩顆原子彈轟炸之後，終於屈服而宣布無條件投降。大約兩個禮拜之後，楊振寧也踏上了他赴美留學的路途。

楊振寧還記得一九四五年八月二十八日那天，他離家即將飛往印度轉去美國的細節。他曾經寫道：

清早，父親隻身陪我自昆明西北角，乘黃包車到東南郊拓東路等候去巫家壩飛機場的公共汽車。離家的時候，四個弟妹都依依不捨，母親卻很鎮定，記得她沒有流淚。

到了拓東路父親講了些勉勵的話，兩人都很鎮定。話別後我坐進很擁擠的公共汽車，起先還能從車窗往外看見父親向我招手，幾分鐘後他即被擁擠的人群擠到遠處去了。車中同去美國的同學很多，談起話來，我的注意力即轉移到飛行路線與氣候變化的問題上去。

等了一個多鐘頭，車始終沒有發動。突然我旁邊的一位美國人向我作手勢，要我向窗外看；驟然間發現父親原來還在那裡等！他瘦峭的身材，穿著長袍，而且頭髮已顯斑白。看見他滿面焦慮的樣子，我忍了一早晨的熱淚，一時崩發，不能自已。[39]

五十二年以後，楊振寧在同一篇文章中寫道：

一九二八年到一九四五年這十七年時間，是父親和我常在一起的年代，是我童年到成人的階段。古人說父母對子女有「養育」之恩。現在不講這些了，但其哲理我認為是有永存的價值的。

楊振寧坐飛機到了印度的加爾各答等船，結果等了兩個多月。當時同船去美國的十多個庚款留學生心中很焦急，他們想打聽消息，於是凌寧自告奮勇說願意到新德里的美國大使館去，不過要楊振寧和他同行，於是兩人就坐火車跋涉千里，路上楊振寧還生病，發燒住到醫院裡去。㊵

在加爾各答等船的這一段時間，到底是第一次遠離家門，楊振寧非常想念父母親和弟妹，而且對父母親的艱辛也非常清楚，於是就把母親親手織給他的唯一的一件白毛背心，從加爾各答寄回昆明家裡，給弟弟振平和振漢穿。㊶

一九四五年十一月，楊振寧終於搭上一艘叫做史都華將軍的運兵船，從加爾各答出發，航向對他來說是無限寬廣的未來。

【注】

①楊振寧，《讀書教學四十年》，香港：三聯書店，一九八五年，第113頁。

②當時在西南聯大文、哲、史方面有聞一多、朱自清、羅常培、馮友蘭、湯用彤、金岳霖、陳寅恪、傅斯年、錢穆、雷海宗、葉公超、吳宓、錢鍾書、朱光潛、王力等人。政治學、經濟學、法學、社會學方面，有陳岱孫、張奚若、羅隆基、燕樹棠、潘光旦、費孝通等。數學方面有江澤涵、楊武之、趙訪熊、鄭之蕃、姜立夫、陳省身、華羅庚、許寶騄。化學方面有張子高、黃子卿、曾昭掄、楊石先、張青蓮、張大煜等。物理方面有饒毓泰、吳有訓、葉企孫、周培源、任之恭、鄭華熾、吳大猷、趙忠堯、張文裕、馬仕俊、孟昭英、顧毓琇。這張人名表引用自高策所著的《走在時代前面的科學家楊振寧》，太原：山西科學技術出版社，一九九九年，第67—68頁。

③楊振寧，《讀書教學四十年》，香港：三聯書店，一九八五年，第113頁。

④楊振寧，〈吳大猷先生與物理〉，《楊振寧文集》，上海：華東師範大學出版社，一九九八年，第807頁。

⑤吳大猷，《回憶》，台北：聯經出版事業公司，一九七七年，第48頁。

⑥楊振寧訪問談話，一九九九年五月八日，紐約州立大學石溪分校辦公室。

⑦楊振寧，〈父親和我〉，《楊振寧文集》，上海：華東師範大學出版社，一九九八年，第862頁。

⑧楊振寧，*Selected Papers 1945-1980 with Commentary*, New York: W. H. Freeman, 1983, p. 74. 翻譯文字是楊振寧自己寫的。

⑨楊振平，〈父親與大哥〉，《楊振寧文集》，上海：華東師範大學出版社，一九九八年，第882頁。Comptes Rendus是「報告」的意思。

⑩楊振玉訪問談話，一九九九年九月十日，紐約州立大學石溪分校辦公室。

⑪楊振寧，*Selected Papers 1945-1980 with Commentary*, New York: W. H. Freeman, 1983, pp. 3-4.

⑫楊振玉，〈父親、大哥和我們〉，《楊振寧文集》，上海：華東師範大學出版社，一九九八年，第907頁。

⑬楊振寧，*Selected Papers 1945-1980 with Commentary*, New York: W. H. Freeman, 1983, p. 4. 另外楊振漢、楊振玉的訪問中也都提到。

⑭楊振平，〈父親與大哥〉，《楊振寧文集》，上海：華東師範大學出版社，一九九八年，第884頁。張守廉訪問談話，一九九九年九月十日，紐約州立大學石溪分校辦公室。

⑮楊振寧，〈現代物理和熱情的友誼〉，沈良譯，香港《明報月刊》，一九九一年八月。

⑯同上。

⑰張守廉訪問談話，一九九九年九月十日，紐約州立大學石溪分校辦公室。黃昆訪問談話，一九九八年五月六日，北京中關村家中。

⑱楊振寧，〈現代物理和熱情的友誼〉，沈良譯，香港《明報月刊》，一九九一年八月。黃昆訪問談話，一九九八年五月六日，北京中關村家中。

⑲楊振寧，〈現代物理和熱情的友誼〉，沈良譯，香港《明報月刊》，一九九一年八月。

⑳同上。另外根據黃昆訪問談話，一九九八年五月六日，北京中關村家中。

㉑楊振寧，〈現代物理和熱情的友誼〉，沈良譯，香港《明報月刊》，一九九一年八月。

㉒楊振平，〈父親與大哥〉，《楊振寧文集》，上海：華東師範大學出版社，一九九八年，第883頁。楊振玉訪問談話，一九九九年九月十日，紐約州立大學石溪分校辦公室。

㉓楊振玉訪問談話，一九九九年九月十日，紐約州立大學石溪分校辦公室。

㉔「楊振寧專輯」，傑出華人系列，香港電視台，一九九八年八月二十三日。

㉕同上。另外楊振寧訪問談話，一九九九年五月七日，紐約州立大學石溪分校辦公室。

㉖楊振玉訪問談話，一九九九年九月十日，紐約州立大學石溪分校辦公室。

㉗楊振平，〈父親與大哥〉，《楊振寧文集》，上海：華東師範大學出版社，一九九八年，第883頁。

㉘黃昆訪問談話，一九九八年五月六日，北京中關村家中。

㉙楊振寧訪問談話，一九九八年十月二十六日，紐約州立大學石溪分校辦公室。楊振寧，〈幾位物理學家的故事〉，《楊振寧文集》，上海：華東師範大學出版社，一九九八年，第537頁。

㉚楊振寧訪問談話，一九九八年十月二十六日，紐約州立大學石溪分校辦公室。

㉛同上。

㉜杜致禮訪問談話，二〇〇〇年八月二十一日，紐約長島石溪家中。二〇〇一年四月二十三日，台北市福華飯店房間。

㉝楊振寧，〈經濟發展、學術研究和文化傳統〉，劉培芳訪問，《新加坡新聞》，一九八七年二月二日。

㉞凌寧訪問談話，一九九九年九月九日，紐約長島辦公室。

㉟黃昆訪問談話，一九九八年五月六日，北京中關村家中。

㊱楊振寧訪問談話，一九九八年十月二十六日，紐約州立大學石溪分校辦公室。

㊲楊振寧，*Selected Papers 1945-1980 with Commentary*, New York: W. H. Freeman, 1983, p. 4.

㊳同上。

㊴楊振寧，〈父親和我〉，香港《二十一世紀》，第四十四期（一九九七年十二月）。

㊵凌寧訪問談話，一九九九年九月九日，紐約長島辦公室。凌寧的這一段記憶與楊振寧有出入，楊振寧的記憶是他到印度不久就生了病，病好了才去新德里。

㊶楊振玉，〈父親、大哥和我們〉，《楊振寧文集》，上海：華東師範大學出版社，一九九八年，第908頁。

第4章

紐約、普林斯頓到芝加哥

1947年夏，楊振寧攝於懷俄明州魔塔保護區，當時他是芝加哥大學的研究生。（楊振寧提供）

一九四五年十一月二十四日楊振寧由紐約登岸的時候，對於美國這個在二次大戰中曾經和中國並肩對抗日本侵略的國家，好奇之外更有著一份好感。雖然他在昆明時代曾經看過不少英文的名著和小說，也教過一些美國軍人中文，但是在二十多天的海上航行中，他還是聽不懂船上那些美國士兵講的粗俗俚語。幸好的是，他也沒有接受他們玩撲克牌的提議，保住了身上的美金。

楊振寧在中國考上庚款留美以後，本來是預備跟隨費米學習的，但是因為打仗的時候費米參加了國防研究，一時不知道費米在什麼地方，於是他退而求其次想要跟維格納（Eugene Wigner）做研究。維格納是一個由東歐匈牙利來美國的傑出理論物理學家，曾經在利用群論討論原子能階方面做過很重要的工作，受到對群論深感興趣的楊振寧的注意。維格納那個時候在普林斯頓大學，所以楊振寧來美國的時候，是申請了普林斯頓大學的入學許可。

楊振寧和二十多個同船的庚款留美學生到紐約以後，就先住在紐約曼哈頓時代廣場附近的愛迪生旅館，這是一個不頂講究但是古典雅致的旅館，十多年前還營業著。時代廣場是紐約最熱鬧的地方了，街頭上車水馬龍，楊振寧等人住進旅館以後，到街上一看覺得什麼都很新鮮，頭一件事情就是去用了一下買餐點的自動販賣機。他們對於只要放進五分或者一毛錢，就可以在一個一個的方格中取出餐盤的餐點自動販賣機覺得很新鮮，這是在中國從來沒有看過的東西。

還有一個覺得比較稀奇而最初不能夠適應的事情，就是美國的男女關係。楊振寧說，比如打開美國的報紙一看，到處都是女人內衣的廣告，從昆明鄉下出來的楊振寧，剛一看到這種廣告，覺得很不好意思，很快的就要把它翻過去。①

當然對楊振寧來說，最重要的一個事情是找到費米。費米是二十世紀偉大的物理學家之一，一九三八年他因為在核反應的慢中子方面的工作成就得到諾貝爾獎。費米因為反對義大利法西斯政權，所以一九三八年在瑞典領了諾貝爾獎以後，就帶著全家人直接到了美國紐約市，加入哥倫比亞大學的物理系。

楊振寧對於尋找費米的這段經歷是這樣回憶的：

一九四五年十一月我到美國。在紐約上岸。花了兩天買了西服、大衣以後，第一件事情就是到哥倫比亞大學去找費米。費米不但在基本物理上有重大的貢獻，而且是主持造世界第一個原子堆〔原子反應器〕的人。因為這是戰時的工作，所以他的行蹤是保密的。我在中國的時候就聽說費米「失蹤」了。可是我知道他失蹤以前是哥倫比亞大學的教授。所以我到該校去問費米教授是什麼時候上課。使我非常驚訝而且非常失望的是，哥大物理系祕書竟未聽說過有一個叫做費米的人。②

當時像楊振寧這種庚款留美出國的學生，在路途上每天都有五塊美金的公費，那個時候住在像是青年會（YMCA）這種旅館一天是一塊美金，所以五塊美金是足夠用度的了。楊振寧在紐約住了大概三個禮拜，他對於在中央公園的自然歷史博物館非常感到興趣，一連去了兩天，看到裡面有很多大象和巨獸的標本，嘆為觀止。他並且到離開紐約市不遠的新哈芬（New Haven）去看一個在耶魯大學的朋友黃中，黃中還帶他看了一場美式的足球。③

由於在紐約找不到費米，楊振寧只得到普林斯頓大學去找維格納。楊振寧在普林斯頓大學就住在當年教過他的老師張文裕家裡，張文裕正好那個時候在普林斯頓訪問。同一個時候在普林斯頓還有很多中國人，譬如說在西南聯大也教過他的大數學家陳省身，著名物理學家饒毓泰和胡寧，饒毓泰曾經是吳大猷的老師，還有著名數學家段學復等人。

楊振寧到普林斯頓的時候，已經是十二月中的樣子，他在普林斯頓大概住了一個禮拜。那一段時候已接近聖誕節，楊振寧走在街上看見到處掛著聖誕節的燈飾，觸目盡是歌舞昇平的景象，他從戰時的中國出來，看在眼中，心中有說不出的感觸。④

楊振寧在普林斯頓大學找到了維格納，但是那個時候維格納正要離開普林斯頓到橡樹嶺實驗室去做主任，所以就告訴楊振寧說，他可以去找惠勒。惠勒是一個有名的物理學家，也做過很重要的物理工作，他是在五〇年代最早提出黑洞這個名詞的物理學家。

惠勒看到楊振寧以後，給了他一篇論文，楊振寧還記得那篇論文是用老的辦法印出來的，還有阿摩尼亞的味道。那篇文章是惠勒的一個演講，內容是談到當時有什麼樣的物理工作可以去研究。[5]就在楊振寧還沒有決定要不要跟惠勒做研究的時候，張文裕告訴他說，聽說費米要到芝加哥大學去。張文裕的消息很正確，事實上二次大戰結束以後，戰時在芝加哥大學負責冶金實驗室的著名物理學家康普頓（Arthur Compton），推動在芝加哥大學設立了核物理研究所，而費米已經同意到那裡去。

楊振寧由張文裕得到消息之後，立刻打電報到芝加哥大學去申請入學許可，幾天以後芝加哥大學就給了楊振寧入學許可。楊振寧收到這個電報，喜出望外，立刻決定要到芝加哥大學跟隨費米做研究。

楊振寧是坐火車從普林斯頓出發到芝加哥去的，不過途中還經過費城和華盛頓DC，也順道遊覽了一下。他在費城住在一天一塊錢的青年會旅館，參觀了費城的藝術博物館，看到裡面有如此精美的中國宮殿建築，印象十分深刻。然後在華盛頓DC又待了幾天再轉到芝加哥去。

楊振寧記得，那個時候的火車擠得不得了，車上滿是退伍要趕回家的士兵。最後一程的火車大概花了二十個鐘頭，到芝加哥的時候已經是一九四五年的年底了。

一九四六年的一月二日或者三日，楊振寧在芝加哥大學物理系的課堂上終於看到了費米，那一年費米教了一門核物理，楊振寧正式成為費米的學生。[6]

費米不只是二十世紀的偉大物理學家，還是物理科學上一個了不起的導師。他在二十六歲時就得到羅馬大學終生職的講座教席，在他的領導之下，羅馬大學的物理研究所在三〇年代成為義大利和歐洲的一個物理研究中心，一群物理學家在他的領導下形成了所謂的「羅馬學派」。

費米在一九三八年底到美國以後，不過幾年時間就捲入了戰爭的研究。他因為是義大利人，所以在美國對義大利宣戰以後，有一段時候他要離開紐約都還要有特別的許可。一九四二年費米的實驗組從哥倫比亞大學移到芝加哥大學，十二月二日費米在那裡完成人類頭一個可控制的核分裂反應器（反應堆）。當時芝加哥大學冶金實驗室負責人康普頓打電話告訴戰時國防研究科學委員會負責人康楞（James Conant）這個消息的密語電話中就說：「義大利的航行家發現了美洲……而哥倫布發現美洲人很友善。」⑦

一九四六年費米在戰後再回到芝加哥大學，創造了他科學生涯的另一個高峰，跟隨他到芝加哥大學的一大群研究生，除了一些戰時就跟著他的年輕物理學家，還有許多慕名而來的，楊振寧正是其中之一。

在西南聯大有七年扎實物理訓練的楊振寧，當時對於物理知識的了解不但非常前沿，而且相當的廣，但是費米的教育卻使他對物理科學眼界大開。

費米對物理有深刻造詣的故事傳述甚多。在二次大戰期間，費米經常要來往芝加哥和華

楊振寧在物理科學上得到費米很大的啟發。
（Courtesy of the Archives. California Institute of Technology.）

盛頓州漢福德的製造鈽元素工廠，當時為了安全的理由，他們都不准搭飛機。有一次在漫長的火車旅行中，當時是美國原子彈計畫負責人歐本海默（Robert Oppenheimer）副手的艾立遜（Samuel Allison）為了打破無聊的沉悶，提起來他在南美安地斯山脈之時，手錶受到宇宙射線的影響變得不準的故事。艾立遜問起費米對這個事情的判斷。

費米立刻拿出一張紙和一枝鉛筆，寫下一些有關手錶內部空氣改變手錶飛輪運動動量的數學公式，然後他用計算尺計算了一下，結果費米對於手錶在安地斯山上改變的估計非常的準確，讓和他們同行的康普頓面露驚訝之色。⑧

幾年以後，第一枚原子彈在美國的新墨西哥州試爆，當時也在試爆點附近的費米，手中握了一些碎紙片，當原子彈的震波傳到他所在的基地營，他就讓手中的紙張碎片落下，然後根據紙張散布的距離，推算出這一個原子彈的能量。費米當時所估算出來的兩萬噸黃色炸藥威力，後來證明是驚人的準確。⑨

費米是最後一位既做理論，又做實驗，而且在兩方面都有第一流貢獻的大物理學家。二十世紀偉大的物理革命——量子力學的發展初期，費米雖然沒有加入，但是他做了一些統計力學的工作，後來他看到狄拉克、海森堡、鮑立（Wolfgang Pauli）等人寫的量子場論文章，覺得都太過於形式化，於是費米做了一個工作，非常具體而且清楚，才使許多人了解了中間的道理。⑩

楊振寧到芝加哥大學以後，當然很受到費米的影響，不過很快的他的同班同學就發現到，這個從中國來的研究生，雖然不大講話，但是知識非常的廣博，費米知道的物理似乎他都知道。芝加哥的物理研究所到後來一共大概有兩百個研究生，楊振寧對於物理的了解，要比他們都高上一個層次，所以很快就成為芝加哥大學物理研究所的一個明星研究生，他們中間許多人都從楊振寧那裡學到很多的物理知識。⑪

和楊振寧同班的女同學寒春記得很清楚，楊振寧在課堂上並不大講話，不過費米提出的問題，他都能夠很快的說得很清楚，寒春說她覺得楊振寧沒有不懂的物理。⑫

楊振寧因為仰慕美國的大思想家富蘭克林（B. Franklin），所以剛到美國的時候，取了一個英文名字法蘭克（Frank）。寒春曾經寫過她初見楊振寧的印象：「我記得很清楚頭一次看到法蘭克的印象。那一定是一九四六年春天的那個學期。他就是我們在芝加哥核子物理研究所量子力學課程那個高高的、而且安靜的新同學。雖然他很謙遜的坐在教室後面，但是很快的大家就都了解到，事實上他根本完全不必上這門課。他的物理知識遠遠超過我們這些人，他根本可以做我們的老師。」⑬

寒春是一個傳奇性的人物。她出身一個美國的中等家庭，母親有很前衛的觀念，她們兄弟姐妹受到母親的影響，也在美國成為特立獨行之士。寒春一九四一年在威斯康辛大學唸物理，第二年就到美國新墨西哥州的羅沙拉摩斯實驗室，在費米的手下參加了原子彈的工作。

一九四五年八月，美國在日本投下原子彈以後，包括寒春在內的很多核物理學家內心飽受創傷，寒春看到那個時候美國一片軍事研究的狂潮，一九四八年她「帶著一顆無比空虛的心」，獨自去了中國。

寒春會到中國去，是受到她哥哥韓丁（William Hinton）的影響。韓丁因為仰慕共產主義的理想，早一年已經到了中國，並且在中國待了六年，後來韓丁出版了一本談論中國土地改革的書《翻身》，甚為轟動。不過韓丁在一九五三年回到美國以後，受到當時麥卡錫主義主導國會的聽證調查，在中國經驗的筆記被沒收，出國行動也受到限制。

寒春到中國以後，見到許多有理想的年輕共產黨人，也看到中國共產黨改變舊中國的理想和努力，內心大受感動，對比她在美國看到的那些瘋狂軍事研究，更覺得人類的希望就在新的中國。寒春後來在中國延安以及其他地方不同的農牧場工作，將她的物理知識用在改良農牧生產方面。一九四九年她和她哥哥的同學陽早（Erwin Engst）在延安結婚，後來就一直住在中國大陸。

一九六四年中國成功試爆原子彈以後，美國開始流傳一種說法，認為寒春是把美國原子機密洩漏給中國的原子間諜。其實寒春自己說她在費米手下所做的工作非常初步，對於原子彈所知有限，而且當年離開美國，正是因為不滿意美國瘋狂的軍事研究走向。她在中國住了五十

1993年10月寒春和陽早（右）攝於北京北郊沙河農機實驗站住家院中。
（江才健攝）

多年，大多數時間都待在農牧場中，其中一段時間被調到對外文化委員會工作，但是她很快要求再回到農牧場。

一九七一年楊振寧回中國大陸訪問，曾經在大寨見到寒春，後來兩人一直都維持著當年在芝加哥大學親密的同學友誼，偶爾還會見面。⑭

同樣是楊振寧芝加哥大學研究所的同學，後來成為美國核武器重要顧問，美國國家科學院院士，也做過加州理工學院校長的高德伯格（Marvin Goldberger），雖然認為寒春去中國的行動太過天真，不過同樣驚訝於楊振寧在物理方面的天分。他說楊振寧不但物理知識比他們所有人都懂得多，也比他們都要聰明。他還記得有一次考試，楊振寧十分鐘就答完題目，走出教室，留下他們繼續奮鬥了一個小時。⑮

後來才知道自己和楊振寧同年同月出生的高德伯格還開玩笑的說，他原來以為楊振寧比他大一歲，所以才比較聰明，對於楊振寧從來不炫耀自己的聰明和物理知識，以及對於別人的慷慨，印象特別深刻。⑯楊振寧的另外一個同學，後來做了加州大學柏克萊分校理學院院長，並且是美國國家科學院院士的邱（Geoffrey Chew）也說，由於楊振寧並不特別炫耀自己的聰明，所以幾年以後他才驚訝的發現到楊振寧是多麼聰明。⑰

其實費米當時在芝加哥大學的許多學生皆一時之選，學術界多年也流傳著一種說法：費米曾經說他們那一班學生有多少人要得諾貝爾獎。楊振寧說他沒有聽過這種說法，認為以

楊振寧的芝加哥大學老同學高德伯格，辦公室也是掛著費米的照片。（江才健攝）

費米說話的謹慎，應該不會說那樣的話。不過那個時候除了楊振寧以外，費米確實提到賈文（Richard Garwin）和羅森布魯斯（M. Rosenbluth）是天才。楊振寧當時也認為，他的許多同學將來都要成為美國物理學界的領袖人物。⑱

被楊振寧認為是當今美國電漿物理理論方面數一數二佼佼者的羅森布魯斯就說，楊振寧是他們研究生當中物理知識最廣博的，他對於楊在戰時的中國能夠有這麼好的物理訓練，印象非常深刻，他提起楊振寧非常願意幫助別人，也曾經幫助他了解一些物理問題。當時也在芝加哥大學，一九八八年得到諾貝爾物理獎的史坦伯格（Jack Steinberger）說，在芝加哥大學和費米以及楊振寧、羅森布魯斯一起學習的日子，是他一生中最興奮的經驗。他說，他從楊振寧那裡學到的跟從老師那裡學到的一樣多。⑲

楊振寧在西南聯大的時候，因為上過留學英國劍橋大學的馬仕俊教的場論，所以對於場論的知識，有很前沿的了解。費米在三〇年代初也做過場論的工作，不過後來就轉到實驗工作去了，所以四〇年代楊振寧到芝加哥大學的時候，在場論方面的知識比費米還要深入。費米對於楊振寧的物理才分也十分誇讚，曾經告訴他的老友，法國著名的物理學家尼龐氏—漢蓋（Louis Leprince-Ringuet）說，他最好的學生就是一個中國人楊振寧。⑳

不過楊振寧從費米那裡學到的是做物理最重要的概念。他自己也說，在芝加哥大學學到的不僅是一般的書上的知識，尤其重要的是做物理的方法和方向。

楊振寧記得他到芝加哥大學一段時間以後，突然有了一個很妙的想法，就是把物理學裡面測量的哲學觀念做一個通盤性的解釋，然後得到整個根本的物理學結構。這當然是一個很具有野心的企圖，楊振寧想了兩天以後，自己十分得意，就去找費米談了一下，費米聽了以後，只說這也許有一點意思，要楊振寧回去再想一想。楊振寧回去想了幾天，得不出什麼新的結果，後來就把這個想法放棄了。

這正是費米的一個風格，他對於學生常常是用這種自由的態度，讓你自己去想。楊振寧記得費米曾經強調，一個年輕人應該將他的大部分時間用於解決簡單的實際問題，而不應專一處理深奧的根本問題。他也發現到費米總是從實際的現象開始，用最簡單的觀念描述出來。㉑

那個時候另外一個對於楊振寧的物理觀念影響很大的，是費米晚上的討論會。這個討論會是一九四六年費米在芝加哥大學教書幾個月以後就開始的，起初只有很少幾個人參加，他們多半是戰時在羅沙拉摩斯實驗室就跟隨費米的一些人，楊振寧記得有寒春、張伯倫（Owen Chamberlain）、妮奧娜．馬歇爾（Leona Marshall）、和瓦騰柏格（Albert Wattenberg）。一九四二年十二月二日費米在芝加哥大學完成人類頭一個可控制核反應器，當時在場的三十九個人當中就有馬歇爾和瓦騰柏格，後來維格納還拿出一瓶Chianti白酒，大家喝了以後都在瓶子上簽了名。這個酒瓶現今已成為一件歷史文物。

討論會就在費米的辦公室舉行，費米會拿出他的筆記本，然後隨便找一個題目開始討論，並且給大家講解，這些討論會比較不拘形式，大家可以隨便的提出問題，楊振寧也還記得唸化學的馬歇爾老是問很笨的問題。不過這個討論會後來漸漸的有更多的人參加，性質也和開始的時候不大一樣了。

楊振寧一直還保存著一九四六年十月到一九四七年七月他參加費米晚間討論會的筆記。㉒在這些廣泛的題目討論中，楊振寧觀察到費米的討論側重於論題的本質與實用，所採取的方法通常不是分析性的，而是直觀和幾何的。

費米由理論到實驗物理，由最簡單的問題到最深奧的問題，都做了詳細的筆記，這使得楊振寧了解到，那就是物理。他懂得了物理不應該是專家的學科，物理應該從平地壘起，一塊磚一塊磚砌，一層一層的加高。他懂得了，抽象化應在具體的基礎工作之後，而絕非在它之前。

楊振寧也發現到，費米物理的風格是簡單而扎實的，他不會鑽牛角尖。費米非常不喜歡形式化的東西，楊振寧還記得費米曾經開玩笑說：「複雜的形式留給主教去搞吧！」費米對於「什麼是物理，什麼不是物理」有一個很清楚的價值觀念。他認為太多形式化的東西不是不可能成為物理，只是成為物理的可能性常常很小，因為它有閉門造車的危險。這些都大大的影響

後來楊振寧的物理風格。㉓

但是楊振寧最想學的還是做物理的實驗。那個時候費米實驗工作所在的阿岡國家實驗室，因為也進行國防研究，有安全保密的限制。楊振寧同學邱當時的太太羅絲在阿岡國家實驗室做祕書，她查了一下說楊振寧因為是拿中國護照的外國人，所以不能到阿岡國家實驗室去工作。

那個時候，芝加哥大學物理研究所還有許多重要的科學家，譬如因為發現重氫得到諾貝爾化學獎的尤瑞（Harold Urey），以及後來有美國「氫彈之父」稱號的泰勒（Edward Teller）等人。費米建議楊振寧既然不能去阿岡國家實驗室，不如去找泰勒做理論的工作。

當時二次大戰剛剛結束，芝加哥大學還有很多地方在做國防研究，一般人不能隨便出入，泰勒辦公室所在的艾卡樓（Eckart Hall）就是這種一般人不能進去的地方。楊振寧到了那裡在樓下打電話給泰勒，過了一會兒聽到泰勒由樓梯上走下來。泰勒原來是匈牙利人，他年輕的時候在德國被電車撞傷了一條腿，所以下樓的時候一腳高一腳低的，腳步踏在樓梯上的聲音很大。

泰勒知道楊振寧是要來做他的研究生。他看到楊振寧就說：「我們先散散步吧。」散步的路上泰勒問楊振寧說：「氫原子的基態波函數是什麼？」對楊振寧來說，這是一個易如反掌的問題，他很輕鬆的就回答了。於是泰勒說：「你通過了，我接受你做我的研究生。」楊振寧認為，泰勒這樣做是有道理的。因為有很多課程唸得很好的人，不會回答這個問題。㉔

泰勒的科學風格和費米很不一樣。費米對於物理問題都想得很清楚，不隨便說話。但是泰勒不同，泰勒經常會有許多新的想法，這些想法大多數不大成熟，有許多也是錯的，但是泰勒不怕犯錯，而且只要你指出他的錯誤，他就會很快的改過來。他在科學上的主意之多到了一個程度，有的時候一個研究生第二個禮拜去找他，他已經不記得上個禮拜給這個研究生的題目是什麼了。㉕

在二次大戰期間，泰勒參加了歐本海默主持的美國原子彈計畫，但是因為他的主意太多，他參加的那個組工作忽東忽西的就做不下去。後來歐本海默想到一個主意，就是讓泰勒去負責研究氫彈的發展，這一來讓泰勒覺得很得意，另方面也使得其他人不受到他太多主意的干擾，工作得以進行。

泰勒是一個非常強調直覺的物理學家，他的想法非常具有啟發性，但是上課從來都不準備，總是天馬行空談論物理的想法。高德伯格就說，泰勒的物理課是他一生上過最糟的課。㉖但是泰勒這種直覺的對物理的了解，卻給予楊振寧全新的視野。在這以前，楊振寧對物理的認知看法，總認為應該是書上一篇篇、一頁頁的知識，是先有一個定理，然後有一個證明的演進方式。但是泰勒不大注意證明，他的想法比較直覺，有時候他直覺的想法也不全是對

楊振寧和他的博士指導教授泰勒一直維持著很好的情誼。
（楊振寧提供）

的，而且對一些直覺結果也不能夠證明。但是這種辦法卻有一個好處，就是觸角伸得非常之遠，往往在沒有看清楚一個東西的時候，就抓住了它的精神。

楊振寧經過和泰勒接觸，學到了比較注重數學跟物理關係的精神，而不僅僅是細節。他也深刻的意識到，證明是有用的，但是直覺也要發展。㉗

泰勒給楊振寧的頭一個題目是關於Be（鈹）的K電子俘獲生命期的問題。這問題和費米一九三三年提出的理論有關係，也有很多人做實驗。事實上這個題目和當時在美國羅沙拉摩斯實驗室的祕密實驗有關係，但是楊振寧並不知道。要計算這個問題有三種理論的辦法，其中一種楊振寧知道，另外兩種他不知道，泰勒告訴他可以在什麼書上去找，於是楊振寧就開始做這個問題的理論計算。

這個問題中間有很複雜的計算，要用計算機來算，那個時候還沒有電子計算機，於是楊振寧在芝加哥大學利用經濟系的手搖計算機算了兩個禮拜，得到了一個結果。泰勒看了很高興，就要楊振寧做一個報告。這是二次大戰以後芝加哥大學物理系頭一個研究生的報告，當時在座的有費米、泰勒、尤瑞、瑪麗亞和約瑟夫．梅爾夫婦（Maria & Joseph Mayer）等一些有名的物理學家。楊振寧說他有一點緊張，不過大家對他的報告都非常滿意。㉘

泰勒於是要楊振寧把這個結果的論文寫出來。但是楊振寧覺得不大妥當，因為這個計算的結果裡面有一些估計值，而且最後的結果是把兩個估計值相減，楊振寧認為這樣一來誤差太大，不大可靠，所以雖然泰勒老來催他，但是搞了很久並沒有把文章寫出來，而且以後也一直都沒有發表這篇論文。

於是泰勒又給了他另外一個題目，是關於原子核磁矩的問題。這個問題楊振寧又做了一兩個月，但是這種問題中間依然有所謂的近似值的問題，楊振寧對於這種不精確的東西是不喜歡的，所以這樣搞了幾個月，換了兩三個題目以後，楊振寧就知道了，他是沒有辦法跟泰勒做下去的。㉙

於是費米就建議楊振寧到艾立遜的實驗室去做實驗。艾立遜當時是芝加哥大學這個核物理研究所的所長，那時候在一個四十萬電子伏特的加速器上做實驗。楊振寧在中國可以說從來沒有做過實驗，而且他又不善於動手，所以在這個實驗室中，他雖然可以幫助同學解決習題的問題，但是在做實驗動手方面卻顯得十分笨拙，也有一些挫折之感。

楊振寧就很記得，和他同時做實驗的同學阿諾德（W. Arnold）似乎就有一種神奇的直覺。有時候實驗室的管子會漏氣，楊振寧花了兩個鐘頭還是束手無策，而這個阿諾德兩分鐘就可以找到漏氣的地方。不過阿諾德後來並沒有通過芝加哥大學的博士考試，需要轉到另外一個大學修完博士學位。

另外，當時在實驗室中還有後來做了洛斯阿洛摩斯實驗室主任和通用原子能公司總裁的安格紐（H. Agnew），後來替美國海軍設計響尾蛇飛彈的威爾考克斯（H. Wilcox）以及寒春等人。這些同學從找到漏氣的地方到如何去彎一根管子，讓楊振寧學到很多動手的辦法，也了解到實驗物理學家思考問題的辦法和心態，使他深刻的意識到，實驗物理學和理論物理學思維上一些不一樣的地方。㉚

楊振寧在艾立遜實驗室二十個月的實驗工作不太成功，而且還鬧出很多笑話。和楊振寧一起做實驗的寒春就說過，有一次楊振寧把一個高電壓過到她的手上，讓她的手上至今還留下了一個疤，但是後來楊振寧卻完全不記得這件事情。寒春說他們那個時候給楊振寧起了一個外號叫作「黃禍」（yellow peril），看到他來了就害怕。那個時候實驗室中有許多楊振寧的笑話，楊振寧自己也說，艾立遜最喜歡的一個笑話就是：「哪裡有爆炸聲，哪裡就有楊振寧。」㉛

楊振寧的實驗經驗雖然不成功，但是他還是和威爾考克斯設計了讓帶正電的質子束通過一個薄膜，而可能會改變成為不帶電粒子束的實驗裝置，在設計這個實驗裝置的過程中，楊振寧也跟實驗室的老師傅學了很多。這些有經驗的老師傅在大學中的待遇非常的高。後來楊振寧雖然沒有做實驗工作，但是他和威爾考克斯設計的這個實驗裝置，卻替艾立遜教授的實驗室產生了十多篇博士論文，這也許是楊振寧對實驗物理一點小小的貢獻。

做實驗不大成功之後，楊振寧又去找泰勒。泰勒問起知道他實驗做得不成功，楊振寧於是向泰勒提起看到稍早泰勒和著名物理學家柯洛平斯基（E. Konopinski）發表的核反應中角分布和角動量的文章，不過泰勒用的是直覺的方法，楊振寧說他用群論的方法把這問題搞清楚了。泰勒聽了十分感到興趣，於是楊振寧在黑板上把他的結果寫給泰勒看，泰勒看到楊的證明做得如此的乾淨俐落，於是就說：「你不必堅持一定要寫出一篇實驗論文。你已經寫了理論論文，那麼就用一篇理論論文做畢業論文吧。我可以做你的導師。」㉜

對於一心一意想要寫一篇實驗論文的楊振寧來說，泰勒的說法當然讓他十分失望，於是就說他要想一想。楊振寧想了兩天，決定接受泰勒的建議，放棄了實驗物理。他說自己做了這個決定以後，如釋重負。這個決定使得楊振寧後來沒有成為實驗物理學家，楊振寧說，他的有些朋友認為，這恐怕是實驗物理的幸運。㉝

楊振寧這篇論文一開始寫得很短，只有三頁。泰勒說，那時芝加哥大學有一個奇特的規例，就是學位論文要比較長，於是泰勒告訴楊振寧說：「你看，這是一篇好論文，但是你是否能夠把它寫得長一點呢？譬如，你是否能把它推廣到角動量變化為半整數的情形？」

過了幾天楊振寧帶回來一篇七頁的論文，泰勒說他非常粗魯的對楊振寧說，應該把論證寫得更清楚詳細些。泰勒說其實他不應該這樣說的，因為論文已經寫得足夠清楚了，然後他們經過許多的爭論，楊振寧走了。過了十天，楊振寧帶回來一篇大概十頁的論文，泰勒說，這時候他不再堅持，因為這是他所指導過的最優秀的，而且是最短的一篇博士論文。㉞

楊振寧在一九四八年六月得到博士學位，那年秋天芝加哥大學就聘他為講師。那個時候芝加哥大學的政策，是絕對不留自己學校畢業的研究生做講師的，但是費米、泰勒和艾立遜都同意把楊振寧留下來。高德伯格說，芝加哥大學打破慣例，原因是楊振寧太優秀了。㉟

楊振寧在芝加哥大學除了課業和實驗工作之外，仍不改其興趣廣泛和對事好奇的個性。他報名參加了芝加哥大學的舞蹈課程，學會在中國從沒有跳過的社交舞。那個時候費米在學校附近大學路五三二七號的三層樓房住家，經常有一些聚會，楊振寧也會去參加平均一個月一次的跳方塊舞會，因此和費米的太太和兒子、女兒也都很熟。楊振寧一直記得那些歡聚和嬉戲的日子。

有一天費米打電話給楊振寧，邀請他一塊去芝加哥的近郊雪地裡健行，楊振寧記得那一次寒春也去了。他說那是長距離的健行，他跟他們走了一整天，由於在中國並不常做這種活動，所以覺得很累。

楊振寧那個時候住在國際學舍，除了早飯以外，午、晚飯常常在學校的餐廳吃，所以和美國同學有許多來往。那個時候他和稍晚來芝加哥大學的羅森布魯斯比較熟，兩人在芝加哥大學飯廳裡吃飯的時候，也常常會辯論像應不應該用原子彈轟炸日本之類的問題。楊振寧從苦戰八年的中國出來，覺得用原子彈盡快結束戰爭是很自然的想法。㊱

有一天楊振寧跑去溜冰，這是他離開北平以後很久沒有機會再做的事情。結果在溜冰的時候碰到一個也住在國際學舍的數學研究所研究生羅伊。楊振寧和羅伊談得很投機，兩人溜冰以後繼續到楊振寧的房裡談了一夜，在談話當中，楊振寧發現羅伊似乎對於物理和數學前沿的知識知道得很多，讓他印象深刻。

但是後來和羅伊接觸多了以後，才發現羅伊所談論的東西很多都是表面的印象，並沒有真正實質的了解。這使得楊振寧對於美國學生和中國學生研究學問態度的不同，有所了解。

當時和楊振寧比較熟的另一個美國同學叫做費雪（George Fisher）。有一回費雪邀請他到家裡去過週末，這是楊振寧頭一次住在美國人的家裡。費雪的家在芝加哥的西北，是一個有許多波蘭移民的區域。楊振寧在他們家裡發現一個對他來說很稀奇的事情，就是費雪的家人對於費雪唸完大學不趕快去找工作賺錢，還要唸研究所，覺得是不可思議的一件事情。這和中國的傳統想法是完全不同的。㊲

楊振寧出國唸書，準備是幾年就回到中國的。他的同學高德伯格就記得，一次在吃飯的時候問起楊振寧，拿到學位以後有沒有計畫要留在美國，因為那時候許多歐洲來的、不是美國出生的人，都預備留在美國。但是高德伯格發現，楊振寧是一心一意的要回中國去。㊳

楊振寧離開中國的這幾年，戰後的中國並沒有安定下來，國民黨和共產黨又爆發了內戰。楊振寧在芝加哥並不容易知道國內的情形，只是偶爾在學校餐廳一些報紙上看到零星的消息。他跟家裡通信，也打過長途電話，在電話中他叫父親的大排行三伯，叫母親大姥，母親曾在電話中大哭。他知道了父親勝利之後得到傷寒，大病了一場，後來也沒有回到北京清華大學去。偶爾有人回中國去的時候，他會請他們帶東西回去。做了講師以後，因為一年有三七五〇美金的薪水，所以曾經給家裡買了一個冰箱運回去，並且也給弟弟妹妹買照相機之類的生日禮物。㊴

那個時候在芝加哥大學的中國學生當中，和楊振寧比較熟的是他的舊識凌寧，另外一個是唸哲學的叫做樊星南，他們都是同一批庚款留美的同學。到一九四六年秋天，來了一個唸物理的學生叫做李政道。

李政道到芝加哥大學的時候，還沒有滿二十歲。他會到美國來是因為二次大戰以後美國將原子彈發展過程的「史邁斯報告」交給盟國，當時中國政府為了想發展國防軍事科學，於是挑選五人到美國進修，李政道是吳大猷在物理部門所挑選的二人之一。

吳大猷曾經寫道：「一九四五年的春天，忽然有一個胖胖的，十幾歲孩子來找我，拿了一封介紹信，信是一九三一年我初到密西根大學遇見的梁大鵬兄寫的。梁不習物理，十幾年未通音訊了，不知怎樣會想起我來。他介紹來見我的孩子叫李政道，原在宜山浙江大學，讀過一年級……」㊵

李政道天資聰慧，又求知心切，無論吳大猷給他什麼困難的書和習題，他很快的就做完

1947年李政道（左）、楊振寧和朱光亞（右）攝於密西根大學所在的安娜堡。
（楊振寧提供）

了，並且再來要求更多的閱讀物及習題。吳大猷有風濕痛，李政道會給他搥背，並且做許多家中的瑣事，是標準的入室弟子。吳大猷也很快的發現他思想敏捷，大異尋常。

一九四六年夏天，華羅庚、曾昭掄帶著挑選出國進修的五人由上海赴美。㊶吳大猷因為先到英國去開會，所以李政道就和另一位被挑選出國進修物理的朱光亞，陪同吳大猷的太太阮冠世到芝加哥。在這以前楊振寧已經得到通知，並且替他們在國際學舍中預定了房間。

阮冠世一直有肺病，身體非常孱弱，許多事都需人照顧。那個時候國際學舍是男女分開的，阮冠世由於連打開電梯門的力量都沒有，男人又不能進到女人住的國際學舍那邊去，所以後來楊振寧又替她再另外找了一個小的旅館去住。㊷

李政道、朱光亞和阮冠世在芝加哥住了好幾天，本來他們要一起到密西根大學去的，這幾天當中李政道來找楊振寧談了好幾次，發現留在芝加哥大學比較好，於是改變主意決定不到密西根大學去了。

楊振寧在芝加哥大學認識李政道以後，兩人的關係變得很密切。楊振寧的成長經驗中都是做大哥，那個時候胖胖的李政道才剛要滿二十歲，而且個性非常隨和，楊振寧又發現他才華出眾，刻苦用功，自然而然的特別照顧他。在芝加哥大學的許多事情，像是辦理入學許可，也都是楊振寧帶著李政道去辦妥的。㊸

那個時候楊振寧的物理知識已經非常成熟，李政道在中國只唸了兩年物理，所以楊振寧可以教他的很多，當時芝加哥大學的同學羅森布魯斯和寒春都說，當時楊振寧知道的物理比李政道多得多，是許多人的老師，更是李政道的老師。高德伯格也說，李政道是受到楊振寧的庇蔭的（protégé）。㊹

李政道來了芝加哥大學以後，楊振寧有了一個志同道合的學弟，生活上也有一些變化，他和李政道以及淩寧常常在一起，中國同學有時候也會有一些中國式的活動。那個時候在芝加哥大學研究所做研究的葛庭燧，是一個優秀的物理學家，在五〇年代初期回到中國，後來當選中國科學院的院士。葛庭燧年紀比較大一點，也結了婚，偶爾會請大家到家裡去。

有的時候他們也會到離芝加哥大學不遠的一家中國餐館去吃飯。這家餐廳的老闆姓李，有一個十一、二歲的女兒叫做Jane，所以餐館的名字就叫做「Jane Lee」。這個餐廳的中國飯很蹩腳，還是做一些像雜碎之類的東西，所以有的時候他們會到比較遠的中國城去吃中國飯。從芝加哥大學到中國城，要坐街車沿著范渥斯大道（Wentworth Avenue）去，這是當年楊振寧的父親在芝加哥大學唸書時候也做過的事情。因為去一趟要一個鐘頭，所以他們並不常去。㊺

有一年放假，楊振寧、李政道和淩寧買了一輛二手的汽車，是一輛淺綠色的雪佛蘭。那個時候他們三人都不會開車，於是楊振寧先請羅森布魯斯教他，他轉了幾圈學會了，就教李政道和淩寧，然後他們三個人就開著這輛二手汽車向西邊出發，去漫遊美國。

這是一個大膽而冒險的行動，正是年輕人常常做的事情。他們三個人不但頭一次開車，

1947年8月23日凌寧（左）、李政道（中）和楊振寧出發遊歷美西前攝於芝加哥大學，背景是他們合買的車。（楊振寧提供）

而且都是初領駕駛執照。其實，就是楊振寧的駕駛老師羅森布魯斯當時也沒有駕駛執照，不過這個事情是到一九八二年芝加哥大學紀念原子反應器成功四十週年的時候，楊振寧才從羅森布魯斯口中知道的。㊻

楊振寧他們三人一路向西開去，拜訪了懷俄明州、華盛頓州和舊金山等很多地方，凌寧的弟弟凌容那個時候剛從中國坐船到舊金山，也和他們一起去了有名的大峽谷。

在大峽谷的旅程中，楊振寧他們幾乎遇險。由於對上下大峽谷的距離估計太過樂觀，所以楊振寧、凌寧和凌容三人走下大峽谷並到對面的行程，比預期的延誤了許久，前後走了近二十小時。由於沒有準備食物、飲水，三人又累又餓，到最後凌容因為過於疲累無法再爬最後一段階梯，於是楊振寧留下來和凌容一起，由凌寧一個人爬到頂上，和開車繞過來的李政道會合。

楊振寧還記得，後來李政道帶著水和三明治由山頂下來找到他們，他吞下第一口三明治滿嘴疼痛的經驗。那一天他們重新回到頂上已經是半夜兩點鐘了。

幾天以後，他們在新墨西哥州一個餐廳中巧遇艾立遜教授。艾立遜問起他們是不是幾天以前在大峽谷，並且曾經向著遠處坐在一個旅館外面的人招手。原來當時和又累又餓的楊振寧他們招手的人正是艾立遜，而當時艾立遜還以為他看到的是幾個鈉瓦和族（Navajo）的印第安人。㊼

1949年楊振寧和鄧稼先（中）、楊振平（右）攝於芝加哥大學。（楊振寧提供）

一九四八年，楊振寧成為芝加哥大學的講師，被他的同學認為是很好的老師。有一次費米不在，就要楊振寧代替他上課。費米有非常詳盡的筆記，走以前還仔細和楊振寧討論上課的內容，讓楊振寧印象深刻。㊽

那一年春天，楊振平高中將要畢業，楊振寧就替他申請了布朗大學的入學許可，同時也幫助中學時代的同學鄧稼先申請了普渡大學，同時還幫助了他們出國的經費。㊾

一九四八年夏天，鄧稼先和楊振平坐船到了舊金山，然後坐火車到芝加哥來，一起在楊振寧當時租的房間裡住了幾天。楊振寧很久沒有看到家裡的人，楊振平來了以後，自然談起家中近況，也讓他重新想念起家中的許多事情。幾天以後，楊振平去了布朗大學，楊振寧送弟弟到火車站以後回到租的房間，心中湧起若有所失之感，久久不能平息。㊿

那一年的聖誕節假期，楊振寧由於對十八歲的弟弟楊振平不大放心，所以特別去布朗大學探望他。楊振寧是和也要到東邊的同學羅森布魯斯同行，他們坐的灰狗巴士到匹茲堡的時候，因為碰到大風雪，被迫在巴士站等待。楊振寧在路上發現羅森布魯斯不但在物理方面很有天分，英文字彙能力也非常的高強，《讀者文摘》裡頭的字彙能力測驗都可以得到滿分，另外羅森布魯斯很會打彈球（pin ball），可以累積非常多的分數。

楊振寧記得，他在巴士上看到報上登著的消息，共產黨的軍隊占領了北京。(51)

聖誕假期結束以後，楊振寧把上一年他和羅森布魯斯以及李政道討論的一個問題，寫成了一篇論文。這是楊振寧和李政道頭一篇合作的論文，也是李政道所發表的第一篇論文。

一九四九年的春天，楊振寧偶然看到報紙上有一個整版的廣告，是一個退伍軍人的組織舉辦了一個填字遊戲的比賽，不過他們的規則有一點不一樣，要計算每一個字母所代表的分數。參加的人只要出十七塊美金，而最後的獎金是五萬塊美金，那是一筆不得了的鉅款，楊振寧認為相當於現在一百萬美金那麼多。㊿

於是楊振寧、羅森布魯斯、李政道、賈文，還有另外兩個同學就想參加這個比賽，因為他們認為參加比賽的大概多是家庭主婦，他們是物理研究生，而且又有一個小的計算機，可以算得比較快，覺得他們準定會贏，所以就送交了十七塊錢美金參加比賽。

比賽一開始果然都很順利，他們過關斬將，進入了決賽。這個時候就有一連五個不同的填字遊戲題目，要一個一個的來和最後過關的對手比。結果中間有一個字，根據《韋氏大字典》，這一個英文字應該中間有一個「—」的，但是他們不知道這是一個例外，還是常態，於是他們就寫了兩個答案寄去，並且附上一個說明，表示如果這個字是一個例外的話，就請評審採用封在信封中的第二個答案。

結果評審並沒有理會他們的附帶說明，看到第一個答案，就把他們淘汰出局了。他們丟了十七塊美金，也沒能一圓五萬塊的發財夢。

這個活動一共延續了大半年，一九四九年秋天以後，楊振寧已經到普林斯頓高等研究院做博士後研究，所以十月份最後決賽的時候，楊振寧和羅森布魯斯、李政道、賈文等人，其實是在普林斯頓高等研究院和芝加哥大學分頭進行的。那個時候楊振寧的任務，是利用普林斯頓高等研究院圖書館裡的《韋氏大字典》，找出所有五個字母的英文字，並且把它們寫下來。研究院的圖書館是二十四小時開門，所以楊振寧晝夜不停的在那裡搞好幾天。

楊振寧還記得在十月裡有一天，他在圖書館做了一夜，天亮時候拿著寫滿五個字母英文字的筆記本，準備回到住的地方去睡幾個鐘頭。結果在住的地方門口看到剛送來的《紐約時報》，楊振寧把《紐約時報》撿起來到房裡打開來一看，看到報紙上寫著：「湯川秀樹（Hideki Yukawa）得到諾貝爾物理獎！」湯川秀樹是日本第一個諾貝爾獎的得主。

楊振寧說，他還清楚記得當時他的第一個感覺，好像有一個聲音在對著他說：

> 楊振寧，你得清醒一下子，你在這裡做些什麼事情？[53]

【注】

①「楊振寧專輯」，傑出華人系列，香港電視台，一九九八年八月二十三日。
②楊振寧，《讀書教學四十年》，香港三聯書店，一九八五年，第116頁。
③楊振寧訪問談話，一九九八年十月二十六日，紐約州立大學石溪分校辦公室。
④同上。
⑤John A. Wheeler, Problems and Prospects in Elementary Particle Research, *Proceedings of AmericanPhilosophy Society*, 1946.
⑥楊振寧訪問談話，一九九八年十月二十六日，紐約州立大學石溪分校辦公室。
⑦ L. Hoddeson, L. Brown, M. Riordan and M. Dresden, The Rise of the Standard Model, Cambridge University Press, 1997, p. 681. Emilio Segre, *Enrico Fermi: Physicist, University of Chicago Press*, 1970, p. 129. 兩處的引文稍有不同。
⑧Emilio Segre, *Enrico Fermi: Physicist,* University of Chicago Press, 1970, p. 143.
⑨Peter Goodchild, J. *Robert Oppenheimer: Shatter of Worlds*, New York: Fromm International Publishing Corp.,1985, p. 162.
⑩楊振寧，〈幾位物理學家的故事〉，中國《物理》雜誌，一九八六年（第十一期，第十五卷）。收入《楊振寧文集》，上海：華東師範大學出版社，一九九八年，第530頁。
⑪和楊振寧同時在芝加哥大學物理研究所的同學包括高德伯格（Marvin Goldberger）、史坦伯格（JackSteinberger）、羅森布魯斯（M. Rosenbluth）、寒春、邱（Geoffrey Chew）等人都有一致的看法。
⑫寒春訪問談話，一九九三年十月十七日，北京沙河農機實驗站家中。
⑬寒春致Nick Metropolis英文信函，一九八一年三月十二日，楊振寧提供，中文是作者的翻譯。
⑭江才健，〈北京見寒春〉，《中國時報》，一九九五年三月二十七日，人間副刊。

⑮高德伯格訪問談話，一九九八年十二月十一日，加州大學聖地牙哥分校辦公室。

⑯同上。

⑰邱訪問談話，一九九八年十二月二十八日，加州舊金山柏克萊地區家中。

⑱楊振寧訪問談話，一九九八年十月二十六日，一九九九年五月八日，紐約州立大學石溪分校辦公室。費米那個時候的學生當中後來得到諾貝爾獎的有楊振寧、李政道、史坦伯格和張伯倫（Owen Chamberlain）四人。

⑲羅森布魯斯訪問談話，一九九九年二月二十四日，加州大學聖地牙哥分校辦公室。史坦伯格訪問談話，一九九九年五月二十一日，紐約州立大學石溪分校，楊振寧退休研討會講堂。

⑳黃長風訪問談話，一九九八年十月八日，加州舊金山柏克萊家中。

㉑根據一九九九年五月八日楊振寧訪問談話，以及〈費米教授〉和〈幾位物理學家的故事〉二文，出自《楊振寧文集》，上海：華東師範大學出版社，一九九八年。

㉒費米晚間討論會的題目包括有：恆星的內部構造及演變理論、白矮星的結構、加莫夫—荀伯（Gamow-Schonberg）關於超新星的構想、黎曼幾何、處於高溫與高密度的物態、托馬斯因子2、中子被重氫和正氫的散射、同步輻射、季曼效應、電路噪聲的約翰遜效應、玻色—愛因斯坦凝聚，多頻系統與波耳量子化條件、玻恩—英費爾德基本粒子理論、統計力學基礎的概述、介子在物質中的減速、中子在物質中的減速等。

㉓楊振寧，〈費米教授〉，《楊振寧文集》，上海：華東師範大學出版社，一九九八年，第11—12頁。楊振寧訪問談話，一九九八年十月二十六日，紐約州立大學石溪分校辦公室。

㉔楊振寧訪問談話，一九九九年五月八日，紐約州立大學石溪分校辦公室。

㉕楊振寧訪問談話，一九九八年十月二十六日，紐約州立大學石溪分校辦公室。

㉖高德伯格訪問談話，一九九八年十二月十一日，加州大學聖地牙哥分校辦公室。

㉗倪光炯，〈楊振寧教授一席談〉，中國《百科知識》，一九八七年（第一、二期）。收入《楊振寧文集》第405頁。

㉘楊振寧訪問談話，一九九九年五月八日，紐約州立大學石溪分校辦公室。

㉙楊振寧訪問談話，一九九八年十月二十六日，紐約州立大學石溪分校辦公室。

㉚楊振寧訪問談話，一九九九年五月八日，紐約州立大學石溪分校辦公室。

㉛寒春訪問談話，一九九三年十月十七日，北京沙河農機實驗站家中。楊振寧，*Selected Papers 1945-1980 with Commentary*, New York: W. H. Freeman, 1983, p. 6. 這句話英文的原來說法是“Where there is abang, there is Yang.”

㉜楊振寧訪問談話，一九九九年五月八日，紐約州立大學石溪分校辦公室。泰勒，〈對楊振寧甫渡人生半世的賀詞〉，《楊振寧——二十世紀一位偉大物理學家》，甘幼玶譯，丘成桐、劉兆玄編，桂林：廣西師範大學出版社，一九九六年，第33頁。

㉝楊振寧，《讀書教學四十年》，香港：三聯書店，一九八五年，第118頁。

㉞泰勒，〈對楊振寧甫渡人生半世的賀詞〉、〈楊振寧教授七十壽辰賀詞〉，《楊振寧——二十世紀一位偉大物理學家》，甘幼玶譯，丘成桐、劉兆玄編，桂林：廣西師範大學出版社，一九九六年，第28、33頁。泰勒對於楊振寧論文的頁數說法稍有出入，也許寫楊振寧六十歲文章時的記憶比較正確。

㉟楊振寧訪問談話，一九九六年五月八日，紐約州立大學石溪分校辦公室。高德伯格訪問談話，一九九八年十二月十一日，加州大學聖地牙哥分校辦公室。

㊱楊振寧訪問談話，一九九八年十月二十六日，紐約州立大學石溪分校辦公室。

㊲同上。

㊳高德伯格訪問談話，一九九八年十二月十一日，加州大學聖地牙哥分校辦公室。

㊴楊振寧訪問談話，一九九八年十月二十六日，紐約州立大學石溪分校辦公室。楊振漢、譚茀蕓訪問談話，

一九九八年九月二十六日，香港赤鱲角國際機場。

㊵吳大猷，《回憶》，台北：聯經出版事業公司，一九七七年。

㊶當時出國進修的五人是孫本旺（數學），李政道、朱光亞（物理），王瑞駪、唐敖慶（化學）。

㊷楊振寧訪問談話，一九九八年十月二十七日，紐約州立大學石溪分校辦公室。

㊸同上。

㊹寒春訪問談話，一九九三年十月十七日，北京沙河農機實驗站家中。羅森布魯斯訪問談話，一九九九年二月二十四日，加州大學聖地牙哥分校辦公室。高德伯格訪問談話，一九九八年十二月十一日，加州大學聖地牙哥分校辦公室。

㊺楊振寧訪問談話，一九九八年十月二十六日，紐約州立大學石溪分校辦公室。

㊻羅森布魯斯訪問談話，一九九九年二月二十四日，加州大學聖地牙哥分校辦公室。

㊼凌寧訪問談話，一九九九年九月九日，紐約長島辦公室。楊振寧私人電視錄影帶談話，一九九八年七月，蒙大拿州楊又禮家中。

㊽楊振寧，〈介子是基本粒子嗎？〉一文的引言，出自 *The Collected Papers of Enrico Fermi*, Vol 2, University of Chicago, 1965. 中譯文載於《讀書教學四十年》甘幼玶、黃德勳譯，香港：三聯書店，一九八五年。

㊾楊振寧訪問談話，一九九八年十月二十六日，紐約州立大學石溪分校辦公室。許鹿希、葛康同訪問談話，一九九八年九月二十二日，北京清華大學工字廳。

㊿楊振寧訪問談話，一九九八年十月二十六日，紐約州立大學石溪分校辦公室。

51同上。

52楊振寧訪問談話，一九九八年十月二十七日，紐約州立大學石溪分校辦公室。

53同上。

第5章

普林斯頓象牙塔

歐本海默在普林斯頓高等研究院擔任院長時，楊振寧進入那個學術林園，並做出他最好的工作。（楊振寧提供）

對於許多物理學家而言，二次大戰後具有關鍵意義的一年，可以說是一九四七年。這一年物理學家開始解決了物理科學上一個重要的問題，這個問題在物理學的術語中叫做重整化（renormalization）。

正如同楊振寧說的：

從歷史的觀點來看，我認為，重整化在理論上和實驗上的進展，是二次大戰以後第一個最激動人心的事件。它也標誌著歐洲在基礎物理學上一統天下的時代的結束，顯示一個新時代，美國時代的開始。①

一九四八年的三月底，費米、泰勒和芝加哥大學的另外一位物理學家文采爾（Gregor Wentzel）去參加了著名的波克諾會議（Pocono Conference）。波克諾會議是二次大戰以後由歐本海默所發起組織的，第一年的會議是在紐約長島最東邊海灣中間的雪特島（Shelter Island）舉行，這一次是在賓州波克諾舉行的第二次會議。這個會議有點像大戰以前在歐洲召開的索爾威會議（Solvay Conference），二〇年代曾經遊學歐洲的歐本海默，十分清楚索爾威會議在歐洲量子物理和量子力學發展中風雲際會的歷史地位，心嚮往之而思效法是很自然的事情。

一九四七年六月的第一次在雪特島的會議上，包括藍姆（Willis Lamb）和他的學生瑞德福（Robert Retherford）報告他們剛做出來的氫原子能階位移實驗結果。他們和其他幾位實驗物理學家的報告，使得參加這一次會議的幾十位美國頂尖物理學家都感到異常的興奮。一直到今天，雪特島不只保留著早期由英國來的傳統貴格會教徒的生活風貌，還保存了一塊記錄著當年雪特島會議的牌子，上面寫著：「討論量子力學基礎的第一屆雪特島會議，一九四七年六月二日到四日。」內文並且說明，這一次會議是後來一連串令人驚訝的物理發展的起點，這一連串的物理發展改變了人們對物質基本結構的看法。②

一九四八年的第二次會議，美國年輕的物理學家施溫格（Julian Schwinger）報告了他剛發表的關於量子電動力學的重整化理論發展，一向很少做筆記的費米，因為對施溫格的工作印象深刻，意識到施溫格的報告將是一個歷史性的事件，所以記下了大量的筆記。③

比楊振寧大四歲的施溫格是物理方面的一個早慧的天才，十六歲就寫了一篇量子電動力學的論文。他在紐約市立學院唸完大一，偶然間被美國諾貝爾物理獎得主拉比（I. I. Rabi）發現他的過人天才，後來把他由紐約市立學院拉到哥倫比亞大學，並且在二十一歲就得到博士學位，這個歷程是科學界傳聞甚廣的傳奇故事。當時把施溫格介紹給拉比的物理學家莫茲（Lloyd Motz）就曾經說過：「施溫格對物理來說，就好像莫札特對音樂是一樣的。」④

一九四八年費米、泰勒、文采爾從波克諾會議回到芝加哥大學以後，和楊振寧、高德伯格、邱、羅森布魯斯和史坦伯格五個研究生，每週有幾個早晨聚在費米的辦公室裡，試圖理解施溫格所發展的重整化的數學方法。這種討論會持續了六個禮拜，後來高德伯格將討論內容整理成為筆記，一共有四十九頁之多，但是他們對於這個問題並沒有得到多少進展。⑤

施溫格在重整化方面的突破性工作，使得他立即成為物理學界的一顆閃耀新星。一九四八年六月楊振寧得到博士學位以後，那年夏天就到密西根大學有名的暑期研討會，準備去聽施溫格的演講，李政道也跟他一塊去了。

那一年夏天，施溫格在密西根大學做了一系列的演講，但是楊振寧並沒有完全聽懂施溫格的演講。這中間其實牽涉到風格的問題，原因是施溫格的物理工作，有一個特別的風格，用楊振寧的話來說，就是施溫格的文章太講究修飾，結果是把研究的問題給包裝了起來，使得人看不出來裡頭真正是什麼東西。⑥

一九四八年到一九四九年，楊振寧在芝加哥大學做了一年講師，他繼續研究重整化的問題，後來他看了戴森（Freeman Dyson）的文章，對於重整化是怎麼一回事，有了一些了解。戴森是從英國到美國來的傑出數學和物理學家，楊振寧非常推崇他的工作和科學的品味，尤其推崇戴森是他所見到的數學能力最強的物理學家，並且認為戴森在重整化的問題上面，解決了非常困難的數學問題，應該得到諾貝爾獎。⑦

一九四九年春天，歐本海默到芝加哥大學來給了一個演講，也是關於重整化的問題。那時候歐本海默是普林斯頓高等研究院的院長，楊振寧知道普林斯頓除了戴森之外，包括凱斯（K. Case）、約斯特（R. Jost）、卡普洛斯（R. Karplus）、柯羅爾（Norman Kroll）和陸廷傑（M. Luttinger）等許多才華出眾的年輕理論物理學家，也都是重整化理論方面的活躍份子。另外，歐洲的大物理學家和諾貝爾獎得主鮑立，後來因重整化工作得到諾貝爾獎的日本物理學家朝永振一郎（Sin-Itiro Tomonaga）都要到普林斯頓高等研究院去訪問，普林斯頓高等研究院自然的立即就成為楊振寧優先選擇要去的地方。

於是楊振寧去找了費米和泰勒，請他們寫介紹信給歐本海默。歐本海默接到了介紹信，立即邀請楊振寧到普林斯頓高等研究院去訪問一年。

普林斯頓高等研究院是美國教育文化發展上的一個異數，它的產生來自兩位經營百貨成功的商業鉅子路易斯・邊伯格（Louis Bamberger）和卡洛琳・邊伯格・福德（Caroline Bamberger Fuld）的慷慨捐輸，以及另外一位美國教育界奇才傅列克斯納（Abraham Flexner）的過人遠見。一九三〇年，這一個全新概念的高等研究院在紐澤西州的普林斯頓地方正式成立，接著一九三二年，又以年薪一萬美金聘請愛因斯坦為研究院的第一位教授，使得這個研究院在一九三三年正式開始運作以前，就已經是望重士林學術象牙塔的不二象徵。⑧

楊振寧一九四九年到普林斯頓高等研究院的時候，研究院的數學、自然科學、歷史研究和社會科學四個學門只有一、二十名永久的研究教授，其他大多是短期的訪問者。楊振寧對於座落在普林斯頓大學南邊樹林中間，由紅磚、喬治式結構和其他一些低矮建築所形成的高等研究院，感覺非常滿意，特別在其中還有他最為心儀的物理學家愛因斯坦。

雖然如此，費米卻勸告楊振寧在高等研究院不要待得太久，最多只去一年時間。費米說，那裡面的研究方向太理論化，容易變成形式主義，也容易與實際的物理問題脫離關係，「有一點像中古的修道院」。⑨

事實上，費米也不願意失掉楊振寧這麼一個優秀的物理學家，因此在楊振寧去普林斯頓高等研究院以前，他和泰勒以及艾立遜就已經和芝加哥大學當局講好了，一年以後要把楊振寧再聘回來。

但是一年以後楊振寧不但沒有回到芝加哥大學，反倒一直在普林斯頓高等研究院停留了十七年時間。這十七年在普林斯頓高等研究院的美好學術生涯，其實是當時楊振寧完全始料未及的事情。

一九四九年，中國發生了巨變。五月二十五日國民黨從上海撤退。楊振寧深切掛念著在上海的家人，他猶豫了幾天終於決定，他有權同父母取得聯繫並探詢他們的近況，於是楊振寧給父母拍了一封電報。第二天楊振寧立刻收到家裡來的覆電，雖然上面只有「平安」兩個字，卻令他喜不自勝。楊振寧說，這個經歷鼓舞了他，在後來中美之間完全隔離的二十多年裡，他同父母一直保持著聯繫。這種聯繫在後來的歲月中對楊振寧起著決定性的影響，也促成了他在中美和解跡象一經顯露，就當機立斷的決定在一九七一年到中國去訪問。⑩

一九四九年夏天，楊振寧和費米合寫了一篇理論物理的論文〈介子是基本粒子嗎？〉這是費米在美國和人合寫的少數幾篇理論論文之一，費米另外一篇是和印度裔物理學家錢卓斯卡（Subrahmanyan Chandrasekhar）合寫的關於天文物理方面論文，錢卓斯卡後來得到了諾貝爾獎。楊振寧對於這個由費米向他提議合作研究的問題，因為不認為可能在實驗現象中得到解決，所以原本傾向於將這些東西淹沒在筆記中不發表的，但是費米認為他們提出的問題有價值，應該發表。⑪

一九四九年秋天，楊振寧避開了他當時認為不安全的飛機，坐火車到普林斯頓去，開始他在高等研究院的研究生涯。

那一年的十二月聖誕節假期中，他和高等研究院的物理學家陸廷傑到普林斯頓威德斯彭街上一家叫做茶園（Tea Garden）的中餐廳吃飯，結果他以前在西南聯大附中教過的學生杜致禮正巧跟一位老先生尤桐在那兒吃飯，杜致禮看見了楊振寧，上來和他打招呼，並且問楊振寧還記不記得她，楊振寧說當然記得。兩人見面對彼此印象很好，於是留下了聯絡的電話，也開始了楊振寧和杜致禮的交往。⑫

杜致禮對於楊老師的印象一直是很好的。她說在昆明的時候有一次曾經在飛機場還看見了楊振寧，那個時候她知道楊老師要出國，但是因為當時年紀太輕、比較害羞，沒有上前和楊振寧打招呼問候一二。一九四九年她到美國已經兩年多時間，覺得自己比較美國化了，所以這一次沒有猶豫的上前和楊振寧打了招呼。⑬

杜致禮是蔣介石手下著名軍事將領杜聿明的長女，一九二八年陰曆十二月二十九日（陽曆一九二九年的一月二十一日）在陝西米脂縣北方的榆林出生。她家裡還有兩個妹妹和三個弟弟，小的時候跟著父親到了許多地方，唸書也換了許多學校。一九四七年，她本來要和父親一塊到美國去，父親到美國去就醫，她去唸書。結果臨時蔣介石派人來要杜聿明留下，杜致禮於是一個人去了美國。

杜致禮出國以前，她母親曾經帶她去見過宋美齡，宋美齡還替她寫了一封介紹信到衛斯理學院去，不過杜致禮得先進一個兩年的大學先修學院，然後才可以進入衛斯理學院。她還記得宋美齡請她們喝的咖啡好喝極了，後來宋美齡和她說了幾句英文，對於杜致禮的英文也很滿意。⑭

一九四九年，杜致禮進了紐約市北方洋克斯鎮（Yonkers）一個叫做聖文生山的女子學院讀書，那是一個天主教的學校。那個時候，杜致禮的大弟弟杜致仁在普林斯頓唸中學，杜致禮有時會到普林斯頓來看她的弟弟，所以在一九四九年十二月的一天碰見了楊振寧。

杜聿明是蔣介石手下著名的軍事將領。（楊振寧提供）

1949年杜致禮和楊振寧在普林斯頓不期而遇，開始約會。（楊振寧提供）

楊振寧那個時候已經二十七歲，所以也在積極考慮交女朋友和結婚的事情。一九四九年，楊振寧到了普林斯頓高等研究院，安頓好以後，就到紐約市去探望他西南聯大的老師吳大猷，那時候吳大猷正在紐約市的哥倫比亞大學。吳先生和吳太太看出來楊振寧應該結婚了，所以就主動介紹了一位叫張元蘿的女孩子給楊振寧。

張元蘿的親生父親叫做袁敦禮，是中國體育教育創始的人物之一，袁敦禮還有一個哥哥叫袁同禮，曾經做過北京圖書館的館長。袁敦禮和張元蘿的張姓養父母很熟，看他們沒有子女，就把張元蘿過繼給了他們。吳大猷和吳太太由於跟張元蘿的養父母是熟朋友，於是把當時還在唸高中最後一年的張元蘿介紹給了楊振寧。

楊振寧認識張元蘿以後也來往一陣子，還曾經去過張元蘿在紐約市曼哈頓區北方的家裡，結果這些事不知道怎麼傳開了，楊振寧原來在芝加哥唸研究所的同學也都曉得。後來李政道告訴他說，他們同學當中的女同學妮奧娜．馬歇爾還開玩笑說：「法蘭克怎麼會找一個高中女生做女朋友呢？」⑮

其實那時候關心楊振寧婚事的還不只吳大猷一人。一九四九年秋，吳大猷告訴楊振寧說，那個時候也住在紐約市的胡適要楊振寧去看他。楊振寧小時候在北平曾經見過胡適一兩次，不知道隔了這麼多年胡適為什麼在紐約會想起他來。楊振寧見到胡適以後，胡適十分客氣的稱讚楊振寧在學術上的表現，並且說在出國前曾經看見楊振寧的父親，楊武之託他關照楊振寧找女朋友的事情。

楊振寧一直還記得胡適當時十分風趣的說：「你們這一輩比我們能幹多了，哪裡用得著我來幫忙！」⑯

那個時候楊振寧除了張元蘿之外，確實還認識包括儲輝月在內的一些女的朋友，不過顯然他和杜致禮是比較契合的。所以楊振寧說他碰到杜致禮以後，如果不是頭一天，最晚是第二天，他就打了電話給那個時候也住在普林斯頓的杜致禮，約她出去看電影。

楊振寧和杜致禮第一次約會以後，對杜致禮印象很好，不過他雖然一方面很想多看到杜致禮，一方面又不能顯得太著急，而且那個時候他也還另外有幾個可能的女朋友，所以有一兩個禮拜都沒有消息。⑰

對楊振寧印象很好的杜致禮這個時候心裡有些七上八下，於是後來在那位尤桐老先生要到紐約去的時候，杜致禮在給尤老先生的信上加了一個附注，說如果楊先生同來的話很歡迎。楊振寧得到這個訊息，自是欣然前往。後來楊振寧曾經和杜致禮開玩笑，說是杜致禮把他給勾住了，杜致禮說這事實上是完全違反了她的個性的。⑱

楊振寧和杜致禮開始約會以後，常常到杜致禮的學校去看她，杜致禮唸的天主教女子學院管理嚴格，楊振寧去了都得在樓下的會客室等候。楊振寧起先是坐火車，後來買了汽車，就開汽車去找杜致禮。杜致禮唸的女子學院所在的洋克斯鎮雖然離開普林斯頓還是有一段距離，但比起芝加哥是要近得多了。後來楊振寧曾經在演講中說，他一年以後之所以沒有回芝加哥大學的一個原因，是因為他想要和杜致禮約會，而在普林斯頓有「近水樓台」之便。⑲

楊振寧和杜致禮後來交往頻繁，也認識了杜致禮的許多同學，比如和杜致禮同房的室友Susan周，中文名字叫周采藻，是京劇大師麒麟童的女兒。另外，後來當選菲律賓總統的艾奎諾夫人，那時候也在同一個女子學院唸書。

楊振寧和杜致禮感情日漸成熟，在準備結婚以前也寫信告訴了父母親。後來楊武之曾經給楊振寧一封長信，對於楊振寧的婚事提了一些看法，其中一點是當時杜聿明在中國還是階下囚，應該考慮有什麼影響？另外杜致禮出身將門之家，她的幾個弟弟當年在昆明上學騎馬當街而過給人的表面印象，也使得楊武之擔心雙方家世生活差距的因素。⑳

一九五〇年八月二十六日，楊振寧和杜致禮結婚。婚禮是在普林斯頓神學院的教堂舉行，由於雙方的家長都無法來參加，典禮中是由在昆明時代就和雙方熟識的清華大學前校長梅貽琦，代表女方家長將杜致禮交給楊振寧。行禮以後，在樓下大廳舉行了一個酒會，有七、八十個賓客參加。㉑

楊振寧和杜致禮結婚以後，就搬到普林斯頓高等研究院的公寓去住。那些公寓原來是軍營的房子，比較簡陋，房裡取暖都要把煤放到煤爐裡面去燒，晚上還得把灰弄出去。杜致禮原來還預備回學校去唸書，但是她唸的那所天主教女子學院規定，結了婚的學生就不能再回去，

楊振寧和杜致禮1950年8月26日在普林斯頓結婚。(楊振寧提供)

加上杜致禮不久就懷了孕，而且害喜吐得很厲害，弄到要住到醫院裡面一兩個禮拜，搞得兩人生活大亂，十分狼狽。㉒

那時候杜致禮的母親帶著弟妹住在台灣，她當然知道杜致禮結婚了，也就很關心他們的境況。於是在一個朋友到美國去的時候，就託那位朋友去看看楊振寧和杜致禮。那位朋友看了以後，給杜太太寫了一封信，信上說妳的女兒和一位楊博士結了婚，他們住在一棟活動的草房子裡。㉓楊振寧和杜致禮在那一棟「活動的草房子」住了兩年，一直住到杜致禮去台灣看她的母親。

一九五〇年，歐本海默給了楊振寧一個五年的聘約，並且把薪水漲成一年五五〇〇美金，楊振寧因為杜致禮以及其他的原因，拒絕了芝加哥大學和羅契斯特大學對他的邀聘。那一年他雖然發表了好幾篇論文，不過都是在八月結婚以前完成的。㉔

在這幾篇論文當中，有一篇叫做〈一個粒子湮滅成兩個光子的選擇定則〉。這篇論文起因是一九四九年楊振寧還在芝加哥大學時，在一個討論會上，有人提到加州大學柏克萊分校發現了π介子湮滅成兩個光子的實驗結果。在那個討論會上，泰勒發表了一個看法，但是因為論據簡陋、經不起推敲，所以很快就被大家辯倒了。

楊振寧回去以後一兩天，就把這個問題完全弄清楚了，後來論文在一九五〇年一月刊在物理科學最具代表地位的《物理評論》（*Physical Review*）上。楊振寧這篇論文發表的時候，蘇聯的大物理學家，後來在一九六二年得到諾貝爾獎的朗道（Lev Landau）也寫了一篇討論這個問題的論文，但是楊振寧的論文寫得更好一些。[25]這一篇論文和他的博士論文，都是討論對稱方面的文章，這兩篇論文發表以後，楊振寧在物理學關於對稱性的這個領域已經是相當出名了。[26]

一九五一年初，楊振寧開始深入研究易辛模型（Ising model）的問題。易辛模型是統計物理中一個著名的研究磁鐵磁性的數學模型，這模型曾經在四〇年代由挪威的一位大科學家翁薩格（Lars Onsager）做出令人稱奇的突破。楊振寧在西南聯大做碩士論文聽到王竹溪告訴他以後，就對這個問題深感興趣，但是卻一直沒有弄清楚其中的道理。

一九四九年十一月，他聽到陸廷傑談起翁薩格的女學生考夫曼（Bruria Kaufman）把翁薩格的辦法簡化以後，就積極開始再研究這個問題，到一九五一年初就得到一些概念的突破。

一九五一年的一月到六月，楊振寧說他開始了他物理生涯中最長的一個計算，在裡面碰到許多的困難，是一個峰迴路轉的過程。到六月下旬，他終於把整個計算研究完成了，那個暑期他正在伊利諾大學訪問。一個禮拜之後的六月二十八日，楊振寧的長子楊光諾（Franklin Yang）就出生在伊利諾大學所在的香檳城。[27]

楊振寧這一篇有九十六個公式、討論二維易辛模型的論文，很快的九月份就在《物理評

1951 年楊振寧抱著楊光諾和杜致禮的合照。(楊振寧提供)

論》刊登出來，這不但開啟了楊振寧在統計物理的重要起步，也使他後來繼續在統計物理方面做出世界數一數二的頂尖成就。

一九五一年秋天，李政道經過在威斯康辛州威廉斯灣的芝加哥大學天文台跟隨錢卓斯卡半年研究，以及到加州大學柏克萊分校一年的不愉快經驗之後，由楊振寧向歐本海默推薦到普林斯頓高等研究院來。兩人很自然的再開始合作研究，而且就從楊振寧的易辛模型工作開始進行研究，並且大有進展，很快就合寫了兩篇關於統計物理的論文。㉘

普林斯頓高等研究院是歐本海默的王國。歐本海默是一個早慧的天才型人物，一九二五年，他二十一歲，從哈佛大學唸化學畢業之後，就到歐洲去遊學，並且跟隨德國的大物理學家玻恩得到博士學位。三〇年代由歐洲回到美國以後，在加州大學柏克萊分校和加州理工學院任教，培養了美國一個世代的理論物理學家，可以說是將量子力學帶到美國來貢獻最大的人物。㉙

二次大戰期間，他成為美國原子彈計畫的總負責人，並且獲得極為成功的結果，使得他有了美國「原子彈之父」的稱號。他雖然沒有得到諾貝爾獎，但是楊振寧認為歐本海默物理科學品味非常好，他早年和學生合作的關於黑洞的工作，未來一定會在物理學和天文學中有著更重要的歷史地位。㉚

美國的「原子彈之父」歐本海默是早慧的天才，後來成為普林斯頓高等研究院大家長，對美國物理科學發展有很大貢獻。（楊振寧提供）

歐本海默是一個多才多藝的物理學家，興趣十分廣泛，會許多種語言，也會寫詩和文學作品。他對人說話十分不客氣，有時候甚至流於尖刻。他在英國和玻恩合作的時候，有一天，玻恩寫了一篇論文請他看看，過了兩天，歐本海默把文章還給玻恩的時候居然說：「這篇文章寫得非常之好，真是你寫的嗎？」㉛

歐本海默這種尖刻的言詞和個性，雖然並不影響學生對他的崇拜，但是卻使得一些人非常討厭他。甚至有一種說法認為，歐本海默這種個性因為得罪華府有權勢的人，使得後來在美國麥卡錫參議員發動清剿共黨的白色恐怖時代，歐本海默被國會公開質疑他的忠誠，最後受到取消他參與國防機密權利的打擊。

歐本海默和楊振寧的關係一直很好，也許是對楊振寧的物理很欣賞，楊振寧一到普林斯頓高等研究院，歐本海默就請楊做了一個報告。後來楊振寧因為學生身分，移民局那兒有問題，歐本海默就把楊振寧原來高等研究院訪問成員的身分，改成研究院一位教授派斯（Abraham Pais）的助理身分，使楊振寧成為研究院的雇員，而解決了移民局的問題。㉜

派斯是一個由歐洲來美國的猶太人，二次大戰期間在歐洲曾經受過德國納粹的迫害，僥倖逃生。他在物理方面雖然有不錯的成績，但是物理學界公認他最重要的一個貢獻，是他寫的那一本《愛因斯坦傳》（*Subtle Is the Lord*）。這本書已經被認為是關於愛因斯坦科學生涯的一個經典著作。

1961年前後楊振寧和派斯（左一）、戴森（左二）和李政道（右一）攝於普林斯頓。（楊振寧提供。Courtesy of A. Richards.）

派斯年輕的時候不是一個很好相處的人，尤其對於年資比他淺的人，有的時候會欺負別人。因此楊振寧到普林斯頓高等研究院以後，那時候還在普林斯頓的張文裕的太太王承書，就警告楊振寧要小心派斯。王承書是一個正直嚴謹的人，她是最早提出電子自旋的烏倫貝克（George Uhlenbeck）的學生，有計算從不出錯的令譽。後來她回到中國，在中國原子彈計畫中有很重要的貢獻。㉝

楊振寧去做了派斯的助理以後，有一次派斯果然要楊振寧把一個演講的筆記寫下來，楊振寧因為事先得到王承書的警告，所以加以拒絕，而派斯以後也就沒有再來麻煩他。㉞

楊振寧去美國留學本來並沒有久留的打算，許多事也都是在做回中國的打算，譬如他和杜致禮剛結婚要買照相機，就會先打聽國內有什麼底片，買電唱機也要打聽中國用的電的規格。後來韓戰爆發，杜魯門總統下了一個命令，所有在美國拿到博士學位的人都不可以到中國大陸去，加上後來大兒子出生，漸漸的不知不覺中就變成預備長期留在美國了。㉟

一九五二年，楊振寧在普林斯頓高等研究院變成永久的成員，年薪也上漲到一萬美金。他雖然在普林斯頓高等研究院慢慢安定下來，但是並沒有忘記費米給他的勸告。為了避免在這個「中世紀修道院」與世隔絕，他的辦法是常常到許多大學和布魯克哈芬實驗室去訪問，接觸實驗和理論的新發展。㊱

一九五二年，楊振寧以前在芝加哥大學認識的一位物理學家傑考布遜（Boris Jacobson）在西雅圖華盛頓大學的物理系，邀請他到華大去訪問。那一年四月，楊振寧和杜致禮帶著兒子，一路由普林斯頓開車到西雅圖去。暑假以後，杜致禮的弟弟杜致仁也去西雅圖和他們歡聚。

華盛頓大學物理學家因為身處高山湖泊之間，經常有許多戶外的活動，有時候會去爬很高的山。那一年他們計畫爬的是在奧林匹克半島的康士坦士山（Mt. Constance），因此也邀請來訪問的楊振寧一起參加。楊振寧興致勃勃的加入了那次爬山，結果幾乎丟掉性命。

楊振寧記得那一次他們去爬山，一共有三、四十個人參加，康士坦士山雖然只有二千多公尺，但是山上有許多的積雪。在雪坡的山嶺往上爬的時候，他是和一位物理學家烏克寧（E. A. Uehling）以及一位女大學生連在同一根繩子上。路途中他們要通過一片積雪的斜坡，是一個接著一個橫著走，結果那個女學生失足滑了下去。本來在這種爬山的過程中，如果有人滑跌下去，應該立即要大聲的叫：「Self arrest! Self arrest!」（自我固定！自我固定！），在上面的人聽到就把冰斧插在雪地上，而使得向下滑的人停下來。

結果這個向下滑的女生並沒有叫，所以楊振寧還在向上面走，結果就被向下滑的女生拉倒，並且頭向下的滑下去，滑了好一段距離之後，因為上面烏克寧的繩子拉緊了，楊振寧才停了下來。楊振寧爬起來一看，下面不過十英尺的樣子就有一塊大石頭，如果他繼續滑下去一頭撞上，後果不堪設想。

後來他們繼續往山上爬，上面的雪愈來愈多，而且雲霧也比較濃，結果有兩個人一不小心又失足滑了下去，楊振寧說在雲霧中看不清楚，只能聽見他們在雲霧中叫著「Self arrest! Self arrest!」，回聲在群山中盪漾，大家看著他們以很快的速度向下消失，心裡知道下面幾百英尺的地方就是一個峭壁。

所以有一陣子大家都不說話，等了好多分鐘以後，從霧裡面漸漸的看到這兩個人從下面爬上來，才知道他們並沒有掉到峭壁下面。後來他們爬完了整個的行程，幸好並沒有任何人受傷。

楊振寧說他絕對不會忘記那兩個年輕人在雲霧中向下快速的滑下去，一面叫著「Self arrest! Self arrest!」好像電影場景的驚險景象。那一天回到家裡已經是夜裡很晚，他突然想到如果出了意外，那個時候兒子才只有一歲。㊲

一九五二年九月，楊振寧和杜致禮決定，由杜致禮帶著兒子Franklin回台灣去給杜太太看看。杜致禮到了台灣，先是住在花蓮，後來搬到台北的同安街。杜致禮已經有五年沒有看到母親和弟妹，和家人團聚自是開心的，她還在花蓮中學教了一個學期的英文。㊳

原本杜致禮是計劃聖誕節前後回美國的，結果十二月裡楊振寧在美國接到杜致禮一個電

1953年秋天杜致禮在東京穿著日本和服的照片。(楊振寧提供)

話，說她去美國領事館拿不到簽證。這一來楊振寧有一點著急，於是他就去找了歐本海默。那個時候歐本海默還沒有發生國會聽證會的問題，在華盛頓很有影響力，於是歐本海默就替楊振寧找了一個叫渥琵（Joseph Volpe）的律師，來處理簽證的問題。後來歐本海默的聽證會也是渥琵做他的律師。

那個時候，一年只有一百零五個中國人可以得到美國的移民簽證，但是有幾萬人在申請，結果靠著渥琵的努力，大概歐本海默也幫了忙，後來終於擠出兩個名額來，但是必須要到美國以外的地方去申請簽證。

一九五三年九月，正好在京都舉行日本戰後第一次的國際物理會議，楊振寧受邀參加，所以他們就決定到日本的美國領事館去辦美國的簽證。

這時候杜致禮要到日本去的簽證又碰上了困難，原因是台北日本大使館辦事人員態度很差，對杜致禮理都不理。那個時候日本已經有了一個諾貝爾獎得主湯川秀樹，而那一次國際會議的主辦人之一，是當時日本首相吉田茂的兒子或者女婿。楊振寧於是把邀請信寄給杜致禮，台北日本大使館的辦事人看到邀請信以後，態度馬上就變得客氣得不得了，兩三天之內就給了杜致禮到日本的簽證。㊴

一九五三年九月，楊振寧在東京的羽田機場看到從台灣飛來的杜致禮和楊光諾，自是欣喜萬分。他們坐計程車由機場到下榻的東京帝國飯店，在計程車裡楊振寧拉住久未見面杜致禮

1953年在日本舉行的國際物理會議合影，詳細說明請見下一頁。（楊振寧提供）

（續前頁）參加這次會議的科學家中有三位諾貝爾獎得主，以及十五位日後的諾貝爾獎得主：
23范弗壘克（John H. van Vleck，1977年諾貝爾物理獎得主）
24維格納（Eugene P. Wigner，1963年諾貝爾物理獎得主）
25湯斯（Charles H. Townes，1964年諾貝爾物理獎得主）
26普里歌金（Ilya Prigogine，1977年諾貝爾化學獎得主）
30馬利肯（Robert S. Mulliken，1966年諾貝爾化學獎得主）
39弗洛里（Paul J. Flory，1974年諾貝爾化學獎得主）
40巴丁（John Bardeen，1956、1972年諾貝爾物理獎得主）
41瑪麗亞・梅爾（Maria G. Mayer，1963年諾貝爾物理獎得主）

47 費曼（Richard P. Feynman，1965 年諾貝爾物理獎得主）
51 翁薩格（Lars Onsager，1968 年諾貝爾化學獎得主）
63 楊振寧（Chen Ning Yang，1957 年諾貝爾物理獎得主）
89 奈耳（Louis Néel，1970 年諾貝爾物理獎得主）
90 摩特（John R. Mott，1946 年諾貝爾和平獎得主）
96 布洛赫（Felix Bloch，1952 年諾貝爾物理獎得主）
98 布樓姆伯根（Nicolaas Bloembergen，1981 年諾貝爾物理獎得主）
106 安德森（Philip W. Anderson，1977 年諾貝爾物理獎得主）
109 朝永振一郎（Sin-Itiro Tomonaga，1965 年諾貝爾物理獎得主）
114 湯川秀樹（Hideki Yukawa，1949 年諾貝爾物理獎得主）

的手，沒想到坐在旁邊兩歲大的楊光諾看見了突然說：「不好！不好！」㊵

那一次在日本舉行的國際物理會議很成功，會議前一半在東京，後面一半在京都舉行，中間還到熱海等一些地方遊覽。那次會議除了楊振寧之外，只有另外一位後來在一九七七年得到諾貝爾獎的物理學家安德森（Philip W. Anderson）帶了一個小女兒，所以後來他們的一個團體照，中間就有這兩個小孩。楊振寧說，那些被日本請來參加會議的物理學家當中，後來有近二十個人得到了諾貝爾獎，可見得日本的主辦者很有眼光。㊶

楊振寧從日本參加完國際會議回到美國，就去了布魯克哈芬國家實驗室。原因是那個時候布魯克哈芬實驗室剛建成一個當時世界能量最高的加速器，叫做Cosmotron，他們要請一個做理論的物理學家去。早年跟歐本海默有密切合作的著名物理學家舍博（Robert Serber）推薦了楊振寧，布魯克哈芬加速器部門負責人柯林斯（George Collins）接受了以後，給楊振寧寫了一封邀請信。因此一九五三年夏天，楊振寧已經先搬到布魯克哈芬實驗室，十月間一家人由日本回到美國，就直接去布魯克哈芬實驗室，並且住進由軍營改建的二十四B公寓裡。㊷

杜致禮在台灣的那一年，楊振寧為了省錢，搬離了普林斯頓高等研究院的公寓，搬到一個老太太的一棟很大的房子中間一個房間去住，早年德國諾貝爾文學獎得主湯瑪士．曼（Thomas Mann）也曾經在這個房子裡面住過。楊振寧說，他住在裡面，每天把書架上的書翻

1984年楊振寧的母親到美國，楊振寧特別帶母親看他位於布魯克哈芬實驗室的辦公室，1954年和1956年，他在這裡寫下一生工作中最重要的兩篇論文。（楊振寧提供）

看一兩本。由於想念杜致禮，所以給杜致禮寫了很多信，但是生活仍然覺得很寂寞，加上又要花時間找律師弄簽證的事情，所以在物理工作上沒有太多的進展。㊸

在這一年當中唯一的一個插曲，是在普林斯頓高等研究院的愛因斯坦，因為對楊振寧和李政道合寫的兩篇統計物理論文感到興趣，就要他的助手、也是翁薩格當年的女學生考夫曼來要楊、李二人去和他談一談（詳見第七章）。

楊振寧經過一年的波折，一家人團聚，心中非常踏實，他很喜歡布魯克哈芬實驗室的環境，物理工作也做得特別起勁，結果就在這一年當中，他做出了一生最重要的一個物理工作。

楊振寧曾經寫道：

夏天，布魯克哈芬有許多的訪客，物理討論、海灘嬉遊、社交活動好不熱鬧。然後秋天到了，訪客都離去，我和妻兒在一座由老舊兵營改建的公寓裡安頓下來，開始過一種安靜的生活。房子的四周都是樹林，我們常在林間作長時間的散步。週末我們就開車探索長島各處。我們愈來愈喜歡蒙塔克點（Montauk Point）㊹、大西洋的海岸、野林子公園，以及布魯克哈芬附近那些樸實的居民。

一個飄雪花的星期天，我們漫無目標地開車沿北岸駛去，來到一處迷人的小村莊。我們被購物中心周圍那美麗的景致迷住了，便在地圖上查找它的名字，原來它叫做石溪（Stony

Brook）。當時我們並不知道，下一次（一九六五年）再到石溪來時，這裡就成了我們的新家。[45]

楊振寧在布魯克哈芬和密爾斯（Robert Mills）共用一間研究室。密爾斯是那個時候在哥倫比亞大學的理論物理學家柯羅爾的研究生，即將拿到博士學位。楊振寧那時正好又開始研究他一直感興趣的場論問題，於是他將他的想法說給密爾斯聽。

兩個人因此開始合作研究這個問題，並寫成一篇重要的論文，這就是後來所謂的「楊—密爾斯規範場論」。這個理論隨著七〇年代實驗和理論物理逐漸發展，成為二十世紀幾個最重要的理論物理架構之一，也奠定了楊振寧一代物理大師的地位。

一九五四年四月，美國政府開始對歐本海默的忠貞問題進行了聽證會。結果剝奪了歐本海默接觸國家機密的資格，甚至趕盡殺絕的想將他由普林斯頓高等研究院趕出去。這一來觸怒了高等研究院的成員，包括戴森、愛因斯坦、派斯和楊振寧在內的所有二十六位永久成員都在一份聲明上簽名，公開表達對歐本海默的支持，成功對抗了來自華盛頓的政治迫害。[46]

美國學術界雖然都很同情歐本海默，但是他經過此一事件，身心大受打擊，一直到一九六七年去世都沒有恢復往昔的風采。在國會聽證會上，雖然費米、拉比等許多大科學家都

1954年和楊振寧合寫了「楊—密爾斯規範理論」論文的密爾斯。（楊振寧提供）

曾經發言支持歐本海默，但是泰勒卻在聽證會上說出了他對於歐本海默的懷疑。因為此事泰勒後來在科學界遭受很大的敵意，許多熟識的科學家在公開場合故意不理會他，造成他內心終生的痛楚。㊼

一九五四年秋天，在布魯克哈芬一年的工作結束以後，楊振寧再回到普林斯頓高等研究院。有一天他接到後來得到諾貝爾獎的葛爾曼（Murray Gell-Mann）的電話，邀他一塊去看病重的費米。費米是楊振寧在芝加哥的老師，而且是一個對學生十分關注的老師，楊振寧不但景仰費米的科學，對他的人格也十分的崇仰。他們的關係十分親近，一九五二年楊振寧去西雅圖訪問途中，還在芝加哥和費米見面討論物理，後來楊振寧還從西雅圖給費米寫信，除了報告他在西雅圖的愉快經驗，也再說明了當時他們討論的物理問題。㊽

楊振寧和許多人都懷疑，費米是因為做實驗不小心吸入有毒東西而傷害了他的健康，那個時候費米才五十四歲。

楊振寧和葛爾曼到芝加哥的畢林斯醫院探望費米。「我們走進病房時，他正在讀一本描寫憑藉堅強意志戰勝厄運和巨大自然障礙的真實故事集。他很瘦，但只略顯哀愁。他很鎮靜地告訴我們他的病情。醫生對他說，幾天之內就可以回家，但沒有幾個月可以活了。」

「說完，他讓我們看放在床邊的一個筆記本，告訴我們那是他關於核物理的筆記。他計畫出院後利用剩下來的兩個月時間將它修改出版。葛爾曼和我被他的堅毅精神和對物理學的熱情

楊、李二人的合作，產生了豐富而傑出的科學成果。
（Courtesy of the Archives of the Institute for Advanced Study.）

所感動，有好一會兒我們不敢正眼看他。」楊振寧說，他和葛爾曼走出病房的時候，費米對他們說：「我把物理留給你們了。」

楊振寧和葛爾曼探望後不出三個禮拜，費米就去世了。㊾費米過世以後，芝加哥大學空出來一個教席，所以他們想再請楊振寧回去。一九五五年，芝加哥費米研究所的主任艾立遜坐火車到普林斯頓來，楊振寧特別到火車站接他。那天晚上艾立遜就和歐本海默見了面。

後來歐本海默告訴楊振寧說，艾立遜見到他的第一句話就是說：「我要把楊振寧從你這裡偷走。」楊振寧那個時候和李政道有密切的合作，所以在芝加哥大學邀請他回去的時候，他要芝加哥大學也一併聘請李政道，後來當然楊振寧並沒有回到芝加哥大學去。㊿

楊振寧由日本回到美國以後，就又恢復了和李政道密切的合作關係。那時候李政道去了哥倫比亞大學做助理教授，他們訂下一個互訪的辦法；每個禮拜有一天楊振寧到哥倫比亞大學，李政道則在另外一天到普林斯頓或者布魯克哈芬。這種密切的合作，產生了豐富而傑出的科學成果，並且促成兩人在一九五六年合寫一篇論文，挑戰弱作用中宇稱守恆的定律，並使他們在一九五七年成為最早得到諾貝爾獎的兩個中國人。51

楊振寧和李政道在物理科學上的合作，曾經是比較缺乏合作傳統的普林斯頓高等研究院中的一樁美事。楊振寧自一九四九年就一直在普林斯頓高等研究院，李政道也曾經三度在那裡訪問，所以普林斯頓高等研究院的院長歐本海默就常講，光是看到楊、李二人一同走在研究院裡，就讓他覺得驕傲。52

楊、李難得的合作關係終究不能持久，在得到諾貝爾獎之後五年，也就是一九六二年，兩人終於吵翻分手。李政道很快的離開當時訪問的普林斯頓高等研究院，回到哥倫比亞大學。一九六六年，楊振寧也終於離開他待了十七年的普林斯頓高等研究院，應邀到紐約州立大學石溪分校開創一個全新的理論物理研究所。

楊振寧後來回顧他在普林斯頓十七年的學術生涯，他說：

從二十七歲到四十四歲，我在高等研究院度過了十七個春秋（一九四九年至一九六六年）。在那裡我做出許多科學成果，也過得很快活。我喜歡那裡樸實無華的喬治式建築和平靜嚴謹的氣氛。我喜歡那個延伸到林中小吊橋的長長的通幽曲徑。

它是世外桃源。它是一個冥思苦想國度，在這裡的人都默默的想著自己的事情。研究院裡的終身教授都是第一流的，來訪問的一般說來也都很出色。它是一座名副其實的象牙之塔。53

那麼，為什麼要走出象牙之塔？這個問題，從那時候直到今天，常常有朋友問我。他們問走出了象牙之塔是否後悔？我的回答始終是：不後悔。世界不只有象牙之塔，還有很多很多別的事業。

比如說建立石溪分校、建立中文大學就是。這些事業的重要，跟象牙之塔的重要是不同的。很難說哪一個更重要。[54]

【注】

①楊振寧演講：「施溫格」，一九九五年四月二十日在美國華盛頓美國物理學會紀念施溫格會議。收入《楊振寧文集》，張奠宙翻譯，上海：華東師範大學出版社，一九九八年，第820頁。

②Robert Crease and Charles Mann, *The Second Creation*, New York: Macmillan, 1986, p.126.

③楊振寧訪問談話，一九九八年十月二十七日，紐約州立大學石溪分校辦公室。

④Robert Crease and Charles Mann, *The Second Creation*, New York: Macmillan, 1986.

⑤楊振寧，*Selected Papers 1945-1980 with Commentary*, New York: W. H. Freeman, 1983, p. 6.

⑥楊振寧訪問談話，一九九八年十月二十七日，紐約州立大學石溪分校辦公室。

⑦楊振寧訪問談話，一九九九年五月十七日，紐約州立大學石溪分校辦公室。楊振寧，*Selected Papers 1945-1980 with Commentary*, New York: W. H. Freeman, 1983, p. 65.

⑧Edward Regis, *Who Got Einstein's Office?*, Reading, Mass.: Addison-Wesley, 1987. 中文版《柏拉圖的天空》由

天下文化出版。

⑨楊振寧，《讀書教學四十年》，香港：三聯書店，一九八五年，第119頁。

⑩楊振寧，*Selected Papers 1945-1980 with Commentary*, New York: W. H. Freeman, 1983, p. 9.

⑪楊振寧訪問談話，一九九八年十月二十七日，紐約州立大學石溪分校辦公室。楊振寧，《讀書教學四十年》，香港：三聯書店，一九八五年，第33頁。

⑫楊振寧訪問談話，一九九八年十月二十七日，紐約州立大學石溪分校辦公室。

⑬杜致禮訪問談話，二〇〇〇年八月二十一日，紐約長島石溪火車站。

⑭杜致禮訪問談話，二〇〇〇年八月二十一日，紐約長島石溪家中；二〇〇一年四月二十三日，台北福華飯店房間。

⑮楊振寧訪問談話，一九九八年十一月二日，紐約州立大學石溪分校辦公室。

⑯楊振寧，〈父親和我〉，香港《二十一世紀》，第四十四期（一九九七年十二月）。

⑰楊振寧訪問談話，二〇〇〇年八月二十一日，紐約長島石溪火車站。

⑱楊振寧、杜致禮訪問談話，二〇〇〇年八月二十一日，紐約長島石溪火車站。

⑲楊振寧訪問談話，一九九八年十月二十七日，紐約州立大學石溪分校辦公室。楊振寧演講：「讀書教學四十年」，一九八三年三月二日在香港中文大學。

⑳楊振玉訪問談話，一九九九年九月十日，紐約州立大學石溪分校辦公室。

㉑楊振寧訪問談話，一九九八年十月二十七日，紐約州立大學石溪分校辦公室。

㉒同上。

㉓同上。

㉔同上。

㉕楊振寧訪問談話，一九九九年五月八日，紐約州立大學石溪分校辦公室。

㉖楊振寧訪問談話，一九九八年十月二十七日，紐約州立大學石溪分校辦公室。
㉗楊振寧，*Selected Papers 1945-1980 with Commentary*, New York: W. H. Freeman, 1983, pp. 11-12.
㉘楊振寧訪問談話，一九九八年十月二十七日，紐約州立大學石溪分校辦公室。
㉙楊振寧訪問談話，一九九九年五月八日，紐約州立大學石溪分校辦公室。
㉚楊振寧，*Selected Papers 1945-1980 with Commentary*, New York: W. H. Freeman, 1983, p. 66.
㉛楊振寧，〈幾位物理學家的故事〉，原載於中國《物理》雜誌，一九八六年（第十五卷，第十一期），收入《楊振寧文集》，上海：華東師範大學出版社，一九九八年。
㉜楊振寧訪問談話，一九九九年五月八日，紐約州立大學石溪分校辦公室。
㉝同上。
㉞楊振寧訪問談話，二〇〇〇年七月三十一日，香港中文大學辦公室。
㉟楊振寧訪問談話，一九九八年十一月二日，紐約州立大學石溪分校辦公室。
㊱楊振寧訪問談話，一九九八年十一月二日，紐約長島石溪家中。另外Edward Regis, *Who Got Einstein's Office?*, Reading, Mass.: Addison-Wesley, 1987, p.152.
㊲楊振寧訪問談話，一九九八年十月二十七日，紐約州立大學石溪分校辦公室。
㊳杜致禮訪問談話，二〇〇〇年八月二十一日，紐約長島石溪家中。
㊴楊振寧訪問談話，一九九八年十月二十五日，紐約州立大學石溪分校辦公室。
㊵同上。
㊶同上。
㊷楊振寧訪問談話，一九九八年十月二十五日，一九九八年十月二十七日，紐約州立大學石溪分校辦公室。
㊸蒙塔克點是在長島半島最東邊的頂尖上，還有一個燈塔。
㊹楊振寧，*Selected Papers 1945-1980 with Commentary*, New York: W. H. Freeman, 1983, p. 17.

㊺Edward Regis, *Who Got Einstein's Office?*, Reading, Mass.: Addison-Wesley, 1987.
㊻楊振寧，〈幾位物理學家的故事〉，《楊振寧文集》，上海：華東師範大學出版社，一九九八年。泰勒訪問談話，一九九九年七月十一日，加州舊金山史丹佛家中。
㊼楊振寧，致費米信函（未發表），一九五二年五月五日；*Selected Papers 1945-1980 with Commentary*, New York: W. H. Freeman, 1983, p. 167.
㊽楊振寧，《讀書教學四十年》，香港：三聯書店，一九八五年，第34頁。
㊾楊振寧訪問談話，二〇〇二年六月十八日，北京清華大學。
㊿楊振寧訪問談話，一九九九年五月十七日，紐約州立大學石溪分校辦公室。
51 一九五七年楊振寧和李政道都還持中華民國護照，所以到現在為止雖然已有六位華裔的諾貝爾獎得主，但是在瑞典諾貝爾獎委員會的正式紀錄上，只有他們兩人的國籍是中國。
52 Edward Regis, *Who Got Einstein's Office?*, Reading, Mass.: Addison-Wesley, 1987.
53 楊振寧，*Selected Papers 1945-1980 with Commentary*, New York: W. H. Freeman, 1983, p. 64.
54 楊振寧演講：「讀書教學四十年」，一九八三年三月二日在香港中文大學二十週年紀念講座。後來收入同名書《讀書教學四十年》，香港：三聯書店，一九八五年。

第6章

石溪新天地

楊振寧在石溪理論物理研究所的辦公室。(江才健攝)

紐約的長島地區，事實上像是一個伸向大西洋中間的半島。島上曲折蜿蜒的海岸，蒼鬱茂密的林木，塑造長島成為美國十分出名的高價位住宅區。但是在一九六〇年代以前，這個豪宅林立的地區卻沒有一個有名望的高等學府。

一九六〇年一個委員會向紐約州政府提議，在長島中部靠近布魯克哈芬國家實驗室附近的地方，建立紐約州立大學的一個新的校區，一九六二年這個新校區就在長島北岸一個叫做石溪的小鎮開始創建起來。①

紐約州立大學石溪校區的建立，一開始就是頗有雄心的計畫，他們不但要創建一個包含文學、藝術、科學、工程的全方位大學，而且還要使這個學校具有一流的學術水準。一九六五年這個大學開始不久，物理學家托爾（John Toll）就成為第一任的校長。托爾是耶魯大學物理系畢業，接著跟隨普林斯頓大學著名物理學家惠勒完成博士研究，然後他到馬里蘭大學教書和做研究，並且擔任物理系主任。托爾是有成就的物理學家，也確是一個非常能幹而且又真正懂得科學的人。美國的科學和學術能夠發展得成功，一部分的道理，正是因為在他們學術界裡有許多像托爾這樣的人才。②

一九六五年，當時的紐約州州長洛克菲勒（Nelson Rockefeller）為大力促進紐約的大學學術發展，決定在紐約州的大學設立五個科學講座教授的位子，命名為「愛因斯坦講座教授」，另外在人文學和社會科學領域，也同樣設立五個名為「史懷哲講座教授」的教席。

「愛因斯坦講座教授」教席設立的辦法，是開放讓所有紐約州的大學來爭取，競爭成功的學校每年可以由紐約州教育局得到十萬美金的經費，支應教席的薪水和相關費用。州教育局原本的構想，是由他們自己任命這個「愛因斯坦講座教授」，薪水也由教育局直接支付。托爾立刻就反對這種想法，認為教育局應該把錢撥給大學，由大學自主的來聘請這個「愛因斯坦講座教授」，使得這個教席成為大學教授的一員。托爾的堅持說服了州教育局，也替後來勸服楊振寧同意到紐約州立大學石溪分校，奠下了有利的基礎。③

那時候主持紐約州立大學石溪分校物理系的龐德（T. A. Pond）和知名物理學家德內斯登（Max Dresden）也提出建議，就是在和楊振寧接觸的時候，希望楊振寧同意，如果石溪分校爭取到「愛因斯坦講座教授」的話，楊振寧就會到紐約州立大學石溪分校來。因此一九六五年初，托爾打電話給楊振寧，然後再到普林斯頓和他見面提出他們的邀請和構想。楊振寧考慮了幾個禮拜，決定在前面的那個大原則下同意到石溪來。④

事實上紐約州多的是歷史悠久、夙負盛名的一流學府，譬如說像紐約大學、哥倫比亞大學和康乃爾大學；他們在競爭「愛因斯坦講座教授」上原本是遠較石溪分校來得有利得多的。但是只因為紐約州立大學石溪分校在他們的申請表上，附上了楊振寧同意到石溪來的一封信，一下子就使得石溪在和紐約州其他大學競爭之時，處於了一個非常有利的地位。

了解物理科學發展的歷史，就知道到了一九六〇年代中期，楊振寧並不僅只是一個頂著諾貝爾桂冠的傑出物理學家，他已經是當時世界公認的頂尖理論物理學家。如果楊振寧願意從紐澤西州的普林斯頓高等研究院到紐約州來，可以說馬上就大大的提升了紐約州的學術地位。也正是因為這個緣故，紐約州教育局很快就在一九六五年，將第一個愛因斯坦講座的教席給了紐約州立大學的石溪分校。⑤

石溪在爭取楊振寧到學校來接受這個教席的努力上，事實上費盡苦心。除了托爾校長親自出馬勸說，他們也動員楊振寧西南聯大的好友，那個時候在石溪分校任電子工程教授的張守廉，一同遊說楊振寧去參觀石溪的校園。

一九六五年春天，楊振寧和杜致禮帶著一九五八年出生的二兒子楊光宇和一九六一年出生的女兒楊又禮，一同到石溪去訪問。他後來回憶起在山茱萸花盛開的春天，那一次愉快的石溪之行：

> 我們住在學校的日木賓館（Sunwood Guesthouse），從那裡可以眺望長島海灣。我們在那的第一個傍晚，海灣上的落日就像是鑲在房間窗戶上的一幅美景。我們的心都被攫去了。⑥

儘管如此，對於是不是要到石溪，楊振寧並不是沒有猶豫的。正如同托爾說的，許多人對於楊振寧願意到紐約州立大學石溪分校來的決定頗感意外，原因是他所在的普林斯頓高等研究院，是地位崇隆的一流學術象牙塔，連愛因斯坦那樣的世紀偉大物理學家，晚年都安然悠遊於那片學術林園。楊振寧一九五五年就已經是那裡的永久教授，那是多少學術中人夢寐以求的地位。

普林斯頓當然也不願意失掉楊振寧。他們一聽說楊振寧有要離開的想法，就頗為緊張，所以在物理系的一次會議上曾經商量如何把楊振寧留下來。當時有人建議應該聘請一個楊振寧喜歡的人來做他的研究夥伴，但是普林斯頓的物理學家高德伯格（Murphy Goldberger）立刻推翻了這個建議，他的理由是：「楊振寧並不需要和任何人合作」。⑦

讓楊振寧猶豫的另外一個原因，是紐約州立大學石溪分校還有一個擴張的計畫，校長托爾和物理系主任龐德想設立一個理論物理研究所，並希望由楊振寧來負責。楊振寧說：「那個研究所十分的小，我並不需要花很多時間來管理。但是我天生不是那種喜歡掌管事務的人。我對他們提議的第一個反應是：我究竟是否懂得如何去掌管一個群體，哪怕它只不過是很小的一個群體？自覺的或者是半自覺的，我一直拿不定主意。最後我認定我可以學會做這個主任的工作。」四月底的時候，楊振寧告訴托爾，他接受石溪的職位，並且將在一九六六年到任。⑧

一九六五年的十一月十一日，《紐約時報》的頭版刊出楊振寧接受紐約州立大學石溪分校「愛因斯坦講座教授」的消息。報導引述當時布魯克哈芬國家實驗室主任高德哈柏（Maurice

Goldhaber）的話，認為楊振寧接受這個教席，將使得紐約州立大學石溪分校一振而起，立於近代物理的最前沿，這不但可以替紐約州立大學吸引第一流的學生，並且也將吸引傑出的學者到石溪來。

報導中間還說，楊振寧的「愛因斯坦講座教授」年薪四五〇〇〇美金，這個薪水的數目必須保證比紐約州立大學校長的薪水多五〇〇〇美金。新聞報導中也指出，當時美國大學正教授的最高平均年薪是二二一一〇美金。⑨

這一次楊振寧由普林斯頓搬到長島的石溪，可以說是他的家庭唯一的一次搬家。楊振寧說，這一次搬家，太太杜致禮十分的贊成，主要的一個原因，也就是那一次他們到石溪去訪問，在黃昏時分看到夕陽美景留下了美好的印象。⑩

任何一個人在六〇年代中期到紐約州立大學石溪分校去看一看，就能夠想像楊振寧的離開普林斯頓高等研究院，是多麼大的一個改變，而又需要多麼大的決心。不要說兩個地方學術條件的差異，就是校園裡的景象，石溪不但沒有普林斯頓的通幽曲徑，參天古木，學校裡還到處是建築造成的泥濘，而起初他們也只能住在很普通的改建公寓裡面。

楊振寧當然欣然優游於普林斯頓的學術象牙塔，但是正如他自己說的，象牙塔畢竟不是整個世界，為建造一所新的大學而出力，這種挑戰是令人興奮的。⑪

除了建造一所新大學的興奮挑戰，另外擊中了楊振寧個性中浪漫情懷的一個原因，也許來自他和石溪這個地方超乎尋常的一種機緣；先是一九五三年冬天無意間的初次邂逅，六五年又有落日美景的驚鴻一瞥，而那時候他離開中國已經有二十年之久，在美國這一塊土地上不知不覺間根也扎深了，他幾經掙扎在一九六四年入了美國籍，心理上也自然的有了在石溪這個地方建立常住久居家園的想法。

石溪的學校當局也費心協助楊振寧尋找合適的住處。經過一段時間，他們終於在石溪北方靠海邊一個叫做賽濤客（Setauket）印第安名字的地方，找到面對長島海灣的地點，楊振寧特別請了一位建築師設計蓋了一棟相當大而且漂亮的房子。石溪的校長也是楊振寧老朋友托爾就說，在選擇住家房子地點的這件事情上面，楊振寧所展現做事情的一個風格，正如同他解決物理問題是一樣的；他不只是解決問題，而是要以其獨特的方式得到最優美而有效的答案。[12]

楊振寧開始要在一個全新的校園裡，創建理論物理研究所，他深知挑戰的巨大，而最重要的就是要找來最好的人才。

石溪原來就有龐德和德內斯登兩個非常有科學識見和雄心的物理學家，經過楊振寧的努力，又請來他一九六〇年在普林斯頓認識的年輕優秀韓裔物理學家李昭輝（Benjamin Lee），以及和他在普林斯頓同事多年，楊振寧認為有非常好的物理直覺的一流物理學家布朗（Gerald Brown）。這些物理學家以及後來許多和楊振寧惺惺相惜、對楊振寧物理風格欣羨仰慕的物理學家的加入，石溪理論物理研究所終於在世界物理學的版圖中，占有了一席地位。

布朗曾經回憶起他來到石溪的經過。他說一九六七年楊振寧回到普林斯頓做一次短期的訪問。有一天楊振寧來到布朗的辦公室，邀請他到外面的樹林子裡去走一走。那個時候布朗在普林斯頓已經建立起世界上最頂尖的核物理理論研究團隊，而石溪在核物理方面才剛剛起步。但是他被楊振寧的科學視野吸引，加上非常的仰慕楊振寧，所以一九六八年便由普林斯頓辭職到了石溪。布朗說：「這是我一生中許多好的決定當中最好的。」⑬

對於請人到石溪理論物理研究所來，如同托爾校長說的，楊振寧是有著很嚴格的一個標準的，但是楊振寧的標準卻並不是以他個人做研究的喜好和方向為準則。譬如說他雖然非常推崇李昭輝在物理科學方面的鑑賞力和洞察力，但是李昭輝做的工作卻不是楊振寧喜歡的那種口味。⑭此外，後來接替楊振寧做石溪理論物理研究所所長的范尼文海森（**Peter van Nieuwenhuizen**），雖然也是楊振寧在七〇年代中期把他請來的，但是范尼文海森成名之作的所謂超引力理論，事實上也並不是楊振寧特別研究的方向。

楊振寧從普林斯頓到石溪去，其實中間的一個原因，也是因為普林斯頓高等研究院是一個純粹的學術研究象牙塔，並沒有學生，所以他想，到了石溪的理論物理研究所以後，可以有一些研究生，或許也是一個好處，他說起這件事情的說法：「帶研究生也許可以算是一個貢

紐約州立大學石溪分校數學系大樓，1974年以後楊振寧的辦公室在此樓的頂層。（楊振寧提供）

楊振寧在石溪理論物理研究所的辦公室和研討室。(江才健攝)

辦公室

牆上是鮑立（上）和費米（下）的照片。

左邊是狄拉克（上）和維格納（下）的照片。

有一面牆上都是愛因斯坦的照片。

研討室

獻，或者說是一個樂趣罷？」⑮語氣中似乎還是帶著一些疑問的。

事實上楊振寧自己做科學的風格，是並不容易有一個合作的研究生的，原因是他對科學的品味十分的個人化，而且他不太喜歡搶做熱門主流的題目，這就比較不吸引一些最積極進取的學生，加上他對於物理科學的興趣廣泛，總喜歡換不同的題目做，因此他常常覺得並沒有什麼好題目可以給學生做的。

事實上，他到石溪來以前，也只在芝加哥大學當講師時，應一個學生之請給了他一個題目，那個題目其實後來跟瑪麗亞·梅爾得到諾貝爾獎的原子核殼層模型是相同的一個方向。不過那個學生後來因為沒有繼續做下去，所以也就無疾而終了。⑯

楊振寧在石溪從一九六六年到一九九九年退休，前後有三十三年之久，但是他一共也只有十一、二個學生，而且其中幾個還是他名義上的學生。相對於楊振寧在物理科學的影響和貢獻來說，也顯現出來他比較不尋常的一種傳道授業風格。

楊振寧的學生雖然不多，但是他和學生之間似乎多多少少都還保持了中國文化裡面那種「一日為師，終身為父」的關係。他對於學生非常的照顧，慷慨的給予他們很多的時間，這些都不是典型的美國大學裡的師生關係。

楊振寧在石溪的第一個學生撒德蘭（Bill Sutherland）就很清楚的記得，在他跟隨楊振寧做研究的那些日子，楊振寧似乎總是有無限的時間可以花在他的身上。他記得許多早上他去找楊振寧，本來只想也許楊振寧有幾分鐘來解答他個把問題，結果卻變成他和楊振寧坐在研究室裡，共同研究演算一整天。中間有的時候楊振寧會接一兩個電話，偶爾也會有人來看他。中午他們就吃楊振寧叫來的三明治，緊接著是整個下午相同情形的工作，為了能趕上楊振寧的思維，到下班的時候他已經是筋疲力盡了。

但是撒德蘭對於這些日子的記憶非常的深刻。因為他說自己從來沒有這樣努力的工作，也從來沒有這樣的快樂。他覺得在楊振寧辦公室裡的氣氛是溫暖而又使人感受得到保護的，並且充滿著追求知識的興奮。⑰

一九七三年在石溪成為楊振寧學生的趙午，也有或多或少相類似的經驗。他同樣一直記得那些和楊振寧在一起努力工作的美好日子，趙午說有好長一段時間，他幾乎天天都在楊振寧辦公室裡好幾個鐘頭，楊振寧對他非常有耐性，雖然當時他並不十分能夠珍惜這種機緣，也覺得自己沒有把握機會學到更多的東西。但是後來他回憶起來，總覺得他占用了楊振寧太多寶貴的時間，甚至也許延遲了近代物理的向前進展。⑱

事實上楊振寧對於學生也是有所選擇的，所以在他的許多學生身上，譬如說像在台灣清華大學的閻愛德以及原來在中正大學的鄭國順，似乎或多或少地也可以看出一些共通的特點，寡言深思型的閻愛德和鄭國順對於楊振寧的教誨照顧，都銘感甚深。

楊振寧曾經談到他的第一個學生撒德蘭。他說撒德蘭非常沉靜，說話的時候起初看起來似乎有一點缺乏自信的味道。但是楊振寧很快發現到撒德蘭物理知識非常的扎實，而且非常有原創性。⑲

對於趙午，雖然他同樣的不多言語，楊振寧卻看出他什麼都學得很快。楊振寧認為趙午一定可以變成一個很好的高能理論物理學家，但是他覺得如果趙午可以轉到加速器的設計，會有更大的貢獻，原因是加速器的設計沒有高能物理那麼時髦。所以楊振寧差不多可以說是半強迫的讓趙午轉到了加速器的領域，後來趙午果然在加速器的領域大放異彩，現在已是這個領域中的一顆耀眼明星。⑳

在石溪理論物理研究所的其他研究成員，譬如說施溫格的學生聶華桐、普林斯頓著名物理學家崔曼（Samuel Trieman）的學生薛克（Robert Shrock）、俄國頂尖的理論物理學家法捷耶夫（L. D. Fadeev）的學生柯瑞平（Vladimir Korepin）都說，楊振寧雖然在物理科學上影響很大，但是在石溪理論物理研究所，卻從來不試圖影響別人的研究，他創造的是一個完全自由的研究風氣。

在近代物理的發展歷史中，許多物理大師主持研究所，往往慢慢就形成了他個人的一個學派，譬如像蘇聯的朗道以及在芝加哥的費米都是典型的例子。楊振寧顯然是有意識的要避免發生這樣的情形，他在石溪理論物理研究所不但非常小心的不強調自己的科學興趣，和他有長期合作的人，譬如哈佛大學的著名理論物理學家吳大竣、喬治亞大學的鄒祖德，他也都沒有把他們請到石溪來。

在麻省理工學院的理論物理學家，也是中研院院士的鄭洪說，楊振寧不但對於年輕研究者非常慷慨，而且心胸寬大，沒有門戶之見。他特別舉出施溫格雖然是一個偉大的物理學家，你卻不能和他談費曼規則（Feynman rule），他會說他不知道什麼是費曼規則，但是你到他的辦公室去，黑板上卻到處都是費曼圖（Feynman diagram）。㉑

也就是這個緣故，雖然楊振寧對於超引力場和超弦理論的發展是有所保留的，但是石溪理論物理研究所後來卻成為這方面研究的一個重鎮。楊振寧的作為，特別的避免了一般學術界很容易發生的所謂「近親繁殖」的現象。他以行動證明了，他是科學上的一個獨行者，他不是一個帝國的建造者。㉒

雖然不建造自己的帝國，楊振寧卻努力的邀請物理科學上最頂尖的科學家到石溪來，以營造石溪在科學上的地位。

一般認為，二十世紀自愛因斯坦以降，在場論方面最重要的科學家就是英國的狄拉克。狄拉克在一九三三年得到諾貝爾物理獎，是楊振寧私心仰慕的科學家的典範人物，他說狄拉克的科學文章清簡通暢，沒有一點多餘的渣子。

楊振寧曾經形容狄拉克做學問的要言不煩，你問他三句話，他回答你一句話。他說狄拉克曾經到一個非常有名的學校去演講，演講以後主持人讓學生問問題。有一個學生站起來問說：「剛才您在黑板上的那個方程式我不懂。」但是狄拉克過了很久都沒回答，於是那個主持人就問：「狄拉克教授，您可不可以回答這個問題？」狄拉克說：「這不是一個問題。」

還有另外一次演講，狄拉克經過一系列論證最後得到一個結論，演講以後，一個學生站起來說：「我沒有了解這一點，可不可以請您再解釋一下？」於是狄拉克就又解釋了一下。那個學生說：「您現在的這個解釋跟剛才的那個解釋完全一樣。」狄拉克說：「對了，因為這是最好的解釋。」㉓

狄拉克和楊振寧科學風格相近，兩人惺惺相惜。六〇年代末期和七〇年代，狄拉克都曾應楊振寧邀請到石溪訪問過。楊振寧在一九六二年曾經做了一個討論超流體和超導方面問題的統計力學論文，這個工作在物理學上的名字叫做「非對角長程序」。楊振寧對他的這一項工作非常滿意，楊振寧說狄拉克也非常喜歡他的這個工作，原因是狄拉克認為這個工作應該是他做的。㉔

另外，二十世紀在量子電動力學重整化方面作出重要的貢獻，而和費曼以及日本物理學家朝永振一郎共同得到一九六五年諾貝爾物理獎的施溫格，也是楊振寧曾經想爭取到石溪來的頂尖物理學家。

楊振寧和施溫格的接觸，最早是他一九四八年在密西根大學夏季研討會上聽施溫格的演講。一九五八年他們兩人因同樣被邀請到威斯康辛大學去訪問一個暑假，而彼此熟識。楊振寧對於施溫格的科學和人格都非常的欽仰。一九六八年，他曾經寫了一封信給當時在哈佛大學的施溫格，邀請他到石溪來。

在那封信上最後楊振寧寫著：

還想說的是，我們希望很快會聽到你的回覆（我希望是肯定的答覆）。容我補充說一點，我一直在想的意見：即使像哈佛大學這樣最負盛名的地方，也不能給您增加榮耀。而您卻會給您選擇加入的任何研究機構帶來榮耀。㉕

很可惜的是，結果施溫格選擇去了加州大學洛杉磯分校，不過後來施溫格還是曾經到石溪來訪問，並且講了一系列的課程。對於石溪的物理學家來說，施溫格講課是一大盛事，結果楊振寧卻沒有出現在施溫格石溪的講課，事實上這正是因為楊振寧的科學風格和施溫格相當不同，這件事也引起了許多的討論。㉖

做一個理論物理研究所的所長，雖然楊振寧從不覺得自己有行政方面的長才，甚至到一九九〇年代快要退休以前，還依然覺得自己不能很自在的處理許多行政問題，但是接替他做

楊振寧1980年代攝於石溪的研討室。（楊振寧提供）

楊振寧1993年攝於石溪辦公室內。
（楊振寧提供）

理論物理研究所所長的范尼文海森卻說，楊振寧是一個非常好的所長。他說，好的行政管理並不是開不完的會和許多的文件備忘錄，是把時間集中在真正重要的事情上面，決定方向。他說楊振寧在理論物理研究所的會議，總是先討論重要的論文和科學發現，然後才是行政的問題，而且從來沒有冗長的會議。[27]

當然楊振寧由於在科學上有特出的地位，他確實可以有特權在一些時候不必徵詢大家的意見，而做出一些決定，但是楊振寧和許多大科學家不同，他並不特別要求那種特殊的地位，因此塑造了石溪理論物理研究所非常和諧的氣氛，不像波士頓那些有名學府裡面，物理學家經常會有許多攻訐和爭吵。[28]

楊振寧在教學方面同樣也樹立了一個典範，那就是他特別的願意去教最基礎的課程。另外由於他自己數學方面特別的興趣和鑑賞力，所以石溪的理論物理研究所和數學系有著相當密切的交流。他在芝加哥大學老師費米中午的討論會，似乎給了他一些靈感，後來星期二的中午，楊振寧也會在石溪理論物理研究所舉辦跨領域討論會，讓醫學、化學、經濟學和生物學等各種不同領域的研究專家來報告新的發展。[29]

毫無疑問的，楊振寧的領導和他付出心血的努力，還是看到了成果。比較起另外一位物理諾貝爾獎得主溫伯格（Steven Weinberg）到德州大學奧斯汀分校開疆闢土的努力，楊振寧在石溪的成就顯然是更勝一籌的。

在石溪理論物理研究所有三十年時間的物理學家魏斯伯格（Bill Weisberger）就說，石溪理論物理研究所每年有世界各地來的許多訪問者和博士後研究人員，造就出非常活躍的學術氣氛，在世界科學版圖上已經有了它的地位。㉚把楊振寧從普林斯頓挖到石溪去的托爾甚至說，楊振寧在石溪理論物理研究所的成就，可以跟波耳（Niels Bohr）在哥本哈根的波耳研究所，以及勞倫斯（Ernest Lawrence）、歐本海默創建加州大學柏克萊分校物理研究所的成就相提並論。㉛

六〇年代末、七〇年代初，美國大學校園因為反越戰而屢有騷動，石溪也不能倖免，甚至學生要燒掉一個跟國防部簽約做研究的計算中心。那個時候學生也要求學校的行政和教職主管，都必須到校園入口的警衛崗亭裡待一夜。當時的校長托爾說，在他還來不及阻止這件事情以前，楊振寧居然就同意了學生的要求。托爾說他為此非常憤怒，因為學校當局都了解到楊振寧是他們最寶貴的資產，他的時間十分寶貴，不應該浪費在這種事情上。㉜

結果楊振寧這一次的奉獻行動倒是令人慶幸的，因為那一天晚上他等於是主持了一場討論會，他從科學談到社會、國際關係還有其他的問題。學校的報紙和其他的媒體後來做了正面的報導，也因而大大緩和了當時緊張對峙的局面。㉝

一九七一年楊振寧在石溪的時候，率先到中國大陸去做了訪問。這使得後來中國大陸訪問美國的科學團體，第一站通常都是石溪，然後楊振寧再安排他們訪問美國其他的研究中心。

2000年楊振寧和太太杜致禮在石溪分校附近聖詹姆士鎮的新居前合影。(江才健攝)

無形中，這也促進了石溪在各方面的發展。㉞

前幾年，曾經有人公布一個統計調查的研究，結果石溪已經成為加州大學柏克萊分校以外最好的一個公立研究大學。㉟另外一九八三年年底的一個物理系的排行，石溪也列名在美國十二個最好的物理系之中。一九八九年美國物理學會出版的《今日物理》（*Physics Today*）上的一篇〈學術菁英聚集而造成的近親繁殖〉文章中則指出，相對於其他頂尖的大學物理系，石溪的物理研究所鮮有近親繁殖的現象。㊱

從四十四歲直到七十七歲退休，楊振寧在石溪待了三十三年，這是他比較成熟的一段生命歲月。除了在科學上繼續有許多一流的工作，他也在學術象牙塔之外的領域，有許多的投身和參與。他在石溪的海畔林間，和他的孩子嬉戲，欣然於他們能夠在如此幸福的天地中長大，有時他也會駕著自己的船出海。

這中間也許對他影響最大的，就是在離開中國二十五年之後，一九七一年的再回中國。家人聚散的情感衝擊，故國鄉關的文化召喚，內心的感觸，可說最是難喻。

一九八三年三月二日，楊振寧在香港中文大學二十週年紀念講座上，以「讀書教學四十年」為題發表演講中說道：

我能夠有機會在象牙之塔內工作了十七年，現在在象牙之塔外也工作了十七年。回想一下，我給我自己一個勉勵：

「應該繼續努力。」[37]

結果楊振寧在石溪的理論物理研究所繼續待了十六年，一直到一九九九年他退休為止。

【注】

①John Toll,"Professor C. N. Yang's Crucial Role in the Development of a Great University," *Chen Ning Yang: Great Physicist of the Twentieth Century*, ed. C. S. Liu and S. T. Yau, Boston: International Press, 1995.

②楊振寧訪問談話，一九九九年五月十七日，紐約州立大學石溪分校辦公室。

③John Toll,"Professor C. N. Yang's Crucial Role in the Development of a Great University," *Chen Ning Yang: Great Physicist of the Twentieth Century*, ed. C. S. Liu and S. T. Yau, Boston: International Press, 1995.

④同上。

⑤同上。

⑥楊振寧訪問談話，一九九八年十一月二日，紐約長島石溪家中。楊振寧，*Selected Papers 1945-1980with*

Commentary, New York: W. H. Freeman, 1983, p. 60.

⑦G. E. Brown,"C. N. Yang's Influence on my Life and Research," *Chen Ning Yang: A Great Physicist of theTwentieth Century*, ed. C. S. Liu and S. T. Yau, Boston: International Press, 1995.

⑧楊振寧，*Selected Papers 1945-1980 with Commentary*, New York: W. H. Freeman, 1983, p. 60.

⑨*New York Times* 11 Nov. 1965.

⑩楊振寧訪問談話，一九九八年十一月二日，紐約長島石溪家中。

⑪楊振寧，*Selected Papers 1945-1980 with Commentary*, New York: W. H. Freeman, 1983, p. 64.

⑫托爾訪問談話，二〇〇〇年八月二十三日，馬里蘭州華盛頓學院校長辦公室。

⑬G. E. Brown,"C. N. Yang's Influence on My Life and Research," *Chen Ning Yang: A Great Physicist of the195Twentieth Century*, ed. C. S. Liu and S. T. Yau, Boston: International Press, 1995.

⑭董無極訪問談話，一九九九年三月二十一日，美國亞特蘭大市旅館房間。

⑮楊振寧訪問談話，一九九八年十一月二日，紐約長島石溪家中。

⑯楊振寧訪問談話，一九九八年十月二十七日，紐約州立大學石溪分校辦公室。

⑰Bill Sutherland,"The Heisenberg-Ising Model Revisited," *Chen Ning Yang: A Great Physicist of the Twentieth Century*, ed. C. S. Liu and S. T. Yau, Boston: International Press, 1995.

⑱趙午訪問談話，一九九八年十月九日，加州史丹福直線加速中心辦公室。

⑲楊振寧，*Selected Papers 1945-1980 with Commentary*, New York: W. H. Freeman, 1983, p. 68.

⑳楊振寧，*Selected Papers 1945-1980 with Commentary*, New York: W. H. Freeman, 1983, p. 72.

㉑鄭洪訪問談話，一九九八年十月二十三日，麻省理工學院辦公室。

㉒聶華桐，"Twenty Six Years: In Celebration of Prof. C. N. Yang's 70th Birthday," *Chen Ning Yang: A GreatPhysicist of the Twentieth Century*, ed. C. S. Liu and S. T. Yau, Boston: International Press, 1995.

㉓楊振寧，〈幾位物理學家的故事〉，《楊振寧文集》，上海：華東師範大學出版社，一九九八年，第555頁。

㉔黃克孫訪問談話，一九九九年九月十一日，波士頓麻省理工學院辦公室。

㉕楊振寧，"Julian Schwinger: The Physicist, the Teacher, and the Man," *Lecture in the Schwinger MemorialSession of the APS-APT meeting in Washington D. C.*, Apr. 20 1995. 譯文參考張奠宙翻譯的〈史溫格〉，《楊振寧文集》，上海：華東師範大學出版社，一九九八年，第823—824頁。

㉖聶華桐訪問談話，一九九八年五月八日，北京清華大學家中。

㉗范尼文海森訪問談話，一九九九年九月八日，紐約州立大學石溪分校辦公室。

㉘同上。

㉙托爾訪問談話，二〇〇〇年八月二十三日，馬里蘭州華盛頓學院校長辦公室。上海《文匯報》，一九七八年八月七日。

㉚魏斯伯格訪問談話，一九九九年九月八日，紐約州立大學石溪分校辦公室。

㉛托爾訪問談話，二〇〇〇年八月二十三日，馬里蘭州華盛頓學院校長辦公室。

㉜John Toll,"Professor C. N. Yang's Crucial Role in the Development of a Great University," *Chen Ning Yang: Great Physicist of the Twentieth Century*, ed. C. S. Liu and S. T. Yau, Boston: International Press, 1995.

㉝同上。

㉞同上。

㉟托爾訪問談話，二〇〇〇年八月二十三日，馬里蘭州華盛頓學院校長辦公室。

㊱G. E. Brown,"C. N. Yang's Influence on My Life and Research," *Chen Ning Yang: A Great Physicist of theTwentieth Century*, ed. C. S. Liu and S. T. Yau, Boston: International Press, 1995.

㊲楊振寧演講：「讀書教學四十年」，香港中文大學二十週年紀念講座，後收入同名書《讀書教學四十年》，香港：三聯書店，一九八五年。

第7章

分合李政道

此情可待成追憶？
（楊振寧提供。Courtesy of A. Richards.）

楊振寧和李政道是一九四六年的秋天在芝加哥初次見面的。他們完全料想不到，這個有一點偶然的會面，後來會給兩人的生命歷程，帶來這麼多戲劇性的轉折。他們的科學才分和機遇，促使兩人共同締造出一個歷史性的科學革命，而他們相當不同的先天氣質和人格特質，也使得兩人的關係注定了要落入一個愛恨交織的糾葛情境。※

楊、李初見面的時候，二十四歲的楊振寧已經是芝加哥大學聲名鵲起的一個天才研究生。二十歲的李政道，那個時候長得胖胖的，個性十分的隨和，他陪伴著老師吳大猷的夫人阮冠世和朱光亞等人由上海坐船抵達舊金山，然後轉乘火車到芝加哥，並且見到了楊振寧。

李政道也許在早幾年就應該見到楊振寧的。他一九四五年拿著一封介紹信去拜望在西南聯大的吳大猷，後來成為吳大猷的學生以後，由於李政道的求知若渴，吳大猷給他的習題很快就做完了，而且總是再來要求更多的。也是楊振寧師母的阮冠世後來告訴楊振寧，他們於是想

※說明：楊振寧一九四六年和李政道見面認識，到一九六二年不愉快的分手，兩人來往和合作共十六年時間。楊振寧在一九八三年出版的《論文選集》和李政道在一九八六年出版的《李政道論文選集》都曾經公開談論兩人的關係。楊振寧在本書的訪談中，有更多的一些談論。作者在一九九八年七月三十日寫作計畫尚未開始前，曾經以掛號信寄李政道，說明寫書的宗旨和態度，希望他願意接受訪談，但是沒有接到任何回音。香港電視台拍攝楊振寧專輯，李政道亦拒絕香港製作人的訪談要求。故本書中關於李政道的部分，僅能引用其公開發表之文字。

到可以叫李政道去找楊振寧。李政道大概去找過楊振寧，只不過兩人並沒有見到面。①

楊振寧看到李政道以後，對他的印象很好，也發覺到李政道在物理方面的聰慧和才分。李政道本來是申請了密西根大學的入學許可，但是他看到芝加哥大學是當時世界最有名的物理系，跟楊振寧在一起又可以學到很多的東西，於是改變主意想要留在芝加哥大學。楊振寧於是帶著李政道在學校的入學部門以及物理系，辦妥了相關的手續。②

從一九四六年到一九四九年的三年當中，楊振寧和李政道成為很親密的朋友。在科學方面，早在中國就已唸完碩士的楊振寧，物理的知識非常豐富，在芝加哥大學研究所他是許多同學的老師，自然的也是只唸了兩年大學的李政道的老師。李政道要選什麼課，要看什麼書，碰到什麼不懂的問題，都會去找楊振寧。③那個時候也在芝加哥大學，和楊、李都熟識的凌寧就說，楊振寧是李政道的一個不折不扣的兄長。④

一九四九年，楊振寧和李政道發表了他們合作的頭一篇論文，而這篇論文是李政道一生中所發表的第一篇論文。這篇論文的另外一個作者羅森布魯斯就說，楊振寧那個時候是芝加哥大學研究所裡物理知識最廣博的研究生，而且很願意幫助別人，對於別人的想法也總是表現出積極的興趣，所以他才會和楊振寧開始共同研究這個論文的題目。他說，李政道比楊振寧年輕得多，雖然也很聰明，但是對物理知識的了解遠遠不如楊振寧，楊振寧可以說是李政道在芝加哥時代的老師。⑤

1947年朱光亞（左一）、張文裕（左二）、楊振寧、李政道（右一）攝於密西根大學所在的安娜堡。（楊振寧提供）

楊振寧離開芝加哥大學到普林斯頓高等研究院以前，和李政道密切來往，他們還和兩人都認識的凌寧，到西部大峽谷等地去玩了一趟。那是一九四七年夏天。

一九四九年楊振寧離開芝加哥大學以後，他們兩人還常通信。四九年底，李政道跟隨費米做的白矮星的博士論文也完成了，於是費米就介紹李政道到芝加哥大學的天文系，跟隨錢卓斯卡做研究工作。芝加哥大學的天文系和天文台都設在威斯康辛州的威廉斯灣，李政道去了半年，結果跟錢卓斯卡的關係搞得非常不愉快。⑥

一九五〇年四月二十五日，楊振寧給在加州大學柏克萊分校物理系著名的物理學家威克（Gian C. Wick）教授寫了一封推薦信，介紹李政道到柏克萊去。楊振寧在信上寫著：

> 李政道請我替他寫一封信給你，我很樂於這樣做，而且要大力的推薦他。
>
> 在中國的大學唸完了二年級以後，李博士在一九四六年秋天來到美國。他進入芝加哥大學的研究所，三年時間就對古典和近代理論物理有很好的認知。他對於物理認知的透徹和迅速，可以很容易的由他掌握新物理概念的能力看得出來。
>
> 去年他和費米教授以及錢卓斯卡教授在天文物理問題方面的工作，可以進一步顯現他從事原創性研究的能力。他關於白矮星中所蘊含的氫的博士論文，很快會發表在天文物理的期刊上。其他發表過的工作包括和羅森布魯斯以及我合作的關於介子交互作用的工作，以及關於湍

流的海森堡理論。他最近關於磁擾動的工作即將發表在《物理評論》上。

說他是一個非常有潛力的年輕物理學家，也許還說得太少了。我毫不懷疑他將來會比他的老師和他朋友所預期的表現得更好。⑦

李政道在柏克萊的一年訪問很不愉快，物理工作做得也不成功。後來楊振寧跟歐本海默推薦，邀請李政道到普林斯頓高等研究院來，高等研究院於是給了李政道兩年的訪問聘請。李政道到普林斯頓以後，和楊振寧談起來，說他拒絕柏克萊給他的一年聘期時，有種族歧視心態的當時柏克萊物理系主任柏基（Raymond Birge）和他說話時那種輕藐的態度，讓他很不以為然。⑧

一九五一年的秋天，李政道到普林斯頓高等研究院來，他一共待了兩年，並且和楊振寧毗鄰而居。楊家住在3F Goodman Road，李家住在3E Goodman Road。那個時候楊振寧已經結婚，大兒子楊光諾剛剛出生。李政道也在一九五〇年和秦蕙䇹結婚。秦蕙䇹是李政道一九四八年冬天和凌寧去堪薩斯州，看望凌寧妹妹的時候認識的。

李政道到普林斯頓高等研究院來的時候，楊振寧剛剛寫完了一篇統計物理易辛模型的論文，李政道來了以後，兩人就在這個基礎上繼續的研究，並且很快的合寫了兩篇統計物理的論文。這兩篇論文他們兩人都很滿意，尤其是第二篇論文的結論，後來被稱為單位圓定理，在統計熱力學中成為一個經典性的發展。⑨

他們的這兩篇論文發表以後，愛因斯坦叫他的女助理考夫曼來請他們去見面談一談。

對於這一段過程，楊振寧有一個回憶：

愛因斯坦要他的助理考夫曼來請我去見他。我跟她走到他的辦公室，他對於論文表示極大的興趣。那並不令人意外，因為熱力學和統計力學是他最喜愛的領域之一。很不幸的是，在我同愛因斯坦談得最多的這一次談話中，我的收穫不大，原因是我不大聽得懂他的口音。他說起話來聲音很低，而我陷入了一種因為和長久崇拜的一位偉大物理學家如此接近而來的強烈情緒之中，很難把注意力集中在他的語句之上。⑩

李政道的回憶是：

一九五二年的一天，愛因斯坦要他的助理考夫曼來看看他是否可以和楊振寧與我談一談。我們立刻說：「當然。」我想到要帶著我的那一份〈相對論的意義〉請愛因斯坦簽名，但是並沒有這樣做。我一直十分後悔。

我們走到愛因斯坦的辦公室。他說他看了我們的兩篇統計力學的論文，印象深刻。他首先問起我們關於巨正則系綜（grand canonical ensemble）的基礎。顯然的。他對於這一個方法並不完全熟悉。這使得我大感意外，因為我一直認為，這整個方法都是為了玻色—愛因斯坦凝聚而發明的。他的問題於是轉向格氣（lattice gas）的物理意義以及配分函數之根分布的細節。我們的回答讓他很開心。整個的對話範圍十分廣泛而且談了很長的時間。最後他站起來，和我們握手並且說：「祝福你們未來在物理上成功。」我記得他的手比其他人大而且溫暖。總而言之，這是最難忘的一個經驗。⑪

楊振寧和李政道對於和愛因斯坦見面談話過程的回憶，很明顯的有一些不同。另外在楊振寧早三年發表的回憶中，並沒有提到李政道，楊振寧說，那是因為他當時並不記得李政道也去了，後來看到李政道的回憶，同意應該是他們兩個人一塊兒去的。⑫

他們兩人的歧異還不僅止於此。對於這兩篇論文中兩人的排名，為什麼頭一篇是楊振寧排在前面，而第二篇是李政道排在前面，李政道在他六十歲出版的三大本《李政道論文選集》中間的一篇叫做〈破壞了的宇稱〉文章中是這樣寫的：

第一篇論文中有兩個定理，大部分是我證明的。我們寫完那篇論文以後，楊振寧問我是否介意把他的名字放在我的前面，因為他比我年長幾歲。我對於這個要求感到驚訝。但是由於中國尊敬年長者的傳統，我同意了。後來，我檢視科學的文獻之後，了解到這不公平。因此我們寫第二篇論文的時候，我給他看其他一些發表論文的例子，顯示出年長通常並不是決定排名順序的考慮因素。因此第二篇論文的排名反轉了過來，雖然在那一篇論文中間，單位圓定理最關鍵的一個步驟是楊振寧做的。[13]

楊振寧在一九八三年出版的六十歲《論文選集》中間，並沒有提到排名的問題。後來他看到李政道一九八六年出版的《李政道論文選集》中間的回憶，大吃一驚。他說事實上在一九五二年，他在科學上的工作已經小有名氣，他和李政道合作的那兩篇論文，都是他領頭做的，而且論文也是由他執筆寫的，加上從芝加哥時代以來，他一直像是李政道的兄長，所以許多事情也都是由他決定，論文排名的事情，也自然是他決定。他完全不記得李政道當時表示過「驚訝」。

楊振寧說在和李政道合作以前，譬如說和費德曼（D. Feldman）和蒂歐姆諾（J. Tiomno）兩人合寫的論文，也都是楊振寧的名字排在前面。他說和李政道這兩篇論文的排名，本來是想將李政道的名字排在前面的，原因是李政道畢業以後科學事業一直不順利，李政道像是他的小弟，他很願意幫助他。但是最後杜致禮出來阻止了這件事情，認為李政道這個人不值得他這樣的信任，所以後來才有一篇文章排名在前，一篇文章排名在後的安排。[14]

楊振寧說，杜致禮所以會有不信任李政道的意念，他可以用西方的一句話「女人的第六感」來做一個解釋。他說李政道是上海人，有一些地方有一點像上海的小開，所以對於女人的這個態度，有的時候會過分的獻殷勤。那個時候李政道在科學方面需要楊振寧很多的幫助，所以也許很自然的就要向杜致禮獻殷勤，這一來自然就會讓杜致禮覺得李政道不可靠了。⑮

這可以說是楊、李自一九四六年認識，並且進而發展出親密的友誼和密切合作關係五年以後，兩人關係第一次的裂痕。經過這件事情，兩人的合作停止了幾年。李政道在他的文章中談到：

因為這個看起來似乎是無關緊要但是卻令人困窘的事情，我覺得最好不要再跟楊振寧合作。這也就是為什麼雖然我還在普林斯頓高等研究院待了一年半以上，並且在那以後轉到距離不遠的哥倫比亞大學去，但是一直到一九五五年我們都沒有再次的合作。⑯

對楊振寧來說，當時並不覺得有任何異樣，兩人還定下了互相訪問的制度；楊振寧每週一天去哥倫比亞大學，李政道也在另外一天到普林斯頓或者布魯克哈芬，這種訪問一直延續了六年。另外兩人的友誼並沒有改變，兩家人也都常有來往。起初楊振寧和杜致禮有一個孩子，那個時候秦蕙簹沒有工作，她和杜致禮也很親近，有時還幫忙楊家照顧楊光諾。杜致禮年紀比秦蕙箬大一歲，在家裡又是長姐，個性比較強一些，那個時候的秦蕙箬不大講話，個性也有點退縮，杜致禮在許多事情上還會給秦蕙箬一些建議和鼓舞。⑰

一九五二那一年，楊振寧先是去了西雅圖訪問，後來杜致禮回了台灣，他就搬離原來的房子。那一年因為許多事情分心，研究工作沒有做得很成功。楊振寧還記得李政道和麻省理工學院一個著名的物理學家勞（Francis Low）合作了一篇文章，也要把他的名字加入，他沒有同意，因為他的原則是除非自己在文章裡有真正重要的貢獻，是不願意具名的。楊振寧說，他當時並沒有感到李政道故意的不跟他合作，至於是不是因為他對於那兩篇統計物理論文排名的做法，使得李政道有一些戒心，他不敢講。⑱

一九五三年秋他由日本回來，到布魯克哈芬國家實驗室停留一年。因為正巧和密爾斯共用一間辦公室，後來才會和密爾斯合寫了那一篇奠定楊振寧一代物理學大師地位的論文。

密爾斯那個時候還是一個博士研究生，他是一個非常虔誠的基督徒，個性非常質樸，後來他和楊振寧的這篇論文，變成物理科學上舉世聞名的經典之作，密爾斯也因而名震遐邇。他曾經說過自己的運氣很好碰到了楊振寧，而且也說，楊振寧在當時已經在許多的場合中，表現出他對於剛開始起步的年輕物理學家的慷慨。⑲

一九五四年費米去世了。費米去世前不久，著名的物理學家葛爾曼曾經來電話邀請楊振寧去探望費米，他們並沒有邀李政道。費米去世以後，芝加哥大學費米的位置空了出來，他們於是想再請楊振寧回去。那個時候楊振寧已經是普林斯頓高等研究院的正教授，哥倫比亞大學也曾經請他去做正教授，楊振寧覺得如果去芝加哥的話，應該把李政道也拉去，於是他向芝加哥大學提議同時也聘請李政道，並且要他們給李政道正教授的位子。⑳

一九五五年，芝加哥大學理學院院長強生（Warren Johnson）在給楊振寧的信上，表示他代表芝加哥大學，給予楊振寧在費米研究所和物理系物理教授的位子。他說，這個教席是永久的終生教席，年薪一萬八千美金。強生在信上還寫道，他也和李政道打過電話，邀請他到芝加哥大學去訪問，並且向李政道表示也將在費米研究所和物理系給他一個教席。㉑楊振寧說他還記得很清楚，後來他們給李政道的薪水是年薪一萬二千美金。

結果他們兩個人都沒有到芝加哥大學去。正如同李政道寫的文章上所說的，他認識到楊振寧一九五四年和密爾斯所發表那一篇論文的重要性，由於對那一方面的問題也有興趣，於是在一九五五年開始和楊振寧進行討論，並且再次合作寫了一篇論文。從一九五五年開始到一九六二年，楊振寧和李政道一共合寫了三十二篇論文。㉒

這三十二篇包括了粒子物理和統計物理問題的論文，楊振寧在他六十歲出版的《論文選集》中間，選進去了十六篇，顯現出他們兩人的合作是非常成功的搭配。李政道曾經寫過：

楊振寧和李政道合寫的宇稱不守恆論文，讓他們成為最早得到諾貝爾獎的兩個中國人。（楊振寧提供）

楊振寧和我的合作，和當時物理的發展十分契合，並且反映了當時的精神。我們的合作緊密而且成果豐碩，是既競爭又和諧。我們共同的工作激發出我們最佳的能力。結果遠比我們各自分開來工作的總和要好得多。㉓

楊振寧也曾經說他和李政道合作是令人羡妒的。㉔他說，李政道吸收新知識的速度非常快，而且興趣廣泛，雖然他們兩人都不喜歡看別人的文章，但是李政道比楊振寧要看得多，各種的資訊消息也多一點。兩個人在一起詰辯爭論一個問題，參照著彼此的意見，可以得到一個人研究問題時想像不到的效果。㉕他們兩人的這種相互裨益，競爭而又和諧的科學合作，確實是成果豐碩的。

一九五六年，他們兩人合作寫了一篇論文，對於物理學家一向深信不疑的宇稱守恆定律，質疑其在弱作用中的有效性。這篇論文造成了科學概念上的一次革命，也使他們成為頭兩個得到諾貝爾獎的中國人。那一年楊振寧三十五歲，李政道三十一歲。

一九五七年十月，諾貝爾物理獎宣布當年得主的時候，李政道因為那年又到楊振寧所在的普林斯頓高等研究院訪問一年，所以他們是在那裡聽到了消息，兩人感到興奮而感激。於是都給西南聯大的老師吳大猷寫了一封感謝信，那時候吳大猷在加拿大國家研究院。

楊振寧的信是這樣寫的：

大猷師：

值此十分興奮，也是應深自反省的時刻，我要向您表示由衷的謝意，在一九四二年春天引導我進入對稱原理與群論這個領域。我以後工作的大部分，包括宇稱的問題，都直接和間接與十五年前那個春天我從您那裡學到的觀念有關。這是我多年來一直想告訴您的，而今天是一個特別恰當的時刻。

謹致敬意，並問候吳太太。

生振寧上　一九五七年十月三十一日㉖

李政道的信是這樣寫的：

大猷師尊鑑：

頃接電訊，是楊振寧和我合得一九五七年物理學之諾貝爾獎金。接訊後的感覺很多，而亦分歧。一方面當然覺得這是一種光榮，可是一方面深深覺得自己之學識有限，希望對將來能繼續努力。

現在的成就，大部分由於在昆明時您的教導，而假使在四六年沒有能來美的機會，那更根本不可能會有這幾年的工作，此點我深深感覺。特此致意。

好

祝

生

政道上　十月三十一日㉗

楊、李得獎以後，兩人的合作更形密切，也在科學上迭有佳構。在近代物理科學的歷史上，像楊、李這樣的合作關係，是十分罕見的，幾乎可以說沒有另外一個相類似的例子。有人曾經拿他們來和另外兩個諾貝爾獎得主費曼和葛爾曼做比較，費曼和葛爾曼曾經在加州理工學院同事，也有合作又競爭的關係，但是費曼和葛爾曼的合作遠不如楊、李來得密切，而且情況也大不相同，原因是費曼和葛爾曼都是在沒有合作以前就已經出名了。㉘

許多人喜歡提到的，是當年普林斯頓高等研究院院長歐本海默說的，他最喜歡看到的景象，就是楊、李兩個人走在普林斯頓的草地之上。那個時候也在普林斯頓高等研究院的物理學家史諾（George Snow），曾經很興奮的回家和太太說，研究院來了兩個極端聰明的中國物理學家。㉙認識楊、李的很多物理學家也都推崇他們的合作關係，認為是非常美妙而且了不起的合作。㉚

和兩人都熟識的物理學家伯恩斯坦（Jeremy Bernstein）曾經寫過一篇文章，描述兩人的科學合作：

楊振寧和李政道在普林斯頓時代有密切的合作，但是兩人友誼關係最後完全破裂。
（Courtesy of the Archives of the Institute for Advanced Study.）

他們兩個人都能說中文和英文，但在討論物理問題的時候，幾乎完全是用中文，因此旁聽者只能夠偶爾猜測一些聽起來有些熟悉的，是楊、李無法找到合適中文翻譯的物理名詞。或者有時候可以聽到像是：「哦，現在我了解了。」這樣的英文短句。

一個辦公室靠近他們兩人在普林斯頓或布魯克哈芬辦公室的物理學家，幾乎不可能不聽到他們的聲音。他們討論任何物理問題，都是興致昂揚，而且常是用極大的嗓門。他們兩人對於進行彼此間的計算競賽，有著極大的樂趣，由於他們都是極端敏銳快捷的思考者，因此觀看或聆聽他們的工作進展，就會是既興奮又令人疲憊的經驗。㉛

楊振寧和李政道扯開嗓門，並且用手指在空中凌空計算，是許多認識他們的物理學家都看過的景象。有一次楊振寧和李政道正在布魯克哈芬的辦公室裡這樣的進行物理工作，一向以好促狹著稱的物理學家費曼剛好走過，於是就走進辦公室，並且也開始用更大的聲音講話，李政道就講得更大聲，這個時候楊振寧注意到了，於是放小了聲音。㉜

除了科學合作之外，楊、李兩家人也有密切的來往。他們在普林斯頓，以及暑假在布魯克哈芬都曾經毗鄰而居，李政道後來有一九五二年出生的李中清和一九五六年出生的李中漢兩個兒子，兩家孩子也玩在一起，他們還有一張兩家大兒子在一起洗澡的照片。楊振寧說，他記得兩家人常常會從普林斯頓開車，到紐約曼哈頓離哥倫比亞大學不遠的一二五街和百老匯街口

的上海和天津兩家中國餐館去吃飯。㉝

一九五一年，兩家人到紐約著名的布朗克斯動物園去，因為在動物園裡玩得很晚，到了要出來的時候，楊振寧大兒子的嬰兒推車，沒有辦法從動物園旋轉的小門推出來，所以他們兩人中一個先走到外面，然後另外一人把推車從欄杆頂上遞過去。楊振寧說，他們當時還照了一張照片。㉞

有一年夏天他們在布魯克哈芬訪問，放假的時候到海邊去玩。李政道的二兒子因為對花生過敏，所以吃了花生奶油三明治以後，突然滿面通紅不能呼吸，他們趕快把他送到醫院去。楊振寧說他還記得，後來又有一次，大概是一九六一年在普林斯頓，他們替李政道夫婦照顧孩子的時候，李中漢的過敏再發作了一次。㉟

楊振寧和李政道密切美好而又相互競爭的科學合作，以及他們兩人親密的友誼，終究不能持久。個性、環境以及對於彼此關係和地位的認知差異，漸漸的由潛在的緊張演變為表面的衝突。和兩個人都認識而且有科學合作的著名物理學家崔曼就還記得，五〇年代末期的一天，楊、李兩人經過他在普林斯頓大學的辦公室，進來和他討論一個統計力學的問題，結果他們說著說著，開始針鋒相對並且互相打斷對方的話。崔曼說，當時他就嗅出他們之間的關係有了問題。㊱

許多人都認為，而且他們兩人也並沒有否認的是，造成他們兩人關係正式破裂的一個重要因素，也許是一九六二年五月十二日出現在美國《紐約客》（*New Yorker*）雜誌上的一篇文章。

那一篇文章的作者伯恩斯坦是楊振寧和李政道都認識的一位物理學家，哈佛大學得博士以後，在歐洲和美國訪問了幾年。一九六一年暑假他在日內瓦歐洲粒子物理研究中心（CERN）訪問，碰巧和李政道成為鄰居，伯恩斯坦因為打網球扭傷了腳踝，所以在搭李政道便車時和李政道熟識。那時候李政道已經和楊振寧得到諾貝爾獎，伯恩斯坦在談話中了解到楊、李合作的許多事情，最後他鼓起勇氣向李政道提議，說他要寫一篇關於李和楊科學合作的文章，李政道同意了。㊲

楊振寧說他當時就對此事感到十分不妥，因為伯恩斯坦和他只是認識，而和李則是親密的朋友。他意識到李也許要藉伯恩斯坦的文章，來歪曲他和李的關係和合作經過。可是他又無法和李談此事。結果伯恩斯坦只訪問了他一兩次，而李則經常和伯恩斯坦接觸會談。

結果伯恩斯坦這一篇叫做〈宇稱的問題〉文章，刊登在《紐約客》雜誌的人物側寫欄目中，文章刊出以後，非常的成功。伯恩斯坦也因為這一篇文章一舉成名，後來雖然還是在一個不知名的學校裡教物理，但是卻成為許多著名雜誌的作家，寫了許多通俗科學的文章。

這篇文章的題目〈宇稱的問題〉，英文的原文〈A Question of Parity〉是有雙關的意思。

「parity」既是物理學中的「宇稱」，又是日常語言中的「平等」。在外行人看來，這篇文章的題目變成〈平等的問題〉。楊振寧說，他不知道取這個雙關的題目是李的主意，還是伯恩斯坦的主意。可是很顯然李喜歡這個雙關題目，因為二十多年以後，他在《李政道論文選集》中發表了一篇關於宇稱不守恆歷史的文章，題目又是雙關語〈Broken Parity〉。在物理學家看來，是〈破壞了的宇稱〉，在外行人看來，卻是〈破壞了的平等〉。

伯恩斯坦的這一篇文章相當的長，從楊、李兩人在一九四六年芝加哥相遇寫起，寫兩人在芝加哥大學的學習，參加填字謎的競賽到科學的合作，講到兩人如何研究弱作用中宇稱不守恆問題而得到諾貝爾獎的經過，並且引用兩人在諾貝爾獎頒獎典禮上的演講，以及描述兩人的家庭和友誼以及個性，是一篇相當詳盡的討論兩個人關係的文章。伯恩斯坦寫完在《紐約客》刊登以前，曾經給楊、李一個校樣先看一看。

楊振寧說校樣的內容當下證實了他的疑心，就是李夥同他的朋友伯恩斯坦要藉此文章來歪曲歷史。不得已之下，他給普林斯頓的大家長歐本海默看此校樣。歐本海默於是出面來說，楊、李的科學合作的內情，不必要公開的去發表，他叫伯恩斯坦不要發表這篇文章。但是伯恩斯坦已經領了《紐約客》雜誌的稿費，而且都花在交女朋友上面，所以文章非發表不可。[38]

根據《李政道論文選集》裡那一篇〈破壞了的宇稱〉文章，所寫的是：

在我們做了一些小的更正以後，楊振寧說：「有些事情很痛苦，」他要談一談。在文章中的幾個地方，他希望他的名字在我的前面：（一）題目裡，（二）諾貝爾獎宣布的時候，以及（三）我們領獎的時候。另外，他太太杜致禮的名字也要在秦蕙箬的前面，因為杜年長一歲。

第二天他又來跟我說，文章中提到「李和楊寫了……」的時候，必須說明這是根據字母先後順序的習慣。我告訴他，他很可笑。那天晚上他打電話給我說，也許那個說明不必要了，但是文章中都要用「楊和李寫了……」，我無言以對。㊴

這一次爭論以後，楊和李有一次長談。楊、李兩人二十多年以後分別在各自的論文選集中公開發表文章，都同樣提到一九六二年四月十八日兩人的這一次長談。

楊振寧是這樣寫著：

一九六二年四月十八日，李政道和我在他的辦公室有一次長談，我們回顧了自一九四六年以來發生過的事情：我們早期的關係、五〇年代初期、一九五六年造就那一篇宇稱論文的一些事情，以及後來的發展。我們發現除了少數幾點，對所有關鍵的事件都保有相同的記憶。正如同家庭中衝突和解一樣，這是一個感情獲得宣洩的歷程，我們都感到一種解脫後的暢快。但是這個和解並沒有維持下來，幾個月以後，我們就永遠的分手了。㊵

李政道的版本是這樣的：

根據楊振寧說的是四月十八日，他到我的辦公室，說起來名字的順序還是讓他十分煩惱，而且這個問題遍布在我們所有的合作之中：根據字母順序的「李和楊」讓他不開心；「楊和李」又使他看起來不近人情，而一種隨機的順序看起來又有些奇怪。這確實是一個「動輒得咎」的情況，因此我建議也許我們以後不要再合作了。然後他的情緒激動起來，並開始哭泣，說他非常想和我一起工作。我感到尷尬而又無助，於是對他好言相勸了很長一段時間。最後我們都同意，至少我們要停止合作一段時間，事情就這麼決定了。

那一年六月，李德曼（L.M. Lederman）、史瓦茲（M. Schwartz）和史坦伯格準備發表他們第二類微中子（neutrino）的實驗結果，楊振寧又再一次的非常焦躁，對於他們論文中提到我們兩人名字的順序憂心忡忡。十分出我意料之外的，楊振寧隨後寫了好幾封信給我，信的內容讓人極端不快並且充滿了敵意。我對這所有的事感到非常傷心，並意識到我們的友誼已不存在了。㊶

楊振寧對於他很在意伯恩斯坦文章裡面排名的問題，並沒有否認。但是他說四月十八日

兩人的見面長談，是一個感情非常激動的場面，楊振寧說不僅是他哭了，李政道也哭了，這是他們友誼的真情流露。㊷

在四月十八日以後，兩人還是繼續的往來，不過情況有一點緊張，兩人對彼此的關係非常敏感。六月裡，楊、李兩人在布魯克哈芬實驗室訪問，共用一間辦公室。那個時候正好李政道哥倫比亞大學的同事李德曼、史瓦茲和史坦伯格三人要發表一篇第二類微中子的實驗結果論文，這篇論文中間也提到李和楊的工作，於是李政道跑去和他們三人說，在文章中不可以用「李和楊」，必須要用「楊和李」。

楊振寧當時不知道李政道是如何跟他們三人說的，可是他立刻聽到謠言紛紛，說李、楊的不和，是由於楊小氣、斤斤計較等等。他大怒之下給李政道寫了一封信。

在這一封開頭寫著「政道」兩個中國字的英文信中，楊振寧第一段就說他上星期五得知「李政道在沒有知會他，也沒有和他商量的情況下，跑去找了史坦伯格，並且堅持要史坦伯格把他們論文中楊、李兩人名字的順序不依過去習慣轉變過來」的行為，感到非常憤慨。

他接著寫道：

毫無疑問的，在一個薄紗的天真甚至或者是寬宏大量的面貌之下，你的所作所為，是一種不誠實、很愚蠢而且又居心叵測的傷害我的行為。我的這些言辭很強烈，但是還沒有強烈到足以形容你的行為。你真的認為你的行為會讓我高興?你真的認為你的行為可以增加我的名聲?你真的認為你的行為是對你自己有好處?你真的認為你所做的就是我四月在普林斯頓和你談話我所想要的?我曾經責怪你考慮不夠周到。你真的認為你這一次是一個深思熟慮的行為?

楊振寧接著指責李政道的行為幼稚。然後他寫道:

在我們四月份的談話以後,對我來說自然是十分的痛苦,我們對於彼此的想法都更加的敏感。我曾經想,如果那是有一點不自然和勉力而為的,但至少可以使我們更加的考慮到彼此。

但是我大錯特錯!只要看看你上禮拜三所做的事。在史坦伯格報告以後,伯恩斯坦問了一個沒有深度的問題。他顯然感受到你對我的怨恨,而蓄意的讓我們彼此對立。他特別在他的問題中向你表示敬意,而你做了什麼?你不能夠拒絕附和於他的誘惑,在結尾的時候並沒有考慮到要問我有沒有什麼要說的?這一個忽略是很不尋常的,因為你以前在任何重要的場合中都沒有這樣做過。

政道,你是怎樣的一個人可以如此來對待我,用你自己的話來說,我曾經徹頭徹尾的影響了你的物理、你的事業,並且事實上還有你的一生?你怎麼會這麼笨,冒著喪失我們彼此之間的忠誠和相互信賴，只為了取悅於伯恩斯坦對你的拉攏。

接著楊振寧在信上寫道，李政道的這些不恰當的行為，也許源自他過去不愉快的一些成長經驗。說在伯恩斯坦的文章中有一些不實在的敘述，對李政道有不真實的揄揚，但是李政道卻不願意誠實的面對事實，楊振寧說他為李政道感到恥辱。

他接著寫了：

政道，這一封信必然會造成你強烈的痛苦，但是為什麼我要寫？在週末我平靜下來以後，我衡量著不同的做法。如果我不說出來，我不敢確定你會不會有意識或者是無意識的再次傷害我。但是如果我說出來，我們都不可能保持平靜。

楊振寧說他因此決定要把事實寫出來。他寫道：

我同時也決定寫這封信來讓你知道，我永遠是直話直說的：無論是有意識的、還是潛意識的，我從來不會也永遠不會用陰謀的方式去傷害我的敵人，更不要說是我的朋友。

我再一次看了這封信，內心深感哀傷。如果我和我自己家庭的繫絆很強，那麼我和你的繫絆也是同樣的強。昨天晚上蕙箬過來要我去和你談一談，我深深的受到感動。而四月份，在你的辦公室，我說到我們之間共有的經驗和感覺，是我們和我們太太之間都沒有的之時，我泫然泣下。在內心裡，我是一個很感性的人。所有的傷痕可以治癒，而且很容易可以重新贏得我的情感。但是我如果不告訴你這些的話，我就不能和你坦誠以對，至少在目前的這個時候，如果不這樣做，我很難相信你可以重新得到我完全的信任和尊敬。

最後署名是：「非常真誠的振寧」。㊸

那個時候楊振寧和李政道在布魯克哈芬共用一間辦公室，楊振寧說他是把這封寫好的信放在李政道的桌子上，就走出去了，當時李政道正好不在。後來楊振寧再走進來的時候，李政道拿著這封信過來問他，說上面的英文字「perfidious」是什麼意思？楊振寧還記得他和李政道講了其含義以後，回憶起早年他與年輕的李政道的關係，心中十分懊悔，所以就把這封信撕掉，丟到字紙簍裡。後來李政道還是把這封信從字紙簍裡拿出來，他看了以後顯然情緒受到很大的衝擊。第二天李政道的太太秦蕙箬過來說，昨天李政道回家的時候神情異常，而且夜裡睡得很不好，又有他剛來美國那種夜裡睡夢中大叫的問題。㊹

後來楊振寧打電話給在費城的他們的老朋友凌寧，請凌寧來調解一下。凌寧說他到了布魯克哈芬實驗室待了一兩天，但是李政道並不願意談，凌寧說他只好無功而返。㊺

一九六二年的暑假，楊振寧到瑞士日內瓦的歐洲粒子物理研究中心去訪問，那一年他的父母也到瑞士日內瓦和他見面，這是繼五七年和六〇年以後的第三次見面。李政道前次也曾經在瑞士日內瓦拜望過楊振寧的父母，並且還說過楊振寧如果沒有他，在物理上還是會一樣的成功，而他如果沒有碰到楊振寧，自己就不知道會如何的話。㊻

六二年的這一次，楊振寧因為突然接到杜致禮的電話，提早趕回普林斯頓的家裡，後來由在美國的弟弟楊振平來陪著父母。楊振寧走了以後，李政道和他的太太曾經來探望楊振寧的父母，不過這次楊武之注意到李政道似乎有心事，來了也是匆匆忙忙的，沒有談什麼就走了。㊼

楊振寧的父親早年在清華大學主持數學系，深知道聰明人在一起相處的困難，所以也很擔心楊振寧和李政道之間的關係，不過暑假裡在瑞士楊振寧並沒有說什麼。後來到九月楊振寧給家裡寫了一封信，才說出他和李政道兩人在暑假裡已經分手。信中還說，他們兩人的情誼比兄弟還要深得多，也有「李政道非常聰明，但是他仍遜我一籌」的句子。後面他還寫到，李政道現在想脫離我的繫絆，是「落花有意，流水無情」，說「他要去了，我也沒有辦法，可是想起來是覺得很不舒服的。」㊽

楊振寧和李政道決裂的消息傳開了以後，他們科學界的好友都甚為震驚。那個時候普林斯頓高等研究院的院長歐本海默就對兩人的決裂不以為然，他甚至以他典型的那種尖銳的說話語氣說，李政道應該不要再做高能物理，而楊振寧應該去看看精神醫生。㊾

在普林斯頓待了很長的時間，和楊、李都很熟識的物理學家派斯聽說兩人鬧翻以後，去看了楊振寧，並且跟楊振寧說：「法蘭克，我聽說你跟李政道鬧翻了，我要向你說兩件事情，第一件事情是我覺得很遺憾，而你還是我的好友，第二件事情是我要去跟李政道講同樣的話。」接著他就去跟李政道講了同樣的話。他說，當時他們兩個人都很傷心。㊿

派斯寫過一本經典的愛因斯坦傳，而在物理學界享有盛名。他曾經說過，要了解楊和李決裂的道理，可能必須要對中國文化有更多的了解。一九九九年五月在紐約市洛克菲勒大學，面對滾滾流水的東河辦公室，談起這個流傳甚廣的說法，派斯承認他確實說過這麼一句話，但是他說，那只是他直覺的猜測。51楊振寧說，他和李政道是兄弟之間的關係，而中國兄弟之間關係的所謂義氣的問題，正是問題關鍵所在。52

一九六二年九月二十八日，楊振寧在一封給歐本海默的信上寫道：

我不得已的要向您道歉，因為我沒有辦法告訴您到底發生了什麼事情。我不能和您談論這件事情詳情的一個道理，是因為如果如此做的話，必然會因為我和您比較親近而讓我感到自己在占著便宜。此外，我成長的教養告訴我，在事關個人人格的事情上，面對第三者來說，遺

忘總是要比把它揭露出來好得多的。我知道您會一如往常的了解我的困難。㊿

那一年的十一月十五日，李政道給歐本海默寫了一封辭職信。信上開頭說：「完全是因為個人的理由，我希望辭去目前在高等研究院的職位。」接著一段，他回顧了在高等研究院的一些經過。接下來他寫道：「如果不是因為目前不尋常而且很不幸的情況，我想不出世界上還有任何其他一個我更樂於停留的地方。對於我必須做這樣的一個請求，我只有深重的哀傷之感。」[54]李政道離開普林斯頓後，先在洛克菲勒大學待了半年，一九六三年回到了哥倫比亞大學。李、楊二人從此分道揚鑣。

對於楊和李的決裂，物理學界有著許多的看法和猜測。他們兩個人在芝加哥大學的同學，後來也在普林斯頓待過，並且做了加州理工學院校長的高德伯格就說，他不知道也不想知道他們兩個為什麼吵架，但是對於兩個人的決裂非常的傷心，認為是他們兩人巨大的損失，也是科學界的巨大損失。[55]派斯認為，他們兩個都是強人，兩個這麼強的人的這麼親密的關係，決裂幾乎是不可避免的。[56]

也有人認為他們兩人決裂的原因，來自兩人不同的個性和家世背景。楊振寧來自一個知識份子家庭，一般給人傳統中國的印象，像是一個長輩，他個性比較直來直往，對科學的品味很高，對藝術和文學有廣泛的興趣和很好的品味，但是有時會給人一種有距離的感覺。[57]李政道的出身和成長經驗相對來說要複雜得多，個性上比較難以捉摸，不過比較美國作風，能夠和人開玩笑，比較懂得吃和飲酒的生活情趣，有很好的藝術品味和收藏，也比較容易來往。㊽但是在內在裡面，李政道卻是一個個性強悍的街頭戰士。㊾

另外有人猜測，一九五七年楊、李兩個人得到諾貝爾獎以後，因為盛名之累，是不是也造成兩個人之間更大的矛盾？楊振寧曾經寫道：

我們關係開始在一九四六年。那個關係是密切而溫暖的。那是建基在彼此相互的尊重、信任和體諒之上。然後是一九五七年和我們的成功。很不幸的是，我們的名聲給我們的關係裡面帶來一些早年不存在的東西。雖然我們成果豐碩的合作繼續維持了五年，但是關係卻慢慢緊張起來。㊿

李政道在〈破壞了的宇稱〉文章中也曾經寫道，他們在一九五七年十月獲知得到諾貝爾得獎以後：

在十一月間我太太蕙箬和我為了去瑞典之行在做準備，楊振寧和我則必須寫我們的報告和演講稿。在討論這些事情的時候，楊問我說在頒獎典禮時，是不是可以按照年齡的大小順序領獎。我覺得意外，但是勉強同意了他的要求。[61]

後來外面也流傳著一些說法，就是李政道對於諾貝爾獎的安排很不滿意，說楊振寧他們住了一個最好的房間，李政道他們的房間就要差一點，而且是由楊振寧的太太杜致禮和國王走在一起，不是秦蕙箬。[62]

楊、李二人也並不諱言諾貝爾獎在兩人的關係裡投下了陰影。和兩人都熟識的一流物理學家戴森，曾經和楊振寧在普林斯頓毗鄰而居，他說有一天楊振寧的大兒子楊光諾來他們家，因為戴森的兒子過生日。生日會上，一個媽媽問起楊光諾將來長大要做什麼事情？那個時候大概七、八歲大的楊光諾回答說：「I shall win the Nobel prize alone.」（我要一個人得諾貝爾獎）。而李政道也說過他希望要一個人得獎的話。[63]

另外也有一種說法，認為他們兩人決裂和兩人的太太可能有一些關聯，而且這種說法傳聞甚廣。楊振寧曾經講過一個故事，說有一次他在中國訪問，周恩來總理請他吃飯以後閒談，周總理突然問起來說：「楊教授，聽說你和李政道教授不合，有沒有這回事？」楊振寧說：「有的。」然後周總理接著又問：「你們兩個人的不合和你們兩位夫人有沒有關係？」楊振寧說他想了一下說：「沒有關係。」他說聰明的周總理聽了以後笑了一下，沒有再說下去。[64]

楊振寧說，杜致禮並不是一個要讓人覺得自己丈夫很了不起的人，她和秦蕙箬關係也很好。早年秦蕙箬個性比較內向，不大說話，跟她後來有很大的不同。那個時候杜致禮常常還要給她一些意見和鼓舞，譬如說在諾貝爾獎頒獎典禮的時候，因為穿的西式禮服有一點露胸，秦蕙箬不自覺的駝著背，杜致禮還要她挺直著身子走。[65]

早年兩家人多有來往，杜致禮和秦蕙箬在一起相處並沒有問題，兩家的孩子也都玩在一起。杜致禮早年煙抽得很兇，秦蕙箬也抽香煙，九〇年代有一次在台灣中央研究院院士會議的酒會中，雖然楊振寧和李政道兩個人互不搭理，但是杜致禮還是和秦蕙箬打招呼寒暄，並且談到抽不抽煙的事情，那時候兩個人都已經戒了煙。不幸的是一九九六年年底，秦蕙箬因為肺癌去世。[66]

楊振寧和李政道芝加哥大學同學邱的女學生喬玲麗就說，以楊和李兩個人如此強的個性，他們的太太其實影響並不大。在高能物理學界相當活躍而且成功的喬玲麗說，後來楊和李相處不好分手了以後，楊太太還說了一句：「See, I told you!」（看吧，我早告訴過你的！）也看得出來太太對兩人的影響，其實並不是那麼的大。[67]

楊、李分手以後，楊振寧說他秉持著「君子絕交不出惡聲」的原則，除了最親近的家人和他們在普林斯頓最親近的友人，也是羅格斯大學的法律學教授柯亨（J. Cohen）夫婦之外，從來沒有和人談論過他和李政道決裂的事情。但是在後來的好些年當中，楊振寧說他間接的聽聞到李政道在背後的亂說，以及公開場合中扭曲事實的演講內容，心中開始不快。[68]

如果看一九五六年楊振寧為了推薦李政道到西雅圖的華盛頓大學去訪問，給那裡的物理系主任曼立（J. H. Manley）寫的信上談到李政道的一句話「在和別人來往的時候（他）完全沒有侵略性」，就可以了解到李政道一九六二年回到哥倫比亞大學，後來變成許多哥倫比亞大學研究生口中的一霸，顯然個性和以前已大有不同。㊿

六〇年代在哥倫比亞大學物理系待過的丁肇中和溫伯格，雖然後來先後得到諾貝爾物理獎，但是他們卻都沒能留在哥倫比亞大學。哥倫比亞大學物理系最具資望，也是一手把哥大物理系提升成為美國五〇年代最好的物理系之一的元老物理學家拉比的太太就曾經說過，她對於李政道感到憤怒，因為哥倫比亞物理系後來的衰落，是因為李政道總是反對許多好的物理學家留在哥倫比亞物理系。⑰

多年後，溫伯格曾經應邀到哥倫比亞大學物理系演講，他還在演講中提到當年被哥倫比亞大學趕走的往事，溫伯格私下也曾經提到李政道演講的時候，他都不敢站起來去上廁所的心理狀況。⑱

一九八六年，為了宇稱不守恆三十週年和李政道的六十歲生日，哥倫比亞大學曾經開了一個研討會，在會中應邀演講的丁肇中曾經提到，他一九六三年在哥倫比亞大學初次見到李政道，向李政道談起他當時所做的博士論文工作。丁肇中說：「我對於我博士論文的結果非常興奮。李政道聽我說了幾分鐘，就告訴我說，我所做的工作裡面沒有多少的物理。」⑲

一九六七年歐本海默去世以後，一九六八年的二月十七日在普林斯頓由歐本海默的太太祁蒂（Kitty）和哥倫比亞大學一位著名物理學家舍博組織召開了一個紀念歐本海默的小型討論會，楊振寧應邀在會上演講。楊演講後，李政道在會場上針對楊振寧演講的批評，讓楊振寧很不愉快。

第二天楊振寧寫了一封信給李政道。楊振寧在這一封後來並沒有寄出的英文信開頭上打著：「Dear T. D.」。然後他寫道：

昨天我在高等研究院的會議上演講，你故意的找我麻煩。你的語氣、你的態度和你的策略，躲在一個可以接受的專業和道德標準的後面。你這些持續的騷擾只能顯現出（一）你對於這個領域的無知，（二）你無法閉著你的嘴巴，（三）那種情緒使你不能看清楚一個事實，那曾經是你十分清楚的，就是公開討論瑣碎而又無意義的問題不是我的風格。你不只一次的告訴過我，在你成長成為一個物理學家的年代中，我扮演了一個主要而且關鍵的角色。如果你依然保有當時所了解到的對於物理是什麼的深刻認知的話，你昨天就會了解到，我所討論的是好的物理。

你要如何做是你自己的事情，但是如果這些事逾越分寸而干擾到我的話，我就有權抗議。昨天所發生的事情，只是從一九六二年我們分手以後，你長久一連串不道德、攻擊性以及居心叵測對付我的行動中間的一個例子。我在這裡不只是要討論一個功勞誰屬的問題。我們都知道在人生最後的評價中，我們兩人都必須面對作為一個人和一個科學家，我們對自己的自我評價。舉例來說，你曾經在我的背後，向我們兩人共同的朋友編造一些不實的指控來對付我，並且暗指我有邪惡不當的行動和動機。甚至有一天你還打電話來，辱罵我之後就把電話掛斷。

以前我一直隱忍著，因為我不喜歡玩弄政治，我總是希望和平相處，並且希望時間會使得感情平靜下來。我懷疑你把我的態度視為一種示弱的表現。我以和平之名，以我們兩人所投身的物理的專業生涯之名，公開在物理社群之前向你呼籲，讓我們不要再干擾對方。⑬

楊振寧本來是預備把這封信同時寄給參加那個研討會的物理學家的，後來沒有做，也沒有寄給李。

另外一個讓楊振寧震驚的事情，是從一九六〇年代末起開始，李政道在好幾個地方做公開的演講，題目是〈弱作用的歷史〉。楊振寧聽到一些和他熟悉的物理學家說，他們聽李政道的演講，談到他和楊振寧合作關係，特別是講到做宇稱不守恆的那個合作，李政道就說這個想法是他想出來的，因為要找一個人來計算，所以後來就找到了楊振寧。這些物理學家覺得如果是照李政道的講法，那麼楊振寧就變成純粹只是一個計算的幫手，他們認為這種講法很不公平，因此後來就告訴了楊振寧。⑭

楊振寧說，他起先只是耳聞這些謠言，沒看到什麼證據，所以也就沒有怎麼樣。一九七九年，他在瑞士日內瓦的歐洲粒子物理研究中心訪問，有一天在圖書館裡面隨便的看一些東西，結果剛好看到了由西西里島上艾瑞契地方一個科學中心出版的一個會議紀錄，上面就有李政道的這一篇〈弱作用的歷史〉。楊振寧說，他看了這篇文章的內容，勃然大怒，也證實了長久以來他所聽到的謠言都是真實的。[75]

和楊振寧有密切來往的科學家，都一致的表示楊振寧在楊、李分手以後，確實一直沒有私下的談論過他和李政道的事情，但是李政道卻會用許多間接迂迴的說法，講一些他和楊振寧的事情。喬玲麗說，她就在許多場合聽到李政道的這些說法。她說這種說話方式，在英文上叫做「innuendo」，也就是所謂的「暗喻譏諷」。她又說，在她還是一個很年輕資淺的物理學家時，有一次李政道就把她找去，居然在她面前說她老師邱的一些物理想法其實是他的，讓喬玲麗著實的感到訝異。[76]

因為有這些不愉快的情緒，楊振寧說後來他過六十歲生日出版《論文選集》的時候，就決定把歷史的真相寫出來。一九八三年楊振寧的版本發表以後，李政道看到了，大為吃驚，因此立刻就寫了一篇〈破壞了的宇稱〉，私下送交朋友做為反擊。[77]這一篇以兩個小孩在海邊玩耍，突然看到一個閃光而前往追尋，進而發現寶物成就功名並引起爭奪功勞寓言的故事做為開頭的文章，後來收入了李政道一九八六年六十歲出版的《李政道論文選集》的第三卷中。

楊振寧的那一本《論文選集》中間，選用了他大概三分之一的科學論文，而比較特別的是，這一本《論文選集》的前面，對照著後面的科學論文，他寫下了一些評注，回顧這些科學論文的一些背景，以及寫這些論文時他遭遇的人物以及發生的事情。這些評注「隱約回顧他大半生的心路歷程，既抒情又平實，英文乾淨而有風韻，很有點近代西方物理學家寫文章的清麗筆調。」⑱在這些評注當中，當然無可避免的提到了他和李政道的認識和合作關係。

楊振寧寫的這些評注，是他文章一貫的簡單直接風格，本來最早的版本還要更多一些火氣，後來聶華桐和喬玲麗幾個看過初稿的人都勸他，才改得比較溫和。⑲楊振寧寫到和李政道認識的那一段，除了說李政道「才華出眾，刻苦用功」，也說他們相處得頗為投機，很快就成為好朋友。楊振寧接著寫道：

我長他幾歲，又早他幾年當研究生，便在各方面幫助他。他後來成為費米指導的博士論文學生，而他總是向我尋求指導和忠告，在芝加哥的歲月裡，事實上我是他物理上的老師。⑳

而在談到和李政道最後分手的那一段文章中，楊振寧寫道：

在李政道和我做朋友的十六年當中，我就像是他的一個兄長。一九五〇年代初期，我在粒子物理和統計力學領域就已經成了名，在我們的合作關係中，我是資深的一方。我清楚認知到他必須走出我的陰影，便有意識的向後靠，希望在事業上扶持他，同時在公開的場合對於我們合作關係的本質，完全的保持沉默。在外人看來，我們的合作異常的緊密。而且在物理學上建樹良多。人們對我們的合作既羨又妒。而李政道自己也曾評斷，這種合作對於他在物理上的成長以及他的事業，具有決定性的影響。㉛

對於楊振寧的一些說法，李政道也並不否認。他在〈破壞了的宇稱〉文章中曾經寫道：

楊振寧極端的聰明，並且在數學物理方面特別的有天分……在那些芝加哥的日子中，我和楊振寧討論各方面的物理和許多其他的事情。他的品味比較傾向於數學，和我自己的相互補。我們曾經對各種問題公開的討論，而這些經常是十分熱烈的討論，對於我的發展，特別是在我那些成長年代中的發展，有著重要的影響。㉜

其實如果看一九五六年一月、楊振寧應西雅圖華盛頓大學物理系主任曼立之請，寫的推薦李政道去華盛頓大學訪問的信函，確實還完全是一個兄長先輩提攜後進的口氣，這事實上反映了當時楊、李在物理學界的地位差異。㉝儘管如此，一九八三年楊振寧的《論文選集》出版以後，他評注中所書寫的那些關於他和李政道關係的直率文字，卻讓許多人對於楊振寧不滿；一方面他們認為是楊振寧先把事情公開化的，另一方面也總以為，楊、李二人同時得到諾貝爾獎，應該是平等的合作關係。(84)

和李政道同在哥倫比亞大學物理系，最早以實驗證實楊、李後來得到諾貝爾獎的理論，並且和兩人都很熟悉的已故頂尖女性實驗物理學家吳健雄，倒是很欣賞楊振寧的《論文選集》。她一九八三年七月九日給楊振寧寄了一封信，說她一接到《論文選集》，「立即開始從頭閱讀，越讀越有興趣。一方面，您對近代物理發展的歷史，作了明晰有條理的簡介。同時，您把最近的過去，心頭不如意事也坦白地布開，使人讀了非常感動。第二天早上我給您打電話致謝，知道您在外旅行尚未回來，所以現在特此書面致謝。」(85)

似乎像吳健雄這樣看法的人不多。例如對於吳健雄沒有同時得到諾貝爾獎一直耿耿於懷，也是楊、李在芝加哥大學老同學的史坦伯格就說，在兩個人的密切合作中彼此爭功，是很不必要的行為，他認為諾貝爾獎的盛名，使得兩人自我膨脹起來，慢慢造成彼此的傷害。另外一位芝加哥時代的老同學高德伯格認為，楊、李兩人為了排名功勞的事情而起爭議，是十分幼稚的事情。高德伯格認為，他們兩人都應該閉嘴。對兩人都相當認識的另一位著名物理學家柯羅爾也認為，楊、李二人都太過分在乎自己的名聲和功勞。(86)

造成兩人關係出問題，當然也有心理的因素。在芝加哥大學時代和楊、李同是研究所同學的邱就說，楊、李兩人由芝加哥時代開始的關係，讓李政道老是有一種在楊振寧陰影下的感覺，自然是很不舒服的，加上楊振寧十分自我約束但是卻標準很高的行事風格，也難免使人隱約會感受到他的掌控壓力。㊇

有人認為，對楊振寧來說，最大的問題也許來自他有著害怕歷史遭到竄改的焦慮。另外，楊振寧有時候也隱約在中國物理學家的圈子裡，感受到一種莫名的疏離，大家似乎更傾向於接近李政道。一位和李政道比較熟的物理學家姚若鵬就說，毫無疑問的，楊振寧在物理方面的成就是要比李政道高出一截的，但是大家比較親近李政道的原因，是和李政道什麼物理問題都可以談，楊振寧十分講究品味，一般物理學家很難跟他談物理的問題，因而造成他尊而不親的印象。㊈

楊振寧在《論文選集》中間討論兩人關係比較直接而坦率的說法，造成一般人認為楊振寧態度太兇的印象。反倒是李政道的文章，說是因為看到楊振寧的文章，他才勉強回應，而寫法又是文學暗喻式的，所以容易贏得一般的好感。㊉一些物理學家雖然認為楊振寧的寫法，在未來科學歷史上比較有重要性，但是顯然比較兇一點。以提出粒子物理中的一種研究方法「Regge poles」而出名的義大利理論物理學家瑞吉（Tullio Regge）說，楊振寧幾乎已經有了愛因斯坦的地位，又何必還要在乎這種事情呢？⑩

這種普遍的印象，事實上後來造成楊振寧心中的許多痛楚。一九八四年到一九八五年，他曾經和芝加哥大學時代的老同學史坦伯格通信，試圖說明他為什麼要把他和李政道的決裂公開化的道理，但是史坦伯格似乎並不完全認同他的說法。91

楊振寧在考慮很久以後，於一九八九年給老師吳大猷寫了一封信。這封信詳細講了他和李政道的關係以及後來爭執的看法。此信全文載於本書〈附錄一〉中。吳大猷的回信之有關部分（前兩段）載於本書〈附錄二〉。

如果看看楊振寧一九九一年在一個高能物理會議晚宴上的演講，提到一九六〇年他和李政道以及另外一位物理學家，開完羅契斯特會議後，開車回布魯克哈芬的一路上，在車上如何模仿一個著名的猶太笑話，而編出來他們自己版本的笑話的愉快景象；如果看李政道在〈破壞了的宇稱〉中寫的：「我們既對立又和諧的密切共同合作，使我們深深的感覺到整個世界都在我們的面前，無畏的青春，那些事使得人生有意義！」那樣的句子，再看到他們二人後來的決裂，難免不使人深有感慨。

和兩人都認識的物理學家喬玲麗就說，他們兩人的爭吵，就好像莎士比亞悲劇一樣的「不可避免」，兩人對彼此的觀感，也像畢卡索畫中他的太太：同樣的人，以前是美女，後來變成了魔鬼。92

中國大陸著名的物理學家，曾經在中國原子彈計畫中有重要貢獻，後來出任中國科學院院長的周光召也說，楊、李兩人的不合，使得中國在許多場合中考量如何安排他們二人，有著很大的困難。周光召說，中國政府和科學界都很關注這件事情，周恩來總理也十分關切此事並曾經交代希望調和二人。周光召說，他私下和兩人談過，但是卻不得要領。[93]

有一年周光召到日本去開會，在會議中的一個空檔，周光召要普林斯頓的著名物理學家崔曼和他出去走一走。周光召對崔曼說，他知道崔曼和楊、李二人都很要好，希望崔曼能夠幫忙，勸楊、李兩人不要再吵架了，因為他們的不和讓中國十分為難。崔曼苦笑著說，這件事情他有什麼辦法？[94]

毫無疑問的，對於楊振寧和李政道來說，他們的決裂，在兩人內心都有著無可彌補的傷痛。和楊、李二人都有來往和合作關係的麻省理工學院物理學家黃克孫就說，兩人的文章公開以後，有一次楊振寧想和他談與李政道的問題，但是卻說不下去，只說如果在芝加哥的時候認識他們，就可以了解他們是什麼樣的關係。李政道也和黃克孫談過他和楊振寧的關係，講到他和楊振寧吵架以後的一年當中，提起筆來寫字，手都會發抖。[95]

對於兩人的分手，楊振寧內心是十分遺憾的。他有一次和與他都有合作關係，而且彼此也互相合作的中研院院士吳大竣及鄭洪兩人談起來，說他一直想要給他們兩人寫一封長信，主要是希望他們兩人不要重蹈他和李政道的覆轍。[96]

一九九八年香港電視台拍攝的楊振寧專輯中，楊振寧在被問到他和李政道為什麼不和的時候說，兩個人的關係是非常複雜的，不是一句話、兩句話就說得清楚。他說：「我們兩個人的關係，有的時候比我們和我們太太之間的關係還要密切。因為通過學術討論，我們可以摸索彼此的性格、彼此的想法，這樣深厚的一個關係，在破裂的時候，我想跟一個婚姻的破裂，是在同一等級的痛苦。」他說這不是他應該在電視機前面來做分析的，但是將來一定會有人去做研究的。97

兩人分手以後，雖然偶爾在開會的場合上碰面，但是兩人視而不見，同席吃飯也不打招呼。但是私下裡，卻還是很關注對方的行止。一九八九年，李政道在談起楊振寧的時候，還是推崇楊振寧當然很聰明，只是記憶不大正確。那一年六四事件之後，李政道跑到北京去見鄧小平，之後照片上了《紐約時報》，楊振寧看到了還打電話談起李政道的那張照片。對於李政道對中國大陸學術方面做的一些貢獻，楊振寧也給予正面的評價。98

楊振寧在他的《論文選集》的評注中，曾經對於他和李政道的這一個科學合作和友誼的機緣，有過一個總結，他寫道：

> 總的來說，這是我生命中一個值得回顧的篇章。一點不錯，這中間有著痛苦，但是人生中與人相關而又有意義的事情，少有是全無痛楚的。99

【注】

①楊振寧訪問談話，一九九八年十月二十七日，紐約州立大學石溪分校辦公室。

②楊振寧訪問談話，一九九九年五月十七日，紐約州立大學石溪分校辦公室。

③楊振寧訪問談話，一九九九年五月十七日，紐約州立大學石溪分校辦公室。

④凌寧訪問談話，一九九九年九月九日，紐約長島辦公室。

⑤羅森布魯斯訪問談話，一九九九年二月二十四日，加州大學聖地牙哥分校辦公室。

⑥楊振寧訪問談話，一九九八年十月二十七日，紐約州立大學石溪分校辦公室。

⑦楊振寧，致威克信函，一九五〇年四月二十五日，楊振寧提供。

⑧楊振寧訪問談話，一九九八年十月二十七日，紐約州立大學石溪分校辦公室。

⑨楊振寧，*Selected Papers 1945-1980 with Commentary*, New York: W. H. Freeman, 1983, p. 15.

⑩同上。

⑪李政道，"Broken Parity," *T. D. Lee Selected Papers*, Vol. 3, ed. G. Feinberg, Boston: Birkhauser, 1986, p. 491.

⑫楊振寧訪問談話，一九九九年五月十七日，紐約州立大學石溪分校辦公室。

⑬李政道，"Broken Parity," *T. D. Lee Selected Papers*, Vol. 3, ed. G. Feinberg, Boston: Birkhauser, 1986, p. 490.

⑭楊振寧訪問談話，一九九九年五月十七日，紐約州立大學石溪分校辦公室。

⑮同上。

⑯李政道，"Broken Parity," *T. D. Lee Selected Papers*, Vol. 3, ed. G. Feinberg, Boston: Birkhauser, 1986, p. 491.

⑰杜致禮訪問談話，二〇〇一年四月二十三日，台北福華飯店房間。

⑱楊振寧訪問談話，一九九九年五月十七日，紐約州立大學石溪分校辦公室。

⑲羅勃．密爾斯，〈楊振寧和密爾斯〉，《楊振寧，二十世紀一位偉大物理學家》，甘幼玶譯，丘成桐、劉兆玄編，桂林：廣西師範大學出版社，一九九六年，第82頁。

⑳楊振寧訪問談話，一九九九年五月十七日，紐約州立大學石溪分校辦公室。

㉑強生，致楊振寧信函，一九五五年十一月二十三日，楊振寧提供。

㉒李政道，"Broken Parity," *T. D. Lee Selected Papers*, Vol. 3, ed. G. Feinberg, Boston: Birkhauser, 1986, p. 492.

㉓同上。

㉔楊振寧，*Selected Papers 1945-1980 with Commentary*, New York: W. H. Freeman, 1983, p. 54.

㉕楊振寧訪問談話，一九九九年五月十七日，紐約州立大學石溪分校辦公室。

㉖楊振寧的原信是用英文寫的，刊載在《楊振寧文集》，上海：華東師範大學出版社，一九九八年，第808頁。

㉗李政道的原信應該亦是用英文寫的，此信引用自《李政道文錄》的翻譯，杭州：浙江文藝出版社，一九九九年，第219頁。

㉘邱訪問談話，一九九八年十二月二十八日，加州大學柏克萊分校附近家中。

㉙萊娜．史諾（Lily Snow）訪問談話，二〇〇一年二月十六日，華盛頓DC家中。

㉚崔曼訪問談話，一九九八年十月二十九日，普林斯頓大學物理系辦公室。另外著名的粒子物理學家最爾（Sidney Drell）也有同樣的看法。

㉛伯恩斯坦，"A Question of Parity," *New Yorker* 12 May 1962.

㉜高德哈柏訪問談話，一九九九年九月九日，紐約長島布魯克哈芬國家實驗室辦公室。

㉝楊振寧訪問談話，一九九八年十月二十八日、一九九九年五月十七日，紐約州立大學石溪分校辦公室。

㉞同上。

㉟楊振寧訪問談話，一九九九年五月十七日，紐約州立大學石溪分校辦公室。

㊱崔曼訪問談話，一九九八年十月二十九日，普林斯頓大學物理系辦公室。

㊲伯恩斯坦，*Cranks, Quarks, and the Cosmos*, New York: Basic Books, 1993.

㊳楊振寧訪問談話，一九九九年五月七日，紐約州立大學石溪分校辦公室。

㊴李政道，"Broken Parity," *T. D. Lee Selected Papers*, Vol. 3, ed. G. Feinberg, Boston: Birkhauser, 1986, p. 508.

㊵楊振寧，*Selected Papers 1945-1980 with Commentary*, New York: W. H. Freeman, 1983, p. 83.

㊶李政道，"Broken Parity," *T. D. Lee Selected Papers*, Vol. 3, ed. G. Feinberg, Boston: Birkhauser, 1986, pp.508-509.

㊷楊振寧訪問談話，一九九九年五月十七日，紐約州立大學石溪分校辦公室。

㊸楊振寧，致李政道信函，一九六二年六月十九日，楊振寧提供。

㊹楊振寧訪問談話，一九九九年五月十七日，紐約州立大學石溪分校辦公室。

㊺凌寧訪問談話，一九九九年九月九日，紐約長島辦公室。

㊻楊振玉訪問談話，一九九九年九月十日，紐約州立大學石溪分校理論物理研究所辦公室。

㊼同上。

㊽同上。

㊾黃克孫訪問談話，一九九九年九月十一日，麻省理工學院理論物理中心辦公室。

㊿派斯訪問談話，一九九九年五月十二日，紐約市洛克菲勒大學辦公室。

51同上。

52楊振寧訪問談話，一九九六年五月十七日，紐約州立大學石溪分校辦公室。

53楊振寧，致歐本海默信函，一九六二年九月二十八日，楊振寧提供。

54李政道，致歐本海默辭職信，一九六二年十一月十五日，楊振寧提供。

55高德伯格訪問談話，一九九八年十二月十一日，加州大學洛杉磯分校辦公室。

56派斯訪問談話，一九九九年五月十二日，紐約市洛克菲勒大學辦公室。

57對楊振寧的看法出自崔曼、史坦伯格、高德伯格、羅森布魯斯、凌寧、何炳棣、鄭洪、喬玲麗等人。

58對李政道的看法出自派斯、史坦伯格、高德伯格、羅森布魯斯、凌寧、何炳棣、鄭洪、喬玲麗等人。

59 崔曼訪問談話，一九九八年十月二十九日，普林斯頓大學辦公室。

60 楊振寧，*Selected Papers 1945-1980 with Commentary*, New York: W. H. Freeman, 1983, p. 53.

61 李政道，"Broken Parity," *T. D. Lee Selected Papers*, Vol. 3, ed. G. Feinberg, Boston: Birkhauser, 1986, pp.505-506.

62 喬玲麗訪問談話，一九九九年三月二十一日，喬治亞州亞特蘭大市Omni飯店餐廳。

63 戴森訪問談話，一九九九年五月二十二日，紐約州立大學石溪分校楊振寧退休研討會會場。黃克孫訪問談話，一九九九年九月十一日，波士頓麻省理工學院辦公室。

64 楊振寧訪問談話，一九九九年五月十七日，紐約州立大學石溪分校辦公室。

65 杜致禮訪問談話，二〇〇〇年四月二十三日，台北市福華飯店房間。

66 同上。

67 喬玲麗訪問談話，一九九九年三月二十一日，喬治亞州亞特蘭大市Omni飯店餐廳。

68 楊振寧訪問談話，一九九九年五月十七日，紐約州立大學石溪分校辦公室。

69 六〇年代到七〇年代在哥倫比亞大學物理系唸書的許多研究生都有相同的看法。

70 拉比太太訪問談話，一九九〇年一月二十八日，紐約市家中。當時是為了《吳健雄——物理科學的第一夫人》（時報文化出版）的訪問。

71 喬玲麗訪問談話，一九九九年三月二十一日，喬治亞州亞特蘭大市Omni飯店餐廳。

72 丁肇中，"Some Recent Experiments in High Energy Physics," *Thirty Years Since Parity Nonconservation, ed. Robert Novick, Boston: Birkhauser*, 1988, p. 61.

73 楊振寧，致李政道未寄出信函，一九六八年二月十八日，楊振寧提供。

74 楊振寧訪問談話，一九九九年五月十七日，紐約州立大學石溪分校辦公室。楊振寧在石溪理論物理研究所的同事德內斯登聽了李政道的演講大為吃驚，於是也告訴了楊振寧。

⑮楊振寧訪問談話，一九九九年五月十七日，紐約州立大學石溪分校辦公室。
⑯喬玲麗訪問談話，一九九九年三月二十一日，喬治亞州亞特蘭大市Omni飯店餐廳。
⑰楊振寧訪問談話，一九九九年五月十七日，紐約州立大學石溪分校辦公室。
⑱董橋，〈楊振寧的靈感〉，《中國時報》，一九八五年二月六日，人間副刊。
⑲聶華桐訪問談話，一九九八年五月八日，北京清華大學公寓住處。喬玲麗訪問談話，一九九九年三月二十一日，喬治亞州亞特蘭大市Omni飯店餐廳。
⑳楊振寧，*Selected Papers 1945-1980 with Commentary*, New York: W. H. Freeman, 1983, p. 7.
㉑楊振寧，*Selected Papers 1945-1980 with Commentary*, New York: W. H. Freeman, 1983, pp. 53-54.
㉒李政道，"Broken Parity," *T. D. Lee Selected Papers*, Vol. 3, ed. G. Feinberg, Boston: Birkhauser, 1986, p. 489.
㉓曼立，致楊振寧信函，一九五六年一月十一日；楊振寧，致曼立信函，一九五六年一月十八日。楊振寧提供。
㉔聶華桐訪問談話，一九九八年五月八日，北京清華大學公寓住處。
㉕吳健雄，致楊振寧信函，一九八三年七月九日，楊振寧提供。
㉖柯羅爾訪問談話，一九九九年六月二十八日，加州大學聖地牙哥分校辦公室。
㉗邱訪問談話，一九九八年十二月二十八日，加州舊金山柏克萊附近家中。
㉘陳方正訪問談話，一九九八年九月二十五日，香港中文大學辦公室。
㉙鄭洪訪問談話，一九九八年十月二十三日，波士頓麻省理工學院辦公室。
㉚喬玲麗訪問談話，一九九九年三月二十一日，喬治亞州亞特蘭大市Omni飯店餐廳。
㉛楊振寧，與史坦伯格來往信函，一九八四年五月到一九八五年三月，楊振寧提供。
㉜喬玲麗訪問談話，一九九九年三月二十一日，喬治亞州亞特蘭大市Omni飯店餐廳。
㉝周光召訪問談話，一九九九年五月二十二日，紐約州立大學石溪分校楊振寧退休研討會會場。

⑭崔曼訪問談話，一九九八年十月二十九日，普林斯頓大學辦公室。
⑮黃克孫訪問談話，一九九九年九月十一日，波士頓麻省理工學院辦公室。
⑯鄭洪訪問談話，一九九八年十月二十三日，波士頓麻省理工學院辦公室。
⑰「楊振寧專輯」，傑出華人系列，香港電視台，一九九八年八月二十三日。
⑱此兩經驗皆為作者一九八九年在紐約市撰寫《吳健雄——物理科學的第一夫人》時的經驗。
⑲楊振寧，*Selected Papers 1945-1980 with Commentary*, New York: W. H. Freeman, 1983, p. 54.

第8章

宇稱不守恆的革命

楊振寧的宇稱不守恆研究，讓他於1957年獲得諾貝爾獎。（楊振寧提供）

二次大戰後，近代物理科學接續戰前量子力學的輝煌革命成就，繼續展現它豐沛的創造力，但是其中有一個重大的變化，就是像費米等一些重要物理學家由歐洲轉到了美國，使得近代物理科學發展的重心，漸漸的由歐洲移轉到美國。另外粒子加速器科學工藝技術方面的快速發展，促成粒子物理這門科學領域的蓬勃進展，也因而在戰後十年左右的光景，造就出一個在物理科學上所稱的「宇稱不守恆的革命」。

楊振寧會成為這個「宇稱不守恆革命」的締造者，一方面是物理科學發展趨向的客觀條件相配合，另外也有他自己對於物理科學品味和穿透能力的主觀因素。

「宇稱守恆」簡單的說就是一種物理定律的左右對稱，所以又有一種說法叫做「鏡像對稱」。事實上，對稱在人類對宇宙的觀察經驗中，是早有的概念。

到了二十世紀，物理學家對於對稱定律有了更深刻的認識。用楊振寧自己的話說，就是「隨著狹義相對論和廣義相對論的出現，對稱性定律獲得了新的重要性：他們與動力學定律之間有了更完整而且相互依存的關係，在古典力學裡面，從邏輯上來說，對稱定律僅僅是動力學定律的推論，動力學定律則僅僅偶然的具備了一些對稱性。」①

舉例來說，到二十世紀，物理學家了解到他們在十九世紀所談論的動量和能量守恆定律，事實上是建基於空間和時間的對稱的基礎之上；也就是說，在一個物理系統中，動量和能量在物理作用前後保持不變，是建基在「物理作用不會因為作用的時間和地點改變而不同」的基礎之上。而物理中所討論的角動量守恆，也與物理定律的旋轉不變性相關聯。

可是在量子力學發展以後，物理的語彙中才開始大量使用對稱的觀念。量子力學要描述物理系統中原子或者分子的量子結構，就必須討論它們的量子數，而量子數這一觀念就是從對稱這個觀念來的。舉例來說，十九世紀發展而來的元素週期表，在量子力學發展以後，科學家才了解到週期表中的原子數，事實上可以直接從庫倫力的旋轉對稱中得到。同樣的，反物質（反粒子）的存在，也是根據勞倫茲變換（Lorentz transformation）的對稱性而在理論上預測到的。

這些發展使得物理學家認識到自然界所隱含著的對稱定律的簡單數學表述方式，他們領悟到其中數學推理的優雅和完美，以及物理結論的複雜和深遠。他們感受到對稱定律的強大力量，也因而受到極大的鼓舞，而增強了他們對於對稱概念重要性的認識。②

左右對稱定理在古典物理中之所以不顯得特別重要，原因是左右對稱不像旋轉對稱是連續的，在古典力學中，連續對稱一定會導致守恆定律，左右對稱則不然。但是到了量子力學的討論範圍，這些差別消失了，左右對稱定律也導致出了一種守恆定律，那就是宇稱守恆。

宇稱守恆這種概念，最早是德國傑出物理學家索莫菲爾德（Arnold Sommerfeld）的學生拉波蒂（Otto Laporte）在一九二四年，研究鐵原子能階的時候發現並提出討論的。一九二七年，大物理學家維格納證明拉波蒂所討論的概念，是左右對稱所造成的結果，並且漸漸在物理中發展出宇稱守恆的概念。

楊振寧十分佩服的大數學家魏爾（Hermann Weyl），在他所著的書《群論和量子力學》一九三〇年德文版出版前言中，就預告了宇稱守恆的潛在問題：

質子和電子的基本問題已經用其與量子定理的對稱性性質的關聯來討論了，而這些性質是與左和右、過去和將來以及正電和負電的互換有關。現在似乎還看不到這個問題的解決：我擔心懸在這一課題上的烏雲會滾動到一處而形成量子力學中的一個新危機。③

所謂宇稱守恆，簡單的說，就是物理定律在最深的層次上，是不分左右的，左邊和右邊是沒有區別的。也就是說，依這個定律，一物體及其左右相反的鏡像，所發生的運作是相同的。

事實上，真正物理作用中的宇稱守恆定律，並不僅止於「鏡像對稱」而已。在真正的物理作用當中，應該是左右、上下、前後整個空間的置換對稱，而在量子力學中所討論的，是空間座標變數的宇稱數守恆的問題。

在物理科學的進展中，通常是由理論和實驗交互驗證而向前推進，但是和許多人想像的不一樣，這中間並不全是有系統而且理性的交流，也包含許多天馬行空的猜測和謬誤的歷程。

一九五〇年代初期，宇稱守恆突然會成為一個熱門的問題，事實上和實驗方面發現的一些不可解釋的奇怪現象有密切的關係。

近代科學由十六世紀牛頓以來快速發展，但其主流趨向，一直沒有脫離由希臘以降的那一個追尋物質最基本構成物的傳統。最早「原子」這個字，在希臘文裡面就是「不可分割」的意思。

一九一一年，英國物理學家拉塞福（Ernest Rutherford）在曼徹斯特大學做金箔散射實驗，確定了原子中還有更小的原子核，科學家才意識到，還有比原子更小的構成物質的基本單元。

接著科學家又發現，原子中間還有帶正電的質子和帶負電的電子。起初科學家以為，原子和電子都是在原子核裡面，但是發現這種想法無法圓滿的解釋一些問題。一九三二年，英國物理學家查兌克（James Chadwick）發現了不帶電的中子，並且確定在原子核之中只有質子和中子，電子是環繞在原子核外運動。同一年，美國加州理工學院的物理學家安德森（Carl D. Anderson）在探測來自外太空的宇宙射線的儀器中，看到了一個新的粒子。這是人類從來沒有經驗過的一種東西，一種「反物質」。

這種新的粒子是電子的反物質，叫做正電子或者正子（positron，和電子質量相同，但是帶正電）。前面四種粒子，加上傳送光的粒子也就是光子在內的這五種粒子，構成了到一九三二年年底，物理學家所知道的所謂「基本粒子」。

到五〇年代和六〇年代，基本粒子的數目增加到十多個、甚至數十個，這種數目的多少，與當時科學家對於什麼是「基本」並沒有很清楚的定義有關。但是物理學界對於這種尋找新粒子的發展，反應是褒貶不一的；英國大物理學家狄拉克就曾經提到，早期科學界是很強烈的反對提出新粒子的設想。④到一九六二年物理學家發現第二類的微中子之後，哥倫比亞大學物理系的元老物理學家拉比還不以為然的說：「誰預訂了這些粒子？」⑤

二十世紀初期，物理學家開始探測高能量的宇宙射線，科學家曾經利用一種叫做「雲霧室」的探測儀器：雲霧室中的雲霧狀物質在高能量宇宙射線經過的地方，會變成電離狀態而顯現出宇宙射線的軌跡。一九三二年安德森的正電子就是在「雲霧室」中間發現的。

有好長一段時間，宇宙射線是科學家獲得一些短壽命新粒子的主要來源。但是宇宙射線飛越遙遠距離，因為受到地球大氣層和地球磁場阻絕的影響，數量和能量都不容易控制。因此利用宇宙射線來研究一些新粒子的特性，並不是十分方便和準確的辦法。

於是便有了人造高能量粒子束的構想，這就是粒子加速器。頭一個加速帶電粒子到相當高能量的加速器，是一九三二年兩位英國科學家柯克考夫特（John Cockcroft）和瓦耳頓（Ernest Walton）利用電場和磁場加速帶正電的質子而完成的。這種類型的「柯克考夫特—瓦耳頓」加速器，就是現在所謂直線加速器的初始原型。這種直線加速器由於在增加能量上碰到瓶頸，於是一種新的構想，將帶電粒子在一個圓形軌道中加速的概念出現了。

最先成功的利用這種概念，並且發展出來一個高能量圓形加速器的科學家，是在加州大學柏克萊分校的勞倫斯，勞倫斯因為在這種圓形的迴旋加速器方面的前驅性工作，得到一九三九年的諾貝爾物理獎。柯克考夫特和瓦耳頓也因為加速原子核粒子造成原子核人工蛻變的研究成果，得到一九五一年諾貝爾物理獎。

一九五三年，位於紐約長島的布魯克哈芬國家實驗室，建造完成了一個加速器**Cosmotron**，楊振寧並且被邀請到那裡訪問一年。一九五五年在加州大學柏克萊分校也完成了另外一座加速器**Bevatron**，這兩座加速器的先後完成，使得粒子物理實驗開始了一個全新的局面，也是後來造成「宇稱不守恆」革命的契機。

其實，在這兩座加速器完成以前，科學家已經在宇宙射線的探測中，看到許多新的粒子，這些粒子由於沒有理論預測過它們的存在，因此被稱之為「奇異粒子」。

「奇異粒子」最早是兩位英國實驗物理學家羅契斯特（George Rochester）和巴特勒（Clifford Butler）一九四七年在觀測宇宙射線的雲霧室中看到的。後來在加速器中觀測到的「奇異粒子」，是利用高能量質子撞擊普通物質的「碎片」中所產生。在許多的「奇異粒子」當中，最引起物理學家興趣的，乃是分別被命名為θ（希臘字母讀作西塔）和τ（希臘字母讀作套）的兩個粒子，這兩個粒子一些奇特難解的特性，被當時的物理學家稱之為「θ－τ之謎」。

θ和τ這兩個粒子存在的生命期很短，會很快的轉變成其他生命期較長的粒子，這種轉變現象在物理學上叫做「衰變」。物理學家也正是由它們衰變出來的產物，才推知它們的存在。

「θ－τ之謎」之所以困惑物理學家，乃是因為θ粒子的衰變會產生出兩個π介子，而τ粒子的衰變，卻產生了三個π介子。介子是日本第一位諾貝爾物理獎得主湯川秀樹在一九三四年首先提出理論預測其存在。這種粒子後來經由實驗證實，確實如其預測的存在，而使得湯川秀樹得到一九四九年的諾貝爾物理獎。π介子正是這類介子的一種。

θ粒子和τ粒子在雲霧室的探測結果中，幾乎有著完全不同的衰變模式；一個產生兩個π介子，另一個產生三個π介子，造成它們不相同的宇稱數，因此又不可能是同一個粒子。

為了避免在宇宙線探測中能量不容易精確控制的問題，物理學家於是就利用加速器來進行研究。利用加速器來進行研究，一方面可以產生數量比較多的這種粒子的衰變，另一方面能量也比較能精確的控制。因此到一九五六年下半年，紐約長島的布魯克哈芬國家實驗室的Cosmotron加速器，有百分之六十的機器運轉時間，都是用在進行「奇異粒子」的研究之上。

⑥

那個時候澳大利亞的物理學家達利茲（Richard Dalitz）仔細研究了θ和τ的宇稱數。他利用當時普遍被接受的物理定律，去做了一個計算分析，顯現出θ和τ有不同的宇稱數，因此不可能是同一個粒子。由於達利茲的計算受到普遍的認同，因此當時許多的物理學家都傾向於接受這兩個粒子不是相同的粒子。

在一九五六年四月，楊振寧和派斯以及惠勒三人從羅契斯特坐火車回普林斯頓的路上，楊振寧和派斯還各和惠勒賭一塊錢，認為θ和τ不是同一個粒子。結果後來證實θ和τ是同一個粒子，也讓惠勒贏了兩塊錢。⑦

如果θ和τ不是同一個粒子，那麼它們會有不同的衰變模式就是很自然的事情了。但是在利用加速器對這兩個「奇異粒子」的作用和衰變進行詳細和精確測量之後，科學家就愈加的發現到，它們有著相同質量和存在壽命，而且這類實驗的準確性愈來愈高，這也就是說，這兩個粒子似乎又應該是同一個粒子。這就是所謂的「θ－τ之謎」。

一個相同的粒子，卻產生兩種不同的衰變模式，以當時物理的理論是說不通的。於是理論物理學家便要提出各種的想法，試圖來圓滿解釋這個問題。理論物理學家醞釀新想法時的私下討論，是隨時以口頭、書面甚至電話進行的。對於「θ－τ之謎」正式公開討論的高潮，是一九五六年四月初舉行的第六屆羅契斯特會議。

羅契斯特會議是由物理學家馬夏克（Robert Marshak）所組織的，有一點接續早年雪特島會議的傳統的味道，不過參加的不只是理論物理學家，還有許多實驗物理學家，是五〇年代最重要的粒子物理國際會議。那一次在羅契斯特大學召開的第六屆會議，時間是從四月三日到七日，楊振寧應邀在會議上做一個引介的報告。當時和楊振寧密切合作的李政道也第一次參加了羅契斯特會議。

在這次會議的最後一天，有一項「新粒子的理論解釋」討論會，由大科學家歐本海默主持。楊振寧在討論會中，先從理論上對於「奇異粒子」的不同想法作了一個引介的綜合報告，他報告中提出了一些自己的觀點，也提到其他幾位物理學家的看法。另外物理學家葛爾曼和費曼也先後提出他們的想法以及基本的質疑，會議主要還是在討論 θ 和 τ 到底是相同的粒子，還是不同的粒子。根據那一次羅契斯特會議的紀錄，這一段討論經過是這樣的：

討論進一步繼續楊振寧認為，由於我們到目前為止，對於 θ 和 τ 衰變的了解是這麼少，因此也許最好是對這個問題保持一個開放的想法。遵循這種開放的思考方式，費曼替布洛克（Martin Block）提出了一個問題：會不會 θ 和 τ 是同一種粒子的不同宇稱狀態？而他們沒有特定的宇稱，也就是說宇稱是不守恆的。這就是說，自然界是不是有一種單一確定的右手和左手的方式呢？楊振寧說，他和李政道曾經研究過這個問題，但是並沒有得到確定的結論。⑧

為了解決這些問題，當時許多理論學家提出了各種不同的想法，有從這兩個粒子的基本性質著手，提出為什麼兩個不同的粒子會顯現出有相同的質量和生命週期的解釋。另外則是從對稱性的方向著眼，在這一方面楊振寧和李政道，還有另外一位理論物理學家葛爾曼，都曾經提出了一個比通常想像的要大的一種對稱性的概念，就是所謂的「宇稱二重態」（parity doublets）。楊振寧說，這些建議事實上都反映了當時他們的思想，是陷在急於要解決這兩個粒子質量和生命週期問題的泥沼裡。⑨

就像第六屆羅契斯特會議中的討論，一些科學家的討論已經注意到，宇稱守恆的成立與否是一個相關的方向。但是為什麼這些討論沒有深入下去呢？楊振寧認為，由於時間和空間的對稱性，在原子、分子和原子核物理中極為有用，這種有用的價值，使人們自然的假定這些對稱是金科玉律，當然是不可質疑的。另外由於宇稱的定律在原子核物理和貝他衰變上，也一直都用得很好，因此要提出宇稱是不守恆的想法，就馬上會碰到互相矛盾抵觸的地方。⑩

整個問題的關鍵，事實上也是被人忽略的一個想法，就是要把弱作用中的宇稱守恆和強作用中的宇稱守恆分開來看待。楊振寧說，若沒有這種想法，關於宇稱不守恆的所有討論，都會碰到觀念上和實驗上的困境。⑪

在由羅契斯特會議回到普林斯頓高等研究院以後兩個禮拜，楊振寧全家搬到布魯克哈芬國家實驗室做暑期的訪問。他和李政道繼續維持每週兩次的相互訪問，通常是每個星期四楊振寧到紐約市的哥倫比亞大學訪問李政道，每個星期二李政道則到普林斯頓高等研究院或者布魯克哈芬國家實驗室訪問楊振寧。⑫楊振寧說，和過去一樣，他們討論各種物理問題，而當時他們最關注的當然就是「$\theta-\tau$之謎」。

結果促成楊、李解決「$\theta-\tau$之謎」，並且創造了一次物理科學歷史革命的關鍵概念，就是在那一年五月初，楊振寧由長島布魯克哈芬到哥倫比亞大學和李政道會面的討論中產生的。

楊振寧說，那一天他開車到哥倫比亞大學做每週例行的訪問，把李政道從辦公室接出來，但是當時很難找到停車的車位，因此楊振寧先把車停在百老匯大街和一二五街的轉角處。由於附近的餐館還沒有營業，於是他們就到附近的「白玫瑰」咖啡館，在那裡繼續的討論。稍後他們到「上海飯店」吃中飯，討論依然集中在「$\theta-\tau$之謎」上面。在這個討論中間，楊振寧想到了，應該把產生過程的對稱性和衰變過程的對稱性分開來看，也就是說，假如只認定宇稱在強作用中守恆，而在弱作用中則不然，就可以解決「$\theta-\tau$之謎」的困惑了。⑬

楊振寧說這個想法的出現，牽涉到兩個反應式中間的問題，而那個問題是他一九四八年的論文以及一九五四年和另外兩個物理學家史諾和史登海默合作的一篇論文中討論過的，所以他把這個想法說給李政道聽，最後終於改變了李反對的想法。一九六二年四月，楊振寧和李政道在普林斯頓重新回憶這一段經過的時候，楊振寧記得這一段討論是發生在「上海飯店」，而李政道的記憶則認為是下午在他哥倫比亞大學的辦公室。⑭

可是這種分開討論強、弱作用中不同的宇稱性，能不能和已有的上千個成功的「選擇規律」的應用不發生衝突呢？這就要仔細研究貝他衰變中的各種選擇規律的細節。這項研究正好用到楊振寧在一九五〇年他和蒂歐姆諾合作發表的一篇論文中所討論過的十種「耦合常數」（coupling constant）。由於對於弱作用方面的這些問題有過去的這一些研究基礎，因此楊振寧第二個禮拜在和李政道見面的時候，就向李政道提出了在貝他衰變中間所有需要重新考察的現象的清單。⑮

隨後的幾個禮拜，楊振寧就用這十種耦合常數做了許多貝他衰變方面的計算。他說，那個時候李政道對於貝他衰變不大熟悉，變得有一點焦慮，主張先寫一篇關於那兩個沒有貝他衰變反應式的短文發表。楊振寧否決了這種想法，因為他要把貝他衰變的計算做完。

楊振寧說他一共只花了一兩個禮拜，就做完了所有的計算，得到的結果顯示，過去所有的貝他衰變實驗，和貝他衰變中宇稱是否守恆完全沒有關係。李政道稍後也做了同樣的計算，並且同意楊振寧的結論。⑯

楊振寧說，他在一年半以後的諾貝爾演說中，描述了當時他自己對於這種驚人結論的心理反應：

長久以來，在沒有實驗證據的情況下，人們都相信弱作用中的宇稱守恆，這是令人十分驚訝的。但是更令人驚訝的是，物理學家看到他們如此熟知的時空對稱定律可能是不對的。我們並不喜歡看到這種前景。只是因為試圖去了解 $\theta-\tau$ 之謎的各種其他努力都歸於失敗，我們才不得不考慮這一種結論。⑰

五月中，楊振寧在布魯克哈芬實驗室做了一個報告，介紹他們的工作，報告結束的時候，物理學家賽洛夫（Walter Selove）問楊振寧，過去所有的實驗和貝他衰變中的宇稱守恆問題都沒有關係，這中間到底有什麼深一層的道理？楊振寧回答說他不知道。

一兩天以後，李政道到布魯克哈芬來訪問楊振寧，兩人於是共同思考這個問題。楊振寧說他們不想通過複雜的計算，而要從數學原則上證明，為什麼過去的貝他衰變研究都和宇稱守恆無關？那一天快到晚上的時候，楊振寧了解到個中的關鍵，是以前的實驗中沒有測量「贋純量」（pseudoscalar），所以才會造成它們和貝他衰變中宇稱守恆問題沒有關係。楊振寧說，他因為弄清楚了這個道理十分的高興，並且在開車回住所吃飯的時候，向李政道解釋了這些道理。⑱

要在實驗中測量贋純量的一個辦法，是測量極化的原子核貝他衰變的方向分布，當時楊振寧和李政道都不知道其實在低溫實驗物理領域，物理學家已經成功的把原子核極化了。後來他們二人在布魯克哈芬實驗室，碰到後來擔任布魯克哈芬國家實驗室主任的物理學家高德哈柏，高德哈柏告訴他們英國牛津大學的科學家已經把原子核極化的消息。另外李政道也由他在哥倫比亞大學物理系的同事，當時世界貝他衰變方面權威的實驗物理學家吳健雄那裡，得到相同的訊息。

五月底，楊振寧碰到了他有生以來的第一次嚴重背痛，這個問題在他後來一生中還發生過多次。在臥床休養期間，杜致禮根據楊振寧的口述，替他寫成了一篇論文。楊振寧說，因為杜致禮沒有受過祕書方面的訓練，所以是一個字一個字手寫下來的。論文的題目是〈在弱作用中，宇稱是否守恆？〉楊振寧把論文給李政道看，李政道做了幾處小改。接著他們就把論文的手稿交給布魯克哈芬加速器部門的祕書凱克小姐（Barbara Keck）請她打字。打好的論文預印本，後來改正了一些小的錯誤，並且加上了另外一種可以檢驗宇稱不守恆的實驗辦法。

那一年六月二十二日論文正式的打出來，並且標上布魯克哈芬國家實驗室的編號，然後投寄給《物理評論》雜誌。他們這一篇日後成為科學文獻中不朽經典著作的論文，一九五六年十月一日刊出時，題目後來卻改成了〈對於弱作用中宇稱守恆的質疑〉，原因是當時《物理評論》的編輯，也是著名的物理學家高斯密（Samuel Goudsmit）認為，論文的標題不應該是一個問句。楊振寧認為，原來的題目要更有意義得多。⑲

楊振寧和李政道的論文中，並沒有聲稱宇稱在弱作用中確實是不守恆的。他們只是指出

Question of Parity Conservation in Weak Interactions*

T. D. LEE, *Columbia University, New York, New York*

AND

C. N. YANG,† *Brookhaven National Laboratory, Upton, New York*

(Received June 22, 1956)

The question of parity conservation in β decays and in hyperon and meson decays is examined. Possible experiments are suggested which might test parity conservation in these interactions.

RECENT experimental data indicate closely identical masses[1] and lifetimes[2] of the $\theta^+(\equiv K_{\pi 2}^+)$ and the $\tau^+(\equiv K_{\pi 3}^+)$ mesons. On the other hand, analyses[3] of the decay products of τ^+ strongly suggest on the grounds of angular momentum and parity conservation that the τ^+ and θ^+ are not the same particle. This poses a rather puzzling situation that has been extensively discussed.[4]

One way out of the difficulty is to assume that parity is not strictly conserved, so that θ^+ and τ^+ are two different decay modes of the same particle, which necessarily has a single mass value and a single lifetime. We wish to analyze this possibility in the present paper against the background of the existing experimental evidence of parity conservation. It will become clear that existing experiments do indicate parity conservation in strong and electromagnetic interactions to a high degree of accuracy, but that for the weak interactions (i.e., decay interactions for the mesons and hyperons, and various Fermi interactions) parity conservation is so far only an extrapolated hypothesis unsupported by experimental evidence. (One might even say that the present $\theta-\tau$ puzzle may be taken as an indication that parity conservation is violated in weak interactions. This argument is, however, not to be taken seriously because of the paucity of our present knowledge concerning the nature of the strange particles. It supplies rather an incentive for an examination of the question of parity conservation.) To decide unequivocally whether parity is conserved in weak interactions, one must perform an experiment to determine whether weak interactions differentiate the right from the left. Some such possible experiments will be discussed.

PRESENT EXPERIMENTAL LIMIT ON PARITY NONCONSERVATION

If parity is not strictly conserved, all atomic and nuclear states become mixtures consisting mainly of the state they are usually assigned, together with small percentages of states possessing the opposite parity. The fractional weight of the latter will be called $\mathfrak{F}^2$. It is a quantity that characterizes the degree of violation of parity conservation.

The existence of parity selection rules which work well in atomic and nuclear physics is a clear indication that the degree of mixing, $\mathfrak{F}^2$, cannot be large. From such considerations one can impose the limit $\mathfrak{F}^2 \lesssim (r/\lambda)^2$, which for atomic spectroscopy is, in most cases, $\sim 10^{-6}$. In general a less accurate limit obtains for nuclear spectroscopy.

Parity nonconservation implies the existence of interactions which mix parities. The strength of such interactions compared to the usual interactions will in general be characterized by $\mathfrak{F}$, so that the mixing will be of the order $\mathfrak{F}^2$. The presence of such interactions would affect angular distributions in nuclear reactions. As we shall see, however, the accuracy of these experiments is not good. The limit on $\mathfrak{F}^2$ obtained is not better than $\mathfrak{F}^2 < 10^{-4}$.

To give an illustration, let us examine the polarization experiments, since they are closely analogous to some experiments to be discussed later. A proton beam polarized in a direction z perpendicular to its momentum was scattered by nuclei. The scattered intensities were compared[5] in two directions A and B related to each other by a reflection in the x–y plane, and were found to be identical to within $\sim 1\%$. If the scattering originates from an ordinary parity-conserving interaction plus a parity-nonconserving interaction (e.g., $\boldsymbol{\sigma}\cdot\mathbf{r}$), then the scattering amplitudes in the directions A and B are in the proportion $(1+\mathfrak{F})/(1-\mathfrak{F})$, where $\mathfrak{F}$ represents the ratio of the strengths of the two kinds of interactions in the scattering. The experimental result therefore requires $\mathfrak{F} < 10^{-2}$, or $\mathfrak{F}^2 < 10^{-4}$.

The violation of parity conservation would lead to an electric dipole moment for all systems. The magnitude of the moment is

$$\text{moment} \sim e\mathfrak{F} \times (\text{dimension of system}). \qquad (1)$$

* Work supported in part by the U. S. Atomic Energy Commission.

† Permanent address: Institute for Advanced Study, Princeton, New Jersey.

1 Whitehead, Stork, Perkins, Peterson, and Birge, Bull. Am. Phys. Soc. Ser. II, **1**, 184 (1956); Barkas, Heckman, and Smith, Bull. Am. Phys. Soc. Ser. II, **1**, 184 (1956).

2 Harris, Orear, and Taylor, Phys. Rev. **100**, 932 (1955); V. Fitch and K. Motley, Phys. Rev. **101**, 496 (1956); Alvarez, Crawford, Good, and Stevenson, Phys. Rev. **101**, 503 (1956).

3 R. Dalitz, Phil. Mag. **44**, 1068 (1953); E. Fabri, Nuovo cimento **11**, 479 (1954). See Orear, Harris, and Taylor [Phys. Rev. **102**, 1676 (1956)] for recent experimental results.

4 See, e.g., *Report of the Sixth Annual Rochester Conference on High Energy Physics* (Interscience Publishers, Inc., New York, to be published).

5 See, e.g., Chamberlain, Segrè, Tripp, and Ypsilantis, Phys. Rev. **93**, 1430 (1954).

□Reprinted from *The Physical Review* 104, 1 (October 1, 1956), 254–258.

1956年楊振寧和李政道合寫的這篇論文，使得兩人共同得到1957年的諾貝爾物理獎。（楊振寧提供）

了這是沒有被驗證的問題，並且希望說服實驗物理學家去研究這問題。在他們的論文中有這樣的一段話：

> 要能夠沒有異議的確定宇稱是否在弱作用中守恆，就必須以實驗來決定在弱作用中，左和右是不是有差異性。[20]

儘管楊、李的論文有非常詳盡的理論討論，並且還提出了一些可以去檢驗的實驗辦法，但是由於這個宇稱守恆定律過去在各方面的應用如此之好，加上這些實驗也都是非常困難的實驗，所以他們的論文一開始並沒有得到非常熱烈的反應。一直在普林斯頓高等研究院的著名理論物理學家戴森，雖然他科學品味方面過人的鑑賞力，一向受到推崇，但是他看了那篇論文兩遍，也只是認為文章「很有意思」，然後就把《物理評論》放回到書架上去。[21]

楊振寧說他和李政道對於這一篇論文都十分滿意，覺得他們完成了一件分析宇稱守恆物理方面的好工作，而且還討論了當時他們所知道的一切可能的實驗檢驗辦法。他覺得，他們這一件工作的風格是符合好的物理學傳統的。論文完成以後，他們只能靜待實驗的證明。[22]

這一個宇稱不守恆的科學革命中，在實驗物理方面扮演關鍵角色的，是當時在貝他衰變實驗方面已經有世界一流權威地位的女物理學家吳健雄。她在楊、李二人的論文完成以前，就已經認識到，對於研究貝他衰變的原子核物理學家來說，這是去進行這樣的一個重要實驗的黃金機會，不可以隨便錯過。她以為，即使結果證明宇稱在貝他衰變方面是守恆的，也一樣是為這方面的科學論點，設定了一個極重要的實驗證據。楊振寧說過，他們當時和許多其他的實驗物理學家談過，但是只有吳健雄看出了其中的重要性，這代表吳健雄獨具慧眼。㉓

楊振寧後來也表示：

在那個時候，我並沒有押寶在宇稱不守恆上，李政道也沒有，我也不知道有任何人押寶在宇稱不守恆之上。我不清楚泰勒格帝（Valentine Telegdi）㉔是如何想的，但是吳健雄的想法是，縱然結果宇稱並不是不守恆的，這依然是一個好的實驗，應該要做，原因是在過去，貝他衰變中從來沒有任何關於左右對稱的資料。㉕

吳健雄打定主意要進行這個實驗，從一九五六年五月六日的時候就開始積極的準備，後來花了大約半年的時間，終於成為最先以實驗證實楊、李提出「在弱作用中宇稱不守恆」這個理論想法的實驗物理學家。㉖

在吳健雄的實驗結果還沒有塵埃落定以前，整個科學界的氣氛是傾向於不相信楊、李的猜想是對的，也就是說不相信在弱作用中宇稱真的是不守恆的。楊振寧那一年六月在波士頓麻省理工學院做一個報告的時候，曾經碰到一九五二年諾貝爾物理獎得主帕塞爾（Edward Purcell）和後來也得到諾貝爾獎的阮姆西（Norman Ramsey），他們兩人也曾經想在橡樹嶺實驗室進行這個實驗，但是他們的構想就曾經被物理學家費曼斥之為「瘋狂」。[27]

另外，蘇聯著名的物理學家、後來因為超流體方面的研究得到諾貝爾獎的朗道，在一九五六年十月蘇聯召開的第一次物理會議上，也曾經強烈的反對楊、李論文中間所提出的理論可能。[28]

其實這些反應都很正常，因為楊振寧和李政道也沒有認定弱作用中宇稱真的是不守恆的。兩人在那篇論文寄出去以後的兩個禮拜，又寫了一篇論文，列出了宇稱二重態和宇稱不守恆的實驗的區別，而且他們在論文中並沒有認為哪一個的可能性更高。後來九月份在西雅圖的理論物理國際會議上，楊振寧以「目前關於新粒子的知識」為題所作的報告中也說，要不是由於θ和τ兩個粒子在實驗測量上具有相同質量和壽命，那麼認定這兩個粒子是不同的兩個粒子，就更能夠得到大家的信服。也就是說，那就不會產生宇稱不守恆的問題了。[29]

雖然楊振寧和李政道的論文〈在弱作用中，宇稱是否守恆？〉預印本早在科學界流傳，但是《物理評論》是在十月一日那一期正式刊出的。在文章正式刊登以後，吳健雄的實驗還沒有得到肯定結果以前，中間還有一個插曲。

那個時候已經到了加州理工學院的葛爾曼，有一天在麻省理工學院開會。他一面開會一面研究楊、李的論文，結果覺得文章裡面有些是錯誤的。於是他就在黃色有橫條格的紙上，用鉛筆寫了一封評論楊、李論文的信，請也去開會的著名物理學家戴森帶給楊振寧，並且在那封信第一頁的頂上寫著：「法蘭克．楊：在這封信送去發表以前，請給我你的評論。」㉚

楊振寧說，葛爾曼會寫這一個短函，其實正是因為他沒有把問題弄清楚的緣故，所以在十二月十四日，楊振寧和李政道就共同寫了一封信給葛爾曼，指出他對事實認識的一些錯誤。葛爾曼也很聰明，他很快就發現自己早先手寫的那一封短函是不對的，所以同一天他也從加州理工學院給楊振寧又寫了一封信，承認自己的前一封短函中犯了錯誤。㉛

其實這已經不是葛爾曼第一次來找他們的麻煩。楊振寧說，那一年二月份，他們聽說葛爾曼跟加州大學柏克萊的物理學家說，楊振寧和李政道稍早寫的一篇討論重介子（heavy meson）質量問題的論文的概念，是從葛爾曼那裡學去的，葛爾曼還說了「告訴那些中國男孩，不要隨便剽竊我的想法」之類的話。楊振寧說，他聽到以後大怒，立刻給葛爾曼寫了一封信，警告他不要亂說話。楊振寧說，葛爾曼很聰明，也有很多想法，他不寫文章，但是老要到處去講，還說別人是聽了他的想法才會寫出了什麼論文，造成他老是在跟別人吵架。㉜

十二月的這個插曲過了一個多禮拜，大概在聖誕節前後，吳健雄帶回來她和華盛頓國家標準局物理學家合作檢驗宇稱守恆的實驗結果，確實顯現出在貝他衰變中宇稱是不守恆的證據。吳健雄雖然說她的實驗還需要經過最後的查證，希望暫時不要公開，但是消息卻還是流傳開來，紐約哥倫比亞大學的另外一組科學家，也很快的做了另外一種查證宇稱不守恆的實驗，並同樣得到肯定的結果。

一九五七年一月初，最後查證結果顯示在貝他衰變中宇稱確實不守恆，吳健雄正式公布她們的結論，也震撼了全世界的物理學界。這個發展之所以震撼如此的劇烈，主要因為它影響了整個物理學界，是囊括原子、分子、核子和基本粒子物理的一個基本革命，不是一個局部性的發展。

在一九五七年一月的一個禮拜，世界物理學界各種的傳說很多，後來在《紐約客》雜誌上寫了那一篇關於這個楊、李合作文章的物理學家伯恩斯坦說，他那時候某一天正好在哈佛大學和一群理論物理學家討論流傳的謠言。哈佛大學最頂尖的理論物理學家施溫格讓大家在最後結果出來以前，不要遽下結論。然後他去接聽一個電話，是哥倫比亞大學的拉比教授打來的，拉比在電話中告訴了施溫格最後的結果。施溫格回來向大家說：「各位先生，我們必須服膺自然。」㉝

一月五日，楊振寧給在加勒比海維京群島度假的歐本海默發了一封電報，告訴歐本海默吳健雄的實驗顯現出有很大的不對稱性的結果。歐本海默給他的回電只有短短幾個字：「走出了房門。」他這樣寫的原因是楊振寧曾經在一九五六年的一次報告中說過，他當時把高能物理

學家在一九五六年的情況，比喻為一個在一間黑暗房子裡的人。他知道在某一個方向一定有一扇門，但是門在什麼方向呢？㉞

楊振寧後來寫道：

在一月十五日，哥倫比亞大學物理系召開了一個記者招待會，伯恩斯坦後來稱這個記者招待會是「史無前例」的。我不知道這種說法是否準確，但是我認為，用記者招待會的方式來宣布一項科學研究的成果不大有格調。雖然被再三敦促，但是我沒有去參加。第二天的《紐約時報》在頭版上刊登了關於宇稱不守恆的消息。㉟

在《紐約時報》頭版的報導中，曾經引述哥倫比亞大學物理系的元老物理學家拉比的話說：「就某種特定的意義來說，一個完整的理論架構，可以說已經由基礎上動搖了，而我們並不清楚，這些破碎的東西會如何的組合起來。」第二天的《紐約時報》還以「表象與真實」為題，發表了一篇社論，討論二次大戰後這一個物理科學上的重大革命。㊱

一月十七日，那時候人在歐洲而且素以好質疑著稱的大物理學家鮑立，寫信給另外一位著名的物理學家維斯可夫（Victor Weisskopf），說他不相信宇稱會不守恆：「我不相信上帝是一個弱的左撇子。我準備下注一大筆錢來賭實驗將顯現出對稱的電子角分布。我看不出來在一

個作用的強度和它的鏡像不變之間，有任何邏輯上的關聯性。」㊲

十天以後，一向不屈服的鮑立改變了他的說法，他在給維斯可夫的另一封信上說，他陸續收到了論文和消息以後，經過一陣衝擊，才漸漸恢復常態。他說他幸好沒有跟別人打賭，否則他要輸一大筆錢，可能讓他負擔不起，還好只是在信件和口頭上說說，並沒有印成黑紙白字的文章，成為別人的笑柄。最後他寫道：「使得我震驚的並不是『上帝是一個左撇子』的這個事實，而是儘管如此，祂在強的方面所表現出來的，依然是展現了祂自己的左右對稱。」㊳

對於宇稱不守恆被證實之後所發生的一些事情，楊振寧曾經這樣寫道：

李政道和我接到布魯克哈芬實驗室和哈佛大學演講的邀請。我決定讓李政道去這些地方做演講，而在紐約市召開的美國物理學會年會，則由我去報告宇稱不守恆。物理學的年會在紐約客旅館舉行，宇稱問題的討論會訂在一九五七年二月二日星期六的下午。那個討論會決定得太晚，所以不能成為正常的議程，而只能做為「報名截止後」的專題討論會。

關於這個討論會的消息傳得很快，造成會場爆滿，達洛（K. K. Darrow）後來形容當時的情景：「我們通常不會使用的那一個最大的演講廳擠滿了人，擁擠的程度，使得一些人就差沒有爬上大廳的吊燈了。」

在那一個特別的討論會上，吳健雄、李德曼、泰勒格帝和楊振寧都做了報告。在他們這個討論會前面，原來議程上訂在同一個大廳有一個天文物理的討論會。那個天文物理討論會的一個報告者，也是楊振寧芝加哥大學的女同學妮奧娜．馬歇爾後來抱怨，雖然有滿座的聽眾，但是沒有人在聽她的報告。㊴

弱作用中宇稱不守恆的理論論文獲得證實以後，宇稱不守恆成為當時物理科學上最熱門的問題，許多實驗物理學家開始進行各種相關的實驗，楊振寧和李政道也停下了他們在等待實驗結果期間所做的統計物理工作，開始進一步的研究和宇稱不守恆相關的理論問題。後來在理論方面進一步發現了，除了宇稱之外，電荷共軛（C）和時間反演（T）兩種對稱不變性在弱作用中也是不成立的。

一九五六年，芝加哥大學的一位物理學家郁梅（Reinhard Oehme）給楊振寧寫了一封信，向楊振寧請教在弱作用中不守恆定律的關係，後來郁梅到普林斯頓訪問，年底還和楊振寧與李政道合寫過一篇論文，但是卻沒有預見到電荷共軛（C）和宇稱（P）的組合乘積CP不變性也是不成立的。一九六四年，兩位物理學家以實驗證實了CP不守恆，CP不守恆在物理科學上意義重大，到現在還是粒子物理學家研究的熱門課題。

除了繼續物理科學上的工作，楊振寧也收到許多道賀的電報和信函，這其中有他父母兄弟由上海家裡打來的賀電。一九五七年的十月，不出人意外的，諾貝爾獎委員會宣布楊振寧和李政道得到那一年的諾貝爾物理獎，不過得主中沒有任何實驗物理學家，特別是沒有包括最早得到實驗結果的吳健雄，曾經引起過一些議論。一九八〇年證明CP不守恆這兩位實驗物理學家得到諾貝爾獎的時候，沒有再一次的考慮吳健雄，也讓許多人感到不解。㊵

雖然普林斯頓大學的物理學家崔曼曾經半開玩笑的說：「宇稱不守恆完全有資格得到諾貝爾獎，但是卻不能做為一篇博士論文。」㊶但是如同科學歷史中得享巨大名聲的成就中不可避免的紛爭，宇稱不守恆的革命也沒有例外。除了實驗物理學家有著誰先得到實驗成果的爭論，理論物理學家也有誰先想到這個主意的看法歧異。標榜著客觀理性的科學，事實上並不能迴避每一個科學家本身主觀和偏見的先天宿命。

對於這一個科學革命，楊振寧在一九八五年曾經寫道：

> 為什麼在弱作用下，電荷共軛、宇稱和時間反演都不守恆？這是目前還完全不能了解的問題。我認為這個問題恐怕不是十年、二十年之內可以解決的。㊷

今天，楊振寧認為此革命尚未結束；弱交互作用中左右如何不對稱，經過四十多年的研究，已大致明瞭。但是為什麼會有這些不對稱，仍然是未解之謎，留待二十一世紀去研究。

【注】

①楊振寧，"The Law of Parity Conservation and Other Symmetry Laws of Physics," *Selected Papers 1945-1980with Commentary*, New York: W. H. Freeman, 1983, p. 237.

②參考楊振寧，"The Law of Parity Conservation and Other Symmetry Laws of Physics," *Selected Papers 1945-1980 with Commentary*, New York: W. H. Freeman, 1983, p. 237. 楊振寧，"Symmetry and Physics," *TheKlein Memorial Lectures*, Vol. 1, ed. G. Epspong, Singapore: World Scientific, 1991.

③楊振寧演講：「魏爾對物理學貢獻」，一九八五年紀念魏爾誕生一百週年大會，收入《楊振寧文集》，上海：華東師範大學出版社，一九九八年，第484頁。

④楊振寧，〈對湯川秀樹一九三五年的論文的評價〉，《楊振寧文集》，上海：華東師範大學出版社，一九九八年，第501頁。

⑤Jeremy Bernstein, *The Tenth Dimension*, New York: McGraw-Hill, 1989.

⑥楊振寧，"Present Knowledge about the New Particles," *Selected Papers 1945-1980 with Commentary*, NewYork: W. H. Freeman, 1983, p. 194.

⑦A. Pais, *Inward Bound*, New York: Oxford University Press, 1986, p. 525.

⑧*High Energy Nuclear Physics: Proceedings of the Sixth Annual Rochester Conference, Apr. 3-7, 1959, NewYork*, eds. J. Ballam *et al.*, New York: Interscience, 1956.

⑨楊振寧，*Selected Papers 1945-1980 with Commentary*, New York: W. H. Freeman, 1983, p. 25.

⑩同上。

⑪同上，p. 26.

⑫李政道，"Broken Parity," *T. D. Lee Selected Papers*, Vol. 3, ed. G. Feinberg, Boston: Birkhauser, 1986, p. 506.

⑬楊振寧，*Selected Papers 1945-1980 with Commentary*, New York: W. H. Freeman, 1983, pp. 26-27.

⑭同上，p. 27。
⑮同上。
⑯同上，p. 28。
⑰同上。
⑱同上，pp. 28-29。
⑲同上，pp. 29-30，對於楊、李這篇論文關鍵想法的產生，李政道的版本主要是說，他對於 θ 和 τ 這兩個粒子的特性的最早猜測想法不對之後，他立刻就猜測到宇稱是不守恆的可能性。一九五六年羅契斯特會議以後，他和同在哥倫比亞大學的同事史坦伯格討論史坦伯格進行的一個實驗，認為實驗結果和宇稱不守恆有關聯性。後來史坦伯格告訴他說，楊振寧在一個討論會上反對這種想法，李政道說他就打電話給楊，要楊在還沒有和他談過以前，不要公開反對這種想法。
第二天楊到哥倫比亞來訪問他，他把他的想法和分析告訴楊，楊很快的被說服接受這種想法的重要性，並且要和李一起研究。李政道說，因為楊振寧很有批判的精神，任何問題如果他能夠說服楊，會讓自己更有信心。另外楊振寧是優秀的物理學家，有楊的參加，無疑的對最後的結果將大有幫助。於是李政道說他表示歡迎楊加入研究。此段經過詳細的內容，可以參看：李政道"Broken Parity," *T. D. Lee Selected Papers*, Vol. 3, ed. G. Feinberg, Boston: Birkhauser, 1986, pp. 493-497.
⑳T. D. Lee and C. N. Yang,"Question of Parity Conservation in Weak Interaction," *Physical Review*104.1 (October 1956): 254-258.
㉑Robert Crease and Charles Mann, *The Second Creation*, New York: Macmillan, 1986, p. 207.
㉒楊振寧，*Selected Papers 1945-1980 with Commentary*, New York: W. H. Freeman, 1983, p. 30.
㉓楊振寧訪問談話，一九八九年十一月十六日，紐約市。這是作者在撰寫吳健雄傳期間和楊振寧的訪談。
㉔泰勒格帝是當時在芝加哥大學的一位傑出的實驗物理學家，他後來領導進行了宇稱不守恆的一種實驗。

㉕楊振寧，Some Discoveries, Concepts, and Institutions from Thirties to Fifties, International Colloquium onthe History of Particle Physics, 21-22 July, 1982 C8-450.

㉖有關吳健雄如何開始準備，並著手進行利用鈷六十驗證弱作用中宇稱不守恆的整個過程，請參看作者所著的《吳健雄——物理科學的第一夫人》，台北：時報文化出版公司，一九九六年，第196—233頁。

㉗阮姆西訪問談話，一九九〇年二月二十二日，哈佛大學。此一訪問是為當時吳健雄傳的撰寫而進行，亦可見《吳健雄——物理科學的第一夫人》，台北：時報文化出版公司，一九九六年，第213頁。

㉘楊振寧，*Selected Papers 1945-1980 with Commentary*, New York: W. H. Freeman, 1983, p. 30.

㉙同上，p. 30, p. 241。

㉚葛爾曼，致楊振寧手寫短函，楊振寧提供。

㉛李政道、楊振寧，致葛爾曼信函，一九五六年十二月十四日，楊振寧提供。葛爾曼，致楊振寧信函，一九五六年十二月十四日，楊振寧提供。

㉜李政道、楊振寧，致葛爾曼信函，一九五六年二月八日，楊振寧提供。楊振寧訪問談話，一九九八年十月二十八日，紐約州立大學石溪分校辦公室。

㉝Jeremy Bernstein, "A Question of Parity," *New Yorker* 12 May 1962.

㉞楊振寧，*Selected Papers 1945-1980 with Commentary*, New York: W. H. Freeman, 1983, p. 35.

㉟同上，p. 36。

㊱*New York Times* 16 and 17 Jan. 1957.

㊲楊振寧，*Selected Papers 1945-1980 with Commentary*, New York: W. H. Freeman, 1983, p. 30.

㊳同上，p. 37。

㊴同上。

㊵關於吳健雄沒有得到諾貝爾獎的討論，可以參見作者所著《吳健雄——物理科學的第一夫人》，台北：時

報文化出版公司，一九九六年，第228－232、355－358頁。

㊶崔曼訪問談話，一九九八年十月十九日，普林斯頓大學物理系辦公室。

㊷楊振寧，《楊振寧文集》，上海：華東師範大學出版社，一九九八年，第91頁。

第9章

開創規範場論的大師

楊振寧在1999年的退休研討會上和密爾斯（右）合照。（楊振寧提供）

近代物理科學的發展，其中一個關鍵的中心問題，乃是各種不同的交互作用的數學結構。這個問題由楊振寧開始接觸物理科學，到他在芝加哥大學時代剛開始他的物理學研究，一直縈繞在他心中。一九五四年，他由數學入手提出了一個規範性的理論架構，後來二十年間，這個理論架構逐漸發展成為量子物理近半個世紀以來最重要的一個理論規範架構，也使得楊振寧成為替近代物理科學奠基的一代大師人物。

十九世紀的物理科學發展，由現象的觀察到數學結構的整合，麥克斯威（J. C. Maxwell）的電磁方程把當時認為分開的電和磁兩種現象結合起來，形成了一個可以由單一數學方式完整描述的「場」論。

二十世紀最偉大物理學家愛因斯坦上場。他看出來保留麥克斯威方程不變的勞倫茲變換的真正意義，從而發展出一九〇五年的狹義相對論。十年以後，他進一步要求一種普遍的座標對稱性，加上等效原理的物理觀念，而完成了彎曲的時空的幾何學和廣義相對論，這是又一個劃時代的偉大物理成就。

愛因斯坦在他的晚年，執著於要將他由處理座標不變性而產生的重力理論，和麥克斯威的電磁理論結合起來，形成一個可以處理這兩種作用力的統一理論，但是最終沒有成功。這是許多人熟悉的故事。

一九一八年，也就是愛因斯坦發表他廣義相對論以後三年，受到愛因斯坦研究的刺激，也受到後一年科學家利用日全食，實際觀測到光線經過重力場確實如相對論預測會彎曲的鼓舞，德國著名大數學家魏爾連續先後發表了三篇文章，試圖顯現出，電磁作用如同引力作用一樣，和對稱相關，而他最終的目的也是想要顯現出這兩種作用力是同一回事。魏爾當時討論這兩種作用力的對稱時所提出的一個概念，就是所謂的「規範不變性」（gauge invariance）。

規範顧名思義就是「測量的標準」。譬如說測量長度有公尺、英寸等不同的標準，但是這兩種不同標準卻可以做適當的對稱轉換，而不影響測量以後的效果。魏爾最早叫這種對稱的德文名稱是「度規不變性」（Eich Invarianz），後來在二〇年代初期，被翻譯成英文叫做「規範不變性」。當時魏爾就了解到，有兩種不同的「規範轉換」，用於場本身和用於其他物理量。而區域的「規範不變性」是十分重要的概念。

後來物理科學中「規範不變性」的概念，不容易用通俗的語言描述，它是一種複雜的對稱。根據二十世紀極重要但是卻受到忽略的德國女性數學家諾特（Amalie Emmy Noether）的理論，任何一個對稱，都相對著有一個守恆定律，同樣的，任何一個守恆定律，也相對著有一個對稱。那麼魏爾的想法，加上諾特的理論，結果就得到了電荷的守恆。①

但是魏爾的想法卻不為愛因斯坦所同意。愛因斯坦認為，如果魏爾的想法是對的話，那麼如果有兩個鐘，都從同一地點出發，但是經過不同的路徑以後再回到同樣的地點，由於這兩個鐘經歷不同的歷史，那麼測量這兩個鐘的時間的長短應該不同，也就是說，這兩個鐘時間將會是不同的。愛因斯坦強烈反對這個結果的道理，他認為如果真的是這樣的話，那麼每個人都將有他自己的定律，因而就沒有物理科學可言，而且還會造成種種的混亂。②

就像魏爾晚年討論愛因斯坦發現廣義相對論以後一些情況的那篇文章裡說的，他當時的困境，是他把他的數學和物理推測，和哲學混在一起了。在歐洲物理學界素以好質疑著名的大物理學家鮑立出於哲學上考慮，也拒絕接受魏爾的理論。

一九二七年，另外一個重要的理論物理學家倫敦（Fritz London）認為，魏爾的想法雖然是對的，但是所引用的對稱不對。在那個時候，二十世紀最重要的物理革命量子力學開始了，倫敦認為，魏爾提出和電荷守恆相關的對稱不是簡單的「規範」，而是量子力學大師薛丁格（Erwin Schrodinger）一九二六年所提出波動方程中的相位因子。倫敦指出，相位的規範對稱（規範不變性）造就了整個電磁場論。

一九二九年，魏爾再寫了一篇文章，確立了他念茲在茲的「規範不變性」概念，他在這一篇文章中，也將規範不變性和廣義相對論緊密的聯繫在一起。③

規範場論雖然在二十世紀初期有這些發展，但是一直到了一九五〇年代才有了真正的突破，而這個突破正是一九五四年楊振寧和密爾斯提出的「楊—密爾斯規範理論」。

楊振寧早在昆明西南聯大唸書的時候，就唸過馬仕俊先生開的場論，後來也曾經研究過大物理學家鮑立關於場論的評論文章，他對於電荷守恆與一個理論在相位改變時的不變性有關的這一觀念，印象極為深刻。後來楊振寧進一步發現，這個觀念最先是魏爾提出來的，而魏爾「規範不變性決定了全部電磁交互作用」的觀念，使他更加的印象深刻。④

一九五〇年代，近代科學中討論粒子的特性，除了原有的電荷和質量等概念之外，又增加了自旋和同位旋等不同的概念。同位旋（isotopic spin）這個觀念，最早是德國量子物理大師海森堡為了給他的原子核作用力理論作解釋而提出來的。海森堡在討論原子核中的質子和中子的時候，為了方便起見，把這兩個粒子看作是同一粒子的兩種不同狀態，也就是說，質子和中子雖然說一個帶正電，一個不帶電，但是有相同的質量（質量差甚微），所以如果去除掉電磁交互作用的話，這兩個粒子就可以看做是同一種粒子。

海森堡於是提出來這兩個粒子可以看作是在一個想像的空間中旋轉，如果一個粒子的旋轉軸是朝上，那麼這個粒子帶有正電，就是質子。如果一個粒子的旋轉軸朝下，那麼這個粒子不帶電，就是中子。海森堡於是賦予質子和中子一個相同的量子數，也就是它們的同位旋，質子和中子的同位旋同樣是二分之一（½）。

楊振寧在芝加哥大學做研究生的時代，就了解到規範不變性在物理科學上的重要，於是他試圖把規範不變性推廣到其他的守恆定律，而那個時候和電荷守恆定律相類似的只有同位旋守恆。而由當時的實驗結果看到，同位旋守恆雖然不是一個完全的守恆定律，因為它在電磁交互作用和弱作用中會受到破壞，但是它在強作用中是成立的。於是楊振寧嘗試將規範不變性推廣到同位旋守恆，但是在起初的幾個步驟之後就碰到困境，使得他不得不罷手。

楊振寧並沒有放棄，他曾經寫到他當時面對這個研究困境的情形：

然而，基本的動機仍然吸引著我，在隨後幾年中我不時的再回到這問題上來，但是每一次都困在同一個地方。當然，對於研究學問的人來說，一些看起來很好的想法，卻老是不能成功，是每個人都會碰到的共同經驗。多數情況下，這些想法要不就只好放棄，要不就束之高閣。但是也有一些人堅持不懈，甚至執迷不悟。有的時候，這種執迷不悟最後成為了一樁好事。⑤

一九五三年秋天，楊振寧由日本參加國際物理會議以後，就去了布魯克哈芬國家實驗室訪問一年。那段時候隨著新加速器和新探測器的發展，物理科學上發現了許多的介子，楊振寧於是又想，是不是可以用一個規範場來描述這些粒子的交互作用，就好像電磁場理論曾經有過的相類似的一個作用。

在布魯克哈芬國家實驗室和楊振寧共用辦公室的，是一個當時即將得到哥倫比亞大學博士學位的研究生密爾斯。楊振寧和密爾斯談起來他一直縈繞在心的問題，發現密爾斯也有興趣，於是兩人開始研究這個問題。就像密爾斯說的：「楊振寧當時已經在許多場合中，表現出他對於剛開始物理學家生涯的年輕人的慷慨，他告訴我關於推廣規範不變性的思想，然後我們較為詳細的做了討論。我當時已有了關於量子電動力學的一些基礎，所以在討論中能有所貢獻，而且在計算它的表達形式方面也有小小的貢獻，但是一些關鍵性的思想，都是屬於楊振寧的……」⑥

楊振寧和密爾斯雖然是用數學方法研究這個問題，但卻是從兩個有實驗基礎的觀念入手；那就是同位旋守恆和電磁場論。他們考慮到在電磁場中，波動方程的相位在時空中可以任意的變換，乃是因為電磁場中間的規範不變性，於是他們想在同位旋這個觀念上做同樣的事情。

因為當時的實驗已經顯示出強烈的證據，像質子和中子這些所謂的「核子」（nucleon）交互作用中，同位旋是守恆的，這也就是說，質子和中子是沒有差別的，也就是所謂的全局「同位旋不變」。楊振寧和密爾斯把這個概念進一步的推廣，提出來他們的所謂區域「同位旋不變」，也就是說，在這個情況下，質子和中子的差別純粹是一種隨意的過程；何者為質子，何者為中子，僅僅是一個約定，可以任意選擇。如果要求不同的觀測者可以有不同的選擇自由度，便導致了規範原理的推廣。

就好像量子電動力學的規範不變產生了傳送作用力的光子，楊振寧和密爾斯提出的這一個區域同位旋不變理論也同樣產生了傳送作用力的粒子，但是他們碰到困難是，他們不能夠解決這個粒子的質量的問題。楊振寧和密爾斯曾經採用了一種推論，認為在純粹的規範場中，可以認定這個粒子是沒有質量的，但是他們很快就放棄了這種方式的推論。⑦

楊振寧和密爾斯提出的這個規範理論中的粒子，後來在粒子物理稱之為「向量玻色子」（vector boson）。楊振寧他們當時提出的理論架構是希望這一個粒子可以成為強作用力的傳送粒子，也因而可以替強交互作用提出一個如同量子電動力學一樣的完整的理論。

楊振寧和密爾斯由數學推導中得到的結果，顯示出這個粒子有電荷但沒有質量。他們碰到的困難是，如果這一有電荷的粒子是沒有質量的，那麼為什麼又沒有任何實驗證據呢？而如果假定這個粒子有質量，規範對稱性就會被破壞。對於如何決定這個粒子的質量，他們承認：「我們沒有滿意的答案。」⑧

楊振寧和密爾斯對於這個問題的研究，在一九五四年二月左右就完成了。那個月底，歐本海默邀請楊振寧回到普林斯頓高等研究院，就他和密爾斯的研究工作做幾天的講學。那一年大物理學家鮑立也在普林斯頓，他一向對於對稱和交互作用有濃厚的興趣。他曾經用德文粗略的寫下一些想法的大要，並且寄給了派斯。幾年以後，也在普林斯頓的大物理學家戴森把這個大要翻成英文。那個大要開頭有這樣的注記：「寫於一九五三年七月二十二日到二十五日，目的是想要知道它究竟會是什麼樣子。而它的標題是〈介子—核子交互作用和微分幾何〉。」⑨

鮑立自然的對楊振寧要講的題目感到興趣，因此也成為楊振寧講學的聽眾之一。

楊振寧還記得，在他第一天的講學開始的時候，他剛在黑板上寫下第一個公式，鮑立馬上問道：「這個場的質量是什麼？」楊振寧說：「不知道。」然後他繼續他的報告，但是鮑立很快打斷楊振寧的話，又提出相同的一個問題。楊振寧說他大概說了「這問題很複雜，我們研究過，但是沒有肯定的結論」之類的話。楊振寧還記得鮑立很快的回應：「這不是一個理由充分的藉口。」楊振寧說他大吃一驚，猶豫了一下，決定坐下來。當時整個場面很尷尬。最後歐本海默說：「我們讓法蘭克繼續說下去吧。」楊振寧於是接著講下去，而鮑立沒有再問任何的問題。

楊振寧寫道：

我不記得討論會最後是怎麼樣的。第二天我收到了下面的這張便條：

二月二十四日

親愛的法蘭克，

很抱歉，你在討論會上的說法，使我幾乎無法再跟你談些什麼。

祝好

誠摯的鮑立上

我跑去找鮑立談。他說我應該找薛丁格的一篇論文來看，那上面有相類似的數學表述。⑩

楊振寧回到布魯克哈芬實驗室以後，找到了薛丁格的這篇論文，論文是討論在重力場中狄拉克電子矩陣的時空相關表示法。這中間的數學式子，一方面與黎曼幾何的方程有關，另一方面又和楊振寧以及密爾斯所研究的方程式相類似。楊振寧說，一直到許多年以後，他才了解到薛丁格論文中的數學式子和他們的方程式，都和一種幾何觀念「纖維叢」（fibre bundle）密切相關，只不過是不同的表示法。⑪

楊振寧和密爾斯回頭想要解決他們在整個規範場中間的困難，他們曾經想利用費米處理電磁場的辦法，但是那種辦法使得計算變得非常的複雜，他們的嘗試並沒有成功。儘管有一些不能夠完全處理的困難，但是楊振寧和密爾斯都覺得這篇論文應該發表。

楊振寧曾經寫道：「我們應不應該發表這一篇關於規範場的文章？在我們的想法中，這從不是一個真正的問題。這個想法是很美妙的，應該發表。但是規範粒子的質量如何？我們沒有確定的結論，我們只由一種挫折的經驗中了解到，非阿貝爾的理論要比電磁場錯綜複雜。」⑫

所謂非阿貝爾理論就是指楊振寧和密爾斯所討論的同位旋規範理論。阿貝爾這個名詞是來自十九世紀挪威的數學家阿貝爾（Niels Abel）。在群論的運算中，阿貝爾表示運算是可以交

〚54c〛

Commentary begins page 19

Conservation of Isotopic Spin and Isotopic Gauge Invariance*

C. N. YANG † AND R. L. MILLS
Brookhaven National Laboratory, Upton, New York

(Received June 28, 1954)

It is pointed out that the usual principle of invariance under isotopic spin rotation is not consistant with the concept of localized fields. The possibility is explored of having invariance under local isotopic spin rotations. This leads to formulating a principle of isotopic gauge invariance and the existence of a **b** field which has the same relation to the isotopic spin that the electromagnetic field has to the electric charge. The **b** field satisfies nonlinear differential equations. The quanta of the **b** field are particles with spin unity, isotopic spin unity, and electric charge $\pm e$ or zero.

INTRODUCTION

THE conservation of isotopic spin is a much discussed concept in recent years. Historically an isotopic spin parameter was first introduced by Heisenberg[1] in 1932 to describe the two charge states (namely neutron and proton) of a nucleon. The idea that the neutron and proton correspond to two states of the same particle was suggested at that time by the fact that their masses are nearly equal, and that the light stable even nuclei contain equal numbers of them. Then in 1937 Breit, Condon, and Present pointed out the approximate equality of $p-p$ and $n-p$ interactions in the ^1S state.[2] It seemed natural to assume that this equality holds also in the other states available to both the $n-p$ and $p-p$ systems. Under such an assumption one arrives at the concept of a total isotopic spin[3] which is conserved in nucleon-nucleon interactions. Experi-

* Work performed under the auspices of the U. S. Atomic Energy Commission.

† On leave of absence from the Institute for Advanced Study, Princeton, New Jersey.

[1] W. Heisenberg, Z. Physik **77**, 1 (1932).

[2] Breit, Condon, and Present, Phys. Rev. **50**, 825 (1936). J. Schwinger pointed out that the small difference may be attributed to magnetic interactions [Phys. Rev. **78**, 135 (1950)].

[3] The total isotopic spin **T** was first introduced by E. Wigner, Phys. Rev. **51**, 106 (1937); B. Cassen and E. U. Condon, Phys. Rev. **50**, 846 (1936).

□Reprinted from *The Physical Review* 96, 1 (October 1, 1954), 191–195.

奠定楊振寧成為一代物理學大師地位的正是1954年的這篇論文。
（楊振寧提供）

換的，非阿貝爾表示是不可以交換的意思。

一九五四年的四月，楊振寧和密爾斯為在華盛頓召開的美國物理學會寫了一篇文章，題目叫做〈同位旋守恆和一個廣泛的規範不變性〉。文章開始寫著：

同位旋守恆指出了存在著一個基本的不變定律，這個定律是和電荷守恆定律相類似的。……我們試圖把這種規範不變性的概念推廣到同位旋守恆上面。結果是可能得到一種自然的推廣。在電磁場中的那個場，在這裡是一個向量場，可以在沒有其他場的情況下滿足一個非線性方程。⑬

那一年的六月，楊振寧和密爾斯把他們寫好的論文投寄到美國《物理評論》雜誌，題目是〈同位旋守恆和同位規範不變〉，文章在一九五四年的十月一日刊出。這篇論文後來成為影響往後半個世紀物理科學最重要的論文之一。

從今天看來，這篇文章之所以重要，是因為它指出了麥克斯威方程的唯一推廣。這是意義深遠的發展，一方面因為麥克斯威方程是今天物理學、電子工程與通訊工程的基礎，另一方面推廣的主宰觀念是廣義的對稱—廣義的規範不變性。而今後的理論物理發展方向，公認是將楊—密爾斯的廣義對稱再推廣。

但是這篇如此重要的論文，起初幾乎沒有多少人特別注意。楊振寧也曾經說過，他和密爾斯的文章發表以後，除了一次他在哈佛大學講學時候主動去講，就再也沒有任何一個學校請他去講有關規範場推廣的研究。[14]這種情形其實並不奇怪，在科學進展的歷史中，如果客觀上的科學發展沒有創造出成熟的條件，促使科學家能夠意識到新知識的意義的時候，總是要發生這樣的情況的。

接下來是一段長時間的嘗試錯誤和曲折的過程。有美國物理學家格拉肖（Sheldon Glashow）嘗試著建立一個將電磁交互作用和弱交互作用結合起來的理論，另外美國物理學家溫伯格和一位巴基斯坦裔的物理學家沙拉姆（Abdus Salam）合作，在理論中利用楊—密爾斯場來建構他們的向量介子，並且建立起利用兩種表述群所描述的電磁和弱交互作用的理論，他們也利用了所謂的「希格斯機制」和「自發失稱」的辦法，來解決原來楊—密爾斯場論中規範粒子質量的問題。

另外，荷蘭的物理學家維特曼（Martinus Veltman）從六〇年代開始就認為，要徹底了解電弱交互作用的理論，必須要解決格拉肖理論裡面的一個無窮大的問題，所以他認為尋找出可以重整化的有質量規範粒子楊—密爾斯場論，是解決無窮大問題極關鍵的一步。

維特曼雖然自己沒有解決楊—密爾斯規範場的重整化問題，但是他的學生特霍夫特

（Gerardus 't Hooft）以高超的數學能力和技巧，解決了這個楊—密爾斯規範場的重整化問題。消息傳開以後，最早沒有辦法解決這個問題的格拉肖就說過：「這傢伙（特霍夫特）要不是一個徹頭徹尾的白癡，要不就是這些年來物理界最偉大的天才。」⑮

特霍夫特確實是物理界的天才。後來他和維特曼繼續的一些工作，顯現出楊—密爾斯規範場論的深刻意義，也進一步證明電弱理論的可行性。七〇年代初期，一些實驗結果陸續驗證了電弱理論的一些預測，格拉肖、沙拉姆和溫伯格三人也因為這個理論成就，得到一九七九年的諾貝爾物理獎。

在楊—密爾斯規範場論的架構上，葛羅斯（David Gross）、波利哲（David Polizer）和威爾切克（Frank Wilczek）三位物理學家，又發展出了描述強交互作用的量子色動力學，也建構起近代粒子物理所謂的「標準模型」理論架構。

楊振寧雖然是楊—密爾斯規範場論的創建者，但是面對後來在這個理論架構上面的許多發展，文章寫得並不多。原因是他認為，不應該馬馬虎虎的把它變成唯象的東西。他曾經在楊振寧《論文選集》中提到過一個插曲，說起在六〇年代，有些人從純結構的立場上認為很妙，於是就做唯象的工作，譬如像一位物理學家櫻井（J. J. Sakurai）的研究工作，楊振寧就不同意他的想法，因為櫻井的做法破壞了規範理論中最美妙的觀念，也就是規範不變性。⑯

一九六〇年櫻井發表了一篇論文，急切的提出了一種強作用的非阿貝爾規範理論。由於楊振寧的反應冷淡，櫻井後來給楊振寧寫了一封信，表達了他的氣惱情緒，信上認為楊振寧對他過去兩年提出的理論，態度冷淡而且也不鼓勵支持。櫻井寫道：

你經常告訴年輕理論學家說，理論學家至高無上的任務就是提出一個好實驗的建議。但是你一九五四年提出楊—密爾斯理論，卻並沒有鼓勵實驗物理學家去尋找「楊—密爾斯粒子」。這是何故？⑰

楊振寧在《論文選集》中繼續寫道：

我記得看信以後坐在那裡很長的時間，不知道如何回答他。後來到底回信了沒有，我就記不清了。我想，即使我回了信，那必然也只是一些禮貌的客套話，沒有實質的內容。⑱

雖然不喜歡唯象研究的方法，楊振寧並不是完全沒有做規範理論方面的工作，他後來做的工作是從「費曼圖」的方法入手，那個時候費曼也在做類似的工作，但是因為十分的複雜，都沒有做出來。後來這方面的工作是兩個俄國的物理學家法捷耶夫和波波夫（Victor Popov）

做成功的。⑲

楊振寧一直到一九六七年才和吳大竣合作寫了一篇探討規範場論的論文，寫那篇文章的時候由於還沒有了解規範場論的幾何意義，所以並沒有走到正確的路途上。楊振寧說，那個時候吳大竣和他也沒有意識到，他們所針對的目標，事實上和對稱破缺的觀念有很大的關係。楊振寧當時有一種先入為主的看法，排斥基本場論中對稱破缺的觀點。後來發現他當時的看法犯了一些錯誤。⑳

楊振寧曾經提到，一位物理學家在一九七七年出版的一本書裡面曾經寫道：「讀了楊－密爾斯的論文，就可以看出作者一定明白了規範勢的幾何意義，因為他們用了規範供變微商和聯絡的曲率形式，此外，論文中的基本方程將會與由更幾何的考慮而推導出來的方程式相符合。」楊振寧說，密爾斯和他一九五四年所做的是麥克斯威理論的推廣。他們並不懂得麥克斯威理論的幾何意義，而且他們也沒有從那個方向去看問題。㉑

楊振寧真正了解到規範場論的幾何意義是到了一九六七年和一九六八年，那個時候楊振寧考慮到將規範場的概念推廣，才了解到不可積相位因子的概念是非常重要的。楊振寧說，從不可積相位因子概念，他了解了規範場公式和黎曼幾何的公式是相類似的，也就是說，從數學的觀點看來，規範場在根本意義上是一種幾何概念。楊振寧理解到這一點以後：「喜不自勝，得意之情實難用筆墨形容。」㉒

為了了解規範場的幾何意義，楊振寧便去請教他當時任教的紐約州立大學石溪分校的數學系主任西蒙斯（Jim Simons），西蒙斯是一個傑出的微分幾何學家，他認為規範場一定和纖維叢上的聯絡有關係。於是楊振寧就找了著名數學家史廷羅德（N. E. Steenrod）寫的《纖維叢的拓樸學》來看，但是不得要領。楊振寧說，對物理學家來說，近代數學的語言太過冷僻而抽象了。㉓

楊振寧在一九七四年寫了一篇論文，討論規範場中不可積相位因子的想法。由於他還沒有完全抓住纖維叢概念的精神，所以還不能夠領會規範場概念中必須要有的全局（相對於區域）的考慮。㉔

楊振寧說他是到一九八三年才知道，魏爾早在一九一八年就從不可積相位因子的概念出發，來研究規範不變性的概念。楊振寧說，魏爾的研究入手方式，表現了他的物理思想的風格，他從積分的方法入手，進而到微分的方法，這是與物理學家不同的。楊振寧說，他和密爾斯是物理學家，所以他們從鮑立那裡學到了微分的方法，過了很長的時間以後，才體會到也能夠用積分的形式入手。㉕

楊振寧逐漸的才了解到，研究場論的物理學家必須學習纖維叢的數學概念。所以在一九七五年年初，他邀請西蒙斯在午餐的時間，來給他和他的同事做一系列關於微分型和纖維叢的講座。楊振寧由此學到許多數學的定理，也了解了一些物理實驗的數學意義。這使得楊振寧和吳大竣意識到，規範場具有全局性的幾何內涵，這個和物理學家所談的全局相位因子是不一樣的。這種內涵可以用纖維叢的概念表示出來。㉖

一九七五年楊振寧和吳大竣合作，寫了一篇論文，討論不可積相位因子、纖維叢和規範場的全局內涵，他們的論文說明了，規範相位因子給電磁學提供了一個真實而且完整的描述。㉗楊、吳的文章中有一個「字典」，列出了物理學家的規範場語言與數學家的纖維叢語言的對應。這個「字典」後來引導出數學家對規範場的數學結構的研究，在數學的拓樸學中有了深遠的影響。

一九八三年，格拉肖、沙拉姆和溫伯格的「電弱理論」所預測的中間向量玻色子W（等同於楊—密爾斯理論中的規範粒子）和Z粒子，在瑞士日內瓦歐洲粒子物理研究中心的實驗探測器上找到了，這個發現，可以說進一步肯定了「電弱理論」以及整個粒子物理理論規範的「標準模型」。找到W和Z這兩種粒子的義大利實驗物理學家魯比亞（Carlo Rubbia）和發展加速器技術的荷蘭物理學家范德米爾（Simon van der Meer）共同得到一九八四年的諾貝爾物理獎。

在二十世紀下半的物理科學發展中，電弱理論和量子色動力學，以及粒子物理整個理論規範的所謂「標準模型」，是極為關鍵的重大成就，引領著整個物理科學發展的走向。而這些理論都是建基在「楊—密爾斯理論」非阿貝爾規範場的數學結構之上發展出來的，這也就看得出來「楊—密爾斯理論」對物理科學影響的深遠。

今天物理學界一致的看法都認為：「楊—密爾斯理論」是一篇乾淨而漂亮的論文，也是本世紀物理科學上偉大的貢獻，而且楊振寧這個工作的重要性，遠遠的超過了他和李政道合得諾貝爾獎的宇稱不守恆工作。㉘

曾經和楊振寧同在普林斯頓高等研究院，後來一直留在高等研究院的著名物理學家戴森，是楊振寧最為推崇的物理學家之一。戴森就認為，顯然楊振寧在提出「楊—密爾斯理論」的時候，並沒有看出其中完全的物理意義，但這確實是二十世紀下半葉物理科學上最重要的一個理論，戴森以為，除了「楊—密爾斯規範場論」之外，另外一個重要的理論是葛爾曼提出的「夸克模型」。㉙

曾經和楊振寧合寫過論文的普林斯頓大學著名物理學家崔曼也說，楊振寧的物理風格非常優美，而「楊—密爾斯理論」正是這樣一個優美風格的工作。後來物理科學上發展出來的「電弱理論」、「量子色動力學」和粒子物理「標準模型」等許多理論，雖然都是建基在「楊—密爾斯理論」之上，但是楊振寧卻一直沒有在這些方向上做研究。崔曼說，他曾經和楊振寧談過，但是楊振寧對於後來的這些發展方向有著質疑，不願意加入爭逐的熱潮，一直堅持著他自己原來的步調和風格。㉚

被楊振寧請到石溪理論物理研究所來，後來接續楊振寧成為石溪理論物理研究所所長的范尼文海森，在楊振寧的退休研討會上說：「楊—密爾斯理論」在二十世紀物理科學上的地位，就好像麥克斯威電磁理論在十九世紀物理科學的地位是一樣的。㉛

康乃爾大學的名理論物理學家顏東茂曾經在文章中寫道：「在物理科學的歷史中，楊—密爾斯規範場論的重要性，無疑的只有牛頓的重力理論，麥克斯威的電磁理論和愛因斯坦的廣義相對論可以與之相提並論。量子力學是同等重要的另一項發展，但它是完全不同的一個範疇。」㉜另外也有物理學家寫文章，把「楊—密爾斯理論」所提出的規範方程，列入近代物理科學三百年來九組最重要的方程之一。㉝

楊振寧提出了如此一個美妙數學結構的規範場論，他自己確實也意識到這個理論在物理科學上可能要有的重要意義。楊振寧後來曾經講到，他七〇年代有一天在洛克菲勒大學訪問，在學校的咖啡廳碰見大物理學家維格納，兩人如何討論費米最重要物理貢獻的故事。

楊振寧說，維格納認為費米最重要的貢獻，是他一九三四年所發表的貝他衰變理論。楊振寧不同意，他認為費米一九二六年所做的費米—狄拉克統計更為重要。維格納說不對，他說你要看費米貝他衰變理論對後來的影響，尤其他中間把電子的波函數所做的一個創造性的概念，是非常重要的。楊振寧於是對維格納說，費米做的這個東西其實在二〇年代維格納和約旦

（Pascual Jordan）早就做過，費米只是把它拿來用了而已。維格納說，但是一直到費米拿來用了以前，他們完全沒有想到這個東西可以用在物理上。㉞

楊振寧曾經在科學會議上講過這個故事，一九九九年在紐約州立大學石溪分校替他辦的退休研討會上，楊振寧又再講過一次。同樣提到這個故事的戴森認為，這似乎或多或少的代表著，楊振寧對於自己當時創造出的那個理論在科學歷史處境上的一種看法。㉟

正如同和楊振寧一起提出這個理論的密爾斯曾經寫過的：「量子規範理論是否足夠美，以致於它是真確的？」楊振寧和密爾斯當年雖然是從兩個有實驗證據的物理概念——電磁場論和同位旋守恆出發，但是他們的成功，確實是因為整個理論的數學結構非常的美，符合了楊振寧對於物理理論基本的信念。因為這個緣故，剛開始的時候，大家都把「楊—密爾斯理論」看做是數學，而不是物理，也許是這樣一個普遍的印象，甚至有一回哈佛大學要邀請一個物理學家去做講座，結果有些人認為楊振寧是一個數學家而沒有請他去。㊱

楊振寧由推廣「楊—密爾斯理論」經驗中領悟到的完美數學結構和物理自然現象中的一種相關性，對於科學界的思想產生了重大的影響。一九七六年夏天，麻省理工學院的數學教授辛格（I. M. Singer）到紐約州立大學石溪分校訪問，並且和楊振寧做了許多討論。辛格原來大學學的是物理，一九四〇年代轉入了數學系做研究生。他一九八五年的時候寫道：「三十年後，我發覺自己在牛津大學講規範場理論，自吳大竣和楊振寧的一張對照表講起，結果是得到

了瞬子（instanton），即楊—密爾斯方程的自對偶解。做了三十年的數學，似乎我又回到物理學了。」㊲

另外英國著名的數學家，曾經擔任過英國皇家學會會長的阿提亞（M. F. Atiyah）在他的《論文選集》以「規範場理論」為副題的第五卷前言中寫道：「從一九七七年開始，我的興趣轉向規範場理論以及幾何學和物理學間的關係。一直以來，我對理論物理的興趣不大，……一九七七年的動因來自兩方面：一是辛格告訴我，由於楊振寧的影響，楊—密爾斯方程剛剛開始向數學界滲透。」㊳

對於這一切的發展，對於他自己提出的一個數學結構美妙的理論，後來在物理科學上所帶來新觀念蓬勃的發展，以及由進一步推廣的深沉意義中，所看到的規範場論和數學幾何概念的關聯性，都使得楊振寧驚訝不置並且深獲啟發。他曾經寫道：

一九六〇年代和一九七〇年代關於規範場論的論文數不勝數，要把它們羅列出來是不可能的。其中特別重要的有，維特曼的一個學生，特霍夫特所做的關於重整化的出色工作，以及格拉肖、溫伯格和沙拉姆所發展模型的成功。關於漸進自由、大統一和量子色動力學以及量子幽禁等激動人心的觀點，都顯現出蓬勃發展的新近局面。但是我依然相信，仍然缺少一些基本的新觀念。舉例來說，引進一個場來使得對稱破缺，或許就像費米的貝他衰變理論，是一個很

好的暫時理論，不過它卻不會是最後的終極理論。㊴

當這些發展顯現出所有的交互作用都是規範場之後，楊振寧提出了一個基本的原則，那就是「對稱原理決定交互作用」。他曾經說過，這個原理第一個應用的人是愛因斯坦，他在廣義相對論中就應用了這個原理，而非阿貝爾規範場可以說是後來的一個應用。㊵

七〇年代中，特霍夫特完成非阿貝爾規範場的重整化工作以後，後來又有格拉肖、溫伯格和沙拉姆電弱理論和量子色動力學的發展，許多人已經在談論楊振寧是不是可以再一次的得到諾貝爾獎。楊振寧芝加哥大學時代的老師泰勒，一九八二年在祝賀楊振寧六十歲生日的一篇文章中就提到，楊振寧應該再次的得到諾貝爾獎。㊶

一九九五年，美國歷史最悠久的富蘭克林學會，將那一年他們地位崇隆的鮑爾科學成就獎頒給了楊振寧。在鮑爾獎的頌辭中寫道：「基於（他）所提出的一個統合自然界物理定律並提供我們對宇宙基本作用力了解的一個廣義場論。他的這個理論，是二十世紀解釋次原子粒子交互作用的一個觀念傑作，在過去四十年當中，已經深刻重塑了物理和近代幾何的發展。這一個理論模型，和牛頓、麥克斯威和愛因斯坦的工作相提並論，必將對未來世代有著足堪比擬的影響。」㊷

一九九九年十月，瑞典皇家科學院宣布將那一年的諾貝爾物理獎，頒給完成非阿貝爾規範場重整化工作的特霍夫特和維特曼二人。那一年五月間曾經到石溪參加楊振寧退休研討會，卻完全沒有透露已身罹癌症的密爾斯，也在那一個月中病逝，似乎再一次的展現了他的謙遜。

諾貝爾獎沒有再頒給楊振寧，但是無損於他在這個工作中給物理科學帶來的深遠影響。

【注】

①Robert Crease and Charles Mann, *The Second Creation*, New York: Macmillan, 1986, p. 190.

②楊振寧演講：「魏爾對物理學的貢獻」，一九八五年紀念魏爾誕生一百週年大會；原載於中國《自然雜誌》，第九卷，第十一期（一九八七年）；後收入《楊振寧文集》，上海：華東師範大學出版社，一九九八年，第490頁。

③同上，第492—493頁。

④楊振寧，*Selected Papers 1945-1980 with Commentary*, New York: W. H. Freeman, 1983, p. 19.

⑤同上。

⑥Robert Mills, "Gauge Fields," *American Journal of Physics* 57.6 (1989): 493-507. 該文中譯文發表於中國《自然雜誌》，第十卷，第八期，第563—577頁。

⑦楊振寧，*Selected Papers 1945-1980 with Commentary*, New York: W. H. Freeman, 1983, p. 20.

⑧同上，p. 173。

⑨同上，p. 20。

⑩同上。

⑪同上。

⑫同上，p. 21。

⑬同上，p. 171。

⑭楊振寧，〈科學人才的志趣、風格及其他——在美國和復旦大學倪光炯教授的談話〉，《楊振寧文集》，上海：華東師範大學出版社，一九九八年，第416頁。

⑮Robert Crease and Charles Mann, *The Second Creation*, New York: Macmillan, 1986, p. 326.

⑯楊振寧，〈談談物理學研究和教學〉，原載於《中國科技大學研究生院學報》，一九八六年十月；收入《楊振寧文集》，上海：華東師範大學出版社，一九九八年，第518頁。

⑰楊振寧，*Selected Papers 1945-1980 with Commentary*, New York: W. H. Freeman, 1983, p. 49.

⑱同上。

⑲楊振寧訪問談話，一九九八年十一月二日，紐約長島石溪家中。

⑳楊振寧，*Selected Papers 1945-1980 with Commentary*, New York: W. H. Freeman, 1983, p. 67.

㉑同上，p. 74。

㉒同上，p. 73。

㉓同上。

㉔同上。

㉕楊振寧演講：「魏爾對物理學的貢獻」，一九八五年紀念魏爾誕生一百週年大會；原載於中國《自然雜誌》，第九卷，第十一期（一九八七年），李炳安、張美曼譯；後收入《楊振寧文集》，上海：華東師範大學

學出版社，一九九八年，第499頁。

㉖楊振寧，*Selected Papers 1945-1980 with Commentary*, New York: W. H. Freeman, 1983, p. 75.

㉗同上。

㉘這種看法已經是物理學界的一個共識。

㉙戴森訪問談話，一九九九年五月二十二日，紐約州立大學石溪分校楊振寧退休研討會會場。

㉚崔曼訪問談話，一九九八年十月二十九日，普林斯頓大學物理系辦公室。

㉛范魯文海森訪問談話，一九九九年九月八日，紐約州立大學石溪分校辦公室。

㉜顏東茂，"Professor C. N. Yang's Impact on Physics," *Chen Ning Yang: A Great Physicist of the Twentieth Century*, ed. C. S. Liu and S. T. Yau, Boston: International Press, 1995, p. 453.

㉝李炳安、鄧越凡，《楊振寧——二十世紀一位偉大物理學家》，甘幼玶譯，丘成桐、劉兆玄編，桂林：廣西師範大學出版社，一九九六年，第128頁。他們列出的九組方程是：一、牛頓的運動與引力方程；二、熱力學第一與第二定律；三、麥克斯威方程組；四、統計力學的基本方程；五、狹義相對論方程；六、廣義相對論的方程；七、量子力學的方程；八、狄拉克方程；九、楊振寧—密爾斯方程。

㉞楊振寧訪問談話，一九九九年五月八日，紐約州立大學石溪分校辦公室。

㉟戴森訪問談話，一九九九年五月二十二日，紐約州立大學石溪分校楊振寧退休研討會會場。

㊱鄭洪訪問談話，一九九八年十月二十三日，波士頓麻省理工學院辦公室。

㊲I. M. Singer,"Some Problem in the Quantization of Gauge Theories and String Theories," *Proc. Symposia in Pure Math*. 48 (1988): 198-216. 譯文引用自張奠宙譯，〈楊振寧和當代數學〉，《楊振寧文集》，上海：華東師範大學出版社，一九九八年，第733頁。

㊳M. F. Atiyah, *Collected Works*. Vol. 5.: Gauge Theories, Cambridge, England: Cambridge University Press,1988, p. 1. 譯文引自張奠宙譯，〈楊振寧和當代數學〉，《楊振寧文集》，上海：華東師範大學出版社，一九九八年，

第733頁。

㊴楊振寧，*Selected Papers 1945-1980 with Commentary*, New York: W. H. Freeman, 1983, p. 67.

㊵倪光炯，〈楊振寧教授一席談〉，原載於中國《百科知識》，一九八七年（第一、二期），後收入《楊振寧文集》，上海：華東師範大學出版社，一九九八年，第417頁。

㊶Edward Teller, *Gauge Interactions: Theory and Experiment*, ed. A. Zichichi, New York: Plenum Press, 1984。

㊷Citation, The Bower Awards, 1995.

第10章

統計物理集大成

1999年5月22日　楊振寧與「楊－巴克斯特方程」的巴克斯特攝於石溪。（楊振寧提供）

就某種標準來看，到十九世紀末，古典物理科學的發展可以說已經達到令人讚嘆的程度；其整個理論結構和諧，內容齊備。那個時候，對於宇宙結構的描述，建基在兩個重要的支柱之上，那就是牛頓力學和麥克斯威的電磁理論。曾經有一個歐洲的科學家形容當時物理科學內容的精妙，已經達到西方基督教上帝創世的水準，麥克斯威的電磁方程式就好像舊約〈創世紀〉中的上帝創造了「光」，而天體運轉則服從牛頓力學的規範。

物理科學的第三塊基石就是熱力學。這門科學源起於工業革命蒸汽機的科學研究，後來發展出所謂能量守恆的概念，而一般常常被人們提起的，所謂熱力學第二定律中「熵」的觀念，卻不能夠完全解釋物理現象中所謂不可逆這個概念的矛盾，也就是說，熱力學第二定律的絕對有效性，事實上是一個高度機率的論斷。

十九世紀偉大物理學家麥克斯威在給英國物理學家瑞立爵士（Lord Rayleigh）的一封信上曾經寫道：「熱力學第二定律真確的程度，就好像說『你將一杯水倒入海中，你不可能再把同樣的一杯水從海中舀出來』的敘述是一樣的。」①

為了彌補力學現象以及電磁現象都是可逆、而熱力學不可逆的缺陷，於是有科學家引入機率的概念來解決這個問題，這便是統計力學。統計力學的奠基者，包括了偉大的物理學家麥克斯威，出身維也納的物理學家波茲曼（Ludwig Boltzmann）以及當時受到大多數物理學家忽略的美國物理學家吉布斯（Josiah Willard Gibbs）等人。統計力學使得物理學家可以處理超越熱力學範圍的問題，它的效力可以應用在多粒子的系統，從物理術語上來說，就是可以應用在多個自由度的問題之上。

古典的統計力學的一個重要結果，是麥克斯威在提出「決定單原子氣體速度分布的定律」時發現的，後來波茲曼和其他物理學家也在上面做了許多工作。二十世紀開始，德國物理學家蒲郎克（Max Planck）在他的黑體輻射定律中提出了一個成功的黑體輻射公式，這個公式雖然是靠運氣猜對的，但是其中用了不同於古典統計力學的辦法。到一九二〇年代，量子力學發展以後，物理學家在統計力學中，已經有了玻色—愛因斯坦統計和費米—狄拉克統計兩種不同的形式。

楊振寧在他的物理科學生涯中，第一次接觸統計物理，是他在昆明西南聯大做學生的時候。那個時候在西南聯大教書的王竹溪，是英國劍橋大學物理學家富勒（R. H. Fowler）的學生，畢業論文是討論相變的問題。那個年代討論物質譬如由固體變成液體或氣體的所謂相變，是一個熱門的題目，有許多物理學家在這一方面做了許多的工作。

楊振寧記得，大概是一九四〇年或者四一年，王竹溪在西南聯大做了一個系列的講座，介紹當時科學上這一方面的重要工作。楊振寧說，他去聽了這些講座，雖然那些講座的內容超出了他當時的認知範圍，但是這些講座卻對他後來的科學經歷，有決定性的影響，因為通過這些講座，他知道了相變理論的重要性。②

一九四二年楊振寧由西南聯大畢業以後，繼續進了西南聯大的研究院，為了準備碩士論文，他開始研究統計力學，他的導師就是王竹溪。後來在他六十歲出版的楊振寧《論文選集》中所選的第一篇文章〈超晶格〉，就是關於統計力學方面的工作，也是他在西南聯大碩士論文的一部分。③

一九四四年到四五年的某一天，楊振寧聽王竹溪說起，翁薩格已經得到二維易辛模型的一個準確解。楊振寧說，王竹溪是一個沉靜而內向的人，但是那一天他顯然是相當的興奮。楊振寧說，半個世紀之後他依然記得，王竹溪在告訴他關於翁薩格解決二維易辛模型的論文的時候，語氣中的欽仰和興奮之情。④

翁薩格是一位出生在挪威的著名科學家，他因為在熱力學不可逆理論方面的重要貢獻，後來得到一九六八年的諾貝爾化學獎。翁薩格在科學上研究的範圍廣泛，除了化學之外，在統計物理方面自一九四四年的文章開始，也有極為重要的貢獻。

楊振寧當時就找來翁薩格的論文研究，發現這篇文章很難讀懂，原因是翁薩格在論文中只是詳細敘述其中一步步的步驟，而沒有明白說出他求解的策略思想。楊振寧說他讀這篇文章的時候，感覺到好像被人牽著鼻子轉圈，一直到解答突然掉出來。楊振寧說，這種研究翁薩格的論文因不得要領而令人沮喪的歷程，從西南聯大到芝加哥大學，一直困擾著他。⑤

楊振寧統計物理方面的工作，是在西南聯大受到王竹溪啟發而開始的。
（楊振寧提供）

一九四六年，楊振寧進入芝加哥大學的物理系，他依然對相變理論保持著強烈的興趣。不過那時候在芝加哥大學，卻沒有人真正對相變理論有濃厚的興趣，在芝加哥大學任教的物理學家約瑟夫．梅爾，雖然在三〇年代曾經提出相變方面的一個理論，引起過物理學界極大的興趣，但是那個時候對於相變理論也是興趣缺缺的。⑥

楊振寧在芝加哥大學除了粒子物理之外，依然透過種種的努力來研究相變的問題。而其中一個方向就是去弄懂翁薩格的文章，可是沒有成功。

一九四九年秋天，楊振寧到了普林斯頓高等研究院，那時候楊振寧和大家一樣都在研究場論和粒子物理。十一月初的一天，楊振寧由普林斯頓鎮中心帕默廣場搭乘到高等研究院的交通車，同車的一位物理學家陸廷傑告訴他說，翁薩格的一個女學生，也就是後來成為愛因斯坦助手的考夫曼，已經把翁薩格二維易辛模型的代數表示法簡化了，使得翁薩格論文思想的策略方針變得清晰簡單。

楊振寧因為對於翁薩格原來的代數表示法很熟悉，所以很快就掌握了翁薩格和考夫曼簡化解法的要點。那一天，他一到高等研究院，就推導出翁薩格和考夫曼解法的關鍵步驟，因為終於完全了解翁薩格的解法而感到非常的高興。

那天下午楊振寧去找陸廷傑，提議兩人合作把翁薩格和考夫曼的解法做進一步的推廣，但是陸廷傑因為當時在做其他的題目，不想分心做這個問題。後來楊振寧想了一下，覺得把這個問題推廣的做法不夠挑戰，所以自己也放棄了。⑦

可是楊振寧並沒有放棄這方面的問題。他後來了解到，翁薩格和考夫曼的解法，事實上箇中另有深意，由其出發，可以得到更多的結果。一九五一年一月，楊振寧正式開始他在這個領域裡的深入研究工作。

他後來對於這一段研究經歷寫過一個回憶：

於是我做了漫長的計算，這是我的物理生涯中最長的計算。這個過程充滿了局部的戰術上的機巧，計算的過程可說是峰迴路轉，遭遇到許多的障礙，但是總在幾天之後找到一個新的訣竅，指出一條新的途徑。麻煩的是，我很快就感到像是進了迷宮，而且總不能夠確定在經過這麼多轉折之後，我是否比剛開始的時候更接近了目標。這種戰略上的總評估非常令人沮喪，有好幾次我幾乎要放棄了。但是每一次總有某些事情又把我拉回來，通常是一個新的戰術上的訣竅使得情況變得豁然開朗，而這往往也僅是局部的。

最後，經過六個月斷斷續續的工作，所有部分片段突然變得可以銜接，產生了奇蹟般的各項相消的情況，我瞪眼看著令人驚訝的簡單的最後結果……⑧

由於楊振寧的計算中有一些極限的過程不太嚴格，於是他就把這些方程式的展開式和另外三位物理學家做過的展開式相比較。因為那三位物理學家所做過的展開式到X的十二次方都是正確的，所以楊振寧就把他自己的展開式和那三位物理學家的展開式比較到X的十二次方，結果發現兩者完全一致，才使他感到完全放心。這個結果是易辛模型的自發磁化，楊振寧雖然在國內也發表過幾篇統計力學方面的論文，但是這卻是他在嚴格的統計力學方面的第一個工作。⑨

一年以後，楊振寧到西雅圖的華盛頓州立大學去訪問，在那裡碰到一個中國來的研究生張承修，楊振寧於是向張承修提出建議，說也許可以把他一年前的工作，由方晶格磁化推廣到一個長方形晶格磁化。張承修接受楊振寧的建議，花了幾個月得到推廣的結果，寫成了一篇論文。在張承修的論文結尾有一段話，指出在二維空間中方晶格和長方形晶格得到同一個貝他值，都是八分之一，也許具有普適性。楊振寧認為，張承修的論文包含了對臨界指數具有普適性的最早推論。⑩

一九五一年的秋天，楊振寧和由他介紹來到普林斯頓高等研究院的李政道合作，繼續在他前一年易辛模型的工作上進一步研究。楊振寧說，翁薩格做了的是關於比熱方面的計算，他的推廣是做了磁化的計算，再接下去應該就是做磁化率（susceptibility）的計算；從數學的角度來說，翁薩格做的是原來的計算，接下來楊振寧做的是它的微分，再下去就應該是做微分的微分。

楊振寧說，他當時就看得很清楚，翁薩格的計算裡面，內容非常的廣泛，並不僅僅是比熱，所以他就先做了他的第一個微分，也就是磁化，那麼接下去還有第二個微分、第三個微分，可以繼續做下去，而這些工作都有準確的公式可以依循。

一九五一年秋天開始，楊振寧和李政道合作開始計算磁化率，也就是翁薩格的計算的第二個微分。他們做了幾個星期以後，發現太複雜了，是一個愈運算方程式愈長的問題，於是他們只好改變方向。⑪

他們轉變研究的對象，一個是關於格氣，另外一個是由物理學家約瑟夫．梅爾所提出，用單一數學表示來描述相變中不同相的凝結理論，這個理論楊振寧是在西南聯大王竹溪的一系列演講中得悉的。

到了一九五二年的春天，他們寫出了兩篇很有價值的論文，一篇是針對約瑟夫．梅爾的凝聚理論，做了更進一步的開展；另外一篇是討論格氣和易辛模型方面的問題，這篇文章裡面有一個很有名的定理，後來被稱之為單位圓定理，成為討論熱力學的一個重要工具。

對於單位圓定理研究的最後過程，楊振寧在一九六九年給數學家卡茨（Mark Kac）的一封信上有一段描述：

第二天早上，我開車載李政道去買幾棵聖誕樹，在車上我把證明的方法告訴了他。稍晚，我們去了研究院；我還記得在黑板上給你講述了這個證明方法。

這一切我記得十分清楚，因為我對這個猜測和其證明都感到很得意。這並不是那麼偉大的貢獻，但是我滿心歡喜地把它當作一個小小的傑作。⑫

楊振寧和李政道論文發表以後，受到對於統計力學非常有興趣的偉大物理學家愛因斯坦的注意，還曾經要他的助手考夫曼來請楊、李二人去和他談了一次話。

一九五二年到五三年，荷蘭的物理學家德波爾（J. de Boer）到普林斯頓高等研究院來訪問。德波爾是當時大家公認對液氦的理論和實驗知識最豐富的物理學家，所以楊振寧請他做了關於液氦的一系列演講。楊振寧說他從這些演講獲益良多，對於液氦超流體性質發生濃厚的興趣，並且想了解玻色—愛因斯坦凝聚和超流體性質之間的關係，但是當時並沒有得到有價值的結果。

一九五五年，麻省理工學院的物理學家黃克孫到普林斯頓高等研究院來訪問，並且介紹費米的「準位能」方法給楊振寧，再度激起他對液氦問題的興趣。從一九五五年到一九五九年期間，楊振寧和黃克孫以及後來和李政道合作，對於玻色系統的性質做了許多探索，直到一九六〇年底，楊振寧暫時停止了這一方面的工作。⑬一九九五年以後，楊振寧又回到此一

楊振寧和黃克孫（右）合寫過統計物理的論文。（楊振寧提供）

領域做了一些研究。

一九六一年春天，楊振寧到加州的史丹福大學做幾個月的訪問，那個時候在史丹福大學有一位實驗物理學家費爾班克（William Fairbank）和他的學生狄佛（B. Deaver）正在做關於超導體的磁通量量子化的實驗。費爾班克是一個很好的實驗物理學家，他來史丹福大學以前，曾經在杜克大學做過一個很漂亮而且重要的實驗，他的那個實驗是後來奠定相變理論一系列實驗的頭一個。

楊振寧一到史丹福大學，費爾班克就把他和他學生所做的實驗計畫告訴楊振寧，並且問楊振寧，假如他們真正發現了磁通量量子化的現象，那麼從理論方面來看，這是一個新的、原理性的現象，還是由已知的物理學原理就可以推導出來的？

楊振寧曾經看過費爾班克在杜克大學的實驗設計，對於他的實驗設計的優美構思和實驗的結果，印象深刻。費爾班克在史丹福大學的實驗同樣非常的困難，但是楊振寧在費爾班克問他以前，並沒有想過關於磁通量量子化的問題，所以並不能夠回答他的那個問題。⑭

所謂磁通量量子化，是發生在超導管或者環上的一種宏觀量子現象，這種現象的理論最早是五〇年代著名物理學家倫敦和翁薩格提出過的。楊振寧和那個時候在史丹福大學的女物理學家拜爾絲（Nina Byers）合作開始研究這個課題，他們逐漸的認識到，雖然倫敦和翁薩格對超導環中可能存在磁通量量子化的看法，具有令人矚目的洞察力，不過他們的推論卻不對。而這個問題最完整的、由倫敦在他名著中所做的討論，卻建基於一個完全不正確的假設之上。

起初楊振寧和拜爾絲還弄不明白，根據已經知道的物理學原理，到底超導環中是否應該有磁通量量子化。費爾班克的實驗初步結果極不準確，可是費爾班克說他已顯示出磁通量量子化。但是楊振寧、拜爾絲和一位得到諾貝爾物理獎的布洛赫（Felix Bloch）三個理論物理學家，都持懷疑態度。

後來楊振寧回到東岸去了幾天，回來以後費爾班克和狄佛開始用第二個超導環的樣品做實驗，結果他們的圖表上出現了漂亮的「（能量）階梯」。這種現象，即使是理論物理學家也看得出來，確實存在著磁通量量子化現象。⑮

差不多同時，楊振寧和拜爾絲已經弄明白了，磁通量量子化並不是一個新的物理原理，是用古典的統計力學加上量子力學、再加上麥克斯威方程，就可以推導出來的。他們把這個結果寫成了一篇論文，糾正了倫敦的錯誤假設。

楊振寧對於這一段經歷有一個心得：

狄佛和費爾班克實驗初步結果的這一個經驗，使我再一次的認識到，每一個領域中間的專家，確實能察覺一些未經訓練的外行人所不能夠察覺的事物。但是，我還是相信，布洛赫、拜爾絲和我的懷疑態度是健康的。不人云亦云對我們物理學術的進展是重要的。當然，反過來也同樣的對（也許更對）：實驗物理學家絕不能被理論物理學家所嚇倒。⑯

後來楊振寧繼續寫下一個故事，來強化他關於實驗物理學家應如何面對理論物理學家的看法。他寫道：

一百年前，麥克斯威寫信告訴法拉第，他努力的在將法拉第的物理思想表達為數學的語言。一八五七年三月二十五日法拉第回信寫道：

尊敬的閣下：

收到您的論文，深為感謝。我並不是說我要感謝您是因為您談論了「力線」，而是因為知道您所做的是為了哲學的真理；而您必然以為這項工作令我開心，並且鼓舞我進一步去思考它。當我看到用您這樣大的數學力來針對這樣的主題，起初差一點嚇壞了，後來才驚訝的發現它處理得如此之好。⑰

楊振寧一九六一年磁通量量子化這一方面的工作，後來和物理科學中重要的量子霍耳

楊振寧1983年訪問日本的日立實驗室，和阿哈羅諾夫（中）以及外村彰（Akira Tonomura，右）。
（Courtesy of Akira Tonomura.）

效應有密切的關係。另外，楊振寧由於對五〇年代一個重要的阿哈羅諾夫－波姆（Aharonov-Bohm）實驗深感興趣，他根據在超導環中磁通量量子化現象的研究，在一九八三年一個會議上建議一位實驗物理學家，利用超導環重做阿哈羅諾夫－波姆實驗，此建議導致一九八六年一個極準確的重要實驗結果。

一九六一年的這些工作，使得楊振寧對於在極低溫度的液氦會從容器爬出來的超流體現象，以及很低的溫度下會變成完全沒有電阻的超導體之物理理論，發生了濃厚的興趣。對於液氦超流體的研究，楊振寧注意到翁薩格和另外一位物理學家潘若斯（O. Penrose）最早提出來的關於在玻色子交互作用中的玻色凝聚的概念，他也了解到超導理論中所謂的BCS理論和庫珀電子對機制的重要意義。⑱

BCS理論解釋了超導是因為電子對的玻色凝聚而造成，其中的波動方程式掌握了凝聚的本質，但是這個本質內涵又是什麼呢?楊振寧想弄明白凝聚的本質，也就是說，他想弄明白一個費米子和玻色子交互作用系統中玻色凝結的定義是什麼。一九六一年到六二年的冬天，楊振寧深入的研究這個問題，得到結果寫成了一篇論文〈非對角長程序及液氦和超導體的量子相〉。楊振寧說，這是他非常喜歡的一個工作。⑲

所謂的「非對角長程序」，就是說在一個條件之下，一個運動系統就會有超流體或者超導的現象。楊振寧一九六二年的這一篇文章指出來，BCS理論之所以正確的原因，是因為他們

1984年夏天吳大竣（左）到荷蘭訪問楊振寧的合影，楊振寧那時在荷蘭的萊頓大學任勞倫斯教授，兩人在統計物理做過重要的工作。（楊振寧提供）

猜出來了一個波動函數，而這個函數具有非對角長程序。但是BCS理論並不能證明超導現象和這個猜出來的波函數是什麼關係，嚴格的說，這個波函數並不是理論模型的解，或者可以籠統的說，只是一個近似的解。

楊振寧接下去想繼續做的一個工作方向，是看看能不能找到一個簡單的模型，而在這個模型裡可以嚴格證明，模型的波函數具有非對角長程序。

楊振寧在這一個方向上工作了好幾年，其中也曾經和他的弟弟楊振平以及哈佛大學的吳大竣合作，找出一些模型，但是其中許多的工作都沒有發表，原因是楊振寧對這些工作不大滿意，因為這些模型都有點太牽強，使他覺得不容易與實際發生關聯。⑳楊振寧在這方面的努力雖然並未達到原來的目的，卻引導出來一個新的重要領域，叫做「楊—巴克斯特方程」。

在做這些問題的過程中，楊振寧特別注意到著名物理學家貝特（Hans Bethe）三〇年代提出的一個想法，在一九六五年他研究一個問題，看看用貝特的想法解出來的模型有沒有非對角長程序。有一天他和楊振平討論的時候，突然想到自貝特以來求解中間碰到的困難，如果利用另外一個三角函數，就可以避免最關鍵地方的困難。

一九六六年他和楊振平合寫的一系列文章中，特別將他們所利用到的貝特的想法叫做「貝特擬設」（Bethe ansatz）。隨後幾年，楊振寧和楊振平以及楊振寧在石溪的第一個學生撒德蘭等人繼續的研究那些利用貝特擬設的問題。現在貝特擬設在統計物理中已經生根，許多人在貝特擬設上做了許多的工作，楊振寧等人當年論文的方法和結果，在場論中也變得有用了。

一九六七年的十一月和十二月，楊振寧寫了兩篇論文，把當時一個比較小範圍的熱門問題，用一些群論的方法，並且利用「廣義貝特擬設」，解決了這個問題。在研究這個問題的過程中，楊振寧寫下來一個方程式，這個方程式對於證明廣義貝特擬設是對的，具有關鍵的重要性。

一九七二年，澳洲的物理學家巴克斯特（**R. Baxter**）為了了解統計力學中一些新的模型，寫出了一組方程式。到八〇年代初期，俄國物理學家法捷耶夫和他的學生繼續在這個方向上做研究，並且指出來楊振寧六七年所提出的矩陣方程，和巴克斯特的方程是一樣的，只是寫法不同，於是他們就用了「楊—巴克斯特方程」這樣一個名稱。

楊—巴克斯特方程後來在物理和數學方面有許多重要的發展，尤其是數學方面：楊—巴克斯特方程已經被認為是與許多種數學的分枝有關的一個基本數學結構，這些數學的分枝包括拓樸學中間的結理論和辮子理論、三維拓樸，另外還有量子群、微分方程和算子理論以及代數等等。

一九九〇年八月在日本京都舉行的國際數學大會上，四年一度、有數學諾貝爾獎之稱的菲爾茲獎頒給四位數學家，其中三位的工作都與楊—巴克斯特方程有關。

楊振寧認為，有一些物理學家認為楊—巴克斯特方程是純數學的看法將會改變的。因為楊—巴克斯特方程是一種基本的結構，無論物理學家喜不喜歡，最終必然要使用它。他也舉了一個例子說，在一九二〇年代許多物理學家也稱數學的群論為「群害」，但是三〇年代以後這種說法就消失了。㉑

楊振寧這些由物理概念出發而發展出來的具有基本數學結構的理論工作，隨著時間的演進，總是慢慢顯現出在物理方面的深層意義。譬如他五〇年代所做的翁薩格易辛模型解的推廣，當時被認為純粹是一種數學的好奇，沒有真正的物理意義，甚至那個時候還有一種「得了易辛病」的說法，但是後來發現不但和相變理論相關，甚至與場論也有密切的關係。

六〇年代楊振寧所做的非對角長程序的工作，也是一篇非常重要的文章。楊振寧曾經推斷，這方面的想法也許和目前高溫超導研究不能完全解決的機制相關，而它的重要性還沒有完全發揮出來。㉒二十世紀公認繼愛因斯坦之後最重要的理論物理學家狄拉克，就非常欣賞楊振寧的這個工作，並認為這個工作應該是他做的㉓。

楊振寧自己對於科學傳統的重要性，有深刻的領悟。他曾經寫過一篇短文，描述自己和統計力學中代表人物翁薩格幾次科學上的邂逅。他不但提到最早的所謂的二維易辛模型解的推廣工作，是由翁薩格的工作出發的，還回憶一九五三年在日本東京—京都會議聆聽翁薩格的演講，以及他一九六一年訪問史丹福大學對於翁薩格深刻物理內涵的再一次認識，而他後來所做的非對角長程序工作，也受到翁薩格篇論文的啟發。㉔

一九六五年三月，楊振寧和翁薩格以及另外兩位物理學家，受邀到肯塔基大學講統計力學。在那一次有趣的行程之後，楊振寧和翁薩格在飛機場候機，楊振寧於是有機會問起這位統計力學的前輩，怎麼會想到一九四四年那篇論文的複雜代數步驟？翁薩格說，那是因為在大戰的時候，他有很多的時間，可以慢慢的把矩陣對角化。㉕

楊振寧在統計力學方面廣泛而影響深遠的工作，一直得到普遍的推崇。一九九九年三月在亞特蘭大舉行的美國物理學會一百週年年會，將地位崇高的翁薩格獎頒給了楊振寧。翁薩格獎的頌辭上面寫著：

他在統計力學和量子流體理論方面基本而且開創性的貢獻，這包括了單位圓定理、在非對角長程序和磁通量量子化方面的精心傑作、玻色—愛因斯坦凝聚理論，以及一維和二維統計力學模型熱力學特性的準確計算。㉖

【注】

①Rayleigh, *Life of Lord Rayleigh*, Madison: University of Wisconsin, 1968, p. 47.

②楊振寧，〈在統計力學領域中的歷程〉，《楊振寧文集》，上海：華東師範大學出版社，一九九八年，第680—681頁。

③楊振寧，*Selected Papers 1945-1980 with Commentary*, New York: W. H. Freeman, 1983, p. 3.

④楊振寧，Path Crossing with Lars Onsager, 1995.

⑤楊振寧，〈在統計力學領域中的歷程〉，《楊振寧文集》，上海：華東師範大學出版社，一九九八年，第682頁。

⑥楊振寧，〈在統計力學領域中的歷程〉，《楊振寧文集》，上海：華東師範大學出版社，一九九八年，第681頁。

⑦楊振寧，*Selected Papers 1945-1980 with Commentary*, New York: W. H. Freeman, 1983, pp. 11-12.

⑧同上，p. 12。

⑨同上，同⑥，第683頁。

⑩楊振寧，〈我對統計力學和多體問題的研究經驗〉，《楊振寧文集》，上海：華東師範大學出版社，一九九八年，第659頁。

⑪同上，第660頁。

⑫楊振寧，*Selected Papers 1945-1980 with Commentary*, New York: W. H. Freeman, 1983, p. 15.

⑬同⑥第681頁，同⑩第660、661頁。

⑭同⑫pp. 49-50，同⑩第661頁。

⑮在刊登狄佛和費爾班克實驗結果論文的那一期《物理評論》上，也有另外兩位在德國慕尼黑的物理學家R. Doll和M. Nabauer的論文，宣告他們同時也發現了磁通量量子化的實驗結果。

⑯楊振寧，*Selected Papers 1945-1980 with Commentary*, New York: W. H. Freeman, 1983, p. 50.

⑰同上，p. 21。

⑱BCS理論是到目前為止解釋超導現象最成功的理論，分別由三位物理學家巴丁（John Bardeen）、庫珀（Leon Cooper）和施里弗（John Schrieffer）在一九五〇年代末期提出，他們也因為這個貢獻共同得到一九七二年諾貝爾物理獎。其中巴丁也是因為發現電晶體效應共同獲得一九五六年諾貝爾物理獎的三位得主之一。

⑲同⑯p. 54。

⑳同⑩第662頁。

㉑張奠宙，〈楊振寧和當代數學——接受張奠宙訪問時的談話記錄〉，《楊振寧文集》，上海：華東師範大學出版社，一九九八年，第736頁。

㉒同⑩第661、662頁。

㉓黃克孫訪問談話，一九九九年九月十一日，麻省理工學院理論物理中心辦公室。

㉔楊振寧，Path Crossing with Lars Onsager, 1995.

㉕同⑫，p.13。

㉖Citation, Onsager Prize, 1999.

第11章

有生應感國恩宏

有生應感國恩宏。
（江才健攝）

一九七一年七月十九日，楊振寧從法國巴黎搭上法航的班機，飛往上海。這是他一九四五年離開中國到美國留學，二十六年之後的頭一次回國，心中感受可想而知。在巴黎飛機場，楊振寧給麻省理工學院物理學家，也是他熟識的好友黃克孫寫了一張明信片，上面有這樣的兩句話：「我現在正要登上一班飛往北京的班機……對我來說，這是一個心情激動的時刻。」①楊振寧搭乘的法航班機一路上停了雅典、開羅、喀拉蚩和緬甸的仰光等地。然後飛機自緬甸東飛，進入雲南上空，駕駛員宣布已進入了中國領空，楊振寧說，他當時的激動心情是無法描述的。②

這一趟不過十多個小時的航程，居然花了二十六年的時間才能完成，中間是中國近代歷史紛爭的波折，是國際冷戰對峙之局的阻隔，對楊振寧來說，更是一段難以言喻的深刻生命歷程。

楊振寧在一九四五年十一月底踏上紐約碼頭，除了初履新土的興奮，心中念頭所想，覺得自己和當年父親那一代大多數的留學生一樣，在美國唸書求學幾年之後，就要回到中國，貢獻自己給還相當貧窮落後的國家。哪裡料到往後的事與願違，四年不到，中國大陸政局丕變，中國共產黨取代國民黨，成為新中國的當政者，蔣介石政府退居台灣，之後韓戰爆發，二次大戰後新的冷戰對抗之局於焉成形。

韓戰爆發以後一個立即的影響，就是杜魯門總統下了一道命令，禁止所有在美國得到科學技術博士學位的中國人回到中國去，楊振寧也成為受到這個禁令限制的一員。雖然他在一九四九年上海易手之時，因為關心在那裡的家人，曾經以電報和他們聯絡，後來冷戰開始中美完全隔絕的二十多年，他和家中也有訊息往來，但是不能回去探望家人，多年來一直是楊振寧心中的一個遺憾。

除了到美國來唸書的弟弟楊振平以外，楊振寧頭一次再見到父母和家人，是他得諾貝爾獎的一九五七年。那年夏天，楊振寧打電報回家，說他將帶杜致禮和大兒子楊光諾到瑞士日內瓦工作數月，希望父親也能去日內瓦小聚。後來楊武之得到中國政府許可，到日內瓦和楊振寧一家共同生活了幾個禮拜。楊武之向兒子介紹了新中國的各種新氣象和新事物，並且帶兒子到中國駐日內瓦領事館去看紀錄片「廈門大橋」，看到建造大橋中所克服的不能想像的艱難。③

一九六〇和六二年夏天，楊振寧的父母親兩度到日內瓦和楊振寧再次見面相聚。這些親人的相聚除了感情的衝擊，每一次父親總要和他談新中國的建設和思想。他說，父親說的話許多地方他能了解，也有許多地方他不能了解，因此兩人有許多的辯論。有天晚上他們辯論了很久，最後楊振寧說：「您現在所說的和您幾十年以前所教我的不一樣。」楊振寧的父親說：「你怎麼還沒有了解，我正是要告訴你，今天我們要否定許多我以前認為是對的，而實際是錯的價值標準。」楊振寧說，這句話給了他很深刻的印象。④

楊振寧一九四五年到了美國，後來一直身處學術圈中，那時候美國的物理學界，受到二次大戰德國納粹的影響，有許多由歐洲到美國來的第一代移民科學家，譬如說他的老師費米、泰勒都是這樣的人物。加上他所研究的物理科學領域，特別具有國際合作的特色，因此楊振寧並沒有感受到他身為一個中國人因為他的中國血統，而碰到他父親當年留學時代所遭遇的種族歧視。

楊振寧頭一個這樣子的遭遇，是發生在一九五四年。那一年年底，楊振寧和太太杜致禮在普林斯頓附近一個新開發的地區，付了幾百塊美金的訂金，準備買一棟房子。過了幾個禮拜，開發商告訴他們說，他必須退還他們的訂金，原因是楊振寧他們是中國人，他擔心中國人買了那個區域的房子，會影響房屋的銷售。

楊振寧說他們憤怒極了，於是去找了一個律師。但是律師勸告他們不要興訟，因為以律師的看法，他們贏的機會很小。⑤

楊振寧後來慢慢的才了解到，像他父親和他這樣的知識份子在美國所受到的屈辱，比起許多早年來美的中國人，還不是最糟的。他曾經寫道：

不僅如此。我漸漸了解到中國人在美國早期的歷史。那是我們的歷史，是浸透了難以用言語形容的偏見、迫害和殺戮的歷史。宋李瑞芳（Betty Lee Sung）將這一段歷史歸納如下：

一八七八年，楚基（Truckee）鎮的中國人全部被集中起來，並被趕出鎮去。

一八八五年，二十八個中國人在懷俄明州的石泉（Rock Springs）鎮遭到無恥的屠殺。還有許多人受傷，數以百計的人被驅離家園。

一八八六年，奧勒岡州的木屋（Log Cabin）鎮又發生一件野蠻的屠殺。

瑪麗・柯立芝（Mary Coolidge）教授寫道：「在克爾尼主義（Kearneyism）的年代，美國居然還有華人活著，這真是個奇蹟。」⑥

接著，又產生了一八九二年的吉芮（Geary）法案以及一九〇四年、一九一一年、一九一二年和一九二四年的排華法案。這些法案使得在美國的華人社區，變成畸型的、與美國社會隔離、受鄙視以及被剝削單身男子勞工的集中地，我一九四五年到美國的時候，情況依然如此。」⑦

但是楊振寧漸漸了解這些中國早期移民的歷史，事實上大多數是勞工的歷史，與他父親以及如胡適、吳大猷他師長那一代留學生，以及他自己的情況還是有些不同的。中國近代歷史上到美國去的留學生，從清朝的容閎開始，到後來他父親和胡適等師長那一代，絕大多數都是唸完書或者待上幾年，就都回到中國去的。楊振寧說，從他的那一代開始，才開始有較多數的留學生長期留在美國，這主要是受到韓戰以及後來冷戰的影響。⑧

中國近代歷史上的屈辱，楊振寧有很深的感觸。（楊振寧提供）

楊振寧在美國待的時間愈久，也就愈加深刻意識到他們在美國社會中的地位，而他自幼成長環境中得自父親和師長那一代知識份子的影響，加上他內在個性裡一種內斂的、但是對人關懷的天生熱情，使得他慢慢更多意識到自己的處境以及對於較廣大中國人社群的一份責任，這也使得他後來從純粹的物理世界走出來，在政治和社會上陷入一些爭議的處境。

一九五七年楊振寧得到諾貝爾獎以後，對於自己科學成就背後所代表的意義，就更加有一種醒悟。一九六〇年楊振寧到巴西訪問，在里約熱內盧飛機場看到好幾百個華僑熱烈的歡迎他，令他印象深刻。他說，這些華僑本來和他一點關係都沒有，他們來歡迎他，是因為他在科學上有了一些成就，在世界上有一點名氣，使得全球華裔的人都感到高興。這件事使他領悟到，得到諾貝爾獎已不僅只是他個人的事情了。⑨

楊振寧得到諾貝爾獎的時候，拿的是國民黨發的中華民國護照。當時中華民國駐聯合國大使蔣廷黼，在北平是清華大學歷史系的教授，和楊振寧的父親認識，楊振寧得獎以後，蔣廷黼曾經請他吃過飯，台灣的政府當然也希望楊振寧赴台訪問。⑩

那個時候，楊振寧的岳母曹秀清是住在台北，早幾年杜致禮也曾經回台灣去探望過母親，但是因為杜聿明在大陸被俘，情況不明，曹秀清在台灣一直有一點像是人質的味道，並不能到國外去旅行。一九五七年楊振寧得了諾貝爾獎，原本就和杜家很熟的蔣介石，才特別請曹秀清去見面，並且給她一本護照，讓她可以到美國看女兒和女婿，也希望她勸楊振寧回台灣看看。曹秀清第二年和杜致禮的妹妹杜致廉到了美國，住在楊振寧家裡。一九六二年杜致廉回到台灣和海軍軍官鄧天才結婚，一九六三年曹秀清則去了中國大陸和丈夫杜聿明團聚。

楊振寧那個時候並沒有到台灣訪問，因為有杜魯門總統的禁令，他也不能回中國大陸探望父母親和家人。一九五八年，台灣的中央研究院選舉楊振寧成為第二屆的院士。第二年的三月十二日，楊振寧和吳大猷、吳健雄以及李政道四人，聯名給在台灣的中央研究院院長胡適打了一封電報，對於麻省理工學院教授黃克孫的岳父母沈志明夫妻的被捕，表示震驚和失望，並希望胡適幫忙使其得到立即而公正的調查。後來沈志明夫妻在胡適具保之下被釋放了。一九六〇年台灣發生《自由中國》雜誌創辦人雷震被捕事件，楊振寧因為知道吳健雄和胡適十分熟識，也曾經要吳健雄向胡適說項，請胡適出面要求釋放雷震。⑪

一九六一年二月十四日，楊振寧和李政道二人署名，由楊振寧所在的普林斯頓高等研究院給當時的美國白宮國家安全事務助理彭岱（Mcgeorge Bundy）寫了一封信，提到當時中國糧食饑荒的問題，信上說他們不但看到新聞報導，也從家人的來信得知情況相當嚴重。信上說他們的對此關切，是因為他們都是在中國出生和成長，而且他們對於美國在歷史上多次盡力幫助受難的人民，特別是中國的受難人民，感到鼓舞。他們也說寫這封信前曾經跟歐本海默討論過，是歐本海默建議他們給彭岱寫信。最後他們期待彭岱能夠把這封信轉給相關的負責人。⑫

那段時候，物理學家沈君山曾經在普林斯頓大學的圖書館裡碰到楊振寧，楊振寧正是在那裡找中國過去大饑荒的資料。⑬

事實上楊振寧並不全然是政治取向的，他關心的還是一個普遍的人的問題。在他六十歲出版的楊振寧《論文選集》中，就有一段文字，真實描述出他對於一個普通人的關懷的感情：

一九六〇年代初的一個晚上，我從紐約市坐火車經派索格到布魯克哈芬。夜很深很沉。搖搖晃晃的車廂幾乎是空的。我後面坐著一位老人，我跟他聊起來。他約莫是一八九〇年生在浙江，在美國住了五十年了，替人洗衣服、洗碗，不一定。他沒有結過婚，一向孤零零住一間房間。他臉上總是掛著笑容；難道他心中真的毫無怨氣？我不明白。我看到他蹣跚穿過車廂裡燈光黯淡的通道在灣濱站下車，年老背駝，有點顫巍巍的，我心中悲憤交集。⑭

儘管如此，楊振寧終究無法迴避外在環境給他的許多壓力。楊振寧說，他和父母親在日內瓦的見面，父親在一九六〇年和六二年的兩次見面時，曾經勸他回大陸看看，這一方面是中國大陸統戰部或明或暗的建議，一方面也是父親自己靈魂深處的願望。楊振寧說，父親內心十分的矛盾，一方面他有希望楊振寧回大陸看看的願望，一方面又覺得楊振寧應該留在美國，力求學術的更上層樓。⑮

楊振寧沒有貿然的回到大陸。而在一九六四年，他居然做了一個重大的決定，那就是他申請入了美國籍。

對於這樣的一個決定，楊振寧曾經寫出他的心路歷程：

一九六四年春天，我變成了美國的公民。

從一九四五年到一九六四年，我在美國已經住了十九年，這是我成年生活中的大多數時光。然而，申請成為美國公民的決定，對我來說並不容易。我猜想從大多數國家來的許多移民也有同樣的問題，但是對於一個中國血統的人，這樣的決定尤其不易。一方面在中國的傳統文化中，根本就沒有永久離開中國移居其他國家的概念。事實上，移居別國一度被認為是徹底的背叛。此外，對於曾經有過璀璨文化的中國人來說，近一百多年來所蒙受的屈辱和剝削，在他們的心靈中都留下了極深的烙印。這是任何一個中國人都難以輕易忘記的一個世紀。⑯

楊振寧在了解了早期中國移民辛酸的血淚史，自己也碰到種族歧視的待遇之後，他寫下自己另外一段的心路歷程：

一點不錯，是有許多的事讓我躊躇不前。但是我知道美國對我十分的慷慨。我來美國的時候已有很好的根基，但是美國給了我發展潛力的機會。我知道世界上沒有別的國家對移民如此慷慨。我也認識到，我這裡的根在不知不覺中已經扎深了。

一九六一年一月，我在電視上看甘迺迪總統的就職典禮。羅勃．佛斯特（Robert Frost）應甘迺迪之請，上台朗誦他的一首詩。他選了「沒有保留的奉獻」（The Gift Outright），我聽他唸道：

擁有我們尚未擁有的，
被我們已不再擁有的所擁有。
我們的有所保留使我們軟弱，
直到發現原來正是我們自己，
我們拒絕給予我們生活之地，
而在屈服中即獲新生。

似乎有什麼東西觸動了我的心。我在一本詩集中找到佛斯特的這一首詩。詩句優美，充滿了力量。它在我申請美國公民的決定中起了一個作用。⑰

雖然楊振寧曾經有過掙扎，雖然申請美國公民的決定，也是因為持國民黨護照到國外開會旅行，申請簽證常碰到困難，而有實際的需要，但是在楊振寧的心靈深處，還是有著一分遺憾。他曾經寫道：

我父親一九七三年去世以前，一直在北京和上海當數學教授。一九二八年他曾經在芝加哥大學得到博士學位。他遊歷甚廣。但是我知道，直到臨終前，在他心底一角，始終沒有原諒我的拋鄉棄國之罪。⑱

一九六四年年底，楊振寧到香港講學，他寫信希望父母家人能和他在香港團聚。結果這一次父母親和快二十年未見到楊振寧的弟弟振漢和妹妹振玉，也一起來到香港，家人有一次愉快的團聚。那一年的十月，中國剛成功試爆了原子彈，政治氣氛相當的緊張。楊振寧到了香港，有一位楊振寧父親的舊識，當時在台灣是立法委員的人，來香港希望楊振寧順道回台灣看看，而在他們住的飯店房間隔壁，還有兩個英國的安全人員，說是保護楊振寧，其實是怕他跑回中國大陸去。⑲

當時美國的駐香港總領事，也不只一次打電話給楊振寧，說如果楊振寧的父母和弟妹要到美國去的話，他們可以馬上替他的家人辦手續。楊振寧告訴他們說，父母和弟妹都要回上海去。⑳

一九七〇年夏天，楊振寧給家裡寫信，說他十二月要到香港中文大學講學，希望父母親和弟妹能夠再來和他重溫一九六四年相聚的美好日子。一九七〇年中國大陸正是文革期間，楊武之辦理申請手續因困難重重，結果雖然得到批准，但是因為奔波勞累而病倒。後來是弟弟振漢陪著母親到香港和楊振寧相聚，妹妹振玉則留在上海陪重病的父親。

雖然楊振寧和母親、弟弟振漢以及另一位從美國來的弟弟振平可以在香港相聚，但是心裡卻擔心著重病的父親。那時候楊振寧已經有了一個想法，認為自己也許一年兩年內就可以回到中國看看，因為他看到美國的政治氣氛在改變，而中國的情形也有了變化；那時候毛澤東接見了他在延安時代的一個老友，就是寫了《西行漫記》的美國著名記者和作家史諾（Edgar Snow），事實上毛澤東透過史諾傳達了對美國的修好之意。㉑

一九七一年四月有一天，楊振寧忽然在美國報紙上一個不大顯眼的地方，看到美國政府的一個通告，就是美國護照上原來印有美國公民不可隨便去的共產主義國家，包括北越、古巴、中國和北韓，這個通告把中國取消了。楊振寧早先已經看出來，中國和美國那時因為共同視蘇聯為敵人，而在戰略上有了彼此接觸的需要。他看到這個通告，後來中國和美國之間又進行所謂的「乒乓外交」，他覺得通往中國大陸的門已經打開，心中甚為振奮。但是當時越戰還

沒有結束，楊振寧怕這個打開的門幾個月又會關上，所以希望趁這個機會，一圓他二十六年來想回中國探視的心願。㉒

當然楊振寧對於回到中國早有心理準備，在美國他所研究的物理裡面，有一部分是核物理，那是和原子武器有密切關係的，所以在二十六年當中，他都有意的避開這方面的研究，而且也絕對不去美國製造核武器的羅沙拉摩斯實驗室，他曾經用了一個英文的說法「Keep it at arm's length」，也就是「保持適當距離」，甚至他連IBM公司的顧問都辭掉，以免影響到中國去的可能。㉓

一九七一年冷戰局面未解，從美國到中國大陸去訪問係非比尋常之舉，尤其楊振寧是一個歸化的美國人，又是國際知名的物理學家，可以說相當的敏感。那個時候楊振寧在紐約州立大學石溪分校，因此他將自己的想法告訴了校長托爾，另外還曾經找一個美國朋友去打聽到中國去的可能，那個朋友告知沒問題，於是他就正式通知了美國政府，說他要回中國探親。美國政府的回答是由白宮的科學顧問告訴他的，他們說歡迎楊振寧到中國去，不過不能幫他拿到簽證。㉔

楊振寧在那時以前，已經給父親寫了一封信，說他要到中國去探親。楊武之寫了一個報告給中國國務院，後來國務院通知楊武之，歡迎楊振寧到中國來探親，並且要楊武之告訴楊振寧，可以到加拿大或者法國的中國大使館去拿簽證。楊振寧打聽了一下到上海的飛機，發現那個時候除了蘇聯的航班之外，只有法航每個禮拜有一班飛機從巴黎到上海，於是楊振寧決定到巴黎的中國大使館去拿簽證。[25]

楊振寧做決定的那個時候，只有少數人知道他有回中國的打算。當時中國還處於冷戰的半封閉狀態，所以楊振寧的美國朋友或者華裔朋友，都對楊振寧回中國有些擔心，怕他去了會被中國政府扣住，不讓他再回美國。楊振寧說，這種事不會發生，因為他對中國政府有些了解。他說，如果他回去以後跟中國政府說願意留在中國，中國政府一定會歡迎，如果他不說這樣的話，中國也不會強要留他下來的。[26]

當然，楊振寧也清楚的意識到他此行可能造成的衝擊，譬如說那個時候在台灣的政府一定要對他不滿意。那時候，和楊振寧在高能碰撞方面合作做出所謂「鄒－楊模型」的鄒祖德，正好計畫在同一年的夏天回台灣探親。楊振寧六月裡和鄒祖德談起他要到大陸去的計畫，並且還勸鄒祖德是不是可以暫時不要回台灣去，原因是鄒祖德和他關係密切，怕鄒祖德回台灣會受他去大陸的牽連。[27]

七月十五日，楊振寧由紐約飛到巴黎，並且拿到赴中國的簽證，四天以後他踏上了二十六年來魂牽夢繫的歸鄉之旅。

楊振寧到達上海的虹橋機場，除了家人之外，還有上海市政府統戰部的官員來接機，有一位官員跟楊振寧說，是不是可以把護照和機票交給他們保管。楊振寧雖然把東西給了他們，但是仍難免有些擔心，並且問弟弟振漢說，這些人靠得住嗎？楊振寧擔心了一個禮拜，就拿回了他的護照和機票。後來楊振寧曾經說起一個故事：早年在英國成為著名科學家的俄國大科學家卡皮查（Pyotr Kapitza），三〇年代初回蘇聯以後被政府扣留，蘇聯政府並且出錢把他在英國的研究設備全部搬到蘇聯。㉘

楊振寧第一次訪問中國，停留到八月十七日才離開，差不多待了一個月的時間。這中間除了在上海和家人相聚，每天探望臥病醫院的父親，也去了合肥、北京和大寨等一些地方，見到許多老朋友，看到許多新的發展。他比較一九四五年離開中國時的印象，感受到二十六年來翻天覆地的大變化，個人情感上的複雜感受非言語所能描述。㉙

楊振寧剛到上海起先是住在家裡，後來因為報紙上有了消息，接待楊振寧的統戰部擔心安全問題，於是就讓楊振寧住到錦江飯店去。第二天一大早，楊振寧被外面的高音喇叭吵醒，就起來走了出去，想去買豆漿油條吃。賣油條的婦人給了他燒餅油條，他付了錢，婦人問他：「糧票呢？」他哪裡知道什麼叫做糧票，婦人瞪了他一眼，他知道不妙，趕快擠在人叢中溜掉了。

後來他走到錦江飯店門口，看到有些小孩在抓樹上的知了，楊振寧就拿出相機給他們照相，這一來交通警察過來要把他照相機的底片曝光，還問他是什麼地方來的？這時就聚集許多圍觀的人，錦江飯店的警衛趕快出來把他帶回去，說楊振寧是他們的客人。以後統戰部就要楊振漢搬到錦江飯店陪楊振寧住，以免再弄出什麼麻煩。㉚

楊振寧第一次回中國的時候，還是文化大革命的期間，事實上大陸上大多數的人對於那一個翻天覆地的運動，當時並不清楚到底是怎麼一回事。楊振寧的家人雖然受到一些影響，但是並沒有和楊振寧說，加上楊振寧所看到的，當然也都是經過刻意安排，這些都使得楊振寧當時對文化大革命有著一種近乎天真的看法，認為整個運動完全是為著建設新中國的大團結。㉛

事實上那個時候的西方世界，對於左翼運動同樣有著一種普遍浪漫的看法。一九六八年法國的學生運動，美國反越戰的學生運動，都為這種思潮提供了一個滋養的環境，因此對於中國大陸的文化大革命，也有著一份好奇和嚮往。

楊振寧回到美國以後，立刻有許多地方請他去演講，談他的中國大陸之行，譬如說那一年八月在康乃爾大學的物理會議，以及九月份在他任教的紐約州立大學石溪分校，楊振寧都作了公開的演講。這些演講都十分的轟動，而演講的主調，可以說就是盛讚新中國的建設。

後來楊振寧還在美國以及歐洲的一些地方，陸續做過中國之行的演講。聽過他演講的許多中外人士，雖然對楊振寧演講中所呈現的中國面貌，以及他個人所顯現的熱情印象深刻，但是也發覺到楊振寧對中國有著過分天真的看法，反映出一種一廂情願的感情，甚至有人認為他

的熱情有點幼稚。㉜

美國政府當局對於楊振寧的中國之行也非常感到興趣，楊振寧回到石溪以後，就曾經接到美國聯邦調查局和中央情報局的查問電話。有一次一個調查員來電說要和楊振寧談一談，並且說要到楊的家裡來，楊振寧拒絕了，於是他們在楊振寧的辦公室裡見面。談話中，楊振寧感覺出那個調查員有一些語帶威脅的味道，於是就要他的祕書進來，把他們的談話記錄下來。楊振寧說，他主要的立場是他到中國去，沒有做出任何對不起美國的事情，而且他也絕對不會替美國政府打聽任何中國的消息。

後來楊振寧還打電話給在美國原子能委員會的一位物理學家朋友，告知和美國情治單位人員談話的情形，那位朋友說他做得非常的正確。㉝

楊振寧因為父親臥病醫院，病勢沉重，所以第二年六月又再度回到中國探親，當然同樣的在中國各地參觀訪問，這一回還另外去了南京、砂石峪、西安、延安和廣州等一些地方，見的人也更多一些，而且停留的時間更長。回到美國以後，楊振寧曾經在紐約唐人街做公開的演講。台灣出版的不對外公開的文件中說，楊振寧演講主要是替中共宣傳大陸人民生活如何「幸福」，另外則介紹如「針灸麻醉」和故宮以及古蹟等。㉞

楊振寧後來曾經說過，從今天的眼光講起來，那是感情非常豐富的演講，尤其是頭一次四個禮拜在中國的訪問，在他身上產生了極大的感情上的衝擊，他承認當年最大看錯的地方，是沒有懂文化大革命到底是怎麼一回事情。他說當時演講中曾經有這麼一句話「現在中國大家非常的合作，不是爭權奪利」，這是因為他不知道，當時其實是有極大的爭權奪利，只是表面上看不出來。㉟對於這一件事，他曾經自嘲的說，他是一個很蹩腳的新聞記者。㊱

對於楊振寧的「大力揄揚祖國」，當時許多人除了說他幼稚天真之外，也有批評非常嚴厲的，甚至用了「楊振寧在大陸上酒醉飯飽，沖昏了頭」之類的詞句。但是許多人認為，楊振寧對於中國的感情的真誠和深切，「君子可欺之以方」以及他完全沒有政治動機的立場，都是值得同情和肯定的。㊲而事實上，當時中美關係還沒有完全的解凍，楊振寧這些公開的說法，事實上是負擔了相當大的風險，需要一些勇氣。㊳

不過楊振寧自己說，雖然當時他對於中國的情形，有許多認識不清楚的地方，但是整體來說，他所做的促成中國進一步開放的事情，是符合歷史發展的潮流的。他曾經寫過：

一九七二年夏天，第二次到中國去旅行的時候，我已經打定主意，作為一個美國的華裔科學家，我有責任幫助這兩個與我休戚相關的國家，建立一座了解和友誼的橋樑。我也感覺到，我應該幫助中國在科技方面的發展。㊴

1971年楊振寧和周恩來見面，後來他曾經向周恩來直言建議改變中國當時片面的平等主義。（楊振寧提供）

許多人以為，楊振寧在中國大陸是領導人的座上貴賓，所以他的發言都十分揄揚統治者的所作所為。事實上有許多的證據顯現，楊振寧和最高領導人見面的時候，並沒有改變他個性中直言無諱的風格，譬如他七〇年代獨持異議的反對中國大陸蓋高能加速器計畫，不為當道所喜，就是最出名的一個例子。

在大陸的領導人當中，和楊振寧見面談話最多，也給楊振寧最深刻印象的就是周恩來總理。楊振寧頭一次回到中國大陸，周恩來就宴請他，二十五位客人中有十五個科學家，席間三小時的討論，宴會後兩小時的談話，與科學完全沒有關係。周恩來想多了解美國的情況，於是詢問了學生運動、大學改革、黑人運動、失業和選舉相關的政治氣氛以及美國對日本的態度等等問題。㊵

一九七二年的七月一日，周恩來在人民大會堂新疆廳再次宴請楊振寧，楊振寧說：

在第二次宴會上，我覺得可以比較從容地直陳我心中要說的話。我觀察到，在那些年裡，中國政府的片面的平等主義已經毀了中國的科學。㊶

那時正是文化大革命的時期，楊振寧談話中提到他參觀一個工廠，看到一些大學教授被下放到那裡，去做把不同電阻找出來分類的工作，楊振寧認為，這樣子的工作並不能發揮這些知識份子的作用。兩個禮拜以後，周恩來在和任之恭、林家翹等一些知名科學家訪問團見面時，就說起兩個禮拜以前楊振寧向他提出的建議。周恩來說他去報告毛主席以後，毛主席說楊振寧講的是對的。周恩來於是當著任之恭等人的面，對在座的北京大學副校長周培源說，要他去把這個政策給落實，也就是把當時文化大革命的極端平均主義給改過來。㊷

這於是後來就有了周培源在《人民日報》發表一篇文章，討論改正極端平均主義的問題，不過這篇文章還是引來文革四人幫張春橋等人的圍攻。楊振寧後來深切體會到中國政治情況的複雜；像這種毛澤東講了話，周總理說要貫徹的事情，還都會遭遇到很大的困難。㊸不過楊振寧當時的一些建議，也確實直接的或間接的改善了包括他好友鄧稼先在內一些知識份子的處境。㊹

在文化大革命批判知識份子為「臭老九」的氣氛中，楊振寧也曾經身受其害。有一次周恩來總理請客吃飯，也有江青和王洪文等人在座。在宴會當中，有一個跟著江青的女士叫做謝靜宜，在敬酒時候故意問了楊振寧一個問題，楊振寧並不清楚這個問題，就用他慣常的口頭禪回答說：「我不懂。」結果謝靜宜馬上回敬了一句話：「你也有不懂的事情？」這一來可就惹惱了楊太太，她馬上拿了一杯酒過去，也問了一個問題，謝靜宜答不出來，於是楊太太就說：「妳也有不懂的地方？」㊺

一九七六年周恩來去世了。那一年美國東岸各界有一個追悼大會，楊振寧在大會上代表

1973年楊振寧和毛澤東見面，對於毛澤東的人格特質印象深刻，他認為毛的詩詞將會流傳下來。（楊振寧提供）

致悼詞說：「我們相信周總理的偉大就在他的無私的、堅強的、始終不渝的為人民服務的精神。」㊻

一九七三年五月，楊振寧的父親病逝，楊振寧回到上海奔喪。他記得父親曾經多次和他談起毛澤東，談到毛的詩詞以及對中國的許多貢獻。他也記得七一年初回中國，看到五星紅旗在風中飄揚，中國從半世紀前被瓜分邊緣，到那時一個統一的國家，他想起聽見一九四九年毛澤東說「中國人民站起來了」的激動之情，於是向接待的人表示希望能夠見到毛主席。他回到美國以後，那一年七月再到中國，並且和毛澤東見了面。

楊振寧和毛澤東的見面，是在毛中南海的書房裡，兩人談了一個半小時，毛澤東給楊振寧的印象是有一點霸氣，而且是一個極度有自信的人。毛澤東談話比較哲學傾向，他喜歡談許多大的問題，也和楊振寧談了和科學有關的哲學問題。談話結束以後，楊振寧說他快走到門口時，毛澤東和他握了握手，並且說他年輕的時候也希望在科學上能夠有所貢獻，不過自己沒有做到，毛澤東說他很高興楊振寧能夠對人類的科學有所貢獻。楊振寧說，毛澤東的這個話，很顯然的不是客氣話，是真心的。㊼

後來整個文化大革命的真相顯露出來，中國共產黨對於毛澤東的功過也有一個「七、三開」的評斷。楊振寧曾經說，毛澤東無疑的對於中國的國家和民族，都做了很重要的貢獻，但是他在文化大革命中所給予中國的創傷，也是非常非常的大，因此毛澤東在他的心目中的地位降低了，而對他而言，當然是一種失望。㊽

然而毛澤東的雄才大略，依然令他印象深刻，特別是對於毛澤東的詩詞，楊振寧評價甚高，認為他的詩詞不但寫得好，而且氣魄甚大。楊振寧以為，也許幾百年以後，人們對於毛澤東的政治功過已不那麼在意，但是毛澤東的詩詞卻會流傳下來。㊾

一九七七年，楊振寧在中國大陸訪問，在新疆的烏魯木齊飛機場碰到了也在中國訪問的何炳棣。何炳棣和楊振寧同期考上庚款留美，同船到美國留學，後來在美國歷史學界得到很高的學術成就。何炳棣事實上是專程在那裡等著楊振寧，為的是希望楊振寧能夠來共同發起成立一個全美華人協會。

全美華人協會的真正發起人，是當時在美國華府最出名的中餐廳「北宮」的老闆龍繩文。龍繩文是「雲南王」龍雲的第四個兒子，曾經替他父親做過一些事情。對日抗戰期間，蔣介石密令杜聿明發動兵變拘禁了龍雲，後來龍繩文輾轉到了美國，但是顯然對於中國之事難以忘懷。一九七〇年釣魚台運動以後，何炳棣和龍繩文比較熟識，何炳棣到華盛頓，龍繩文就接他住在家裡，所以後來在一九七七年春天，才有龍繩文希望何炳棣出面勸請楊振寧擔任會長來成立全美華人協會之事。㊿

楊振寧一直以來都希望幫助在美國和中國之間建立一個橋樑，也認為美國和中國合作交流符合雙方的利益，所以一九七七年九月他參加華府舉行的會議，同意何炳棣的提議，擔任全美華人協會的會長，並且由何炳棣擔任副會長。

全美華人協會組織龐大，除華府之外各地還有分會，其中成員除了楊振寧過去接觸比較多的學術圈人士，也有許多其他團體的中國人。學術圈裡的知識份子喜歡吵架，中國城裡的成員更有許多派系和利害的問題，這是楊振寧過去沒有經驗也比較不會應付的局面。他雖然投入許多時間和精神，組織和規劃了許多活動，但是依然遭遇很多的困難，甚至有一次開會時當面被人辱罵「王八蛋」。(51)

但是全美華人協會的兩位領頭的代表人物，由於都在學術界卓有地位，而且個人形象和演講都有領袖魅力，因此全美華人協會當時對於促進美國和中國的來往，確實發揮了很大的功能。後來全美華人協會還在《紐約時報》刊登廣告，呼籲美國和中華人民共和國建交。一九七九年正式建交以後，一月三十日於華府希爾頓飯店舉行的歡迎鄧小平副總理訪美盛大聚會上，楊振寧也曾經代表致歡迎詞。

楊振寧的帶頭訪問中國大陸，回來演講盛讚「祖國建設」，後來又正式推動美國和中國大陸建交的行動，自然不為台灣當局所喜。他雖然在一九五八年被中央研究院選為院士，但是後來並沒有去開會，七〇年代開始又倒向「匪偽政權」，所以在台灣政府或者國民黨內部不公開

1979年1月30日攝於華府希爾頓旅館，左起：楊振寧、杜致禮、鄧小平。
（楊振寧提供）

1979年鄧小平訪問美國，1月30日在華府希爾頓旅館的一個歡迎會上，左起：楊振寧、何炳棣、鄧小平。（楊振寧提供）

1972年2月在北京人民大會堂，尼克森與杜聿明碰杯。（楊振寧提供）

的資料中，像楊振寧、何炳棣這些院士，都已被稱為「楊匪」、「何匪」。到八〇年代，更有人主張撤銷他們的院士資格，不過這種主張沒有得到蔣經國總統的同意。

在美國的華人社會中，自一九四九年中華人民共和國建立以後，便一直有著「左、右」對立的問題。一九七一年，中華人民共和國取代中華民國在聯合國的會籍，同一年美國國家安全顧問季辛吉密訪大陸，一九七二年二月又有尼克森總統正式訪問中國：「左、右」對立的形勢向大陸傾斜，台灣處於不利之地位。不過在保衛釣魚台運動，後來的追悼毛澤東和周恩來，甚至一九七九年的歡迎鄧小平訪美，也都還是有尖銳的「左、右」對立衝突。

楊振寧在這個局面中，自然成為親中華民國人士的眼中之釘。一九七八年五月，一份叫做《波士頓通訊》的刊物，刊登了一篇〈楊振寧不靈了〉的文章，在這份刊物的封面還有「楊振寧登台獻醜」的內容提要，在刊物的編後語中，特別介紹〈楊振寧不靈了〉這一篇文章，除了指楊振寧是「統戰學家」之外，還說「他（楊振寧）好幾年沒有論文發表，倒是物理系學生盡人皆知的事」。[52]

《波士頓通訊》是國民黨資助的一份月刊，由波士頓地區親國民黨的留美學生負責編輯，是鋼板蠟紙手寫印刷的。在這一篇〈楊振寧不靈了〉文章中，作者楊武風主要是批評楊振寧那一年四月在麻省理工學院的演講，以楊振寧演講自暴內幕「當時（毛澤東）紀念堂還沒有正式開放，我因為有特權，所以能先進去參觀」的話，批評楊振寧完全是一「特權階級」，才得以七次進出中國大陸。文中提到一位「英俊的中國青年」問楊振寧何能七次自由進出，楊振寧不知如何回答，而論斷楊振寧一定是負有任務的，後面還逐點批判楊振寧演講的內容和動機，語多嘲諷。53

〈楊振寧不靈了〉文章作者最後奉勸楊振寧：「卿本佳人，好好回到物理界，潛心治學吧，你已經好幾年沒有論文發表了，……」54

在波士頓地區東北大學任教的物理學家伍法岳，早些年曾經發表一篇統計物理的論文，由於和楊振寧的一項研究有關，一九六八年曾到紐約州立大學石溪分校訪問，並且和楊振寧的研究生范崇淜合作，完成一系列的工作，並得機會向楊振寧請益。一九七八年在波士頓地區華人圈中忽然傳出「楊振寧已幾年不做研究」的消息，伍法岳自然是十分關心。55

於是伍法岳到圖書館查閱資料，發現從一九七五年到一九七八年三年之中，在四個重要的物理期刊，楊振寧發表的論文就有十八篇之多。於是伍法岳就寫了一信投寄《波士頓通訊》，說明他的發現，並附上楊振寧發表論文的參考資訊，並且說他詢問了波士頓地區一些物理系學生，都認為楊振寧是當代物理學家，沒有人說楊不再發表論文。伍法岳希望《波士頓通訊》能夠刊出他的來信，以示負責態度。56

結果《波士頓通訊》回信伍法岳，告知已將伍的信轉給原文的作者楊武風，等楊武風寄來答辯，再一併刊出。到九月份，伍法岳見去函仍未刊出，有些不耐，就去信說其實他信中所談各節，均有資料查證，並無需要原作者之答辯，信中對《波士頓通訊》有些指責。結果《波士頓通訊》很快來信，表示原作者已返回台灣，可能剛回國較忙，信中對於伍法岳的指責有所回應，已有一些火藥的氣味。

十月間，伍法岳接到楊武風來信，信中對伍法岳多所指責，說知道似乎伍法岳「出身軍方，在台灣受過教育，如今又是波士頓地區清華校友會長，理應才德過人，足為表率，而今天卻如此有失風度，惡意攻擊……」，信中說他的文章以民族大義指責楊君為共作倀之不當，說伍法岳不提他文章中列舉的客觀例證，只在小節上吹毛求疵，認為伍法岳自己說自己沒有政治色彩，有誰能信？最後又說：「我在該文所說他已好幾年沒有論文發表，乃意指他沒有像樣的論文或突破性的論文，以符合一個諾貝爾獎得主應有的進步……。」

最後因為伍法岳和《波士頓通訊》之間繼續有不愉快的通信往來，他的投書和楊武風的答辯也都沒有登出。伍法岳說後來有相關人士相告，當時雜誌社內部分為兩派，爭論之下，反對刊登的一派獲勝。57

伍法岳說，八〇年代以後，他雖然和楊振寧有過數面之緣，但是並沒有提起這件事情。一九八六年，楊振寧首次返台參加中研院院士會議，回美國後伍法岳正在石溪訪問，某日楊振寧邀伍法岳晚餐談訪台觀感，因只有兩人在座，伍法岳才向楊振寧提起這一場筆戰官司，隨後並寄去有關信件的影本。楊振寧立刻給伍法岳回了一信，說伍法岳列舉的十八篇論文中，有一篇不是楊振寧寫的，並指出那是一位長住蘇聯喬治亞共和國的楊姓華裔物理學家的文章。⑱結果這一位叫做楊棨的物理學家，在九〇年代來到台灣淡江大學訪問，現在就長期留在台灣淡江大學任教。

伍法岳因為這一個波折，以及他在擔任波士頓地區的清華校友會長時，接待大陸清華大學教授訪問團，而被一些「職業學生」打了報告，使得後來他在八〇年要回台探視臥病的父親，起初居然拿不到簽證，後來得到僑委會曾廣順委員長回函才解決問題。一九八八年，伍法岳回新竹清華擔任客座教授，也沒有通過教育部的「安全調查」，後來是當時清華大學校長劉兆玄出面才解決的。⑲

伍法岳的個案，只是反映出當時美國華人「左、右」對立的一種尖銳情形。楊振寧本身因為去大陸訪問，又公開發表演講「揄揚祖國」，後來更主持全美華人協會，所以他家裡也接到過一些恐嚇電話。有一年他應邀到佛羅里達大學演講，結果竟收到一封恐嚇信，用的還是佛羅里達大學物理系的信紙，上面說「如果你敢來演講，就要割掉你的狗頭」云云。所以楊振寧那一段時候，特別要家人小心，不要隨便拆不明的郵包。⑳

楊振寧頭一次回到台灣是一九八六年的中研院院士會議，主要也是因為他的老師吳大猷在一九八三年做了中研院院長，而且等於是吳大猷替他的回台做了擔保。事實上，那個時候楊振寧早已經有過閻愛德、鄭國順和趙午等幾個台灣來的學生，而且閻愛德和鄭國順也都回到台灣任教。原本楊振寧的回台是訂在七月，沒想到行前一段時候，突然一個國民黨色彩濃厚的小報，刊出大罵楊振寧的文章，楊振寧擔心事有變化，還和那時同在柏克萊參加物理會議的閻愛德談起此事。閻愛德回台之後立刻告訴吳大猷，吳大猷於是電告楊振寧，說國民黨的政策已經決定，只是還沒有通知這一個報紙。(61)

楊振寧那一次回台參加院士會議，造成很大的轟動，在中研院的演講也是水洩不通的盛況。楊振寧還和吳大猷一同見了蔣經國總統，那時候蔣經國健康已走下坡，只在楊進來和離去的時候站起來和他握手。吳大猷和蔣經國關係並不太好，肇因於早年吳大猷反對台灣的原子彈計畫，以及和蔣經國對學術的看法不同等因素。楊振寧是有政治敏感性的人，結果後來吳大猷對於楊振寧和他與蔣經國的見面私下有所評論，不滿意楊振寧對蔣經國禮數周到的態度。(62)

一九八六年以後，楊振寧差不多都參加兩年一次的院士會議，另外也回來作學術演講和訪問，並曾經接受清華、交大和中正大學的榮譽博士學位。有一年中研院的院士會議，一位和楊振寧意見不同的院士公開質疑他對台灣的了解和貢獻(63)，事實上楊振寧對台灣的學術，可說是盡心盡力。中研院院士、也曾經是中研院物理所長的鄭天佐就說，楊振寧為人的謙虛踏實，數學和物理風格的美妙簡約，不僅在全世界的科學家中少見，更是台灣學術界難得的可以親炙一代大師風采的典範人物。對於中研院的學術諮議報告，不像有些人找年輕人寫了再看一看就是，楊振寧的學術諮議報告都是自己親筆撰寫。64

楊振寧來台灣以後，對台灣的印象很好，有一次和他的學生閻愛德及鄭國順等人到日月潭去旅遊，回來以後說起日月潭的湖光山色，認為比瑞士還要美。大家都認為他的這個看法中帶有鄉土親情的感情因素。65中央研究院院長李遠哲九〇年代曾經說過，他到香港去訪問時，香港接待他的人特別帶他去看香港貧民窟，原因是怕李遠哲會像楊振寧一樣，看到香港的一面就盛讚香港。

楊振寧三〇年代中日戰爭逃難時曾經途經香港，六〇年代又曾經到香港講學，但是和香港有密切的關係，還是到了一九八〇年代初。那時候，楊振寧的母親住在上海，但是身體不好，楊振寧自幼和母親感情親密，自然希望能多有機會照顧母親，於是乃有一九八二年開始進行楊振寧到香港中文大學任博文講座教授的安排，他並且把母親接到香港短住。後來楊振寧的弟弟楊振漢和弟媳譚茀蕓到香港工作，妹妹楊振玉、妹夫范世藩也到了美國。楊振寧的母親很喜歡香港，因此以後又曾經在香港住了幾年。

楊振寧在香港中文大學的博文講座教授，是暑假和寒假來指導物理研究和做一些諮議顧問的工作，雖然停留時間不長，但是他對香港的印象很好，也替香港做了一些事情，譬如安排喬宗淮到香港中文大學去，就是其中之一。

九〇年代，中國過去駐香港的新華社社長許家屯發表回憶錄，中間提到楊振寧曾經安排喬宗淮到香港來工作的事。這個消息引起香港一些自由民主派人士的批評，認為楊振寧居然替中國大陸安排人到香港來做工作，而質疑他的為人。

事實上，英國首相佘契爾夫人一九八二年到北京和鄧小平開始談判香港問題以後，香港有一陣子人心惶惶，一些過去在香港政府裡很活躍的人士，因為和中國大陸沒有什麼往來，因此覺得必須要有一個橋樑來確保香港未來的前途。

楊振寧到香港以後，和香港的這些代表人物也有來往，這些人覺得楊振寧為人誠懇可靠，於是他們就向楊振寧表達他們對於香港和大陸關係的憂慮，並且說那個時候中國駐香港新華社社長王匡，還是老一代共產黨人物的想法，既不了解香港的情形，也不和香港社會人士打交道，楊振寧於是同意可以到北京替他們轉達這些想法。[66]

一九八三年，楊振寧到北京參加他西南聯大老師王竹溪的追悼會，趁便拜訪了副總理萬里。楊振寧早年因美國馬里蘭州和安徽省的姐妹省關係，得以和當時任安徽省長的萬里熟識。楊振寧在北京和萬里談到香港代表人士的意見，萬里覺得很重要，因此第二天又安排楊振寧再和趙紫陽總理談話。趙紫陽和萬里都同意應該改變過去和香港的關係，於是他們接受楊振寧的建議，決定派人以訪問學者的身分到香港去。[67]

喬宗淮到香港以前，楊振寧並不認識他，也不知道他是曾做過外交部長的喬冠華的兒子。喬宗淮會被派到香港來，是因為他小時候在香港待過，稍微懂一點廣東話。喬宗淮學的是力學，剛到香港是中文大學不分系的研究員，由那個時候在物理系的陳方正負責接待。喬宗淮在香港確實發揮了一些作用，他認識了許多香港學術文化界的人，也使中國大陸的領導階層了解到香港的情況。後來大陸派比較開明的許家屯到香港出任新華社社長，喬宗淮稍後也改變身分出任副社長。⑱

楊振寧看過三〇年代香港的景況，六〇年代到香港來講學的時候，由於在美國更進一步認識到中國人近代受西方欺凌的歷史，所以一次和弟弟妹妹走在香港街頭，看到一大群中國人圍著一個賣東西的外國人，他還特別上前去了解，怕中國人知識不夠會吃虧。⑲八〇年代他到香港以後，發覺香港的發展非常之好，譬如香港的地下鐵，就令他印象非常深刻。他曾經說，香港在蓋地下鐵以前，曾經有過長期的討論，有許多人，特別是英國的統治者說，香港絕對不能造地下鐵，原因是中國人太髒，結果後來香港的地下鐵一點問題也沒有。⑳

八〇年代，香港中文大學曾經提議要給楊振寧榮譽博士學位，但是在香港的大學制度，港督是學校的最高首長，因此頒授榮譽博士學位時，接受人要向港督鞠躬。楊振寧不願意如此做，所以到九七香港回歸以後才接受了中文大學的榮譽博士學位。㉑

八〇年代楊振寧在香港有較多的停留和參與之後，雖然沒有接受做香港中文大學的校長，九七以後也沒有接任香港特首董建華的高科技委員會主席之職，但是對香港學術和文化確實貢獻甚多，香港學術界十分信服他，把他當作一個大家長。有一次香港科技大學和中文大學為了由誰主辦一個會議爭執不下，還是由楊振寧出面寫一封信解決的。[72]

楊振寧對香港中文大學的感情非常的深厚，一九九九年的十二月八日，香港中文大學有一個正式的典禮，楊振寧把他的檔案資料，包括所得到的諾貝爾獎以及其他的獎牌，都捐給中文大學，成為世界上一個楊振寧資料檔案的中心。

當然，楊振寧這些年來所做的事情，主要是為著幫助整個中國人的科學和文化之發展。一九七八年，卡特政府國家安全會議主管中國事務的官員奧森伯格（Micheal Oksenberg）透過當時美國國家科學院院長普列斯（Frank Press），約了楊振寧、丁肇中和林家翹見面，討論美國和中國大陸交換留學生的問題。楊振寧還記得當時他問起奧森伯格，為什麼希望中國的學生到美國留學？奧森伯格說，從二十世紀初年開始，有比較大量的中國留學生到美國，他們回到中國以後，對中國產生很大的影響，而對美國來說也是有利的。奧森伯格的回答讓楊振寧覺得，美國政府裡頭有非常有遠見的人。[73]

一九七九年，美國和中國大陸建交，二十多年來，除了十多萬的留學生之外，也有許多交換訪問的學者。楊振寧在他任教的紐約州立大學石溪分校，設立了一個中國教育交換委員會

（CEEC），並且向香港和美國的企業家募款，來進行學者的訪問交換計畫。後來做了中國科技大學校長的谷超豪、復旦大學校長的楊福家以及北京大學校長的陳佳洱，都曾經在這個計畫項下到石溪訪問。

楊振寧由於本身是物理學界的一代大師，加上他為人踏實可靠，因此他介紹中國的許多演講就特別受到重視，這些都使得美國科學界對中國有著一個正面的、甚至浪漫的看法，也大大的促進了美國和中國大陸的科學學術交流。⑭對於香港和台灣的科學學術，楊振寧同樣投注心力，譬如香港中文大學前校長高錕就特別提到，楊振寧為香港的投入生物技術計畫做了許多貢獻。⑮李遠哲也提到，台灣的科學活動在國際上有時候受到大陸抵制，他知道楊振寧在物理方面就幫了很多的忙，而這一點外面許多人不大知道。⑯

楊振寧支持中國大陸和外國的學術交流，事實上因為有一些訪問學者沒有回國，而在中國大陸受到一些批評。八〇年代初期，李政道弄了一個大規模的人才出國計畫（CASPEA），大陸幾位很有聲望的科學家對此不滿意，還曾經上書鄧小平，認為會造成人才的流失。楊振寧並沒有因為他和李政道關係不好而反對這個計畫，他認為這些人如果不回國，不能怪李政道，而且他自己當年就是出國留學沒有回國的。⑰

楊振寧自己雖然做理論物理，也在粒子物理方面有得到諾貝爾獎的貢獻，但是他卻沒有特別支持自己的領域，反而在七〇年代末獨持異議，反對中國大陸建造加速器的計畫，受到許多的批評。八〇年代以後，他看到改革開放給中國經濟帶來的裨益，大力主張科學應該支持經濟的生產，因而也使得許多基礎科學領域的科學家對他不滿。

楊振寧說，他聽說中國大陸有對他的批評，但是很不幸的是並沒有了解他真正的意思。他說他從來沒有說過要停止做基礎研究，他向中國政府提出的建議，是基本研究的經費不要削減，不過也不要增加，增加的經費宜於用在應用方面。楊振寧說，中國這麼大的一個國家，有這麼多優秀的人才，也有這麼好的科研成果，但為什麼還是這麼窮呢？他認為主要就是沒有能夠把科研的成果，轉化成為經濟的效益。楊振寧認為，中國當時最大的問題就是經濟的發展，如果經濟發展能夠搞好，剩下來的問題都可以有辦法解決。⑱

對於中國大陸的改革開放，楊振寧給予很高的評價，認為這二十年來中國的改變是世界有目共睹的，對於中國這一個有這麼多人口的國家經濟的改善，楊振寧認為是了不起的成就。他認為如果以印度來做例子，印度獨立以來就沒有任何一個二十年，能夠達到和中國改革開放這二十年相比較的經濟建設成就。⑲

楊振寧特別提起一次他和諾貝爾獎得主丁肇中在新加坡開會，新加坡的一位物理學家，也是世界出名的科學出版公司創辦人潘國駒，安排他們去見李光耀。楊振寧見到李光耀，問起鄧小平是否到過新加坡，對於鄧小平的印象又是如何？李光耀於是向楊振寧等人說了一個鄧小平的故事。他說鄧小平來訪問，看了新加坡的發展情形，兩三天後要離開新加坡，李光耀送鄧小平到機場。臨上飛機前鄧小平轉過來和李光耀握手，並且稱讚李光耀管理新加坡的成績，然後鄧小平停了一下又說：「我希望我只需要管理幾百萬人。」⑳

楊振寧非常推崇鄧小平改革開放政策對中國的貢獻，也認為中國大陸的政府是在努力改善人民的生活，而且獲有了不起的成就，因此他支持他們繼續下去。在民主和人權方面問題的看法，楊振寧和一些與他有深厚交誼的香港學術界人士都有所不同，而香港的自由民主派人士，則經常的對楊振寧大加撻伐。楊振寧當然不同意這些香港民主人士的看法，認為他們沒有弄清楚中國現在的狀況，而他們所唱的高調，對於中國完全沒有好處。㉑

一九八六年底，中國大陸爆發了學生運動，後來合肥科技大學的正副校長管惟炎和方勵之被免職，楊振寧曾經在新加坡接受報紙訪問表示，他認為這件事不會如許多人所擔心的，重蹈一九五七年反右運動的覆轍，這次並不是要整肅知識份子。㉒兩年多以後，中國大陸又爆發天安門事件，楊振寧雖然曾經在事件發生以前的五月二十一日，和另外三十五位科學家聯名致電鄧小平，呼籲高瞻遠矚，立刻從北京撤軍，避免流血。電文並且由楊振寧親自口授，由「美國之音」錄音向中國廣播。㉓但是「六四」以後，許多民主自由人士對於楊振寧的沒有公開表態，甚為不滿。

一九九五年一月二十八日，楊振寧接受香港廣播電台的訪問，訪問從當時中國發射人造衛星的失敗談起，談到他為何認為鄧小平逝世以後中國不會有大亂的道理，中國過去歷史上的科技以及近代科技發展對經濟的貢獻，講到中國留學生以及他自己出國留學的一些經歷，回中國訪問的困難，入美國籍的原因，得到諾貝爾獎的責任感。最後楊振寧談到他認為十年之內會有華裔科學家得到生物醫學獎，二十年之內會有華裔得到諾貝爾文學獎。

訪問最後談到諾貝爾和平獎的時候，楊振寧說：

和平獎呢，這個獎比較複雜，因為和平獎更是主觀的成分多。你要問我，我可以開玩笑地講，假如華裔的人想得到和平獎，最好是當台灣跟大陸的關係很緊張，將要打起來的時候，有一個人出面把這件事情調停了，那麼按照他們現在的辦法，那個人便可能得到諾貝爾和平獎。

記者問到：「假如是這樣，你根本不希望看見這個獎出現。」楊說：「當然。」記者又問：「聽說有人提名民運人士魏京生得諾貝爾和平獎，你的看法如何？」楊振寧說：

諾貝爾和平獎委員會的成員是一些理想主義者，對於實際的情況往往不清楚。如果魏京生得到諾貝爾和平獎，對於中國的經濟成長和十二億人民的生活都不利，所以我希望魏京生不要得到和平獎。㊹

楊振寧的這個訪問，部分內容二月九日在香港《信報》刊出，立刻引來許多的批評，在香港的報端質疑楊振寧「魏京生得到諾貝爾和平獎，會對中國的經濟不利」的說法，要楊振寧講道理。更有嚴厲批評楊振寧當年對於「文化大革命」所講的錯誤道理，以及對於楊振寧在「六四」以後言論的不滿。㉟

一九九五年五月十五日，包括著名物理學家王淦昌、他的學生許良英等的四十五個人聯名向北京當局致送「迎接聯合國寬容年，呼籲實現國內寬容」的呼籲書，表示一九九五年是聯合國寬容年，希望國內呼應此一寬容精神，對於過去政治迫害的許多受害者，給予寬容。其中提出三點希望：（一）寬容對在意識形態、政治思想和宗教信仰方面的不同見解；（二）重新評價「六四」事件，釋放獄中有關人員；（三）釋放因為思想、言論和信仰問題而受羈押的人員。㊱

這一個向北京當局提出呼籲書的消息，立刻在《紐約時報》刊登，並且節錄了呼籲書的內容。五月底楊振寧接到美國物理學會一位他不認識的華裔人士來信，談到《紐約時報》報導關於呼籲書的新聞，說他最近得悉王淦昌因為簽署了呼籲書，而被迫批評自己，這封信呼籲楊振寧用他科學上的地位，以及中國領導人對他的敬意，代表王淦昌向中國領導人表達關切之意。同時這封信也附上美國物理學會會長帕泰爾（Kumar Patel）給江澤民的呼籲對中國異議人士寬容的信函。㊲

六月十三日，楊振寧給王淦昌寫了一封信，說他最近收到美國物理學會轉來的信函，表示對於其中一些意見的不以為然，楊振寧並附寄上一月份接受香港電台的訪問稿。六月二十七日，王淦昌給楊振寧寫了一封回信：

振寧先生：您好！

多承關切，轉寄美國物理學會的某些人的文件，閱後使我震驚與氣憤！（也收到您的答記者問，很精采！）

我畢生從事我國科技事業，今雖年事已高，但此志未渝，惟願社會安定，國家富強，人民幸福，科技進步。

此次簽名事件，實受人愚弄。許良英乃我舊時代的學生（浙江大學），有些才氣，在「文革」亂潮中，仍努力譯出《愛因斯坦文集》四卷，我對之有好感。今年五月中一天早上，他來我家，言目前處境不順，希我幫助呼籲，待以寬鬆處理，我本著與人為善，發揮和愛的願望，在未詳察其請求信的內容即簽了名。誰知他即將此信向國外媒介散發，造成不利於我本人及我國的影響，實非始料所及。我的領導方面，深知我的為人，並未究責。詎料海外某些反華力量，就利用此信，大做文章，並列我於方勵之之流，是令我氣憤，但警醒我認識此事的嚴重性。

我深恨自己在政治性問題上反應不敏，以致造成此次事態，亦是一次嚴重教訓，正應諺語「活到老，學到老」之謂。

有勞下問，備述細末，並深表謝忱。專此敬請

夏安

王淦昌⑱

七月五日楊振寧給王淦昌一信，表示海內外尊敬王淦昌風範，關心他聲譽的人很多，相信大家都願意一讀此書信。楊振寧問王淦昌是否同意由他經手，在香港的中立刊物上發表王淦昌的信。七月八日王淦昌回信，表示完全同意將他給楊振寧的信公之於眾。於是楊振寧在七月十日致信香港《聯合報》，表示五月中王淦昌帶頭簽名給中國領導人寫信一事，物理界傳聞甚多，六月初美國物理學會有人來信，甚至說王先生近來被迫指責自己，信上表示王先生同意公布他寫給楊振寧的信函。於是香港《聯合報》在七月十一日刊出報導，說明始末，並且有記者電話訪問王淦昌，王淦昌說簽名時沒有細看內容，也不願意排在第一位，承認有關領導曾找他談話，但對他很尊敬，沒有受到迫害和壓力。⑲

楊振寧沒有料到，七月底《聯合報》在美國的《世界日報》刊出了許良英的長文，標題是〈王淦昌先生是受楊振寧愚弄了〉，文章內容有王淦昌和他的師生情誼，寬容呼籲書的緣由

和簽名過程，呼籲書發表後所受到的壓力和騷擾。最後許良英在王先生是受楊振寧愚弄了的一段中還談到，楊振寧固然物理成就傑出，但行徑有如當年幫忙納粹和墨索里尼的科學家，文中特別指出「六四」以後南開大學出版的一本楊振寧演講集，扉頁竟然是楊振寧和李鵬的合影云云。⑨⓪

隨後更有以「苦人」為筆名的文章〈楊振寧博士何必站出來反對寬容〉⑨①，以及著名文學家王若望寫的〈楊振寧丑角當定了〉內容嚴厲已極的文章，大罵楊振寧。⑨②

那年十月二十九日，王淦昌再給楊振寧寫了一信，他說：

> 聽說有些港台和美國報刊又提及我簽名之事，甚至造謠說：我說過「楊振寧欺騙我」的話。事實上我從同意您公開我給您的信以後，再沒有就此事對任何人講過任何話。如有人再談及此事，我的態度仍是我以前給您的信中所表述的意見。特此向您說明這一情況。⑨③

十一月八日，楊振寧回信王淦昌，除表示「十月二十九日手信敬悉」之外，還說：「關於許良英要你簽名事，前後所有文件我將請我的祕書黃小姐自香港寄上一份。我不打算公開回答許良英於七月三十日在紐約《世界日報》的文章〈王淦昌是受楊振寧愚弄了〉。」⑨④

一九九五年九月二十一日，美國紐約科學院科學家人權獎頒給了許良英和丁子霖，表彰他們對於中國民主化發出呼籲及對六四受難者進行的救助工作。

一九九八年十月九日，美國《科學》（*Science*）雜誌刊出一篇文章，以美國物理學會中幾乎沒有人參加關於人權的討論會，來討論人權議題在美國科學界已不受到重視的情況。在這篇文章中，作者也曾經引用一華裔美國物理學家所提出的代表他們很多同事心中的問題：「這些大人物怎麼會對天安門事件保持沉默？他們應該是精神領袖。」來問楊振寧。

楊振寧的回答是：「我知道情況非常的複雜。異議人士希望我或者任何其他人表達的意見，只是一面之辭。」楊振寧還說：

對於這件事我不願意公開表示意見的原因，也是因為當前中國政府的基本立場其中有一些真理。這些真理是，如果沒有發生流血，中國將陷入大混亂的局面，一九八九年以後所有經濟的進展都是不可能的。在這個說法中有著一個重大的真理，但是卻常常被認為是荒謬的或者是一種宣傳。

當然楊振寧的說法又引來一些對他不同意的看法。[95]

甚至楊振寧的妹妹楊振玉，也不全然同意楊振寧的做法，認為中國的情況非常複雜，他一個學術人最好不要扯到什麼民主人權裡面去，為此他們還在電話中大吵一架。⑯後來楊振寧給他的妹妹和妹夫寫了一封信，他在信上提到楊振玉說的「中國政府的功過是一個非常複雜的問題，不需要你這個科學家來替他做結論」、「因此你沒有必要為中國政府的錯誤說好話」，他的信上也說：「前幾年王淦昌，許良英的事情時，和數月前*Science Magazine*上登我的話時，振玉都曾力勸我不要管閒事，我都沒有聽。為什麼？」⑰

回答很簡單：

是的，我的身體裡循環著的是父親的血液，是中華文化的血液。

他在信中提到，在爭奪地球有限資源的現實中，歷史證明了強勢白種人的侵略性，他認為中華民族的不被消滅，維持一個穩定的局面是很重要的，他認為他有責任要強調這一點的重要。

我的作風，我的反感，都是直覺的，是在血液中循環的，是我引以為傲的，是楊振寧之所以為楊振寧的原因。⑱

【注】

①黃克孫，"Remembering Princeton," *Chen Ning Yang: A Great Physicist of the Twentieth Century*, ed. C. S. Liu and S. T. Yau, Boston: International Press, 1995. 黃克孫文章中的記憶可能有誤，因為楊振寧是搭機飛往上海。

②楊振寧，〈父親和我〉，《楊振寧文集》，上海：華東師範大學出版社，一九九八年，第866頁。

③楊振玉，〈父親、大哥和我們〉，《楊振寧文集》，上海：華東師範大學出版社，一九九八年，第910頁。

④楊振寧，〈在楊武之先生追悼會上的講詞〉，《讀書教學四十年》，香港：三聯書店，一九八五年，第70—71頁。

⑤楊振寧，*Selected Papers 1945-1980 with Commentary*, New York: W. H. Freeman, 1983, p. 57.

⑥同上，p. 56。另外宋李瑞芳的話引自B. L. Sung, *Mountain of Gold*, New York: Macmillan, 1967, p. 44. 克爾尼主義是指一八七〇年代由一個叫Denis Kearney的人所煽動通過一些不利於中國人生存法規的行徑。

⑦同⑥。

⑧楊振寧訪問談話，一九九九年五月十一日，紐約州立大學石溪分校辦公室。

⑨「楊振寧專輯」，傑出華人系列，香港電視台，一九九八年八月二十三日。另外一九九五年一月二十八日接受香港電台記者訪問中亦提到。

⑩楊振寧訪問談話，一九九九年五月十一日，紐約州立大學石溪分校辦公室。

⑪江才健，《吳健雄——物理科學的第一夫人》，台北：時報出版公司，一九九六年，第310—311頁。

⑫楊振寧、李政道，致麥克喬治彭岱信函，一九六一年二月十四日，楊振寧提供。

⑬沈君山訪問談話，一九九九年十月五日，北京三〇一總醫院病房。

⑭此一段文字的優美譯文採用自名作家董橋所寫的〈楊振寧的靈感〉，《中國時報》，一九八五年二月五日，人間副刊。

⑮楊振寧，〈父親和我〉，《楊振寧文集》，上海：華東師範大學出版社，一九九八年，第865頁。

⑯楊振寧，*Selected Papers 1945-1980 with Commentary*, New York: W. H. Freeman, 1983, p. 56.
⑰同上，p.57。
⑱同上，p.56。
⑲根據楊振寧、楊振漢和楊振玉的訪問以及他們寫的文章都提到其中過程。
⑳同上。
㉑楊振漢、譚茀蕓訪問談話，一九九八年九月二十六日，香港赤鱲角國際機場。
㉒根據楊振漢訪問談話，以及楊振寧的文章〈讀書教學四十年〉，《讀書教學四十年》，香港：三聯書店，一九八五年。
㉓楊振寧，〈接受香港電臺記者的訪問記錄〉，《楊振寧文集》，上海：華東師範大學出版社，一九九八年，第815頁。其中IBM顧問一事係由葛墨林訪問中告知。
㉔同上，第816頁。
㉕同上，另楊振漢訪問談話，一九九八年九月二十六日，香港赤鱲角國際機場。
㉖同㉒，第815頁。
㉗鄒祖德訪問談話，一九九六年九月五日，洛杉磯—喬治亞州雅典城電話訪問。
㉘楊振漢訪問談話，一九九八年九月二十六日，香港赤鱲角國際機場。
㉙楊振寧演講：「讀書教學四十年」，一九八三年三月二日在香港中文大學。
㉚楊振玉訪問談話，一九九六年九月十日，紐約州立大學石溪分校辦公室。
㉛同上。另外「楊振寧專輯」，傑出華人系列，香港電視台，一九九八年八月二十三日。
㉜在接受訪問的人當中，多位在美國的中外物理學家都有這種看法。
㉝楊振寧訪問談話，另外楊振寧在「傑出華人系列之楊振寧電視專輯」中也曾經談到此事。
㉞根據當時台灣出版的《中國年報》，台北：中共研究雜誌社，一九七三年。

㉟「楊振寧訪問專輯」，星期二檔案，香港電視台，一九八八年。

㊱楊振寧訪問談話，一九九九年五月十一日，紐約州立大學石溪分校辦公室。

㊲根據張立綱、鄭洪和鄒祖德的訪問談話。

㊳聶華桐演講：「我所知道的楊振寧」，一九八二年九月訪問中國科學技術大學，收入《楊振寧——二十世紀一位偉大物理學家》，甘幼玶譯，丘成桐、劉兆玄編，桂林：廣西師範大學出版社，一九九六年。

㊴同㉝，另外楊振寧，*Selected Papers 1945-1980 with Commentary*, New York: W. H. Freeman, 1983, p. 77.

㊵G. Lubkin，〈對中華人民共和國的物理的印象〉，Physics Today Nov. 1971. 這篇訪問稿後來收入《讀書教學四十年》，香港：三聯書店，一九八五年。

㊶楊振寧，*Selected Papers 1945-1980 with Commentary*, New York: W. H. Freeman, 1983, p. 77.

㊷楊振寧訪問談話，一九九九年五月十一日，紐約州立大學石溪分校辦公室。

㊸同上。

㊹許鹿希、葛康同訪問談話，一九九八年九月二十二日，北京清華大學工字廳。

㊺葛墨林訪問談話，一九九八年九月二十一日，北京清華大學。

㊻楊振寧，〈哀悼周恩來總理〉，香港《七十年代》，一九七六年三月。

㊼「楊振寧專輯」，傑出華人系列，香港電視台，一九九八年八月二十三日。

㊽同上。另外楊振寧訪問談話，一九九九年五月十一日，紐約州立大學石溪分校辦公室。

㊾楊振寧訪問談話，一九九六年五月十一日，紐約州立大學石溪分校；二〇〇〇年五月，雲南金沙江畔。

㊿何炳棣訪問談話，一九九八年十一月二十三日，加州洛杉磯地區厄灣市家中。

(51)楊振寧訪問談話，一九九九年五月十一日，紐約州立大學石溪分校辦公室。

(52)《波士頓通訊》，中華民國六十七年五月，伍法岳提供。

(53)同上。另外根據伍法岳，〈離校三十年痛心兩件事〉，新竹《清華校友通訊》，一九八九年。

54 同上。
55 伍法岳，〈離校三十年痛心兩件事〉，新竹《清華校友通訊》，一九八九年。
56 同上。
57 根據伍法岳和《波士頓通訊》來往信函、楊武風答辯信，以及〈離校三十年痛心兩件事〉文章影本，伍法岳提供。
58 伍法岳，〈離校三十年痛心兩件事〉，新竹市《清華校友通訊》，一九八九年。另根據楊振寧，致伍法岳信函，一九八六年十一月一日，伍法岳提供。事實上，楊棨是長住在亞美尼亞共和國。
59 伍法岳，〈離校三十年痛心兩件事〉，新竹《清華校友通訊》，一九八九年。
60 楊振寧訪問談話，一九九九年五月十一日，紐約州立大學石溪分校辦公室。
61 同上。另閻愛德訪問談話，一九九八年八月十日，新竹清華大學物理系辦公室。
62 同61。另外吳大猷對於楊振寧見蔣經國的看法，係吳大猷告訴中研院人文組一位院士，這位院士告訴中國時報華府特派員傅建中的。
63 張立綱訪問談話，一九九八年九月二十五日，香港科技大學辦公室。
64 鄭天佐訪問談話，一九九八年九月十八日，南港中央研究院物理所。
65 閻愛德和鄭國順都有這種看法。
66 楊振寧訪問談話，一九九九年五月十四日，紐約州立大學石溪分校辦公室。
67 同上。
68 楊綱凱訪問談話，一九九八年九月二十四日，香港中文大學辦公室。
69 楊振漢訪問談話，一九九八年九月二十六日，香港赤鱲角國際機場。
70 楊振寧訪問談話，一九九九年五月十四日，紐約州立大學石溪分校辦公室。
71 吳家瑋訪問談話，二〇〇〇年八月三日，香港科技大學校長辦公室。楊振寧訪問談話，二〇〇〇年八月二十一日，紐約州立大學石溪分校辦公室。
⑫金耀基訪問談話，一九九八年九月二十五日，香港啟德機場機場飯店。張立綱訪問談話，一九九八年九月二十五日，香港科技大學辦公室。
⑬楊振寧訪問談話，一九九九年五月十一日，紐約州立大學石溪分校辦公室。
⑭聶華桐訪問談話，一九九八年五月八日，北京清華大學住處公寓。
⑮高錕，〈我所知道的楊振寧〉，《楊振寧——二十世紀一位偉大的物理學家》，甘幼玶譯，丘成桐、劉兆玄編，廣西師範大學出版社，一九九六年。
⑯李遠哲訪問談話，一九九八年九月十八日，南港中央研究院院長辦公室。
⑰葛墨林訪問談話，一九九八年九月二十一日，北京清華大學。
⑱「楊振寧訪問專輯」，星期二檔案，香港電視台，一九八八年。
⑲楊振寧訪問談話，一九九九年五月十四日，紐約州立大學石溪分校辦公室
⑳楊振寧訪問談話，一九九九年五月十一日，紐約州立大學石溪分校辦公室。
㉑陳方正訪問談話，一九九八年九月二十五日，香港中文大學辦公室。楊振寧訪問談話，一九九九年五月十四日，紐約州立大學石溪分校辦公室。
㉒楊振寧，〈經濟發展、學術研究和文化傳統〉，答《新加坡新聞》記者劉培芳的訪問，原載於《新加坡新聞》，一九八七年二月二日；後收入《楊振寧文集》，上海：華東師範大學出版社，一九九八年。
㉓香港《華僑日報》，一九八九年五月二十三日。那封致中央全委會鄧小平主席的電文的內容為：「值此國內局勢萬分嚴峻，海外華人憂心忡忡之際，我們懇請您鄭重考慮，立即從各市區中心撤離軍隊，避免流血，立即召開全國人民代表大會常務委員會，和立即召開中國共產黨中央委員會。過去十年來，在您的領導下，中國的經濟取得了舉世公認的成就。今天，當歷史面臨新的轉折時刻，中國仍然需要您的豐富的經驗和高瞻的遠見，和平解決當前的危機，以使您一手開創的改革大業，得以繼續。」

⑧④楊振寧，接受香港電台訪問，訪問者曾智華，一九九五年一月二十八日，訪問稿楊振寧提供。

⑧⑤香港《明報》、《星島日報》、《快報》短評八篇，楊振寧提供。

⑧⑥〈迎接聯合國寬容年，呼籲實現國內寬容〉，《明報月刊》，一九九五年六月，楊振寧提供。

⑧⑦*New York Times* 16 May 1995. C. Kumar N. Patel，致江澤民信函，19 May 1995，楊振寧提供。

⑧⑧王淦昌，致楊振寧信函，一九九五年六月二十七日，楊振寧提供。

⑧⑨楊振寧，致王淦昌信函，一九九五年七月五日。王淦昌，致楊振寧信函，一九九五年七月八日。楊振寧，致香港《聯合報》總編輯胡立台信函，一九九五年七月十日。〈王淦昌稱受人愚弄連署「平反六四」公開信〉，香港《聯合報》，一九九五年七月十一日。楊振寧提供。

⑨⓪許良英，〈王淦昌先生是受楊振寧愚弄了〉，《世界日報》，一九九五年七月三十日，世界論壇，楊振寧提供。

⑨①苦人，〈楊振寧何必站出來反對寬容〉，《世界日報》，一九九五年八月九日，楊振寧提供。

⑨②王若望，〈楊振寧丑角當定了〉，《動向雜誌》，一九九五年八月，楊振寧提供。

⑨③王淦昌，致楊振寧信函，一九九五年十月二十九日，楊振寧提供。

⑨④楊振寧，致王淦昌信函，一九九五年十一月八日，楊振寧提供。

⑨⑤James Glanz, "Human Rights Fades as a Cause for Scientists," *Science* 282 (Oct 1998): 216-219.

⑨⑥楊振玉訪問談話，一九九九年九月十日，紐約州立大學石溪分校辦公室。

⑨⑦楊振寧，致楊振玉、范世藩信函，一九九九年一月二十一日，楊振寧提供。

⑨⑧同上。

規範與對稱之美

楊振寧傳

第12章

每飯勿忘親愛永

1982年楊振寧六十歲生日慶祝宴會後的全家福，左起：杜致禮、楊振寧、楊光諾、楊又禮、楊光宇。（楊振寧提供）

楊振寧和家庭的關係是深厚而緊密的。他曾經說過，他從小成長於一個非常穩定而有著豐富感情的家庭環境，這對於他的人生觀，對於他做人的態度，都產生了積極正面的深遠影響。他認為，自己深受中國傳統人倫觀念影響，而這種中國文化傳統中最好的一部分，對於他後來面對不同的文化和環境挑戰，也帶來一個強大的穩定作用。①

楊振寧一九四五年離開中國到美國留學以後，雖然還和家中保持著聯絡，但是大環境的阻隔，好像切斷了他自幼成長以來和家庭緊密的臍帶關係，一直到一九五七年他和父親在日內瓦再一次的見面。

那一年楊振寧和太太杜致禮帶著當時唯一的兒子楊光諾和父親見面，祖孫三代享受著家庭倫常的親情至愛。有一天，父親楊武之給他和杜致禮寫了兩句話：

每飯勿忘親愛永，
有生應感國恩宏。

楊振寧感受父親留言的深意，他說，今天年輕人恐怕會覺得這兩句話有一點封建味道，可是他以為，封建時代的思想雖然有許多是要不得的，但也有許多是有永久性價值的。②

那個時候楊武之有嚴重的糖尿病，他是以帶病之身，一路經過北京、莫斯科、布拉格，

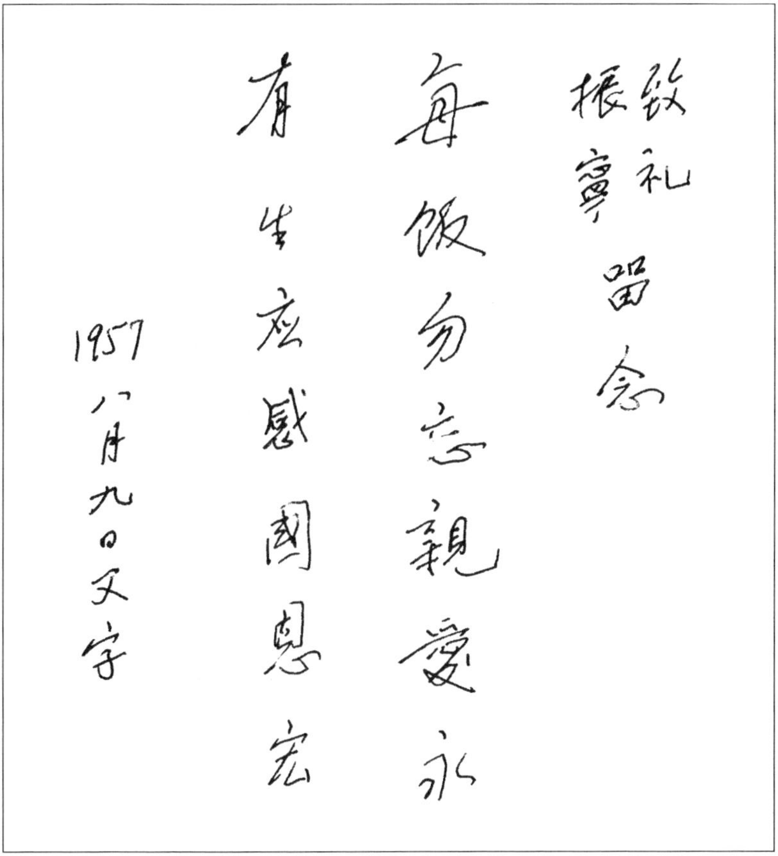
致礼
振寧
留念
每飯勿忘親愛永
有生應感國恩宏
1957八月九日父字

楊武之1957年在日內瓦給楊振寧夫婦寫的字。（楊振寧提供）

1962年5月21日楊振寧在日內瓦機場迎接父親楊武之（中）和母親羅孟華（右）。

（黃長風攝，楊振寧提供）

也一路的住醫院。到了日內瓦，先住進醫院檢查，出院後每天要自己檢查血糖並且注射胰島素。

那年夏天，楊振寧在日內瓦的維蒙特路（Rue de Vermont）租了一間公寓，三代四口住在一起。楊光諾每天清早總是非常有興趣的看著祖父用酒精燈檢查血糖，楊振寧醒來以後，楊光諾會跑來告訴他說：「It is not good today; it is brown.」（今天不好，棕色。）或「It is very good today; it is blue.」（今天很好，藍色。）

過了幾個星期，楊武之身體逐漸恢復健康，能和小孫子去公園散步，祖孫二人非常高興在公園一邊的樹叢中，找到一個「secret path」（祕密通道）。楊振寧說，每次看到他們一老一少準備出門，父親對著鏡子梳頭髮，光諾雀躍的開門，就讓他感到無限的滿足。③

那一年和父親愉快的相聚，使楊振寧感觸深刻，在要分手以前，他特別去買了一盆終年盛開的非洲紫羅蘭，專門照了一張相，並且在相片簿上寫著「永開的花是團圓的象徵」。④

在那個冷戰的年代裡，楊振寧和父母於一九六〇年和六二年，又兩次在日內瓦相會。這是楊振寧離開中國以後，和母親的再次見面。楊振寧自幼和母親相依為命度過六年的童年，感情非常親近，分隔多年後的再見，感情自是十分激動的。

楊振寧說，一九六二年他們住在日內瓦的另外一個公寓，有一天晚上，父親說起新中國使中國人真正站起來了，從前不會做一根針，今天可以製造汽車和飛機，從前常有水災、旱災，動輒死去幾百萬人，今天完全沒有了。從前文盲遍野，今天至少城市裡面所有小孩都能上學。……正說得高興，母親打斷父親的話說：「你不要專講這些，我摸黑起來去買豆腐，排隊站了三個鐘頭，還只能買到兩塊不整齊的，有什麼好？」父親聽了很生氣，說她專門扯他後腿，給兒子錯誤的印象，氣得走進臥室，「砰」的一聲關上門。⑤

成長在中國積弱的年代，二〇年代出國留學時還受到歧視的楊武之，對於楊振寧當然是有所期待的，他曾經對楊振寧說血汗應該灑在國土上。他一九五七年和六〇年兩次到日內瓦和楊振寧見面，後來寫下「五七、六〇兩越空，老來逸興愛乘風，重溫萬里湖山夢，再敘天涯倚侶衷」的詩來表達他的心情。⑥

楊振寧自己也說，他的個性和行事作風，受父母影響都很大，明顯的影響如學術知識是來自父親，而不明顯的影響如精神氣質則來自母親。他說，自己年紀大以後，從他和子女接觸中，才深深體會到母親對他成長的薰陶和影響。楊振寧說，母親的勤儉樸實作風給了他很大的影響，他後來還一直用的是一輛十多年的老汽車。⑦

一九六四年，楊振寧和父母再一次在香港見面，這回還有楊振寧的弟弟楊振漢和妹妹楊振玉。楊振寧從小比弟妹年紀大上一截，弟妹從生活到功課都受到他的照顧，對弟妹來說，楊振寧可說是亦兄亦父，感情非常親密。楊振寧在美國的大弟弟楊振平初到美國，受到楊振寧照

1964年楊振寧和家人好友攝於香港，左起：楊振漢、楊振玉、楊振寧、羅孟華、黃克孫、伍美德、黃月眉、楊武之。（楊振寧提供）

顧的情況，清華大學著名哲學教授馮友蘭在一九四八年給兒子馮鍾遼的一封信上都有寫到：「……現在朋友中的子弟出國成績最好的是楊振寧，他不但成績好，而且能省下錢幫助他家用，又把楊振平也叫去了，又幫助鄧稼先的費用……。」⑧

楊振寧和弟妹的感情一直十分的親近，一直到大家都六、七十歲了，這種親密的關係也沒有絲毫改變，反映出楊振寧家庭情感的緊密。

一九六六年，受到文化大革命的影響，楊振寧和家中的通信中斷了。在那三年多的時間裡，楊振寧只能靠著他在日內瓦的一個存摺，看到父親取錢時簽下的剛勁有力的字，才知道父親依然健在上海。這是他當時唯一的「家信」。⑨

一九七一年楊振寧回到中國探親，父親楊武之的身體已經很不好，長年臥病在華山醫院裡。楊振寧下機後立即到醫院探望父親，而父親只能虛弱的躺在床上，靠助聽器和楊振寧對話。那個時候楊振寧的家人住在上海的大生胡同（大勝胡同），地點是今天希爾頓飯店對面，楊振寧的母親有時要帶著一鍋肉湯或者雞湯，以及一些水果和日用品到烏魯木齊路、華山路口的華山醫院看望父親，老太太提著重物走不動，會包一個三輪車去。楊振寧那段時候陪母親去醫院，無論如何不肯坐在三輪車上，只在後面推著三輪車。⑩

一九七三年五月十二日，父親楊武之病逝。楊振寧在父親病逝以前，趕回上海，隨後並

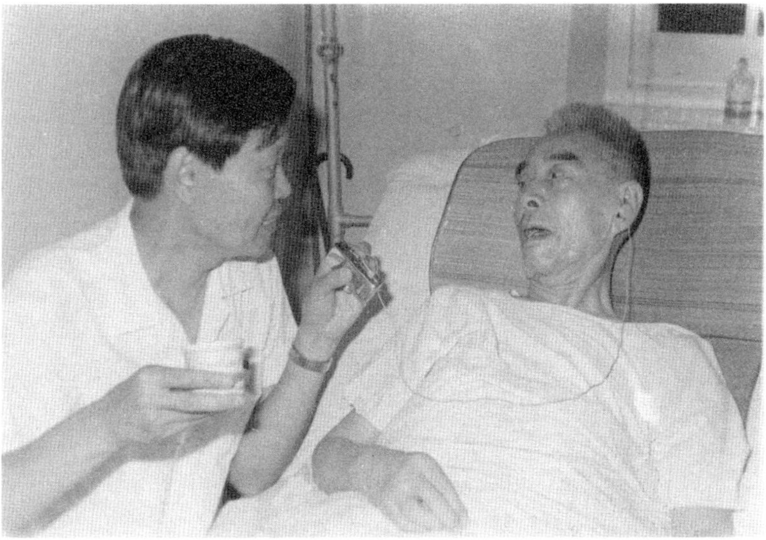

1972年7月楊振寧在上海華山醫院探視臥病的父親。（楊振寧提供）

楊振寧再見久別的母親，感情激動。
（楊振寧提供）

且參加了父親在上海的喪禮。喪禮中楊振寧的講話引述他父親一位老同學的話：「在青年時代，我們都嚮往一個繁榮強盛的新中國。解放以後二十多年來，在毛主席和中國共產黨的英明領導下，當時我們青年夢寐以求的這個新中國實現了。」他說：「我想新中國的實現這個偉大的歷史事實，以及它對於世界前途的意義，正是父親要求我們清楚地掌握的。」⑪

在那以後，由於世界局勢的變化，楊振寧有更多的機會回到中國和家人相聚。一九八〇年代，楊振寧安排母親到香港居住，並曾經帶母親到新加坡參觀，並且還到美國看自己工作和居住的地方，一直到一九八七年母親在香港去世為止。

楊振寧母親的人生態度，給予他很深的感受。他曾經說，他母親的做人與美國人的做人態度是不一樣的。她做任何事情都不是從個人出發，她的一生是從她的父母、她的丈夫、孩子來出發的，而這個觀念是絕對的，她從來不懷疑應把丈夫與孩子的福利放在第一位。對於她，這是絕對的一件事。楊振寧說，人的思想如果把一件事情變成絕對化以後，就變成一種力量，從母親身上他看到了一些禮教的優點。⑫

對於父母親的感念，楊振寧是恆久深重的。一九九二年楊振寧七十歲生日，許多地方都有慶祝的聚會，在天津南開大學的慶祝會上，楊振寧講述他生平時，「說起父母的種種，他放上一張推著母親過年夜裡在香港街上的幻燈片，說到母親最後兩年在香港的生活，講台上的楊振寧一時悲從中來，痛哭失聲，舉座來賓無不動容。」⑬

這是楊振寧1987年過舊曆年和母親在香港仔的合照。(楊振寧提供)

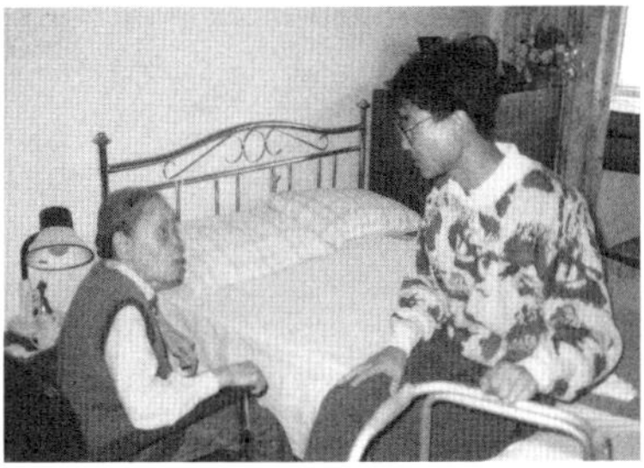

1986年楊光宇和祖母攝於香港北角和富中心。(楊振寧提供)

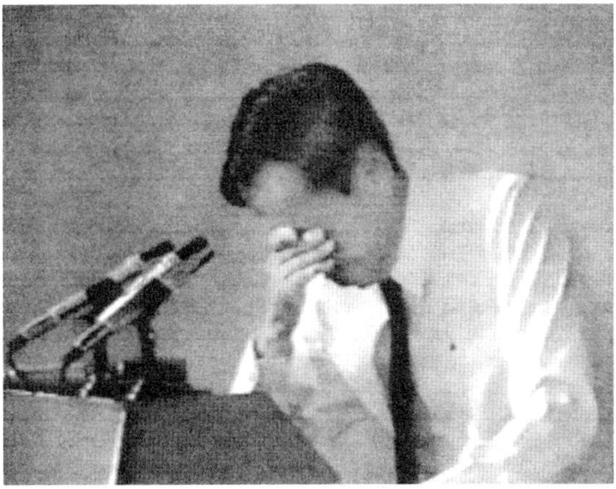

楊振寧1992年在演講中談到母親最後的生活和去世,悲從中來。(楊振寧提供)

一九九七年，七十五歲的楊振寧在他寫的一篇文章中提到童年時和父親在清華校園中的漫步：「童年的我當時未能體會到，在小徑上父親和我一起走路的時刻，是我們單獨相處最親近的時刻。」⑭

現在，楊振寧的父母以及一個早夭的弟弟楊振復都長眠在蘇州的東山。

一九五〇年，楊振寧和杜致禮結婚，開始他個人一個新的家庭關係。杜致禮的父親杜聿明是蔣介石手下最重要的將領之一，而楊振寧成長於一個大學教授的家庭，兩個人的家庭背景當然是頗有差距的。在昆明時代，杜致禮的三個弟弟偶爾騎馬上學的景象，也確是給楊振寧家人十分吃驚的印象。

一九五〇年楊振寧準備和杜致禮結婚以前，曾經寫信稟報父母親，楊武之給兒子寫了一封長信，信中提到兩家家庭背景的差異，要楊振寧有所考慮云云。楊振寧把這封信給杜致禮看了，顯然沒有改變他和杜致禮結婚的決心。⑮

楊振寧和杜致禮結婚以後，和正常的婚姻一樣，快樂的日子之外也難免的要有一些適應的問題。楊振寧認為，杜致禮是一個很有個性的人，如果她有什麼想法，你很難去改變她的。在事業方面，杜致禮並沒有很大的雄心，她安於做她家庭主婦和母親的角色，對於美國的所謂女權運動，杜致禮也沒有受到這方面的困擾。

1951年楊振寧舉著楊光諾和杜致禮的一張合照。（楊振寧提供）

1954年杜致禮攝於華府。（楊振寧提供）

另外，杜致禮也是一個有話直說的人。楊振寧他們住在布魯克哈芬實驗室的鄰居庫倫（Earnest Courant）的太太莎拉（Sara）就說過，有一次她和她們那個時候的另一個鄰居史諾（George Snow）的太太萊娜（Lily）以及杜致禮在一起，莎拉和萊娜都是猶太人，結果另外一個太太突然問萊娜說：「妳是猶太人嗎？」杜致禮聽到了馬上回敬說：「What's wrong with that? I am too.」（猶太人怎麼樣？我也是猶太人。）⑯

對於楊振寧工作上難免的要有出外開會旅行，杜致禮頗有一些抱怨，但是楊振寧認為杜致禮的這個想法是錯誤的，因為楊振寧認為自己做理論物理工作，不但比起許多做其他工作的男人，就是比起實驗物理學家，待在家裡的時間都是比較多的。對於杜致禮有時要抱怨他待在家裡有一點心不在焉，楊振寧認為也許他在家裡並不是沒有心不在焉，但是並不覺得自己是特別的心不在焉。⑰

除了對於楊振寧表達感情的過於簡略，有些不滿意之外，杜致禮還說楊振寧從不準時，說什麼回來從來是要讓人等了又等的。這也和楊振寧學生說他非常準時的看法不同。不過多年來家裡的事情多是杜致禮當家負責，孩子的許多事情也是杜致禮費心料理，有一年他們的二兒子楊光宇打球脾臟打破了，是等到開完刀才通知人在海外的楊振寧的。對於楊振寧沒有很多的時間幫忙家裡的事，杜致禮難免要有許多抱怨。⑱有個性的杜致禮許多時候難免也會顯現她的脾氣，有時甚至當眾讓楊振寧下不了台。⑲

楊振寧和杜致禮結褵逾半世紀，扶持中有許多歡笑。
（江才健攝）

1978年楊振寧的岳父母杜聿明（左）和曹秀清（右）攝於北京。
（楊振寧提供）

對於岳父母，楊振寧執禮甚恭，非常親近。他和杜致禮在一九五五年左右收到杜聿明由中國大陸寄到倫敦中國大使館轉來的信，才知道杜將軍還活著。他們立即給在台灣的岳母曹秀清寫了一封信，說接到了朋友的來信，使岳母得悉「老朋友」還健在的消息。一九五八年，曹秀清由台灣到美國和楊振寧、杜致禮相聚，住在楊振寧的家裡，楊振寧對岳母就好像自己的母親一樣。

一九五九年，杜聿明在經過十年的監禁以後，離開北京功德林一號恢復了自由。一九六三年，曹秀清由美國去北京和杜聿明相會。楊振寧在七一年回到中國以後，首次見到岳父，翁婿二人大概有十年左右的往返。楊振寧說，他和岳父杜聿明之間彼此都有一個好的印象，杜聿明對於中國兵書和戰略的了解，以及他的部屬對於他的尊敬，都讓楊振寧對杜聿明有很深刻的印象，而楊振寧也沒有一般中國讀書很成功的人常有的令人不喜歡的毛病。⑳

一九五一年，楊振寧和杜致禮的大兒子楊光諾出生，楊光諾的名字是祖父楊武之取的，而「諾」字是為了希望楊振寧得到諾貝爾獎。一九五八年，老二楊光宇出生，下面還有一個一九六一年出生的妹妹楊又禮。楊振寧說，對於孩子的教育和期望，他們比較不像一般中國父母那麼的殷切，是比較美國式的。雖然楊振寧認為自己對於子女從來沒有施加任何的壓力，但是他自己在學術上的成就，還是無形中給兒女帶來了壓力。㉑

有一段時期，楊振寧和大兒子楊光諾的關係非常不好，彼此不大說話。楊振寧對於這件事非常的敏感，在被追問的時候不願意承認，還要反問是哪裡聽來的。事實上從他的親人到朋友都證實了這件事情，他們認為主要是因為兩個人個性都比較急，身為老大的楊光諾也許受到比較大的壓力，那個年代中國血統的孩子比較受到異樣眼光，加上楊光諾又長期住校，和家裡比較疏離，因而造成了這個結果。不過楊光諾成年以後，兩人關係就緩和了。㉒

孩子小的時候，楊振寧由研究室回家以後很喜歡和他們玩在一起，楊又禮就記得父親很喜歡躺在地下，讓孩子躺在他的身上，然後搖動起來、玩假裝地震來了的遊戲。有一次楊振寧在家裡和孩子玩騎馬打仗，結果一不小心把騎在他身上的楊光宇的頭碰到房門上，撞得頭破血流，到今天楊光宇的額頭上還有一個凸起的小包。㉓

楊振寧到了石溪以後，也許在科學工作上比較穩定一些，所以有了更多的家庭生活。他很喜歡戶外的活動，會帶著家人去旅行露營，在石溪因為住家靠著海邊，楊振寧曾經買了一條小船，偶爾會駕船出海，並且也會滑水，有朋友來了還要教他們滑水。他的家裡有一個獨輪車，楊又禮可以騎在上面，來去自如。楊振寧自己也很會騎腳踏車，有時候他還要表演倒著騎車，結果有一次把手腕給摔斷了。㉔

楊振寧的嗜好不少，偶爾也喜歡打打橋牌，有一陣子對於德國包浩斯（Bauhaus）的電影

1966年春天楊光宇（左）和楊光諾（右）攝於普林斯頓。（楊振寧提供）

楊振寧是一個有趣的父親，這是1966年他和楊光宇（前左）、楊又禮（前右）在普林斯頓的合照。（楊振寧提供）

1966年杜致禮抱著楊又禮攝於普林斯頓住宅院中。
（楊振寧提供）

和家具特別感到興趣，蒐集了不少。他自己也有一部攝影機，除了拍攝家裡的活動，有時候全家出遊，他就要做導演安排大家演戲。那時候他們家裡還養了一隻叫Thinker的狗。

楊振寧對子女的功課教育雖然不會給予太多的壓力，不過還是很關注他們的學習和閱讀。有一次，他用一張漫畫來和楊又禮溝通，讓她選擇要用哪一種方式來面對她的功課和玩耍的問題。結果這些漫畫楊振寧都留著，多年以後還把這些資料裝訂起來，寄給了楊又禮，使得楊又禮既意外又感動。㉕

對於孩子的天分，楊振寧也有一些客觀的看法。譬如他就看出來老二楊光宇很有動手能力，比他自己要強得多了。楊光宇確實從小就對化學感到興趣，在他的房間裡面還有一個小的化學實驗室，不過這卻一直讓杜致禮很擔心，她怕有一天開車回家，發現房子被炸掉了。㉖

有一次，楊又禮開車送楊振寧到機場去，在路上楊振寧問起楊又禮，說在小的時候她怎麼樣看他這個父親，楊又禮說他是一個「fun father」（有趣的爸爸）。楊振寧對於這個答案非常滿意，因為這代表在孩子的印象中，他是和他們打成一片的。㉗

對於子女來說，楊振寧雖然偶爾也會生氣，但是整體來說，他的感情是比較內斂的。楊光宇就曾經說過，楊振寧是一個關懷備至的父親、丈夫和祖父，但他是一個感情內藏的人，他的感情幅度比一般人的來得窄。楊光宇用了一個科學式的描述：「譬如說他感情的幅度是四到七，而一般人是二到九」。㉘楊又禮也說，父親不會插科打渾式的說笑話，但是他有他那一種

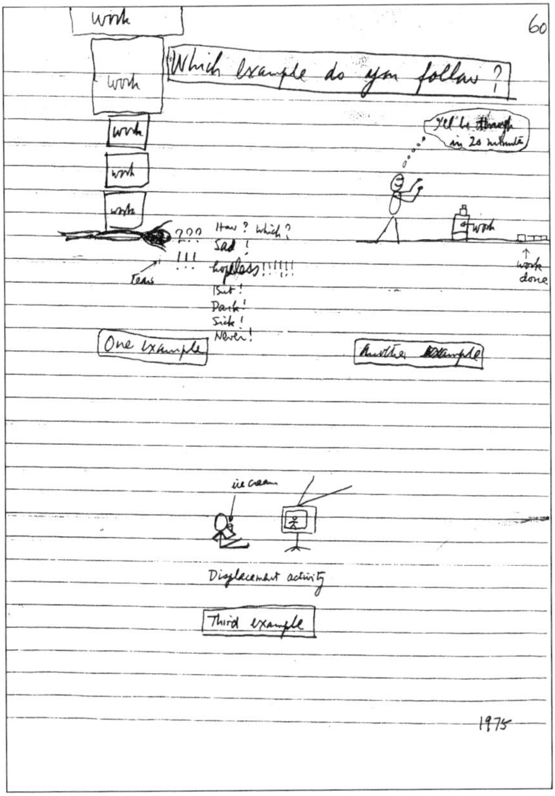

楊振寧早年和女兒楊又禮溝通的漫畫，
見出一個父親的細膩心思。
（楊振寧提供）

1981年的楊又禮。（楊振寧提供）

的乾式幽默（dry sense of humour）。㉙

正如楊振寧自己所說的，對兒女的唸書他從來沒有給任何特別的壓力。老大楊光諾先是在密西根大學唸數學，後來轉唸了電腦科學。有一陣子楊光諾橋牌打得很好，楊振寧認為已經可以列入美國的前二十名，但是楊光諾自己則說大概頂多在一百名左右。楊光諾在ＩＢＭ工作了十多年，後來才知道父親曾經替他的工作幫了忙。㉚目前他在做私人金融投資的工作。

老二楊光宇和老三楊又禮都唸康乃爾大學，楊光宇後來在加州大學柏克萊分校得到化學博士，在南加州大學教了幾年書後，改唸了企業管理，現在在華爾街做財務金融的工作。楊光宇和一位來自香港的華裔女孩結婚，兩人育有兩個女兒。

楊又禮康乃爾大學畢業以後，過了幾年，對醫學發生了興趣，後來在石溪唸了醫學院，目前是一位醫生。楊又禮說，對於他們的學業、工作，父親都相當的隨他們，她只記得父親要她不要唸物理。㉛

在三個孩子當中，除了楊又禮一九八三年在台北學過一段時間中文以外，他們基本上可以說都不能夠說中國話，對中國文化的了解也很有限。對於自己的孩子不能進入並且了解他自己所涵育的文化，楊振寧的心中不能說沒有遺憾。他說如果今天再來過的話，他會注意到這件事情，讓子女至少能夠說中國話。㉜

他的子女了解到他內心深處對中國文化的感情，也了解他們不能分享他內心感情的一種失落。楊振寧曾經試著勸楊光宇一家人搬到香港或者中國大陸去住，當然並沒有成功。33

楊振寧曾經說過，他的父母是中國人，他的子女是美國人，他和他的太太是介於兩者之間。他也說，他自己這一代因為背後有強大的中國文化做後盾，並沒有少數民族的感覺，真正的少數民族是他的孩子這一代。34

正如同楊又禮說的，父親年紀大了以後，中國傳統的東西在他的身上更明顯了。一九八三年楊振寧為了六十歲所出版的楊振寧《論文選集》的扉頁上，寫著四個中國字「獻給母親」。他在一九九七年寫的〈父親和我〉文章中，提到他在香港參與回歸盛典的心情，想到他父親如果恭逢此一歷史盛典，恐怕會改吟陸放翁的名句：

國恥盡雪歡慶日，
家祭勿忘告乃翁。35

【注】

①楊振寧訪問談話，一九九九年五月七日，紐約州立大學石溪分校辦公室。

②楊振寧，〈父親和我〉，香港《二十一世紀》，第四十四期（一九九七年十二月）；收入《楊振寧文集》，上海：華東師範大學出版社，一九九八年。

③同上。

④楊振玉，〈父親、大哥和我們〉，《楊振寧文集》，上海：華東師範大學出版社，一九九八年，第911頁。

⑤同②。

⑥同④。

⑦楊振寧，〈經濟發展、學術研究和文化傳統〉，答《新加坡新聞》記者劉培芳問，原載於《新加坡新聞》，一九八七年二月二日；收入《楊振寧文集》，上海：華東師範大學出版社，一九九八年，第620頁。

⑧吳相湘，〈馮友蘭五十年前郵箋如今已變成珍貴史料〉，《傳記文學》，一九九五年（第六十七卷第二期）。

⑨楊振漢，〈家家教教育〉，《楊振寧文集》，上海：華東師範大學出版社，一九九八年，第901頁。

⑩譚茀蕓訪問談話，一九九八年九月二十六日，香港赤鱲角國際機場。

⑪楊振寧，〈在楊武之先生追悼會上的講詞〉，《讀書教學四十年》，香港：三聯書店，一九八五年。

⑫楊振寧，〈「寧拙毋巧」——和潘國駒談中國文化〉，原載於新加坡《聯合早報》，一九八八年一月十七日。

⑬江才健，〈楊振寧七十歲自述再展大師風範〉，《中國時報》，一九九二年六月十二日。

⑭楊振寧，〈父親和我〉，香港《二十一世紀》，第四十四期（一九九七年十二月）；收入《楊振寧文集》，上海：華東師範大學出版社，一九九八年。

⑮楊振玉訪問談話，一九九九年九月十日，紐約州立大學石溪分校辦公室。

⑯莎拉．庫倫（Sara Courant）訪問談話，二〇〇一年二月十二日，紐約市曼哈頓家中。

⑰楊振寧訪問談話，一九九九年五月七日，紐約州立大學石溪分校辦公室。
⑱楊光宇脾臟破裂開刀的故事，最早是由鄧稼先的太太許鹿希提到，後來多人訪問中也證實了這件事情。杜致禮訪問談話，二〇〇一年四月二十三日，台北市福華飯店房間。
⑲作者和喬玲麗等幾位和楊振寧比較熟的朋友都有類似的觀察經驗。
⑳楊振寧訪問談話，一九九九年五月七日，紐約州立大學石溪分校辦公室。
㉑同上。
㉒除了楊振寧之外，他的家人和親戚朋友都沒有否認這件事情。
㉓楊又禮訪問談話，一九九九年七月十七日，蒙大拿州李文斯頓山中瑞士式木造屋家中。楊光宇訪問談話，一九九九年九月十三日，紐約市曼哈頓 J. P. Morgan 辦公室。
㉔同上。
㉕楊又禮訪問談話，一九九九年七月十七日，蒙大拿州李文斯頓山中瑞士式木造屋家中。
㉖楊振寧，〈關於怎樣學科學的一些意見——對香港中學生的講話〉，《楊振寧文集》，上海：華東師範大學出版社，一九九八年。楊又禮訪問談話，一九九九年七月十七日，蒙大拿州李文斯頓山中瑞士式木造屋家中。
㉗楊振寧訪問談話，一九九九年五月七日，紐約州立大學石溪分校辦公室。
㉘「楊振寧專輯」，傑出華人系列，香港電視台，一九九八年八月二十三日。
㉙楊又禮訪問談話，一九九九年七月十七日，蒙大拿州李文斯頓山中瑞士式木造屋家中。
㉚楊光諾訪問談話，一九九九年九月十二日，紐約市曼哈頓。
㉛楊又禮訪問談話，一九九九年七月十七日，蒙大拿州李文斯頓山中瑞士式木造屋家中。
㉜楊振寧訪問談話，一九九九年五月七日，紐約州立大學石溪分校辦公室。
㉝楊光宇訪問談話，一九九九年九月十三日，紐約市曼哈頓 J. P. Morgan 辦公室。

㉞楊振寧訪問談話，二〇〇〇年七月三十一日，香港中文大學辦公室。
㉟楊振寧，〈父親和我〉，香港《二十一世紀》，第四十四期（一九九七年十二月）。

第13章

追求科學美感的獨行者

楊振寧是追求科學美感的獨行者。(江才健攝)

和一般人想像的不同，真正的科學創造，非常類似於藝術的創作，其實並不全然是井然有序的理性思維過程。只有極少數真正在科學知識最前端的獨行者，他們面對全然未知的宇宙新境界之時，才得以完全領會那種孤獨的心靈感受。一般科學行外之人，或者縱然是受過良好完整科學訓練的科學工作者，也很少有機會能夠真正領會那種像在蠻荒世界探險的經驗；那是大膽的探索，狂野的猜測，以及依靠一種本能信心面對未知領域的奇特心靈經驗。

因此在科學歷史中，那些真正撼動人類舊有科學觀點的科學創造，便往往帶有非常強烈的個人風格，正如同藝術的創作是一樣的。楊振寧曾經引用德國物理學家波茲曼的話說：「一位音樂家在聽到幾個音節後，就能辨認出莫札特、貝多芬或舒伯特的音樂。同樣，一位數學家和物理學家也能在讀了數頁文字後辨認出柯西（Cauchy）、高斯（Gauss）、雅可比（Jacobi）、赫姆霍茲（Helmholtz）和基爾霍夫（Kirchhoff）的工作。」①

但是科學家的創造不全同於藝術家的創造，他們受到一個所謂物理真實的規範，這有時不僅只限於實驗驗證那麼簡單的概念，還有一種來自長久科學傳統的共同信念；這使得他們說共同的語言，辨認出彼此的想法，也能夠在其中欣賞真正美妙的創見。

也就因為這個緣故，在當前的科學社群中，已經不容易像藝術領域那樣，出現無師自通的科學家，而一個有科學創見的偉大科學家的風格，事實上和他的師承訓練，他的環境機緣，以及他的人格特質息息相關。

楊振寧的科學風格之形塑，相對於二十世紀許多頂尖物理學家來說，可以說是有所不同的；這當然和他來自一個近代科學傳統還不那麼長久的環境有關，他由他師長身上所能夠涵泳的科學風範，到底還是趕不上許多和他同一個世代的頂尖物理學家，譬如比他年長四歲的費曼和施溫格，他們成長的過程裡，能夠從歐洲和美國環境中得到涵養。

但是楊振寧在西南聯大的科學訓練是紮實的。他的老師王竹溪由英國劍橋大學帶回來的統計力學的概念，吳大猷所給予他的量子力學和對稱觀念的啟蒙教育，都使得楊振寧對於近代的物理科學，有了一個非常好的入門指導。根據他自己說法，他對於物理科學的品味大多數是一九三八年到一九四四年，他在昆明西南聯大做學生的時候所形成的。他純粹經由閱讀科學論文，學會欣賞大科學家愛因斯坦、狄拉克和費米的工作。他說，對於提出測不準原理的海森堡的科學風格，他不能夠有深刻的共鳴，他欣賞的是提出量子力學波動方程的薛丁格的科學風格。[2]

楊振寧在科學方面一個明顯的早慧天分，是他的數學能力。楊振寧對於掌握數學問題方面的能力，以及他對於數學的特別偏好和品味，事實上對他往後一生科學工作的風格都有著極大的影響。

楊振寧個人在物理科學風格方面所受到的影響，比較重要的是他在芝加哥大學的時期。

四〇年代到五〇年代的芝加哥大學物理系，可以說是當時美國最好的物理重鎮，楊振寧在那裡碰到他的兩位老師費米和泰勒，他們使得楊振寧對於物理是怎麼一回事，可以說眼界為之一開。

根據楊振寧自己的說法，他從費米那裡學到了物理不是形式化的東西，而是由最基礎逐漸建立起來的扎實過程。他說費米所談論的物理，總是從實際現象開始，用最簡單的方法描述出來，這使得費米的物理工作具有非常具體而清楚的特性。另外費米和泰勒都非常強調直覺的重要，楊振寧從他們那裡學到理論和實驗物理的一個基本環節，就是直覺的下意識的推理。楊振寧說，沒有這個環節，不大容易做出真正重要的貢獻。楊振寧說過去在中國受到的物理訓練，會使人覺得物理就是邏輯，但是邏輯只是物理的一部分，光有邏輯的物理是不會前進的，還必需要有跳躍。③

芝加哥大學以後，楊振寧走出帶著他自己風格的科學之路，也建立起他自己對科學的愛憎品味。半個世紀後，人們評價楊振寧的物理工作，不但認為在物理科學上具有重要的意義，他的物理工作中所顯現出來的美感，也受到普遍的稱賞。

楊振寧以為，物理科學中新概念的發展，有兩個重要的指導原則：一方面必須永遠紮根於新的實驗探索，因為離開這個根基，物理學將有陷於純數學演算的危險；另一方面，又絕不能總是被符合當時接受為實驗事實的要求所束縛，因為依賴於純邏輯和形式的推理，是物理這個領域中許多重大概念發展的基本要素。④

在這個方向上，楊振寧顯然的同時受到愛因斯坦和費米的影響。他注意到愛因斯坦老年時期的一個固執的觀念，就是對「理論物理的基本結構應當是什麼」的一種深刻的理解，他認為這種深刻的理解是當代物理研究的一個重要課題。當然對於這麼大的一個問題，楊振寧也緊記了費米的教誨，那就是有的時候要適可而止，不去鑽沒有用處的牛角尖，也許多半的時候要做小的問題，只有偶爾的做一下大的問題。⑤

在近代物理科學上，特別以不喜歡看別人論文出名的是物理學家費曼，楊振寧同樣也不喜歡看別人的文章，因為他認為許多理論文章是沒有什麼價值的。特別是對於大多數流行的理論推測，楊振寧都採取一種保守的懷疑態度。在理論觀點上他不趕時髦，而是腳踏實地從實驗的或理論的基礎出發，深入事物內部，努力求得對所涉及物理問題的本質了解。他不願意做隨意的猜測，因為他相信這樣做不會有什麼結果，而他對於那些空泛和輕率的想法也表示出強烈的憎厭。⑥

楊振寧本身在粒子物理方面有輝煌的成就，但是他對於粒子物理的發展，卻有著根本性的批評。他曾經用天體物理學家刻卜勒（Johannes Kepler）早期建立行星軌道時的構思辦法，來形容當今某些基本粒子物理所使用構思辦法的謬誤；那就是為了解釋物理學中某些觀察到的規則性，理論學家力圖使它們與起因於對稱觀念的數學規則性相匹配。⑦他在八〇年代不喜歡當時粒子物理上大搞的所謂多重產生唯象理論，認為多數人在這方面的工作毫無價值，因為他們不懂物理是什麼。⑧對於粒子物理「標準模型」中解釋質量來源的所謂「希格機制」理論發展，楊振寧也很不滿意，認為沒有人相信它是最終的理論。⑨

一九八〇年十二月在維吉尼亞理工學院舉行的一個高能物理會上，有人希望楊振寧對於粒子物理的發展做一個評論，他在不被引述的條件下同意發表他的看法，他當時說了一句有名的話：「The party is over.」（盛宴已經結束了）。⑩根據楊振寧的看法，未來粒子物理要處於一個困難的局面，雖然並不就代表中間沒有重要的工作，但是不會再有過去那種蓬勃的局面，而且和過去最大的不同的是，不能再隨時用實驗去驗證理論，閉門造車的現象將不可避免。⑪楊振寧當時那種坦白論斷的看法，自然讓許多的粒子物理學家很不高興，但是往後二十年粒子物理的發展，確實是困難重重的局面。

當前粒子物理理論中把宇宙看做是一個高維結構的所謂「超弦理論」，雖然目前相當熱門，但是楊振寧說他也很難相信這個理論最後會是對的。他說超弦的理論把場的觀念推廣，但是沒有經過與實驗的答辯階段，這方面的文章沒有一篇真正與實驗有什麼關係，因此他認為它可能是一個空中樓閣。⑫

楊振寧的這些看法，儘管有許多人並不同意，認為他的科學品味過於保守。也有人質疑他當年提出來的規範場論也是一種和實驗沒有關聯的純理論結構，但是楊振寧認為，規範場論的情況不同，因為它和同位旋守恆以及麥克斯威方程這兩個有穩固實驗基礎的理論有密切的關係。⑬另外，年輕一輩的頂尖數學家丘成桐也認為，楊振寧對於超弦理論的這些保留看法，是因為他是老一輩的物理學家，對於幾何學不覺得那麼自在的緣故。⑭但是不論如何，楊振寧的這些看法正反映出他對物理科學的一種品味。

楊振寧曾經談到一個例子，強調品味對於科學工作的重要性。他說在石溪的時候，曾經跟一位很年輕只有十五歲的研究生談過，後來這位年輕的學生到普林斯頓去了。楊振寧說他對於這一個年輕學生的前途發展不那麼樂觀，原因是雖然這個研究生很聰明，問他關於量子力學的內容，他都會回答，可是當楊振寧問起這個學生量子力學問題中哪一個他覺得很妙的時候，這個研究生卻講不出來。楊振寧認為儘管這個學生吸收了很多東西，但是他沒有發展出一個好的品味，而這種能夠判斷科學知識的價值的能力，是楊振寧覺得做科學成不成功最重要的一個條件。⑮

楊振寧對於物理科學工作品味和價值的一個判斷標準，也是來自他在數學方面的強大判準能力和信念。他曾經說，在今天的基本物理裡面，有很多很複雜的困難，要解決這許多困難，必須引進一些跟數學有密切關係的新觀念。他並且以他所提出的楊—密爾斯規範場，後來的發展和數學中纖維叢觀念有非常密切關係的例子，來說明物理學的新觀念與數學裡很複雜很奧妙很美的觀念吻合，已經不是第一次了。他也覺得，目前物理學者對於基本粒子有一些不能了解的地方，恐怕就是因為還有一些很美的很重要的數學觀念沒有被引進來的緣故。⑯

楊振寧認為，許多理論物理的工作者在某些方面對數學有抗拒，或者有貶低數學價值的傾向。他自己認為也許受到他父親的影響，他比較欣賞數學。

我欣賞數學家的價值觀，我讚美數學的優美和力量：它有戰術上的技巧與靈活，又有戰略上的雄才遠慮。而且，奇蹟中的奇蹟，它的一些美妙的概念竟是支配物理世界的基本結構。⑰

對於數學的優美結構以及它和物理現象之間的奇妙關聯，是楊振寧在他的物理工作中一再得到的驚奇發現。他一九七四年做了規範場的積分形式工作以後，發現到從數學的觀點來看，規範場在根本意義上就是一種幾何概念，楊振寧理解到這一點以後，說他難以形容自己喜不自勝的得意忘形之狀。⑱

楊振寧也特別要強調物理和數學基本上的不同，他曾經說過，如果一個物理學家學了太多的數學，他將可能被數學價值觀念所吸引，並因而喪失了自己的物理直覺。⑲楊振寧曾經給他在石溪的一位物理學家同事布朗寫的一張字條上說道：

希望你不要誤解，我要強調的是，物理學不是數學，這一點是清楚的。但是，數學在基礎物理中起著非常重要的作用，這一點也很清楚。⑳

楊振寧也說，因物理的需要而發展出來的應用數學，和理論物理之間應該只有「強調」上的一個小的區別，那就是強調從物理現象到數學公式的歸納過程，與從數學公式到物理現象的演繹過程的不同。理論物理學家更強調歸納的過程，應用數學家更強調演繹過程。㉑

楊振寧說，理論物理靠的是「猜」，而數學研究的是「證」。理論物理的研究工作是提出「猜想」，設想物質世界是怎樣的結構，只要言之成理，不管是否符合現實，都可以發表。一旦「猜想」被實驗證實，這一猜想就變成真理。如果被實驗所否定，發表的論文便一文不值。楊振寧曾經說起理論物理中許多文章的產生過程：先是某人發表了一篇論文闡述他自己的理論，第二個人說他能夠改進前一個人的論文，後來又有一個人出來說第二個人的理論是錯的，可是最後卻往往發現最原始的那一個人的概念完全是錯的，或者根本沒有意義。㉒

數學就不同了。發表的數學論文只要沒有錯誤，總是有價值的。因為那不是猜出來的，而是有邏輯的證明。邏輯證明了的結果，總有一定的客觀真理性。㉓

為了避免落入這種無的放矢的理論物理猜測的錯誤，楊振寧認為理論物理的數學猜測由物理現象入手比較容易成功。他也曾經說過，如果他今天再回頭來做科學，由於目前物理科學的分支太細，離開最原始的想法太遠，所以他可能要做數學而不做物理，因為數學的價值可以比較長久，不像物理的許多工作後來就煙消雲散了。㉔

楊振寧對於解釋客觀宇宙現象的物理理論，居然會和數學中的純粹邏輯概念如此之相互吻合，感到印象深刻。他說幾何的觀念適用於物理，可以說是相當自然的，這在歷史上已經有很多人討論過。牛頓在三百年前就說過：「幾何的輝煌之處就在於只用很少的公理而能得到如此之多的結果。」二十世紀德國大數學家希爾伯特（David Hilbert）也說：「十九世紀最具有啟發性、最重要的數學成就，就是非歐幾何的發現。」㉕

後來，楊振寧自己了解到普遍的規範場和幾何上纖維叢的密切關係，而對於纖維叢是在完全不涉及物理世界的情況下發展出來的，更使他十分的驚訝。他和大數學家陳省身談起來，認為數學家能夠憑空想出來這些概念，令他震驚而且迷惑不解。陳省身回答他說，這些概念不是憑空想出來的，它們是自然的，也是實在的。㉖

由於對於物理科學和數學有著他個人不同常凡的觀點和很高的品味，所以二十世紀最偉大的物理學家愛因斯坦，就很自然的成為楊振寧在科學中的一個典範人物。從一九四九年到

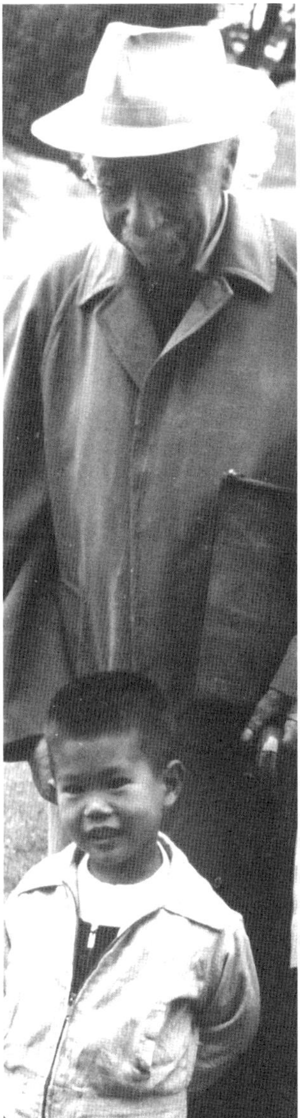

1954年有一天楊振寧父子等在愛因斯坦每天必會經過的地方，而得到了這一張楊光諾和愛因斯坦的合照。（楊振寧提供）

一九五五年愛因斯坦去世以前，兩人都在普林斯頓高等研究院。楊振寧說那時候愛因斯坦已經退休了，他們這些年輕人覺得不應該去打擾他，所以除了一次愛因斯坦要他助理來請楊振寧和李政道去和他見面談話以外，另外就是有一次楊振寧帶著兒子楊光諾等在愛因斯坦每天到辦公室要經過的路上，後來楊光諾還和愛因斯坦合照了一張照片。

楊振寧對愛因斯坦對於幾何概念的偏愛，有著深獲啟迪的感受。他曾經說：

如果我們接受愛因斯坦偏愛幾何的論點，那麼甚至可以把這論點進一步發揮，認為愛因斯坦喜歡波動力學，因為它比較幾何化，而他不喜歡矩陣力學，因為它比較代數化。㉗

而這和楊振寧比較偏好薛丁格的波動力學，而比較不欣賞海森堡的矩陣力學的品味，似乎也是相當一致的。

對於愛因斯坦一個人完成了二十世紀最重要的三大物理革命（狹義相對論、廣義相對論和量子力學）中間的兩樣，楊振寧認為這樣偉大的物理成就，是沒有人可以比擬的。他特別推崇愛因斯坦最早在廣義相對論中應用了的一個基本原則，也就是楊振寧後來提出來的「對稱性支配交互作用」，另外愛因斯坦所提出的統一場理論的必要性和物理學的幾何化，也都是後來繼續影響物理學發展具有遠見的重要觀念。㉘

楊振寧特別提到愛因斯坦在一九三三年的史賓塞（Herbert Spencer）講座發表的「論理論物理學的方法」中的一些概念：

理論物理的基本假設不可能從經驗中推斷出來，它們必須是不受約束的被創造出來……經驗可能提示某些適當的數學概念，但可以非常肯定地說，這些概念不可能由經驗演繹出來……

但創造寓於數學之中。因此，在某種意義上我認為，單純的思考能夠把握現實，就像古代思想家所夢想的那樣。

楊振寧認為愛因斯坦所提到的這一些論述深具啟發性㉙，特別是愛因斯坦提到可以由純粹的推理得到物理概念的說法，對楊振寧來說實有「深獲我心」之感。

楊振寧曾經提到，愛因斯坦從自己的經驗及本世紀初物理學的幾次大革命中認識到，雖然實驗定律一直是（而且繼續是）物理學的根基，然而，數學的簡和美對於基礎物理概念的形成，起著愈來愈大的作用。楊振寧特別引述愛因斯坦的話說：

一個理論科學家就愈來愈被迫讓純粹數學的、形式的思考來引導他……這種理論學家不

應該被指責為空想家，相反，他應該有自由想像的權利，因為，要達到目的，別無他法。㉚

當然楊振寧深刻的認識到，愛因斯坦的博大精深和令人驚嘆的洞察力，是沒有人能與之相比的。因此有人曾經問起楊振寧，說愛因斯坦的廣義相對論和楊振寧的規範場論發展中，數學概念的影響是否有類似性的時候，楊振寧並不同意，他認為數學滲入廣義相對論和規範場理論的過程是全然不同的。他說愛因斯坦沒有黎曼幾何就不可能寫出廣義相對論，而對於規範場論來說，方程式早已寫出來了，但後來是透過數學才了解其中的深意。㉛

愛因斯坦在他的晚年，拒絕接受量子力學中的機率概念，甚至和大物理學家波耳進行公開辯論並沒有獲得勝利，而他在三〇年代以後遭到他物理學家同儕的批評，說愛因斯坦從事的是毫無價值的研究，與物理真實性無關。但是愛因斯坦還是堅持他的信念，成為科學探索路途上的一個獨行者。楊振寧說，愛因斯坦不相信現有的對量子力學的解釋是最後的結論，他同樣也不相信這一點。㉜他雖然沒有在科學界遭遇像愛因斯坦這樣大的反對，但是他對於近代物理的許多熱門潮流發展的批評，也使他成為科學探索路途上的一個獨行者。

一九八二年，楊振寧曾經在義大利西西里島艾瑞契一個由修道院改成的科學中心，和英國一流的物理學家狄拉克談話。狄拉克問楊振寧什麼是愛因斯坦最重要的物理貢獻？楊振寧說：「一九一六年的廣義相對論。」狄拉克說：「那是重要的，但是不像他引入的時空對稱的概念那麼重要。」楊振寧曾經引述這個故事，表露出他對於狄拉克在物理科學上透視看法的欽佩之意。

狄拉克是創建二十世紀量子力學的偉大物理學家之一。楊振寧對於狄拉克的科學工作非常的欽仰，他曾經說狄拉克的著作無論重要和不太重要的部分，總是堅持形式上的完美和邏輯上的無缺點，使得他的論文具有獨特的創造性的色彩。他特別提到狄拉克本人曾經說「完美是唯一的要求」。㉝

楊振寧認為狄拉克科學工作最重要的特點，就是對問題的認識常常能正中要害，而且他的邏輯與別人的邏輯不一樣，但是非常富有引誘力，他認為狄拉克的科學工作常常讓人有「神來之筆」的讚嘆。㉞

楊振寧曾經用「秋水文章不染塵」來形容狄拉克不帶一點渣滓的乾淨文章。一九九七年，楊振寧在一個演講中引用唐朝詩人高適在〈答侯少府〉中的詩句：「性靈出萬象，風骨超常倫」來描述狄拉克的科學工作。㉟

現在物理學界都公認，楊振寧在二十世紀的物理學中，是繼愛因斯坦和狄拉克以後，同樣以優美數學風格的物理工作建立不朽貢獻的偉大物理學家。㊱

在和他自己差不多同一個世代的物理學家中間，楊振寧對於費曼的物理直覺非常的推崇，認為費曼的物理工作未來會有長遠的價值。和費曼同時得到諾貝爾獎的施溫格，楊振寧認為他的數學能力比費曼要強，但是他的物理工作過分的修飾，不像費曼那樣的渾然天成。楊振寧認為在他認得的物理學家當中，數學能力最強的是戴森，他一再推崇戴森在量子電動力學發展中的重要貢獻，認為戴森也應該得到諾貝爾獎。㊲

本來是一個數學家的戴森曾經說過，他並不完全認為自己是一個物理學家。他曾經以愛因斯坦所說過的，因為在數學領域裡的直覺不夠，不能辨認哪些是真正重要的研究，哪些是不重要的題目，所以愛因斯坦選擇了做物理學家，來說明他自己因為相反的緣故，而認為自己是一個數學家。㊳

對於葛爾曼，楊振寧認為他的貢獻是重要的，但是和費曼的貢獻比較起來，楊振寧認為費曼的貢獻更為長久，而且費曼的物理工作的直觀透視也比較深刻。另外，溫伯格和格拉肖雖然物理風格和他的很不一樣，但是都做出了相當重要的物理工作。對於整個物理科學的進展，楊振寧認為是要由許多不同品味的人在不同的方向上去工作，才能得到進展。他曾經在他的退休儀式中說：

> 我們相信我們所喜愛的物理題材是既分散又單一的。也提醒我們物理學家是在一個分立但是緊密結合的大家庭中。㊴

二十世紀的著名物理學家維格納曾經說，科學（近代科學）的一個特點就是它的年輕。㊵近代物理學一般從牛頓算起，到今天還不滿四百年時間，相對於人類存在的時間，或者是人類有記錄歷史的時間，都是短暫的。

但是因為近代科學對於人類文明生活面貌的巨大影響力量，使得科學家取代了人類過往歷史中的祭司、伶人、哲學家、詩人、音樂家、畫家和雕塑家，成為人類文化創造中的新貴。特別是二十世紀科學發展所展現的威力，更大大提升了科學家做為一種文化新貴的神祕地位，也使得他們成為人類思維啟蒙的新英雄。

因此在人類對英雄崇拜的一種社會文化的內心需求驅動之下，科學家成為了「天才」的代名詞，他們被形容為具有魔法般的思維和智力，可以看透宇宙的奧祕。英國的經濟思想大師凱因斯（John Keynes）曾經形容牛頓的科學心靈有如「解謎的魔法師」。

但是近代的科學社群已經避免用「天才」這樣的名詞來描述偉大的科學心靈，他們會用「原創性的」和一般「常態性的」科學工作作一個區分。以寫《混沌》一書而聞名的前紐約時報記者葛雷易克（James Gleick），在以《天才》為名所寫的費曼傳記中，引用費曼的一句話卻是：「我們並不真的比其他的人聰明那麼多。」㊶

人類社會對於天才的英雄崇拜需要，和真實科學運作中的一個落差，就是英國最出名的罹患肌肉萎縮重症物理學家霍金（Stephen Hawking）的例子。雖然霍金在一般大眾和媒體間

享有天才的稱號，但是包括楊振寧在內的物理同僚，卻沒有把他的物理工作評價得如此之高，原因是霍金的工作離開實驗太遠。㊷

對於楊振寧科學的評價，和楊振寧同在石溪理論物理研究所的物理學家聶華桐的說法很好：

近幾十年來科學裡有這麼大成就的人為數不是很多的。但如果說這是由於他是個天才，我看就浮於表面了。㊸

聶華桐在石溪二十多年對楊振寧的近距離觀察，認為：

這個不尋常人物的心智，是代表了保守和創造之間、物理的直覺和數學的抽象之間，以及超凡分析能力與概念透視力之間的一種平衡。正是這種個性和智力品質的結合和平衡，使楊振寧成為本世紀最偉大的物理學家之一，也造就出這麼一個獨一無二的精采人物。㊹

很顯然的，對於楊振寧的物理成就來說，除了諾貝爾獎的工作之外，他在統計物理方面的貢獻，特別是他的楊—密爾斯規範場論，已經確立他一代物理大師的地位，許多重要的物理學家都認為，楊振寧是目前還在世的最重要物理學家。㊺諾貝爾獎得主丁肇中曾經說過，中國人在國際科學上有建立不朽之功績者，乃自楊振寧始。㊻

楊振寧曾經引述他心儀的二十世紀大數學家魏爾在他名著《經典群》前言中的一段話：

數學思想可達到的嚴格的精確性，使得許多作者按照這樣的一種模式寫作，它必定會使得讀者感覺到像是被關閉在一個很亮的小室之中，在其中每一個細微之處都以同樣的眩眼的清澈伸展出來，但是景色卻單調平淡。

我卻喜歡在晴空下的開闊景色，因為它有景象深度，附近由鮮明輪廓確定的大量細節逐漸消失在地平線處。㊼

楊振寧說，這一小段敘述非常清楚的表達了魏爾在智力上的偏好。這當然也正是楊振寧在智力上的偏好。

【注】

①楊振寧演講：「科學工作有沒有風格？」，一九九七年一月十七日在香港中華科學與社會協進會於中文大學主辦的演講，以〈美與物理學〉收入《楊振寧文集》，上海：華東師範大學出版社，一九九八年，第841頁。

②楊振寧，*Selected Papers 1945-1980 with Commentary*, New York: W. H. Freeman and Company, 1983, p.45.

③楊振寧演講：「幾位物理學家的故事」，一九八六年在中國科技大學研究生院，原載於中國《物理》雜誌，第十五卷，第十一期（一九八六年），收入《楊振寧文集》，上海：華東師範大學出版社，一九九八年。

④楊振寧演講：「當代基本粒子物理中的某些概念」，一九七二年九月在義大利崔埃斯特慶祝狄拉克七十歲誕辰會議，收入*Selected Papers 1945-1980 with Commentary*, New York: W. H. Freeman and Company,1983, p. 445.

⑤楊振寧演講：「幾何學和物理學」，一九七九年三月在耶路撒冷愛因斯坦誕辰一百週年紀念會，收入《楊振寧文集》，上海：華東師範大學出版社，一九九八年。楊振寧訪問談話，一九九九年五月八日，紐約州立大學石溪分校辦公室。

⑥聶華桐，"Twenty Six Years: In Celebration of Prof. C. N. Yang's 70th Birthday," *Chen Ning Yang: A GreatPhysicist of the Twentieth Century*, ed. C. S. Liu and S. T. Yau, Boston: International Press, 1995.

⑦楊振寧，〈對稱和物理學〉，本文原載於The Klein Memorial Lectures, Vol. 1, ed. Ekspong, WorldScientific, 1991. 收入《楊振寧文集》，上海：華東師範大學出版社，一九九八年，第691頁。

⑧楊振寧，〈談談物理學研究和教學——在中國科技大學研究生院的五次談話〉，本文原載《中國科學技術大學研究生院學報》，一九八六年十月，收入《楊振寧文集》，上海：華東師範大學出版社，一九九八年，第520頁。

⑨同上，第518頁。

⑩楊振寧訪問談話，一九九九年五月七日，五月一四日，紐約州立大學石溪分校辦公室。

⑪同⑧，第510頁。

⑫同⑧，第514—515頁。

⑬同⑧，第518頁。

⑭丘成桐訪問談話，一九九九年五月二十二日，紐約長島石溪假日飯店房間。

⑮楊振寧，〈科學人才的志趣、風格及其他——在美國和復旦大學倪光炯教授的談話〉，原載於中國《百科知識》，一九八七年，第一、二期，收入《楊振寧文集》，上海：華東師範大學出版社，一九九八年，第408頁。

⑯楊振寧演講：「對稱與二十世紀物理學」，一九八二年一月二十一日在香港中文大學，收入《楊振寧文集》，上海：華東師範大學出版社，一九九八年，第364頁。

⑰楊振寧，*Selected Papers 1945-1980 with Commentary*, New York: W. H. Freeman, 1983, p. 74.

⑱楊振寧，*Selected Papers 1945-1980 with Commentary*, New York: W. H. Freeman, 1983, p. 73.

⑲張奠宙，〈楊振寧和當代數學——接受張奠宙訪問時的談話紀要〉，收入《楊振寧文集》，上海：華東師範大學出版社，一九九八年，第740頁。

⑳G. E. Brown,"C. N. Yang Influence on My Life and Research," *Chen Ning Yang: A Great Physicist of theTwentieth Century*, ed. C. S. Liu and S. T. Yau, Boston: International Press, 1995.

㉑楊振寧：「關於應用數學的數學和研究」，一九六一年十一月四日在「應用數學：在研究和教育中需要什麼？」研討會上的發言。載於美國《工業與應用數學評論》，第四卷，第四期（一九六二年）。中譯文載於《楊振寧演講集》，韓秀蘭譯，南開大學出版社，一九八九年。

㉒張奠宙，〈楊振寧談數學和物理的關聯〉，《楊振寧文集》，上海：華東師範大學出版社，一九九八年，第746頁。張奠宙，〈楊振寧和當代數學——接受張奠宙訪問時的談話紀要〉，收入《楊振寧文集》，427上海：華東師範大學出版社，一九九八年，第738頁。

㉓同上。

㉔楊振寧訪問談話，一九九九年五月八日，紐約州立大學石溪分校辦公室。

㉕楊振寧演講：「從歷史角度看四種交互作用的統一」，一九七八年在上海物理學會，原載於《世界科學譯刊》，一九七九年第一期，收入《楊振寧文集》，上海：華東師範大學出版社，一九九八年，第256頁。

㉖楊振寧，*Selected Papers 1945-1980 with Commentary*, New York: W. H. Freeman, 1983, p. 530.

㉗楊振寧報告：「愛因斯坦對理論物理影響」，一九七九年在義大利崔埃斯特舉行的會議，原載於*Physics Today* June 1980。中譯文載於《讀書教學四十年》，甘幼玶、黃得勳譯，香港：三聯書店，一九八五年。

㉘楊振寧演講：「愛因斯坦和現代物理學」，一九八〇年一月三日在香港大學，原文為"Einstein and Comtemporary Physics"，香港物理學會，一九八〇年。中譯文載於《楊振寧演講集》，吳壽煌譯，南開大學出版社，一九八九年。收入《楊振寧文集》，上海：華東師範大學出版社，一九九八年，第319—320頁。

㉙同㉗。

㉚同上。

㉛張奠宙，〈楊振寧和當代數學——接受張奠宙訪問時的談話紀要〉，收入《楊振寧文集》，上海：華東師範大學出版社，一九九八年，第734頁。

㉜同㉘，第332、335頁。

㉝楊振寧演講：「當代基本粒子物理中的某些概念」，一九七二年九月在義大利崔埃斯特慶祝狄拉克七十歲誕辰會議，收入*Selected Papers 1945-1980 with Commentary*, New York: W. H. Freeman, 1983, p. 445.

㉞楊振寧演講：「幾位物理學家的故事」，一九八六年在中國科技大學研究生院，原載於中國《物理》雜誌，第十五卷，第十一期（一九八六年），收入《楊振寧文集》，上海：華東師範大學出版社，一九九八年。

㉟楊振寧演講：「科學工作有沒有風格？」，一九九七年一月十七日在香港中華科學與社會協進會於中文大學主辦的演講會，以〈美與物理學〉收入《楊振寧文集》，上海：華東師範大學出版社，一九九八年，第842—843頁。

㊱這種說法不但常見於物理的文獻，在接受本書作者訪問的物理學家也都一致同意這個看法。

㊲楊振寧訪問談話，一九九九年五月七日，紐約州立大學石溪分校辦公室。*Selected Papers 1945-1980 with Commentary*, New York: W. H. Freeman, 1983, p. 65.

㊳戴森訪問談話，一九九九年五月二十二日，紐約州立大學楊振寧退休研討會會場。

㊴楊振寧訪問談話，一九九九年五月七日，紐約州立大學石溪分校辦公室。楊振寧退休研討會晚宴演講，一九九六年五月二十二日，紐約州立大學石溪分校。

㊵Eugene Wigner, "The Limits of Science," *Proceeding of the American Philosophical Society*, 94.5 (Oct. 1950).

㊶James Gleick, Genius: *The Life and Science of Richard Feynman*, New York: Pantheon Books, 1992.

㊷同上。另根據楊振寧訪問的談話。

㊸聶華桐演講：「我所知道楊振寧」，一九八二年九月訪問中國科技大學。原載於《物理》雜誌，第一三卷，第六期，收入《楊振寧——二十世紀一位偉大物理學家》，甘幼玶譯，丘成桐、劉兆玄編，廣西師範大學出版社，一九九六年，第97頁。

㊹聶華桐，"Twenty Six Years: In Celebration of Prof. C. N. Yang's 70th Birthday," *Chen Ning Yang: A Great Physicist of the Twentieth Century*, ed. C. S. Liu and S. T. Yau, Boston: International Press, 1995.

㊺接受本書作者訪問的許多重要物理學家都有這種看法。

㊻丁肇中，〈楊振寧小傳〉，《楊振寧——二十世紀一位偉大物理學家》，甘幼玶譯，丘成桐、劉兆玄編，桂林：廣西師範大學出版社，一九九六年。

㊼楊振寧演講：「魏爾對物理學的貢獻」，一九八五年在紀念魏爾誕生一百週年大會，原載於中國《自然

雜誌》，第九卷，第十一期（一九八七年），由李炳安、張美曼翻譯自英文原稿。收入《楊振寧文集》，上海：華東師範大學出版社，一九九八年，第483頁。

第14章

君子之交淡如水

楊振寧和黃昆的深刻友誼並不隨時空的隔絕而變化。（楊振寧提供）

許多人都同意，楊振寧不是一個感情外露的人。如果頭一次和他見面，也許會因為他比較嚴肅的外表，而感覺到一種有距離的印象。事實上，楊振寧的內裡是一個熱情充沛的人，他天生的熱情之所以會被他有些冷峻的表面掩蓋，是他童年時和母親在大家庭中的生活經驗，讓他變得謹慎而早熟？還是他後來意識到感情應有所節制的個性使然？是許多人都感興趣的。

但是謹慎而早熟的楊振寧並沒有失掉他個性裡的真正熱情，這使得他常常因為內在的不能改變的熱情，而有許多感情洋溢的浪漫作為；其中最著名的當然就是他對文化大革命的錯誤判斷，這中間反映了他對中國的深刻民族感情，一種真正的內在熱情。除此之外，在對於人間世事方面，楊振寧也一直保有著一種含蓄但是非常純真摯烈的熱情。

一位和楊振寧在學術和生活上有較多接觸的人曾經說過，楊振寧初與人見面，總是給人有點距離的拘謹感，但是一旦你和他有了可以溝通的基礎，他對你的熱忱是毫無保留的。①和楊振寧有合作和師承關係的人，也都對於楊振寧的耐心，以及完全沒有科學界大人物通常會有的架子，而感到印象深刻。當然最出名的形容楊振寧個性中慷慨熱情的，是和楊振寧合寫了經典論文「楊—密爾斯場論」的密爾斯所說的：

楊振寧是一個才華四溢，又是一個非常慷慨引導別人的學者。我們不僅共用一個辦公室，楊振寧還讓我共用了他的思想……②

楊振寧的學生不多，合作者也很有限，但是如果觀察他的這些學生和合作者，似乎可以發現一些普遍的共同性，就是這些人多是個性內斂寡言深思的，不是那種飛揚外露的類型。③這些似乎也間接反映出楊振寧為人和個性上的一種偏好。

對於學生，楊振寧是中國式大家長的態度，非常盡心的照顧，對於合作者的提攜，也是不遺餘力。④楊振寧的學生閻愛德就說，有一年他到歐洲開會，因為楊振寧正好在瑞士日內瓦的歐洲粒子物理研究中心訪問，於是兩人就約好到日內瓦見面。閻愛德坐飛機到日內瓦機場那天，原想住好旅館再去看楊振寧的，所以下飛機時走在後面，沒想到出來竟看到面露焦急神色的楊振寧在機場等他，讓閻愛德十分感動。後來楊振寧帶閻愛德回到住處吃飯，第二天還一起去看了博物館。⑤

對於一般人的態度，楊振寧也是比較平等公正的。楊振寧的外國好朋友曾經說，楊振寧和費曼是他們認得的兩個和小孩都能平等交往，有孩子天真個性的科學家。⑥楊振寧偶爾如果和一個並不認識的人談起話來，也總是非常誠懇的態度，從不會擺出許多出名科學家拒人於千里之外的姿態。也就因為如此，往往在一些研討會的休息喝茶時間，會看到楊振寧陷入跟一個年輕學生辯論不得脫身的窘境。⑦

和楊振寧在學術上有些來往的人士，雖然他們在學術上是向楊振寧請益的居多，但是他們說楊振寧常有的一個口頭禪卻是「這個問題我們來辯論辯論」，沒有非聽他不可的態度。對於物理上的一些問題，有時候楊振寧會很坦率的說「這個我不懂」，讓崇敬他的科學界人士頗有錯愕意外之感。⑧

以寫愛因斯坦傳出名而且和楊振寧頗有交誼的派斯認為，楊振寧是一個有分際的君子，不浪費他的語言，說話簡潔而且直來直往。⑨曾經擔任過布魯克哈芬國家實驗室主任的著名實驗物理學家高德哈柏和楊振寧很熟，他也說楊振寧心胸開闊，會對人提出真誠的建議。⑩和楊振寧同船赴美，後來也多有交誼的何炳棣，因為在國際歷史學界頗有地位，自視很高，在學術界有發言批判直率的名聲。但是何炳棣對楊振寧十分推崇，說楊振寧雖然感情不輕易流露，是「君子之交淡如水」，但說話卻非常真誠。有一次，何炳棣在一公開場合發言，後來楊振寧對何炳棣說：「你今天如果不講這個話的話，就不是你何炳棣了。」何炳棣說他聽了楊振寧的話，可說是點滴在心頭。⑪

楊振寧的為人處事，他自己認為是採取了中國傳統的中庸之道，也就是不採取一種不可一世或者十分驕人的態度。⑫楊振寧在石溪理論物理研究所的同事范尼文海森是從歐洲荷蘭到美國來的物理學家，他說楊振寧的做人態度，和美國的方式正好是相反的。⑬

除了對自己的科學才分採取一種中庸的態度之外，楊振寧對於科學學術也沒有高人一等的看法。從他的許多演講可以看得出來，他不會特別美化科學家的形象，也不讓人認為科學家是什麼都懂的專家。而在中國的學術界相當普遍的有一種看法，認為做學術比其他的成就來得重要，楊振寧也沒有這種觀念。⑭

楊振寧對於科學學術的看法，可以由他對於諾貝爾生理醫學獎得主華森（James Watson）所寫的《雙螺旋》一書的評價看得出來。華森是一個非常聰明的美國生物學家，他在一九五三年和克里克（Francis Crick）共同發表DNA的雙螺旋結構，開啟了分子生物學的新時代，並在一九六二年共同得到諾貝爾獎。六〇年代中期以後，華森寫了一本《雙螺旋》的書，記敘五〇年代他們進行這個科學大發現的過程。華森這本書特別的地方，是他真實呈現了當時他們摸索進行研究的過程，其中不但坦白說出自己對於許多知識的生吞活剝，還夾雜著大量科學家之間名利爭奪和個性衝突的內容，所以剛出版的時候，很引起了一些學術界的批評。

楊振寧認為，華森的《雙螺旋》是一本科學寫作的經典，將來必成為一個傳世之作。楊振寧說，華森在書中所要強調的，正是在說一個年輕的、初生之犢不畏虎的美國科學家，縱然沒有足夠的知識，只要有夠多的熱情，有夠多的聰明，有夠多的堅持，一樣可以做出非常重要的工作。楊振寧說，華森的這種態度，是美國的科學家和歐洲的科學家對於做學問態度一個基本不一樣的地方，而這種情形在物理學裡面也看得出來。⑮

在科學學術以外，楊振寧也有廣泛的興趣和好奇心，對文學和藝術有相當造詣，特別是科學界的一些歷史發展和人際的糾葛，楊振寧有著相當深刻的了解和興趣。總體來說，楊振寧不是一個象牙塔裡的學者。⑯

因為他知識和興趣的廣博，加上涵養豐厚，所以在學術界楊振寧是一個出名的演講者。他的學術演講自然反應了他學術工作的簡潔清晰、風格優雅，楊振寧的通俗演講，也以知識內涵深刻，典故旁徵博引著稱，他的演講反映著楊振寧的個性：簡單直接的形式內蘊含著充沛的感情。有人認為，楊振寧是近代繼胡適以來最注重演講的大學者。⑰

對於寫文章，楊振寧的態度十分慎重，他在六十歲出版的楊振寧《論文選集》扉頁上，寫著的是杜甫的名句「文章千古事，得失寸心知」。他常說，自己的文章寫得很慢，學術文章定稿前也總是經常修改。但是一般認為，楊振寧文章風格典雅，言詞簡潔而意境深遠。

他曾經寫過一篇短文〈一個真的故事〉，是談論看到中國大陸著名女物理學家謝希德的父親謝玉銘早年一項工作，後來如何和謝希德談起她和她父親深刻感情的故事。楊振寧童年一塊長大的好友，著名雕刻家熊秉明就說，楊振寧的這一篇文章，有俄國文學家契可夫小說的風格。⑱

對於文字簡潔形式之最的詩，楊振寧有著很深的愛好，在有些場合他會自然的吟誦一些古詩，顯現出他對古文學的涉獵，偶爾也自己寫一些詩。一般來說，他自己寫的詩不算特別的好，不過在文章裡引用的古詩，卻總讓人感受他不凡的品味，也益增文章的餘味。

楊振寧的演講在簡單直接的風格中，蘊含著豐沛的動人感情。（楊振寧提供）

當然，楊振寧不可避免的有時讓人覺得有一些出名成功人物給人的印象，譬如說個性上比較緊繃，競爭性強，對事求好、要求完美，自我和個性很強，有時候說話讓人覺得有教人的口吻。也有人覺得楊振寧雖然非常控制自己的情緒，但是在許多事情上，他還是給人要掌控的壓力。⑲

在近代科學歷史中，著名大科學家傲慢自大的例子是屢見不鮮的，楊振寧很少給人這樣的印象。他個性上可以說有些潔癖，雖然他十分小心的不將自己物理上的優勢才分，想當然引申到其他領域去，但似乎仍難免別人對他的評斷。譬如楊振寧在香港中文大學參與《二十一世紀》雜誌編委會，有一次他對於一篇文學史的文章不大滿意，就有了文學史其實沒有什麼道理的發言。還有一次楊振寧和學化學的兒子楊光宇談起關於有機金屬化合物的一個問題，楊振寧發表了一些意見，結果被楊光宇回敬了一句：「爸爸，這個東西不是你想像的那麼簡單的。」⑳

整體來說，學術界對楊振寧的人格和學術，普遍是相當推崇和尊敬的。而一般講到中國科學界代表人物，大家也是立刻就會想到楊振寧。㉑

雖然在中國學術界是成就頂尖的代表人物，但是楊振寧的為人態度是比較平等不講究外在形式的。在許多正式訪問的場合，特別是在中國的國內，楊振寧常常穿著一件普通的襯衫和領帶，在許多講究衣著的人群中，特別的顯出他的隨和。他十分了解中國經濟條件的情況，所以不僅不講究飛機艙等和住宿地點的接待規格，還常常主動要求花費較少的普通待遇。

這種情況有的時候也會給他帶來不便。一九九五年夏天，華人物理學會在廣東汕頭開會，許多參與這個會議的物理學家都坐同班機由香港前往，楊振寧穿著一件短袖襯衫和太太杜致禮坐在後面經濟艙中，結果下飛機時坐在前艙的幾位重要人物都被接待人員接走了，楊振寧還在後面的隊伍中排隊。㉒

許多人觀察楊振寧的處事作為，認為他似乎有一種本能上的直覺，能夠洞悉世事和人情背後的困局，而在恰當的時機表達出他對一切了然於心的敏感。他對於一些人和事觀照的周全，也顯現出他似乎有著一種天生的世故。

楊振寧過人的記憶力，常是讓人印象深刻的。有的時候，他會拿出筆記本記下所看到的事情，似乎有意的讓人了解到，他所達到的一切成就，事實上是用心經營而來。㉓

楊振寧西南聯大時代認識的老友黃昆就說，楊振寧是「一個最正常的天才」。㉔

如同楊振寧的妹妹楊振玉說的，楊振寧比較喜歡坦誠和誠實個性的人。㉕一九九五年楊振寧在汕頭一個和學生的討論會上，特別提到中國農民的素質，他認為中國農民的素質在世界上來說是最純樸的。他後來說，那一次他會提起這問題，是因為有記者訪問他的時候，問起中國的一些問題是不是因為中國人素質太差所造成，而引起了他心中的一些反感。

楊振寧對於鄧稼先為人十分推崇，引為自己永恆的驕傲。
（楊振寧提供）

他說現在中國某些地區人民的生活習慣，譬如說隨地吐痰或者不排隊等問題，有很大原因是和經濟條件密切相關的。他特別舉當年香港建造地下鐵的例子，說英國的統治者起初認為香港絕對不能造地下鐵，原因就是中國人太髒，結果現在香港的地下鐵一點問題也沒有。楊振寧認為，香港地下鐵的例子，說明了經濟條件的改變會影響日常生活的習慣。

楊振寧以為，日常生活習慣固然是人的素質之一，不過他認為人的素質中更重要的是人的基本品格，以中國農民的基本品格來看，他們的素質不但不低，而且是很高的。㉖

在他的好友當中，對中國核武計畫有重大貢獻的鄧稼先，就被楊振寧認為是一個有中國農民個性的人。楊振寧曾經如此形容鄧稼先：

鄧稼先則是一個最不引人注目的人物。和他談話幾分鐘就看出他是忠厚平實的人。他誠真坦白，從不驕人。他沒有小心眼兒，一生喜歡「純」字所代表的品格。在我所認識的知識份子當中，包括中國人和外國人，他是最有中國農民的樸實氣質的人。㉗

楊振寧和鄧稼先從小在清華園認識，後來在北京崇德中學同學一年，昆明時代也都在西南聯大唸書。後來楊振寧先出國唸書，一九四八年鄧稼先到美國普渡大學，兩人又有見面往還。一九五〇年鄧稼先完成物理博士學業之後，立刻回到中國，後來參加了中國的原子彈和氫彈計畫，到一九七一年楊振寧首訪中國，兩人才再次見面。楊振寧和鄧稼先雖然並沒有很長時間的相處，但是因為鄧稼先的個性樸實，他們五十年的友誼「親如兄弟」。㉘

楊振寧對於鄧稼先在中國核武計畫中的重大貢獻和成就，甚受感動，曾經有接到鄧稼先的信而泫然泣下的故事。㉙後來楊振寧回到中國，也都和鄧稼先見面敘舊，在北海仿膳共餐談笑，一九七二年還到鄧稼先家中訪問，了解到鄧稼先生活的清貧。一九七〇年代晚期，楊振寧回到中國訪問，曾經一次想和鄧稼先騎腳踏車出遊，當然後來並沒能如願。㉚

鄧稼先在從事核武實驗過程中，曾經一次意外的受到輻射傷害，到八〇年代罹患了癌症。後來楊振寧曾經委託當時中國駐美大使韓敘，將他特別要來的實驗治癌新藥，送回來給鄧稼先用。

一九八六年七月鄧稼先去世以前，楊振寧在前兩個月中兩次到醫院探望，他以他一貫很節制的感情，和鄧稼先家常談話，只另外給鄧稼先送了一盆花。那一回，楊振寧還偶然問起鄧稼先的太太許鹿希，說鄧稼先做原子彈和氫彈的獎金多少?許鹿希說原子彈十塊錢，氫彈十塊錢，令楊振寧有些訝異。後來楊振寧再向鄧稼先當面求證，得知確實一共二十塊錢人民幣，原因是總共發了一萬塊錢獎金，由單位裡的人按等級均分，鄧稼先就各分到了十塊錢。㉛

稍早楊振寧曾向鄧小平建議，應該公開中國原子彈工作中科學家的貢獻和事蹟。到一九八六年鄧稼先去世以前，中國政府便正式公開了鄧稼先在核武計畫中的事蹟和貢獻，後來

並在一九九六年鄧稼先去世十週年那一天，公開向世界宣布停止核試爆的決定，表示對鄧稼先的一種敬意。㉜

楊振寧的另外一位老友黃昆，也是謙謙君子型的人物。他一九五〇年代由英國留學回到中國以後，便投身奉獻中國的科學研究和教育工作，是中國半導體研究方面的先驅人物。黃昆和他的英國妻子李愛扶就住在中關村附近一個很舊的小樓上，只有兩間房間。一直到九〇年代中關村外頭已經造起了高樓，黃昆還安然自在住在那一棟老樓中的一個單位裡，甚至不願意搬到政府要給他的新家。

一九九七年楊振寧到北京開會訪問，在去探視黃昆的時候，特別買了一張CD唱片，是當年他們在西南聯大常常聽的，由英國的蘇利文和吉爾伯特（Gilbert and Sullivan）所寫關於日本天皇的一個歌劇Mikado。黃昆說，楊振寧還記得當年黃昆常常哼唱這個曲調，所以特別去找到了這張CD，結果到黃昆家裡才發現黃昆沒有CD的播放機，後來楊振寧又要清華大學的人給黃昆也買了一個CD播放的設備。㉝

除了對自己老友很自然的感情，楊振寧對於其他一些人的真切感情表現，也顯現出他個性裡內在的熱情。譬如說中國大陸著名的文學家巴金，由於在文化大革命的時候受到很大的迫害，後來在上海的處境不是很好。楊振寧八〇年代回到中國，聽說巴金喜歡喝法國的白蘭地酒，就要人買兩瓶送給他，並且還要去看看巴金，因為楊振寧說如果他去看巴金，也許巴金的

處境就會好一點。㉞

對於他認為對的事，楊振寧也會很堅持的去做。和楊振寧有密切合作關係的吳大竣的太太吳秀蘭，是高能實驗物理學家，曾經是丁肇中得諾貝爾獎工作團隊中的成員。後來吳秀蘭離開，參加另外一個實驗團隊工作，八○年代在德國漢堡的DESY高能物理實驗室，兩個團隊因為互相競爭發現膠子（gluon）的重要物理實驗成果，曾經有過很大的紛爭。

九○年代吳秀蘭獲提名競選中央研究院的院士，但是遭到丁肇中的反對而一直沒有選上。一九九六年，吳秀蘭再次得到楊振寧等人提名，成為中央研究院院士候選人，楊振寧也知道丁肇中總是要反對，所以這一次找了重要的物理學家推薦，還在一次電話中直率的對筆者說，可以告訴丁肇中，這一回丁肇中恐怕要失望了。㉟

結果一九九六年吳秀蘭第三次競選中央研究院的院士，在院士會議上丁肇中提出理由反對吳秀蘭成為院士。楊振寧對此很不滿意，於是就對丁肇中說，丁不應該自己在高能實驗物理，就不要其他的人進來。楊振寧還說，連丁肇中的老師帕爾（Martin Perl）都支持和推薦吳秀蘭，問丁還有什麼意見？沒想到丁肇中起來對楊振寧說：「你應該知道，帕爾和我的關係不好，那就好像李政道和你的關係是一樣的。」㊱

楊振寧的老友都說，楊振寧對朋友的感情是忠誠如一的。他曾經寫過一篇〈現代物理和熱情的友誼〉的文章，提到他和黃昆、張守廉三人在西南聯大的求知生活，文章最後提到他六〇年代出版了一本小書《基本粒子——原子物理上一些發現的簡史》，他說他選了一本並且小心的在書上題了辭，託人帶給黃昆。他說今天那本書還在黃昆的書架上，但是題辭卻因為文化大革命而不見了。

楊振寧的文章上寫著：

我們記得那題辭是這樣的：「給黃昆：紀念我們共同了解現代物理奧祕的時日。當時形成的熱情的友誼，沒有隨時空的隔離而消逝。」㊲

楊振寧也曾經在一篇文章裡，引述鄧稼先逝世以後，他寫給鄧稼先太太許鹿希電報和書信中的幾段話：

稼先為人忠誠純正，是我最敬愛的摯友。他的無私的精神和巨大的貢獻，是你的也是我的永恆的驕傲。

稼先去世的消息使我想起了他和我半個世紀的友情。我知道我將永遠珍惜這些記憶。希望你在此沉痛的日子裡多從長遠的歷史角度去看稼先和你的一生，只有真正永恆的才是有價值的。

鄧稼先的一生是有方向、有意識地前進的。沒有徬徨，沒有矛盾。

是的，如果稼先再次選擇他的途徑的話，他仍會走他已走過的道路。這是他的性格與品質。能這樣估價自己一生的人不多，我們應為稼先慶幸！㊳

【注】

①江才健，〈識見精準寬博情懷熱烈誠摯——楊振寧〉，《大師訪談錄》，台北：牛頓出版社，一九八七年，第40頁。這位人士是台灣清華大學物理教授閻愛德。

②和楊振寧有師承合作關係的如趙午、鄒祖德、吳大竣、鄭洪、撒德蘭等人都提到楊振寧對他們沒有保留的幫助。密爾斯的說法是在一九八四年十二月北京舉行的紀念楊—密爾斯規範場論發表三十週年會議上所說，參考倪既新〈楊振寧和他的規範場〉，原載於上海《文匯報》，一九九五年七月二十二日。

③楊振寧的學生譬如趙午、閻愛德、鄭國順、馮明光，以及合作者密爾斯、吳大竣、鄒祖德等人，都符合這種印象。

④同上。

⑤閻愛德訪問談話，一九九八年八月十日，新竹清華大學物理系辦公室。

⑥庫倫夫婦（Earnest and Sara Courant）談話，二〇〇一年二月十二日，紐約市曼哈頓家中。

⑦這是作者經常觀察到的景象。
⑧葛墨林訪問談話，一九九八年九月二十一日，北京清華大學近春園。
⑨派斯訪問談話，一九九九年五月十二日，紐約市洛克菲勒大學辦公室。
⑩高德哈柏訪問談話，一九九九年九月九日，紐約長島布魯克哈芬國家實驗室辦公室。
⑪何炳棣訪問談話，一九九八年十一月二十三日，美國加州洛杉磯厄灣市家中。
⑫楊振寧訪問談話，一九九九年五月七日，紐約州立大學石溪分校辦公室。
⑬范尼文海森訪問談話，一九九六年九月八日，紐約州立大學石溪分校辦公室。
⑭張立綱訪問談話，一九九八年九月二十五日，香港科技大學辦公室。
⑮楊振寧訪問談話，一九九八年十月二十五日，紐約州立大學石溪分校辦公室。
⑯接受本書作者訪問的物理學家都有類似的看法。
⑰金耀基訪問談話，一九九八年九月二十五日，香港啟德機場飯店。
⑱熊秉明訪問談話，二〇〇〇年五月十三日，巴黎市區中餐廳。
⑲這是和楊振寧比較熟悉的如凌寧、黃克孫、丘成桐、趙午、邱和范尼文海森、柯羅爾等人的看法。
⑳陳方正訪問談話，一九九八年九月二十五日，香港中文大學辦公室。
㉑張立綱訪問談話，一九九八年九月二十五日，香港科技大學辦公室。
㉒本書作者因工作的緣故，聽聞過許多著名科學家非常計較接待規格的故事，也親眼目睹楊振寧隨和自在的態度，一九九五年在汕頭的華人物理學會是其中一個最明顯的例子。
㉓這些觀點是本書作者長期觀察楊振寧並和他的親友討論得到的共識。
㉔黃昆訪問談話，一九九八年五月六日，北京中關村家中。
㉕楊振玉訪問談話，一九九九年九月十日，紐約州立大學石溪分校辦公室。
㉖楊振寧訪問談話，一九九九年五月十四日，紐約州立大學石溪分校辦公室。

㉗楊振寧，〈鄧稼先〉，原載於香港《二十一世紀》，第十七期（一九九三年六月）；收入《楊振寧文集》，上海：華東師範大學出版社，一九九八年，第800頁。
㉘同上。
㉙此段過程見本書第一章〈去來中國情〉。
㉚許鹿希、葛康同訪問談話，一九九八年九月二十二日，北京清華大學工字廳。
㉛同上。
㉜同上。
㉝黃昆訪問談話，一九九八年五月六日，北京中關村家中。
㉞葛墨林訪問談話，一九九八年九月二十一日，北京清華大學近春園。
㉟這是在那一次院士選舉前一年，本書作者打電話給楊振寧時，楊振寧親口所說的。
㊱此段過程係兩位中研院院士告知。吳秀蘭最後依然沒有選上院士。
㊲楊振寧，〈現代物理和熱情的友誼〉，本文原載於香港《明報月刊》，一九九一年八月號，沈良譯；收入《楊振寧文集》，上海：華東師範大學出版社，一九九八年，第708頁。
㊳楊振寧，〈鄧稼先〉，本文原載於《二十一世紀》，第十七期（一九九三年六月）；收入《楊振寧文集》，上海：華東師範大學出版社，一九九八年，第803頁。

第15章

歷史價值的信仰者

楊振寧對於歷史和文化價值有著深刻的信念。
（楊振寧畫像，1986年曾善慶畫，江才健攝）

和近代中國歷史上的知識份子一樣，楊振寧也因為近代中國受到西方文化價值強烈影響，但在歷史人文傳統上又有極大差異的客觀現實，而同樣有著必須在思想上求得調適和平衡的問題。在這一方面，楊振寧既有中國傳統文化深刻涵養而來的一貫信念，也有思想上明顯掙扎和相互矛盾的衝突。

一九二二年出生的楊振寧，可以算是近代中國受到良好而且完整西方科學教育的第三代科學家。他在四〇年代初唸大學的時候，西南聯大已經有一批受過良好西方近代科學訓練的老師。當時的楊振寧，和近代中國知識份子有著同樣的一種思維：學習近代科學除了追求知識的樂趣之外，同時也有著對當時相對積弱的中國的一種責任和使命感。

年輕時代的楊振寧，對於自己在學習新知識方面的表現是滿意的。他曾經說過，他自己所受到的教育，從小學開始，已經和西方的教育有很密切的關係了。他認為他的經驗跟老一代，也就是像他的父親那一代的經驗很不一樣。

楊振寧說，他和他父親那一代所受到的教育的不同，主要是他在小學、中學學習歷史和地理這些科目的時候，所用的教科書、所用的學習方法，跟西方已經步驟基本上一致了，但是他父親在唸小學、中學時完全沒有這種教與學的方法。楊振寧認為，像他那個年紀的中國人，做科學研究的時候，已經沒有必要全面改變思維方式和意識形態，來適應研究科學的新要求了。①

果然，楊振寧學習近代科學的成績是驚人的。他一九四六年到芝加哥大學唸研究所的時候，立刻就顯現出在物理科學方面過人的認知和才分，他的許多芝加哥大學的美國同學，對於從戰時中國來的楊振寧居然能夠對近代科學有這麼好的認識，都感到印象十分深刻。

不過楊振寧很快就在芝加哥大學的許多有名科學家身上發現，不同的文化背景和人格特質，對於一個科學家所創造科學工作的風格的影響。這也就是楊振寧後來所說過的：「在創造性活動的每一個領域裡，一個人的品味、加上他的能力、氣質和際遇，決定了他的風格。而這種風格又進一步決定了他的貢獻。」②

好學深思的楊振寧，很快的對於科學的哲學思維以及它背後文化影響的關聯，發生了興趣。一九六一年四月八日，他得到諾貝爾獎後四年，楊振寧在麻省理工學院一百週年的一個小組座談會上，發表題為〈物理學的未來〉的一個簡短報告，展現他對近代科學發展在哲學和文化方面的一個透視性看法。③

楊振寧在這個和著名物理學家費曼、柯克考夫特和帕爾斯（R. Peierls）同席的小組座談會上表示，二十世紀到六〇年代為止，物理科學的成就是驚人的，尤其是這些科學成就對於人類造成了無可比擬的巨大影響。但是楊振寧說，物理學的榮耀並不是建立在這類影響之上，物理學家最看重的也不是這些影響。

楊振寧說，物理實驗深入範圍的不斷擴大，雖然很重要，卻也不是物理學家最感到滿意和引以為自豪的。物理學家最注重的是去形成這樣一些概念的可能性。楊振寧用愛因斯坦的話說，就是一個「完整的可用的理論物理系統」能夠被建構起來。這樣一個理論系統體現了普適的基本規律：「用這個系統，宇宙能夠用純粹推導的方式建造起來。」楊振寧認為，二十世紀的前六十年物理科學方面的成就，恰如一首英雄詩，不僅有大量的拓寬人類對物質世界知識的重要發現，還有三個物理概念上的革命性變化：狹義相對論、廣義相對論和量子理論。這三個物理概念的革命，形成了一個深刻、完整的、統一的理論物理體系。

但是隨著物理科學繼續進展，由於物理學界普遍的對於一個「未來基本理論」有著無限制信心的傾向，楊振寧說，他想發表一些悲觀的意見。

楊振寧在他的報告中首先強調，純粹的知識累積儘管是有趣的，對人類是有益的，但是與基本物理的目標十分不同。

其次他提到，當時研究次原子（比原子尺度更小）物理的內容與人類直接感覺經驗已經相距很遙遠，而且隨著探究空間的縮小，這種遠離感官經驗的遙遠性質還會增加。楊振寧說，根據著名物理學家維格納的計算，要達到當時場論研究的水平，物理學家至少必須貫穿四個不同層次的概念，楊振寧說維格納的計算容或有主觀的看法，不過他認為，要想達到比較深入和比較完整的理論體系結構，至少必須要有多於一個層次的貫穿。在這一方面物理學家面對了一個不利的條件，原因是理論物理最終的判斷是在現實之中，這與數學家和藝術學家不同，因為理論物理學家不能憑自由的想像去創造新的概念，建構新的理論。

楊振寧接著提出英國著名天文學家和作家艾丁頓（A. S. Eddington）在他寫的科學哲學書中舉的一個例子，說一個海洋生物學家用六英寸網眼的漁網，經過長時間捕魚研究，得到所有的魚比六英寸長的結論。楊振寧說，這個結論看起來很荒謬，但是在現代物理學中卻很容易找到這種例子。由於實驗的複雜性和間接性，人們沒有認識自己所做實驗的選擇性質。選擇是建立在概念上的，而這個概念也許是不合適的。

最後楊振寧提出，物理學家日常工作中很自然的有著一種概念，就是人類的智力是無限的，而宇宙現象的深度是有限的。楊振寧說，這種信念是有用的，或者說是健康的，因為從這樣的信念中可以得到勇氣。但是相信自然現象的深度是有限的想法，並不能自圓其說，而相信人類智力是無限的信念，也是錯誤的。楊振寧的結論是，每個人創造力的生理極限性和社會局限性，可能比自然的局限性更為嚴重。④

楊振寧在這個座談會上表達的觀點，展現了他在科學哲思方面深刻的透視。後來楊振寧曾經將他的短文給了名物理學家維格納，以物理哲學思維和著述聞名的維格納看了以後，給楊振寧回了一信，對於楊振寧的深刻物理透視和哲思表示讚賞。⑤

楊振寧並沒有將自己沉陷在這種哲學思維之中，他謹記著芝加哥時代費米老師的教誨，不鑽牛角尖，不將精力浪費在過分龐大的哲思問題，而是去研究一些在物理科學上可以得到解答的問題，也因此在近代物理科學上做出帶有他個人風格的經典工作。

就像所有科學上的大師一樣，楊振寧在他的科學工作中，總還是不能迴避他所探究宇宙結構背後的哲學思維。不過楊振寧比較喜歡探究的，不是哲學家的那一種哲學，而是科學研究中的哲學思維，他曾經解釋這種哲學是一個物理學家的看法如何，注意什麼問題等等。楊振寧認為這種哲學對於物理科學有關鍵性長期的影響，因為它影響了物理學家的喜好，也決定了物理科學發展的方向。⑥

楊振寧曾經說過，許多從歐洲到美國的老一輩科學家，比較喜歡討論哲學問題，喜歡討論哲學對科學的影響，譬如維格納就是一個代表。楊振寧認為，老一輩科學家受到哲學家影響比較多，到他這一代的科學家，受到這種哲學影響就比較少。他說，現在的情形是科學影響哲學，而不是哲學影響科學。⑦

做為物理學家，楊振寧事實上很清楚近代科學一直朝向一個化約論（reductionism）方向發展的問題。不過楊振寧認為，儘管這種方向有許多不夠周全的地方，許多的結果也不是最後的解答，但是在這種方向上繼續做下去，還是目前最有效的一種研究方法。他以為，一下子想要解決一個根本上的大的問題，有的時候會落入一種虛無飄渺的情況，不容易成功。⑧

對於文化在科學中的影響的問題，楊振寧說當年他得到諾貝爾獎的時候，就有新聞記者來問他，說他們做的宇稱不守恆討論左右對稱的問題，是不是與他們出身中國文化的背景有關係。雖然楊振寧當時認為，這其中並沒有互相關聯的地方，不過他現在也承認，就廣義的文化來看，對於科學思維的影響還是有的。

他特別舉出一個例子，就是一九五〇年代左右，德國人特別喜歡鑽研最尖端的邏輯問題，譬如說當時很紅的一種叫做公理化理論（axiomatic theory），在其他國家就很少有人做。另外他認為，中國人現在要去研究物理中所謂「弦理論」的就比較少，原因是在中國文化裡面，比較講究實際，對於推向極端的虛無飄渺理論，興趣比較低。[9]

對於這種受到文化影響而來的不同價值觀，楊振寧認為對於科學的學習態度和選擇題目的偏好都會有所影響。他認為中國和西方在彼此文化的認識上，西方對中國文化的價值，雖然有一些在理性上覺得可以了解，不過並不能有真正的認識；同樣的，中國傳統教育出來的人，對於西方一些事情，可以說也是理性上的了解，並沒有辦法把它變成自己的一部分。楊振寧以為，文化傳統是非常根深柢固的一件事情，西方和東方的文化傳統的確是不大一樣的。[10]

在西方的文化中，楊振寧認為宗教的影響非常的大，這和中國文化中宗教的影響很不一樣。他特別提到十八世紀到十九世紀，西方的許多哲學文化討論裡面喜歡談「理性」（rational）和「不理性」（irrational）的問題，這都與西方宗教對科學的影響有密切的關係。因此一九九二年楊振寧到山西訪問，曾經在一次題詞的時候，寫下來「科學與宗教本是一家」

的幾個字。⑪

對於這一方面，楊振寧曾經在任教的紐約州立大學石溪理論物理研究所一次演講中提到，被認為是近代科學創始者的牛頓，在他總共有一百多萬字的論文中，除了數學著作之外，還有他研究神學問題和煉金術的大量紀錄，看得出來牛頓其實深深沉浸在神祕與玄奧的思考之中。楊振寧說，牛頓在這麼多紛雜的思考中竟能集中注意力完成他的科學巨著《自然哲學和宇宙體系的數學原理》，是偉大的歷史奇蹟。⑫

楊振寧在演講中提出，英國偉大的經濟學家凱因斯曾經蒐集重新編定牛頓的論文，一九四六年凱因斯寫了一篇有趣的文章〈牛頓這個人〉，其中有兩段文字，楊振寧認為對牛頓在人類知識歷史上的地位做了有洞察力的評價：

從十八世紀以來，牛頓曾被認為是近代第一個最偉大的科學家，一個理性主義者，一個教導我們按照客觀的和不加色彩的理智來思考問題的人。我卻不用這種眼光來看待他。

牛頓不是理性時代的第一人。他是最後的一位巫師、最後一個巴比倫人和蘇美人、最後一位偉大的智者，他看待周圍世界和智識世界，和幾千年前開始建立我們知識遺產的那些人的眼光一樣。⑬

對於不同文化背景的中國之接受西方科學的進程，楊振寧有著樂觀的看法。他說十九世紀下半葉，中國開始有派留學生到外國做研究工作的想法，後來有「中體西用」以及張之洞著名的文章《勸學篇》的思想辯證，但是因為結果不大成功，一度造成中國人對自己文化自信心的大為降低。

楊振寧說，但是到二十世紀以後，中國的近代科學從無到有，在大約三、四十年的時間裡，跨了三大步：在一九一九年五四運動之時，中國可以說還沒有自己的近代自然科學研究；到三〇、四〇年代，已經有一批受到良好近代科學訓練的老師，教育水準也已達到西方一般大學的水準；而到了五〇年代他這一代科學家，已經得到獲諾貝爾獎的成就。⑭

對於科學實驗工作中動手的問題，楊振寧也認為中國文化對於中國科學家並沒有負面的影響。他提出中國第一個在德國波昂大學得到物理博士的李復幾，就是做光學實驗的，他也舉出西南聯大的老師吳有訓早年在芝加哥大學做康普頓效應的驗證，得到康普頓很高的評價的事實，另外他還指出，趙忠堯、王淦昌、吳健雄、丁肇中等人都是以實驗物理著稱的科學家。

楊振寧曾經以中國在二十世紀下半葉，自力發展出原子彈、氫彈、人造衛星、噴射機、計算機、半導體元件和積體電路等的技術成就，來說明中國引進近代科學在先進技術方面所獲致的成就。他也特別用美國科學院和工程學院中有數十位中國血統院士的事實做為一個指標，來顯現中國學習近代科學文化方面的成就。⑮

楊振寧說，中國眾多人口中的許多人才，加上注重忠誠、人倫關係，以及勤奮、忍耐的文化特質，過去抗拒吸收西方科學思想的儒家文化保守性的消失，以及近年經濟建設的成功，使得中國在科學發展所需的才幹、紀律、決心和經濟支援的條件，可說是四者俱備。他特別提出經濟學家羅渥（Jim Rohwer）在英國《經濟學人》雜誌上所說的，中國將在二〇一〇年左右變成世界上國民生產總值最大的國家。⑯

對於同樣引進西方文化和科學的日本，楊振寧觀察到和中國有相類似卻不盡相同的情況。楊振寧說，日本開始學習西方的文化與科學，可以說比中國早五十年。日本在一八六八年開始了明治維新，到十九世紀末、二十世紀初葉，日本物理學家長岡半太郎已經成為第一個在國際上出名的日本物理學家。中國在一八九八年的設立北京大學前身京師大學堂，一九〇五年廢止科舉制度，以及一八九六年開始派遣學生東渡日本留學，可說是正式開始引進現代科學的作為，而到一九〇七年已經有一萬名中國學生在日本留學。

楊振寧觀察日本引進西方科學的經驗，認為是可以參考的一個例子。他特別提到日本雖然引進西方科學技術，卻沒有喪失自己原來的傳統文化。楊振寧以為，以中國這樣悠久長遠的文化傳統，也不會因為引進西方的科學文化，就喪失自己的傳統文化的。

在美國長時間生活的楊振寧，由於美國物理學界有許多猶太裔物理學家，所以對於同樣是少數民族的猶太人在美國社會中的心理狀況，也有許多的觀察和看法。楊振寧以為，許多從歐洲到美國去的猶太裔物理學家，之所以都顯現出比較尖銳的競爭個性，與他們以前在歐洲受到的不愉快經驗有關係，這些經驗造成了他們比較複雜的一種心理狀態。在這一方面，楊振寧認為中國的科學家在美國沒有這樣子沉重的壓力，原因是中國科學家沒有猶太裔科學家心理上的那一種不安全感。⑰

不過也由於猶太人有過去的這些經驗，使得他們對於自己同胞的處境，願意全力的給予協助。楊振寧曾經提到他在紐約參加一個猶太人組織的大宴會，他除了對那個幾千猶太人對猶太社會組織的熱誠頗有感觸之外，也聽到參與宴會一位猶太人告訴他的一個故事。

那個猶太人說，他在英國曾經和一個很大百貨公司的猶太裔老闆談話，那個老闆說，在一九五〇年代的時候，為了幫助以色列工業發展，雖然知道當時以色列的一些產品不能真正在世界市場上競爭，還是願意在他的百貨公司裡銷售這些產品。楊振寧說，他聽了以後有很多的感想。⑱

楊振寧說，他因為工作緣故在許多地方旅行，慢慢得知許多中國人在海外受到歧視和迫害的事情。譬如說在澳洲，二次大戰以前政府規定，所有中國人工廠做出來的木具，都必須打上「中國人製造」的印子，這樣澳洲的很多白種人就不會去買這些木具。另外在印尼，楊振寧也看到那裡中國人的一種恐懼。

楊振寧說他曾經看到一篇文章，提到中國人過去在美國舊金山所受到的歧視。在這篇外國作家的文章中說：

事實上你聽到、讀到愈多關於中國人在加州的經驗，你就會愈傾向於做出以下的結論：除了印地安人以外，在美國各民族中，沒有別的少數民族曾經受到中國人所遭遇到的無理性的迫害。也沒有另外一個少數民族今天能像中國人一樣，在經過這些迫害後有這麼少的心理傷害。⑲

楊振寧說，中國人受到了許多迫害是一個事實，但是他問道：

在美國的中國人果然沒有心理傷害嗎？

楊振寧說，中國傳統的社會制度、禮教觀念、人生觀，都對中國人產生極大的束縛力量，這些對個人的約束使得中國人缺少大膽進取的精神，缺少反抗的動力。楊振寧舉出在一九七〇年一個日本人寫了一本叫做《二世》的書，所謂「二世」是日本人自己對在美國生長的第二代日本人的稱呼。這本書講的是美國的日本人的歷史，其中對於日本人在二次大戰期間被關在集中營的事情，有很詳細的描寫。這本《二世》的書是貢獻給「二世」的。

楊振寧問道，是不是中國人在美國的歷史沒有日本人的重要呢？是不是中國人在美國的經歷沒有日本人那麼值得記載呢？他說，如果回答是「不然」，那麼為什麼中國人沒有類似的詳盡的歷史呢？為什麼我們只能常常在報紙雜誌上，看到阿Q式的自欺欺人的爭面子的報導呢？

楊振寧說，中國人受了傳統的影響，有一個觀念就是：「算了，又何必要找事情呢！」他以為，這是一個萬分錯誤的觀念。他說猶太人在二次大戰時有六百萬人被殺掉，今天幾乎沒有一年沒有幾十本新書來研究他們受到的殘酷待遇。楊振寧說，這些書很多是猶太人寫的，而且他們所寫的歷史不見得都是說猶太人的好話，也說了許多為了保存自己性命出賣朋友的猶太人的事情。

楊振寧說，一個猶太人描述猶太人的悲慘命運，譬如受壓迫下的可恥行動，是需要一些勇氣的。一個在美國生長的日本人攻擊美國對日本人的待遇也需要有勇氣。中國人似乎缺少這些勇氣。楊振寧問道，是不是這就是因為所謂的沒有「心理傷害」呢？⑳

楊振寧也特別提出，在近代科學發展以後，人類對於生存資源的競爭變得更加的激烈，各個國家為了爭奪資源和經濟發展，科學成為一個更有效的工具，其背後的問題，是人類不可

抑止的一種消費慾望。他認為這種情形還要繼續的發展下去，恐怕除了用宗教辦法以外，是不可能遏止的。㉑

楊振寧以為，如果整個世界沒有發生巨大的衝突，也許到二〇三〇年或者二〇五〇年，人類就要漸漸進入生存資源激烈競爭的時代，那個時候整個世界的觀念會改觀，道德看法因為生死存亡也要改變。楊振寧說，在那種情況下，他對於現在世界上先進國家譬如美國的文化，並沒有信心，因為那是非常具有侵略性的，譬如就是在二十世紀，美國還發生了驅趕印第安人、把土地分給白種移民的所謂「homestead」。㉒

對於中國大陸現在發展成功變得強大以後，許多人把中國當作一個敵人，並且認為中國可能非常的有侵略性，楊振寧表示不能同意。他說，事實上近代中國跟別的國家簽訂條約，多是中國讓步，而且中國因為在清朝時候不懂得條約的道理，常常被西方國家批評為中國不遵守條約，所以後來新中國簽訂條約都是嚴格遵守的。㉓

做為一個頂尖的科學家，楊振寧認為科學家的社會責任，將變得愈來愈重要。尤其未來的科學發展，譬如說生命科學的發展，要帶來的道德和社會問題，是現在無法想像的。因此科學家和政府的領袖以及社會上一般的人，相互之間思想上的溝通跟了解，就變得愈來愈重要了。㉔

楊振寧說他並不認得很多政治人物，不過他卻不認同美國學術界常常流傳的一種看法，就是認為做政治的人智力上有問題，他覺得這個想法完全是錯誤的。他說不要說一個人能做到總統、國務卿或者是內閣閣員，就是任何一個參議院和眾議院的議員，都是相當聰明的，因為他們如果不夠聰明，不能掌握選民的心理，是不可能被選上的。

楊振寧曾經談起，八〇年代因為中國國內有些人對他不大滿意，所以有謠傳說楊振寧想做一個政客，要想變成參議院的議員云云。楊振寧說，如果他真能夠成為參議院的議員，他一定會去做的，因為這是非常重要而且值得做的一件事情。他還說，那時也還有楊振寧開了一百多家飯店的傳說，他說開一百多家飯店豈是容易之事。楊振寧以為，這些說法所反映的，是有些人還認為做學術教授就清高一點，而政治和商業是比較汙穢的。㉕

雖然楊振寧在近代物理學中做出了優雅而美妙的工作，也曾經說起科學家在面對許多不可思議的美麗自然結構之時，會有的一種觸及靈魂的震動之感，但是對於物理科學發展的困境以及人類認知宇宙現象智力方面的局限性，楊振寧也有十分清楚的意識和十分深刻的反省。

他曾經說，物理學家在物理裡面做了一段工作之後，有時候會有一種傾向，就是忘掉了他們正在研究事物的全面含意。對遠景的洞察淹沒在細節之中，可能對於原來重要的問題變得盲目而沒有遠見。㉖

因為有這樣的一種信念，所以楊振寧對於他自己所從事的高能物理研究領域，不但有不同於熱門潮流的看法，他還曾經說過：

對物質結構認識的不斷增加，將物理實驗不斷深入到更微觀的領域，以及對其他未知領域的創造和影響，當然都是很大的成就。但是，如果我們認為這些成就就是高能物理的唯一目標，那就大錯特錯了。因為這一學科的本質，在探索對實驗事實加以綜合的新觀念和新定律。

楊振寧說，這種綜合就是物理學家馬赫（Ernst Mach）所說的「對觀測到的東西的簡潔描述」，而對這種描述的探索，才是高能物理真正的目的。㉗

也因為如此，他一九六一年在麻省理工學院發表〈物理的未來〉的觀點之後，一九八二年在為這一篇文章所寫的後記中也提到，雖然從一九六一年以後的二十年，物理學不論是實驗還是理論都曾經有過令人激動的時刻和重要的進展，但是他還是感到，物理學的困難有增無減。他以為，一方面實驗的複雜和經費的增加，造成高能實驗物理的困難，另外這個學科本身內容的日益複雜，不但使理論物理學家隔行如隔山，和實驗物理學家的阻隔也更加的巨大，新進研究者有愈來愈脫離物理現象的問題。㉘

不只是對於高能物理的進展方向有著保留的看法，對於整個量子力學的理論，楊振寧也認為其中仍然有某些嚴重不穩妥之處，他同意愛因斯坦的看法，認為這不會是最後的結論。㉙

就像他在一九六一年〈物理的未來〉中間所闡明的意見，楊振寧認為人類對自然界認知能力的局限，是影響科學發展的一個因素。他提出薛丁格提到過的，就是量子力學對於物理世界的解釋跟人的智慧和意識的關係，這一方面楊振寧曾經指出來，未來對人類智力最大的一個挑戰，是了解腦的組織的問題：記憶儲存的基本機制是什麼？在人的身體的化學過程和腦中間非常特別而非統計運作之間的關係是什麼？尤其是概念如何在人的腦中形成的？這一方面的問題會不會使得人類對宇宙認知有新的觀點，楊振寧說他不敢講。[30]

對於宇宙的結構和宗教的關係，楊振寧說，科學家認識到自然結構有這麼多不可思議的奧妙時候的感覺，和最真誠的宗教信仰是很接近的。他認為不論用什麼態度來面對宇宙是不是有一個最後主宰的問題，這個問題一直存在。對於這個問題，楊振寧認為是永遠不能有最後回答的。[31]

對於物理學最精粹的發展結果，楊振寧認為它們以極濃縮的數學語言，寫出了物理世界的基本結構，可以說它們是造物者的詩篇。楊振寧說學物理的人了解了這些詩一樣的方程的意義以後，對它們的美的感受是既直接而又十分複雜的。他曾經引用英國詩人布雷克（W. Blake）的一首詩，來說明這些物理方程極端濃縮和包羅萬象的特點：

一砂一世界
一花一菩提
握無窮於掌
剎那即永恆㉜

他又說，這些物理方程式的巨大影響也許可以用波普（A. Pope）的名句來描述：

自然與自然規律為黑暗隱蔽。
上帝說，讓牛頓來！一切即臻光明。㉝

楊振寧說，這些都還不夠，不能全面說出學物理的人面對這些物理中精粹方程式之美的感受。他說這似乎還缺少一種莊嚴感，一種神聖感，一種初窺宇宙奧祕的畏懼感。楊振寧說，這中間缺少的，恐怕正是籌建哥德式教堂的建築師所要歌頌的崇高美、靈魂美、宗教美、最終極的美。㉞

【注】

①楊振寧，〈創造與靈感〉，一九八五年一月七日在香港中文大學與杜漸先生的談話，原載於香港《明報月刊》，一九八五年（第二〇三期）。

②楊振寧，*Selected Papers 1945-1980 with Commentary*, New York: W. H. Freeman, 1983, p. 4.

③同上，p. 319。

④同上，pp. 319-321。

⑤維格納，致楊振寧信函，一九六一年四月十二日，楊振寧提供。

⑥楊振寧，〈談談物理學研究和教學——在中國科技大學研究生院的五次談話〉，原載於《中國科學技術大學研究生院學報》，一九八六年十月；收入《楊振寧文集》，上海：華東師範大學出版社，一九九八年。

⑦楊振寧訪問談話，二〇〇〇年八月二十一日，紐約州立大學石溪分校辦公室。

⑧楊振寧訪問談話，一九九九年五月七日，二〇〇〇年八月二十一日，紐約州立大學石溪分校辦公室。

⑨楊振寧訪問談話，一九九九年五月十三、十四日，紐約州立大學石溪分校辦公室。

⑩同①。

⑪楊振寧訪問談話，一九九六年五月十四、十九日，紐約州立大學石溪分校辦公室。

⑫楊振寧，〈關於理論物理發展的若干反思〉，原載於紐約州立大學石溪分校理論物理研究所預印本，編號ITP-SB-92-55。

⑬同上。

⑭根據楊振寧一九八二年六月二十日在紐約州立大學石溪分校對中國訪問學者和研究生的演講，以及與張奠宙的談話中的意見。此二文〈在石溪對中國訪問學者的演講〉、〈華人科學家在世界上的學術地位——和華東師範大學張奠宙教授的談話〉皆收入《楊振寧文集》，上海：華東師範大學出版社，一九九八年，第378、825頁。

⑮楊振寧演講：「近代科學進入中國的回顧與前瞻」，一九九三年四月二十七日在香港大學；載於《明報月刊》，一九九三年十月號，沈良譯。

⑯同上。

⑰楊振寧訪問談話，二〇〇〇年七月三十一日，香港中文大學辦公室。

⑱楊振寧演講：「我對一些社會問題的感想」，一九七〇年十月三日在紐約香港學生聯誼會，原載於《紐約香港學生月報》，一九七〇年十二月（第十二期）；收入《讀書教學四十年》，香港：三聯書店，一九八五年。

⑲Vincent Mchugh, "San Francisco, Little China," *Holiday* Apr. 1961: 100.

⑳同⑱。

㉑楊振寧訪問談話，一九九六年十二月三日，香港中文大學辦公室。

㉒同上。

㉓楊振寧訪問談話，一九九九年五月七日，紐約州立大學石溪分校辦公室。

㉔楊振寧訪問談話，一九九九年五月十九日，紐約州立大學石溪分校辦公室。

㉕楊振寧訪問談話，一九九九年五月十一日，紐約州立大學石溪分校辦公室。

㉖楊振寧，〈自旋〉，中譯文載於《楊振寧談科學發展》，張美曼譯，台北：八方文化企業公司，一九九二年。

㉗楊振寧一九六四年在美國物理學會華盛頓會議上關於高能物理的講話，中譯文載於《楊振寧演講集》，韓秀蘭譯，天津：南開大學出版社，一九八九年。

㉘同②，p. 51。

㉙楊振寧：「愛因斯坦對理論物理的影響」，一九七九年在義大利的崔埃斯特的一項會議後，回答問題的意見；收入《楊振寧文集》，上海：華東師範大學出版社，一九九八年，第335頁。

㉚同②，p. 443。楊振寧訪問談話，二〇〇〇年八月二十一日，紐約州立大學石溪分校辦公室。

㉛張文達，〈上窮碧落下微塵——接受香港專欄作家張文達訪談〉，原載於香港《明報》，一九八三年三月十一日至十四日。收入《楊振寧文集》，上海：華東師範大學出版社，一九九八年。

㉜布雷克的原文是：

To see a world in a grain of sand
And a haven in a wild flower.
Hold infinity in the palm of your hand
And eternity in an hour.

㉝波普的原句是：

Nature and nature's law lay hid in night.
God said, let Newton be! And all was light.

譯文是楊振寧自己寫的。

㉞楊振寧演講：「美與物理學」，一九九七年一月十七日在香港中華科學與社會協進會與中文大學主辦的演講會；收入《楊振寧文集》，上海：華東師範大學出版社，一九九八年。

第16章

何須惆悵近黃昏

但得夕陽無限好。
（江才健攝）

如同楊振寧自己說的，他的一生可以說是一帆風順。從小時候唸書開始，到他進入西南聯大，以及後來到芝加哥大學進修，進入普林斯頓高等研究院等等，都是在最恰當的時候，碰到最良好的機會，使得他的興趣和才分得以充分的發揮。他說在他開始物理研究之時，當時高能物理或是場論這些領域，可說是遍地黃金，他搞統計物理，也是在方興未艾的時候進入，因此成功機會是比較大的。他回顧自己一生的際遇，覺得這一切是既偶然又不偶然；偶然的是他碰上了這些機遇，不偶然的是他自己具備的興趣、個性和能力上的偏好。他常說，自己是極端幸運的。①

極端幸運的楊振寧，和一般人的人生經歷確實大不相同：他不但在科學上獲有頂尖成就，在社會政治和學術文化方面的影響，也是近代學術中少見的代表人物。意氣風發、但是並沒有躊躇滿志的楊振寧，到六十歲才猛然發現人生的一個事實。

楊振寧說，他六十歲的那一年，到芝加哥大學參加人類第一個核反應器運作成功的四十週年紀念會，在那裡碰到芝加哥大學時代的老同學渥芬斯坦（Lincoln Wolfenstein）。楊振寧告訴渥芬斯坦說他最近有一個大的發現，渥芬斯坦還以為他在物理上有什麼新的創建，結果楊振寧說，他發現了「人生是有限的」。②

雖然認知到人生的有限，但是到一九九二年楊振寧七十歲的時候，在各個方面他依然保持著令人驚訝的活力和衝勁。那一年在好多地方都有慶祝他七十歲生日的聚會，生日會上，他難免年歲漸增人生無常的感喟，好幾個慶生會的演講，他都引用陸游的詩句「形骸已與流年老，詩句猶爭造化工」自況心境，看得出來在感慨之餘，還有老驥伏櫪的雄心。

一點也不錯，以他的年歲來看，七十歲的楊振寧是令人驚嘆的，他不但一直沒有老花、近視，沒有假牙，甚至還行動輕盈敏捷，可以由一個不太高的講台跳下來，讓旁觀的人替他捏一把冷汗。難怪他的老朋友高德哈柏說，他曾經在楊振寧的生日聚會上開玩笑的說：「Frank, may you always be young (Yang).」（法蘭克，願你永遠年輕。）③

楊振寧七十歲的那一年，曾經在北京、天津、山西、合肥和上海等好幾個地方旅行一個多月。在合肥的一天他談起來，說有人講人年紀大了譬如說到六十歲，是以十年為一個單位來看未來，到七十歲是以三年為一個單位，八十歲以一年為一個單位，九十歲也許是以一個月一個月來看的，他當時說雖然他已經七十歲了，但是卻沒有這種感覺。他提到有一年他在黃山上給周培源先生照了一張相，那個時候周培源七十五歲，他說將來年紀大了也要像周培源一樣，自己走上黃山。他還講到要走一趟從新疆的南疆越過山口到巴基斯坦去的行程，可說是豪氣干雲。④

不過楊振寧終究未能免於生理老化的自然法則，一九九七年十一月八日，楊振寧在紐約長島石溪的家中突然感到胸口悶痛，原來還以為是胃潰瘍或者胃酸作祟，未料後來進醫院檢查，才發現原來是一次輕微的心肌梗塞，而且他的心臟大血管已經有七處堵塞，因此醫生建議他做四條血管的繞道手術。⑤

楊振寧住院心臟開刀的消息，很快的在親朋好友和物理學界傳開，他們送了花籃，華人物理學界還致送數百人聯名簽名的問候卡。住在外州，本身也是醫生的楊又禮說，她當時聽到父親的電話留言，雖然只說要她回電，但是覺得父親在電話中語氣哀傷，她打電話回去時，父親已進了醫院，她立刻趕回石溪，發現醫院病房外花多得都走不進去。⑥

十一月十七日，楊振寧在他任教的紐約州立大學石溪分校醫院，進行心臟血管繞道手術，手術十分成功，楊振寧復原很快，三個月後又回到辦公室工作。

楊振寧後來談起他當時面對此一突發的生命變故，心中難免一驚。他說，雖然他以前就已經寫了遺囑，不過在開刀以前，還是特別用英文再寫下來一些事情，交代給太太杜致禮。手術成功之後，楊振寧形容他歷經此一生死關頭的心境，說是「奈何橋邊猛回首，此身猶在堪驚」。⑦

事實上，楊振寧早些年便感受到年歲在自己身上的影響。一九八四年，他一次到柏克萊探望在那唸書的二兒子楊光宇，兩人到舊金山一個叫電報嶺的地方遊玩，楊振寧在那挑戰楊光宇一起跳過一個溝，二十六歲的楊光宇一躍而過，楊振寧跟著跳，未料卻扭傷了右腳。這件事使得當時年逾六旬的楊振寧意識到，自己已上了年紀。⑧

1977年楊振寧（右）和周培源（左）在黃山的合影。（楊振寧提供）

一九九二年他過七十歲以後，雖然還是壯志雄心不減，沒有減緩他在學術工作上以及參與外界事物的步調，但是熟識楊振寧的人還是漸漸發現，他的外觀難免現出了一些老態，除了年輕時有過後來偶爾復發的背痛宿疾影響，背脊有些不直之外，臉上出現了一些老人斑，聽力有些衰退，在做心臟繞道手術以前，有一段時候還發生心律不整的毛病。

面對這種無可如何的年歲天限，楊振寧說面對的態度，一是保持自己心智的活力，不要對什麼事情都不發生興趣；另外就是要看得開。楊振寧說，不過很遺憾的是，大多數人都做不到後面的一點。⑨

他說人年紀大了，對人生的想法不可避免的要有所改變，他也是在自己年紀大了，才漸漸了解到年紀大了的人的心理。他談起和自己合作寫過論文的普林斯頓大學物理學家崔曼幾年前的去世，二〇〇〇年又有和他熟識的物理學家史諾以及因寫愛因斯坦傳享有盛名的物理學家派斯的突然過世，言談中雖不露傷感，卻難免對生命有限的感慨。⑩

面對有限生命，楊振寧沒有多愁善感。他以跟時間賽跑的態度，更加積極做他一直想做的事情，他更多的公開演講，推動科學的教育和研究，特別是幫助中國科學研究的發展。

對於中國傳統的教育方式和價值觀念，楊振寧有許多不同於尋常的看法。他曾經說，在中國人社會中的教育制度，比較強調會考試的能力，楊振寧以為，一個人太會考試，老是想考試考得好，就會產生一種認為知識都是人家已經做好的，只要等著去學習的觀念，有這樣思考習慣的人，不利於需要創新精神的科學研究。⑪

一九八七年，楊振寧在新加坡倡議設立了「陳嘉庚青少年發明獎」，鼓勵一些很有動手能力但是不會考試的年輕人，使這些原來被考試制度摒棄在外的年輕人，能夠發揮他們的貢獻。楊振寧說，中國過去的考試制度，是歧視一些擅長動手的人，而這些人恰恰是中國最需要的人才。⑫

對於做學術研究的人才，楊振寧也認為，並不是每一個唸書唸得不錯的學生，都可以在研究工作上做出成績的。他說，中國傳統社會的家長和老師總是有一個想法，認為如果一個小孩唸書唸得不錯，就讓他唸研究院，唸完研究院，就要得博士學位，假如有大博士學位，大大博士學位還應該繼續唸下去。楊振寧說，這是一個錯誤的觀念。⑬

至於已經進入研究領域的研究者，楊振寧認為應該放開視野，多涉獵本行以外的一些知識。楊振寧說：「博士」顧名思義是要「博」，英文叫做「doctor of philosophy」。「philosophy」指的是總的思想方向，一個人興趣比較廣，可以應付整個學術界前沿方面的千變萬化的新情況。⑭

他也特別提到，做研究工作到最後必須要做自己所做的東西，不是在那兒跟著別人跑。老跟人跑的研究工作，是不大可能有真正重要的建樹的。⑮

對於做學問，楊振寧不但反對苦讀的觀念，也不同意許多人熱中於培養神童的想法。他曾經舉著名數學家韋納（Norbert Wiener）的自傳小說《昔日神童》（*Ex-Prodigy: My Childhood and Youth*）為例，說到其中的許多神童的悲慘際遇。韋納在書中寫道：

一個早熟兒童在智能上預支了他一生的精力資本，因而注定是要失敗的。即使他不靠救濟過活，不進瘋人院，也注定他只是二流角色。

天才由於一半屬於成人世界，一半屬於他周圍的兒童世界，而多了一層痛苦。神童比其他兒童要經歷一個更為矛盾的階段，他的處境就難有美妙可言了。⑯

楊振寧特別提到他的幼年時候功課很好，中學時代就在數學上有早慧的天才，但是他的父親沒有進一步要他去唸微積分這些大學教材，反而請人來教他讀《孟子》，楊振寧認為他父親這種順其自然發展的作為，使得他受益良多。

楊振寧相信，讓一些孩子學習超前太快，很早的送他們到大學裡去，會迫使他們面對沉重的壓力，形成不健全的性格。他提到有一個叫羅章雄的神童，他父親曾經來向楊振寧詢問升學之道，楊振寧勸他不要急於把兒子送出國讀大學，應該讓他像平常孩子一樣享有童年。楊振寧說他後來聽說羅章雄和一般的孩子一樣在草場上踢球，他很高興。⑰

談到中國的物理科學教育，楊振寧在一九八六年的演講中說，中國物理教育中認為物理就只是邏輯，以及覺得物理就是要做許多演算，都是錯誤的想法，而物理課程中所謂的「四大力學」，也壓得學生透不過氣來。他特別舉出自己在芝加哥大學受到費米和泰勒的啟發，認為要特別重視物理的現象以及直覺下意識的推理，才是學習物理重要的方法。他說物理學除了要有基本知識做為骨幹，還要有血有肉。有血有肉的物理學，才是活的物理學。⑱

他特別還提到中國大陸人才的不流動，以及平均主義的觀念，都必須要尋求改變。對於知識份子的貢獻，楊振寧也認為應該要建立一個健全的評價體制，打破「論資排輩」的評價方式。⑲

除了坐而言，楊振寧也起而行之。他除了七〇年代開始訪問中國大陸，推動科學學術，並且差不多是獨力的反對中國在當時發展沒有優先緊迫性的高能物理。八〇年代，他又成為香港中文大學的博文講座教授，每年到港三個月的時間，為中文大學和香港學術文化貢獻心力。一九八六年，他首次回台參加中央研究院院士會議，後來也成為中研院學術諮議總會的召集人和國家理論科學中心的諮議委員會主席，與聞台灣的科學學術。

一九九五年，楊振寧接受成為設立在漢城的「亞太理論物理中心」的總裁，希望以他在科學上的國際聲望，在亞太地區建立一個新的科學中心，來引領亞太地區的科學發展。這個理論物理中心後來因為韓國政治的變動以及經濟情況的衰退，並沒有達到原來預期的目標。

一九九七年，北京的清華大學成立了一個「高等研究中心」，本來他們希望楊振寧回到這個他度過童年的校園中，擔任研究中心的主任。楊振寧因為一時不能長時間回到北京清華，所以只同意擔任中心的名譽主任，由他石溪理論物理研究所的同事聶華桐擔任主任。不過他熱心參與這個中心的籌劃，並為這個中心成立基金會，除了自己捐出一百萬美金，還親自出外募款。

當然楊振寧還是沒有離開他住了三十多年的紐約長島石溪。幾年以前他由原來海邊的大房子，搬到鄰近聖詹姆斯鎮一個小山丘樹林裡較小的房子，他還是開著老舊的日本車，到不過十分鐘車程學校裡的理論物理研究所工作。

在石溪的校園裡，並不是人人都認得他。雖然理論物理研究所給他保留了一個一號牌子的停車位，有時候還是被其他的汽車占用，楊振寧也只是無可奈何的在那個汽車車窗上留下一個字條。

在石溪的街上，楊振寧常到那裡的兩家中餐廳吃飯，老闆都認識他，知道他以前常喜歡吃的是香干肉絲。心臟開刀以後，楊振寧遵從醫囑，開始改吃雞肉。他也上超級市場和書店，認得他的人不多，有時候因為聽力退步，還得再問那些年輕的櫃台小姐說了些什麼，她們當然也不知道楊振寧是何許人也。

這是楊振寧的第二故鄉了。這裡有他的家，美國有他的三個孩子，還有兩個孫女，但是年近八十的楊振寧，難免的有落葉歸根的想法。二〇〇一年他寫了兩篇關於海森堡和費米的文章，紀念他們兩人的百年誕辰，這些文章中也透露出楊振寧內心裡的一些想望。

在紀念海森堡的那一篇文章中，楊振寧談到海森堡在七〇年代晚年時出版的自傳，談到海森堡在書中談起在戰後成為美軍俘虜的過程，講到海森堡被美軍帶走前，對於德國家鄉美景的依戀。楊振寧在文章中寫道：

海森堡在事過三十年之後，所寫下的這一個輕描淡寫的過程，事實上心中經歷了何等的痛苦，何等的愛，何等的回憶以及何等真實的感情。⑳

在費米的文章最後，楊振寧也談到了他七〇年代在中國大陸與芝加哥老同學寒春的重逢，談到寒春去中國以前他們在芝加哥給她舉行的惜別聚會，談到寒春告訴他離開美國以前，告訴了費米她要去中國的決定。楊振寧也提到，寒春說她一直感激費米同意了她的決定。㉑

在九〇年代晚期以後，楊振寧常常由美國飛到東亞、到香港、台灣或者是中國大陸，有時候一年超過四、五次以上。他知道自己的成就來自科學上的貢獻，他最心儀的科學家是辦公室牆上許多照片中的愛因斯坦，他曾經自我評價，說自己的風格是三分之一來自狄拉克，三分

1999 年戴森在楊振寧退休儀式上，推崇楊振寧科學和文章的優美風格。
（楊振寧提供）

之一來自費米，三分之一來自愛因斯坦。㉒但是當有人問他一生最大貢獻的時候，他的答案卻是：

幫助改變了中國人自己覺得不如人的心理作用。㉓

一九九九年一月一個寒冷的冬天，楊振寧在石溪理論物理研究所上完了最後的一堂課，他正式退休了。那一年的五月，在長島山茱萸盛開的季節，石溪理論物理研究所特別為楊振寧舉辦了一個退休的研討會，這是一個科學上的盛會。

五月二十二日這個退休研討會的第二天晚上，有一個為楊振寧退休舉行的晚宴，和楊振寧惺惺相惜，並且以一手做科學、一手寫人文成為美國科學文化界傳奇人物的理論物理學家戴森，由普林斯頓高等研究院來到石溪參加這個盛會，並且應邀成為晚宴上的頭一個演講者。

戴森說，他自己最喜歡的一本書，就是楊振寧為自己六十歲所出的《論文選集》。本身以文字優美著稱的戴森，推崇楊振寧在論文選集前面所寫下的許多評注，他認為那是一本經典之作。

戴森在演講中說，他和楊振寧同樣的景仰大科學家費米，並同樣受到費米的科學思想啟迪。戴森特別提出楊振寧在〈父親與我〉文章中對父親和中國的感情，戴森說這篇文章動人的

SCIENCES

1999年5月在紐約州立大學石溪分校理論物理研究所為楊振寧舉行盛大的退休儀式，研討會出席的科學家有：戴森、高德哈柏、丁肇中、史坦伯格、庫珀（L. Cooper）、康寧（J. Cronin）、法捷耶夫、特霍夫特、維特曼、丘成桐、辛格、周光召、巴克斯特、庫倫、羅森布魯斯、吳大竣、鄭洪、朱經武、趙午、喬玲麗、吳秀蘭、楊振平等人。（楊振寧提供）

描述楊振寧和他父親親密的關係，以及因分離而造成的痛苦：

> 沒有美國，楊振寧不會成為世界一流的科學家，
> 離開了中國、他的父親，將成為無根之樹。

戴森說，對楊振寧來說，他個人的離開父親，以及政治上的離開中國，是同一悲劇的兩個部分。

戴森特別提到楊振寧在〈父親與我〉文章結尾寫到親眼目睹香港的回歸，想到他父親那一代所經歷的苦難而引起情緒激動的回憶。戴森說，他十分能夠分享楊振寧的感情，因為他來自英國，和楊振寧同樣是另外一個古老的文化傳統，他能體會楊振寧對於美國愛恨交織的複雜感情，因為美國對他們是如此之慷慨大度，但是對於他們古老文明的了解又是如此之少。

戴森說，他喜歡楊振寧《論文選集》前言中所引用的杜甫的詩：「文章千古事，得失寸心知。」他推崇楊振寧是繼愛因斯坦、狄拉克之後，為二十世紀物理科學樹立風格的一代大師。他稱讚楊振寧是一個知所節制的保守革命者。㉔

在這個晚宴上，紐約州立大學石溪分校的校長坎妮（Shirley Kenny）正式宣布，將石溪的理論物理研究所，改名為楊振寧理論物理研究所。

楊振寧最後上台說，他原本是推辭這番為他辦退休研討會的好意，結果卻使得他在「山茱萸盛開」的五月裡，有兩個美好的日子。他說自己到美國五十多年，經歷芝加哥、普林斯頓和石溪三個研究所，他感激美國所給予他的發展機會，也謝謝在座的太太杜致禮。他說雖然他們在家裡還常辯論，當年在普林斯頓的中國餐館裡，到底是誰先向誰打招呼的，不過對於結褵四十九年的太太杜致禮給他的支持，公開的表示感謝。

自知自己極端幸運，人生一帆風順的楊振寧說，他在一九八二年六十歲時，發覺了人生是有限的，而過去的一年半當中，他自己和太太也一共經歷了四次手術。他在演講最後用幻燈片先打上唐代詩人李商隱的詩句：

夕陽無限好，
只是近黃昏。

楊振寧說，年歲使他對人生有了新的體認，他接著打出民初大文學家朱自清的新句：

但得夕陽無限好，
何須惆悵近黃昏。㉕

尾聲

三年以後，楊振寧滿八十歲了。清華大學的高等研究中心在一九九九年十月二日正式掛牌運作以後，楊振寧的參與比以往更多，他努力幫忙募款，也安排請到幾位在美國最頂尖的年輕研究者，每年短期到訪。本來他預備先回北京清華大學教一學期的物理，但是因為太太杜致禮的身體情況不佳，未能實行。北京清華大學為他和其他幾位大師所蓋的兩層樓的西式住宅，他也無法回去常住，面對庭院裡的竹子。

二〇〇二年的六月，北京清華大學特別為他舉行八十歲的慶祝研討會，當代數學大師陳省身和十三位諾貝爾獎得主以及一位數學菲爾茲獎得主在內的幾百個科學家，都來參加盛會。六月十七日，在慶祝楊振寧八十歲生日的晚宴上，多位科學界以及外界的友人都上台祝賀楊振寧生日快樂，香港中文大學副校長楊綱凱特別提出，楊振寧從生日到兩篇歷史性論文的三個

「十月一日」的巧合。已有四年沒有到北京的中央研究院院長李遠哲，特別尾聲在晚宴上把他帶來的晶體做成的壽桃，送給楊振寧做為生日賀禮。

楊振寧幼時舊識，也是著名雕刻家的熊秉明，寫了一幅「八十」兩個大字的屏框送給楊振寧。他並且上台說，楊振寧的物理學已經拓展到形而上學，把詩和美包容進去。他說，楊振寧生活實踐是入世的，有著強烈的憂患意識和歷史使命感。楊振寧的許多散文瀰漫著對祖國、對民族的關切，並且在實踐中表現出來。熊秉明說，稱楊振寧為任重道遠的科學家是最恰當的了。㉖

最後楊振寧也上台說話。他提到中國的巨大變化，提到美國布希總統在長城上所說的：「一樣的長城，不一樣的國家！」他說在一九六一年自己的一篇談論費米的文章中說：

有人說，一個人的生命長短不應用年份來度量，而應歷數他所經歷過的成功事業。

他提到莎士比亞在戲劇「皆大歡喜」（As You Like It）中說，人生就像一齣七幕戲，而其第七幕即最後一幕是：

2002年6月楊振寧在北京清華大學的八十歲慶祝研討會，出席者中包括沃爾夫獎得主陳省身、菲爾茲獎得主丘成桐，以及十三位諾貝爾獎得主。在照片中出現的諾貝爾獎得主有：維特曼（第一排左三）、穆斯堡爾（Rudolf L.Mossbauer，第一排左四）、李遠哲（第一排左五）、楊振寧（第一排右四）、湯斯（第一排右三）、科恩唐努吉（Claude Cohen-Tannoudji，第一排右二）、朱棣文（第二排左三）、特霍夫特（第二排右一）、史坦伯格（第三排左一）；另外未於照片中的有：康乃爾（Eric Cornell）、菲奇（Val Fitch）、葛爾曼、拉福林（Robert Laughlin）、丁肇中。（楊振寧提供）

返回童年，返回茫然，無牙齒，無眼睛，無味覺，無一切。

楊振寧接著說，假如我的一生是一齣戲，那麼我實在十分幸運，今天不但我有牙齒，有眼睛，有味覺，有幾乎一切，

而且我還有機會開始一個新的事業——清華大學高等研究中心。

他說，清華園是我幼年成長的地方，我一生走了一個大圈。那麼我的最後事業，也將是我一生中特別有意義的一幕。㉗

【注】

①楊振寧訪問談話，一九九八年十一月二日、一九九九年五月八日、五月十八日，紐約長島石溪家中以及紐約州立大學石溪分校辦公室。

②楊振寧訪問談話，一九九九年五月一八日，紐約州立大學石溪分校辦公室。

③高德哈柏訪問談話，一九九六年九月九日，布魯克哈芬國家實驗室辦公室。楊振寧的英文名字是Frank，這句話最後是用了一個英文同音的雙關語。

④這是楊振寧一九九二年和本書作者的談話。

⑤同②。

⑥楊又禮訪問談話，一九九九年七月十七日，蒙大拿州李文斯頓山中瑞士式木造屋家中。

⑦同②。

⑧楊光宇訪問談話，一九九九年九月十三日，紐約曼哈頓J. P. Morgan辦公室。楊振寧致作者傳真，二〇〇一年八月十三日。

⑨楊振寧訪問談話，二〇〇〇年七月三十一日，香港中文大學辦公室。

⑩楊振寧訪問談話，二〇〇〇年八月二十一日，紐約州立大學石溪分校。

⑪倪光炯，〈楊振寧教授一席談〉，原載於中國《百科知識》，一九八七年第一、二期。收入《楊振寧文集》，上海：華東師範大學出版社，一九九八年。

⑫潘國駒，〈與楊振寧談陳嘉庚青少年發明獎及教育問題〉，原刊於新加坡《聯合早報》，一九八六年十二月三十一日及一九八七年一月一日，收入《寧拙毋巧——楊振寧訪談錄》，新加坡：世界科技出版社，一九八八年。楊振寧：「關於怎樣學科學的一些意見」，一九八三年二月十九日對香港中學生的講話，後收入《楊振寧演講集》，天津：南開大學出版社，一九八九年。

⑬同上。

⑭同上。

⑮楊振寧演講：「在石溪的一篇演講」，一九八二年六月二十日在石溪對中國訪問學者和研究生的演講，收入《讀書教學四十年》，香港：三聯書店，一九八五年，第98頁。

⑯張奠宙，一九九一年五月二十二日在紐約州立大學向楊振寧提出有關「神童」問題，楊振寧的談話記錄，以〈關於神童〉收入《楊振寧文集》，上海：華東師範大學出版社，一九九八年，第752—753頁。

⑰同上。

⑱楊振寧演講：「談談物理學研究和教學」，一九八六年五月二十七至六月十二日在中國科技大學研究生院的五次談話，原載於《中國科學技術大學研究生院學報》，一九八六年十月。楊振寧演講：「幾位物理學家的故事」，一九八六年在中國科技大學研究生院，原載於中國《物理》雜誌，第十五卷，第十一期（一九八六年）。皆收入《楊振寧文集》，上海：華東師範大學出版社，一九九八年。

⑲楊振寧演講：「中國知識份子與國家前途」，一九八三年三月十日在香港《大公報》討論會，收入《讀書教學四十年》，香港：三聯書店，一九八五年。「關於中國科技的發展」，一九八六年五月應邀在中國科學技術促進發展研究中心的談話，原載於中國《科學報》，一九八六年十月四日，收入《楊振寧文集》，上海：華東師範大學出版社，一九九八年。

⑳楊振寧，"Werner Heisenberg (1901-1976)," *Contribution to the Centennial Celebration in 2001 of the birth of Werner Heisenberg on December* 5, 1901.

㉑楊振寧，"Enrico Fermi (1901-1954)," *Contribution to the Centennial Celebration in 2001 of the birth of Enrico Fermi on September* 29, 1901.

㉒M. Dresden, "On Personal Styles and Tastes in Physics," *Chen Ning Yang: A Great Physicist of the Twentieth Century*, ed. C. S. Liu and S. T. Yau, Boston: International Press, 1995.

㉓楊振寧，〈接受香港電台記者的訪問記錄〉，《楊振寧文集》，上海：華東師範大學出版社，一九九八年，第

817頁。

㉔Freeman Dyson,"A Conservative Revolutionary," *Remarks at the banquet in honor of the retirement of C. N. Yang*, 22 May 1999, Stony Brook.

㉕楊振寧，Speech after banquet, 22 May 1999, Stony Brook.

㉖熊秉明，楊振寧先生八十壽辰贈書法講話，二〇〇二年六月十七日，北京香格里拉飯店宴會廳。

㉗楊振寧，在八十歲生日晚宴上的講話，二〇〇二年六月十七日，北京香格里拉飯店宴會廳。

後記

原以為自己不會再寫一本傳記的。想不到後來開始寫楊振寧傳，竟有如冥冥中的一個宿命。

一九九六年，我寫完了《吳健雄傳》。《吳健雄傳》是一九八九年到紐約作一年訪談工作開始的，那是一個「初生之犢不畏虎」的作為。紐約回來，又花了六年才完工。書寫得如此慢，難免受到許多質疑，那時在報社工作，自然不免分心，但是看在許多「下筆千言，一日數稿」的同事眼裡，多覺得我還是慢得令人狐疑。一位女同事甚至以玩笑口吻說，我寫《吳健雄傳》期間，她不但寫完兩本書，還生了兩個孩子。她說的都是事實，我聽了只能苦笑。

書寫完了，心頭落下一個重擔。有人好心，善意的給予鼓勵，年輕的學界友人，也有揄揚過甚之評。吳健雄那時年逾八旬有四，身體日衰，一九九六年她來台北，已是龑然龍鍾了，九月在紐約見她，未料竟是最後一別。據說她自己是喜歡那本傳記的，但是我心中明白，那些真實的生命歷程，是輕是重，都不是我真正寫得清楚的。

因為自知沒有歷史家臧否人物的本事，也逃避承受生命必然鼎盛而衰的傷感，因此在後來的一個訪問中也說，雖然有人建議再寫楊振寧或他人的傳記，我都不願再面對這種感情的負擔。

一九九七年海外華人物理學會在台北開會，一天在中研院碰到清華大學前校長沈君山，他勸我寫楊振寧的傳記。當然，楊先生在近代物理科學上已有的遠超過一個諾貝爾獎得主的大師地位，是理由之一，沈君山還告以一位名聞海內外的大作家也想寫楊傳，不知是不是激將之計。

那年十一月，楊振寧在無預警情況之下，突有一次輕微心臟病發作，幸運的是他完全沒有受傷，後來就動了心導管手術。動手術之前，楊振寧太太杜致禮的妹夫鄧天才來電，告知楊先生即將動手術的消息，也同時說起楊先生對自己傳記的一些想法。

一九九八年農曆年後出外休假，自己一人反覆思考，決定應該進行楊振寧傳的計畫。於是寫了一封信給楊先生，說明我的想法，由於怕再干擾報社的工作，還提出一些變通辦法，看看是否可以不像寫吳傳那樣，一定到美國作長期停留訪談。

在信上也提到，由《吳健雄傳》的經驗，我學到或許經由一些有爭議的事件入手，更可以凸顯傳主的真實個性。我會如此寫，正是因為許多年來和楊先生接觸往還，他總是說起一些傳記寫得很好，因為真實的描繪了傳主個性。不論楊先生是不是意在言外，我總是欽仰他的胸襟的。

事實上，先前使我躊躇不決是否寫楊傳記的一個原因，是楊振寧和與他共同得到諾貝爾獎的李政道的紛爭。楊、李二人的爭吵和決裂，是物理界許多人知道的事，但是對於內情如何，則傳聞紛紜，莫衷一是。我在寫《吳健雄傳》其間，曾經和李政道有過訪談，在那以前和之後，亦因工作需要，訪問過他。對於他們二人對彼此的態度，亦有認識。

一九九二年李政道回台力促台灣參與美國的一個高能物理計畫，此事我與他看法不同，在報上亦寫了許多專論。這件事到一九九三年終於演成國內科學界公開的爭論事件，李政道後來還在以中研院署名的報紙廣告中，公開表示對我的不滿。此事曲折起伏，非此處可以說清，一言以蔽之，就是我和他的關係搞壞了。

在這樣一個情況下，如果要寫楊振寧傳，就碰上了一個問題，那就是在這本傳記中必須面對的楊、李爭吵問題，我可能無法得到李政道的看法。那時候正好香港電視台在做楊振寧的電視專輯，他們自然也想訪問李政道，但是李政道拒絕了。這一來，我知道任何人寫楊振寧的傳記，李政道都不會肯接受訪問，我不是唯一例外之人，也使我覺得，寫楊傳還是可為之事。

事實上，後來我正式開始寫楊振寧傳以前，還是給李政道去了一信，希望他對於兩人的關係，提出他的意見。信上我還特別提到，雖然一九九三年因對SSC高能物理計畫看法不同，他曾經對我公開的表示了意見，不過在到一九九六年才寫完的《吳健雄傳》中，他應該看得出我是秉持著客觀公正的立場。我也強調，寫這本傳記是嚴肅而有歷史意義之事，必持一個可向歷史交代的嚴正立場。當然，我並沒有得到回信。

後來寫楊振寧傳記的計畫，還是不能避免必須要到美國做長期的停留，原因不只楊先生自己的訪談，要訪問的他的許多親人、朋友和同儕，也多住在美國，但是在美國待上一年，還要四處訪談，就必須解決經濟上的問題。

在這一方面，我要特別感謝遠哲科學教育基金會，他們破例的同意我提出的申請，給予我一筆經費，解決我在美國停留一年必然面臨的額外開支問題。

但是報社工作的問題卻令我感到不安。我自己深知，八九年我去紐約一年的特遇，很引起一些非議，也給當時特許我成行的《中國時報》董事長余紀忠先生帶來許多困擾。一九九八年八月三日我在余先生辦公室中向他談起我的計畫，這個談話最後是一個極度個人感情流露的結果；一位人生歷練圓達的長者，對於我個人生命中的情感際遇，給予了最溫暖的關懷。我成為時報派駐洛杉磯的特派記者（當時時報在洛杉磯沒有記者），利用暇時去完成寫楊傳的計畫。余先生雖已在今年四月去世，他的關懷卻會一直留在這本完成的傳記裡。

那年九月二十八日開始的楊振寧傳記計畫，比起吳傳辛苦許多。楊振寧任教的紐約州立大學石溪分校，位在美國東岸紐約的長島地區，我以每次去幾個禮拜的方式，進行和楊先生的訪談，不時的還得到美國其他一些地方訪問他的同儕、親友。

一般人知道的，楊振寧在近代科學上，是開創一個世代局面的大師，這也使得他在物理學界，已被譽為是目前世界上最重要的理論物理學家。他科學工作所顯現的一種特殊數學風格的美感，也使物理學界公認，他是繼愛因斯坦、狄拉克之後，為二十世紀物理學樹立風格的一代大師。

事實上，楊先生物理科學的品味，展現出的一種令人欣羨的優美風格，使他在物理世界裡，已然成為一個臻於藝境的創造者。我稱呼他是「追求科學美感的獨行者」，因為就某種意義而言，他可以說是沒有「同儕」的。

由於他的物理科學工作，都有很深邃的數學風格，因此不但一般人難窺其究竟，就是物理界中人，亦少有人深識其神。因此寫他傳記的科學章節，追溯闡明他的思維脈絡，就是非常困難的挑戰。相對來說，他得諾貝爾獎的宇稱不守恆工作，倒是容易了解的工作，正如楊先生自己說的，宇稱不守恆沒什麼可說的，就是猜出來就是了。這也使我想起他的一個物理好友，美國普林斯頓大學物理學家崔曼說的：「宇稱不守恆完全有資格得到諾貝爾獎，但是卻不能做為一篇博士論文。」

崔曼是早年和楊振寧合寫過論文的傑出物理學家。我一九九八年十月底在普林斯頓大學物理系所在的傑德溫館和崔曼談話，是一次愉快的經驗。我們除了談楊先生的物理和人，也談到我們共同認識、當時已去世的《紐約時報》傑出科學記者蘇利文。我還記得那天告辭時，看到崔曼辦公室牆上，有幾張著名的物理學家費曼送給他，費曼自己畫的女性素描。後來在傑德溫館外走廊上，看到一面牆上，有許多曾經在普林斯頓待過的一流物理學家照片，最上面第一排三人是歐本海默、費曼和楊振寧，下面有戴森、李政道、派斯等人。

那時我因心情不佳，只感到普林斯頓深秋的寒冷。後來整理崔曼的訪問錄音，才看出來他這個人觀察力異常敏銳，智慧很高，個性細膩有趣，聲音中也充滿了人性的溫暖感情。

二〇〇〇年四月，我和楊先生在香港機場會合，一起到大陸去訪問。那一天我在機場將稍早《科學》（*Science*）雜誌上刊出的一篇談崔曼寫的一本量子力學的書的書評，交給楊先生，那個書評中透露，崔曼已經因癌症去世。

和楊振寧早年同在普林斯頓高等研究院的另一傑出物理學家派斯，後來因寫了一本《愛因斯坦傳》（*Subtle is the Lord*），享譽物理學界，楊振寧十分推崇派斯的這本傳記，認為是愛因斯坦傳記中的一個經典之作。事實上，這本傳記是愛因斯坦的科學傳記，一般人難窺其奧，後來派斯又寫了較通俗的愛因斯坦傳，以及大科學家波耳的傳記和他自己的自傳，成為著名的科學作家。

一九九九年五月，我在紐約市曼哈頓洛克菲勒大學的辦公室見到派斯，這個在楊振寧口中當年不好相處的猶太裔物理學家，那時已是一個戴著紅框眼鏡的和藹小老頭。他很坦率的回答了我的問題，特別是他早年就認識的楊、李二人的關係。當然，在物理科學上他推崇楊振寧的偉大貢獻，但是在對楊、李二人的爭吵立場上，他採取了等距的態度。

我還記得那時曼哈頓的春天方至，氣候宜人，派斯辦公室窗外的東河，豐沛的河水十分湍急。派斯最後以一個寫傳記的老手，給了我這個後生許多忠告，我記得他說，有的時候寫不下去，就起來出去走一走，回來就可以寫了。我後來好多次碰到寫不下去的困難，也好多次記起他出去走一走的忠告。

二〇〇〇年八月，海外華人物理學會在香港開會，我在楊振寧香港中文大學的辦公室裡，聽到楊先生告知派斯幾天前突發心臟病去世的消息。我的腦中記起的是，派斯站在辦公室裡矮矮的身軀，戴著一副紅框的眼鏡，窗外是紐約東河洶湧的河水。

那一天，楊先生也有點傷感，除了派斯和崔曼，他還談起另一位老友史諾的猝逝，此外「楊─密爾斯規範場論」的密爾斯，也在早一年去世。

當然，一九九八年北京中關村外街一片鼎沸商機，窄巷舊樓小屋中楊振寧西南聯大老友黃昆的恬淡自在，以及二〇〇〇年巴黎地鐵轟隆聲中，楊振寧兒時玩伴，著名雕刻家熊秉明凝神哲思的悠然專注，也都是楊傳訪談中的難忘記憶。

傳記開始寫作之後，情緒慢慢沉澱下來，但有時埋在資料和訪談錄音紀錄之中，卻失了感覺。我總是在閱讀中找回感情的力量，也在一再閱讀黃仁宇的回憶錄《黃河青山》中，找到給楊振寧在中國歷史中定位的指標。我常常自問，如何在反映傳主對自身生命歷程的想望，以及大眾對英雄人物想當然的認定之間，找到平衡點。我自覺像歷史長河中的一個工具，在這個時空命定的被賦予了描摹楊振寧的使命。

寫楊振寧的傳記，是一個難遇的人生機緣。楊振寧是一個精采人物，不只在物理科學，在人生世事之上，他都用心的刻下印記。他有著天才人物的秉賦，而且他一點也不放鬆，他使你感受到他過人的才分，也使你看到他用心營造的謙抑。寫這樣的一個人，本來就是難事。

總算，我趕在他的八十歲生日前交稿了。本來我們是預備在他的生日發表這本傳記。

楊振寧是一九二二年農曆八月十一日出生的，那一天是國曆的十月一日。另外楊振寧得到諾貝爾獎的論文，以及奠定他一代物理大師地位的那篇「楊—密爾斯規範場論」論文，令人難信的也都是一九五六年和一九五四年的十月一日，在美國《物理評論》期刊刊出。還有什麼更大的理由，不讓我們正視這一個歷史的巧合呢？

這本傳記的完成，是因為得到許多人無私的奉獻和幫助，這包括了我的親人、好友，以及和寫這本傳記有關的許多不同國家的人士和機構、學校，我不在這裡一一羅列你們的名字，因為我一定會有記憶不全的疏漏，在此謹致上我最誠摯的感謝。

另外要感謝最後協助這本書完成的天下文化出版公司的工作團隊，尤其是負責校定編輯的徐仕美小姐、林榮崧先生。

楊振寧曾經在談論物理發展時說過「當塵埃落定之後」的這麼一句話。是的，「塵埃落定，視眼清明」，像楊振寧這樣天才的創造成就，成為人類心靈知性啟蒙的明燈，人們驚嘆他們超卓的心智能力，而在評斷議論聲中，這個創作者本身的反思，是最後他自己在自我歷史評價中最真實的論斷。

江才健
二〇〇二年九月二十七日凌晨

再版後記：東籬歸根

楊振寧是二〇〇三年十二月二十四日由紐約石溪搬回北京的。這離他一九四五年十一月二十四日坐船初抵紐約，整整五十八年零一個月。楊振寧住進清華大學早幾年替他和其他幾位大師所蓋的兩層樓西式建築，開始五十八年來的一個全新生活，之前他雖然也到北京、香港等地長住，但是石溪是他的家。

楊振寧在一九九九年五月由紐約大學石溪分校退休，本來就打算回到北京的清華大學。早幾年起，他已答應幫助清華大學建立起一個高等研究中心，這個中心頗有師法他自己工作過的普林斯頓高等研究院之味道。可是中心成立初始，楊振寧還在美國教書，一九九九年楊振寧退休後仍不能回北京長居，因為與他結褵多年的太太杜致禮生病，因此中心許多事務是由過去也在石溪分校任教的物理學家聶華桐主持。

其實由一九九七年開始，楊振寧和太太杜致禮就一連串的進出醫院，先是他在十一月初有一次無預警的輕微心肌梗塞，於是在十一月十八日進行了四條心臟血管的繞道手術，然後是太太杜致禮因為軟體組織腫瘤而有一連串的手術。

二〇〇〇年杜致禮的病情漸穩，楊振寧和杜致禮有四次遠程旅行，到了土耳其、希臘、韓國、台灣、雲南和梵蒂岡等地。二〇〇一年杜致禮再動白內障手術，那一年他們去蒙他那州看女兒又禮，也到泰國、韓國和香港等地。

後來杜致禮的病情日趨嚴重，除了軟組織腫瘤，也還有老人痴呆和帕金森氏症，二〇〇三年一月十九日，楊振寧在石溪為杜致禮的七十五歲，舉辦一個盛大的生日會，那一年十月十九日杜致禮病逝石溪。

楊振寧失去五十三年的生活伴侶，那年年底一個人搬回北京長住，北京清華大學蓋的三幢「大師邸」早已落成，三幢房子一幢是給楊振寧，一幢給林家翹，另外一幢給了楊振寧後來由美國普林斯頓大學請回清華的傑出電腦數學專家姚期智。清華大學這三幢單門獨院的兩層住宅，是有點美國新住宅型式的兩層小樓，雖說和校園中較陳舊的住宅比較，顯出講究得多，但是以目前大陸城市的一般水準，也算不上豪華。因為太太杜致禮一直生病，為治療和家人照顧方便，所以他們一直住在美國。

二〇〇三年底楊振寧離開生活了五十八年的美國，搬進已空置年餘的住宅，過起北京清華大學的一人生活，雖然白天有一位女士幫忙處理家務，但那是一個全新的經驗和感受。二〇〇三年年底，楊振寧在北京給弟妹家人寫了一封信，道出他回到中國，看到中國的快速發展和改變，使得在那個年尾歲末時節，特別的有一種難以言喻的深刻感觸。

二〇〇四年間，楊振寧應邀在「中國科學與人文論壇」上演講，他的講題是《歸根反思》，談論他經過一甲子重回到清華大學居住，以及深入觀察大陸變化的感觸，也發表了他當時所寫的一首五言古詩《歸根》：

昔負千尋質，高臨九仞峰。
深究對稱意，膽識雲霄沖。
神州新天換，故園使命重。
學子凌雲志，我當指路松。
千古三旋律，循循談笑中。
耄耋新事業，東籬歸根翁。

後來楊振寧在刊出的講稿文章中，說明此詩首聯取自唐代駱賓王詩句。詩中的「三旋律」源自他當時一個演講，談論二十世紀理論物理中的「量子化、對稱與相位因子」三個主題旋律。詩文最後以「東籬歸根翁」自況。

這個演講反映的是楊振寧重歸故國，目睹社會家國的前進巨變，感受文化藝術的蔚然勃興，面對未來世局與生存的挑戰，對於中國文化的高度樂觀與信心。

二〇〇四年還發生了一件對楊振寧影響深遠的事。那年年初，楊振寧到了自上世紀八〇年代起就擔任博文講座教授的中文大學，二月他在香港收一張賀年卡，是翁帆由廣州寄到美國石溪給他和太太杜致禮的賀年卡，再由楊振寧美國的祕書轉寄到了香港。

楊振寧和翁帆的初次見面，其實是在一九九五年。那一年八月在汕頭大學舉行海外華人物理學會大會，楊振寧、李政道、丁肇中和李遠哲四位先後的諾貝爾獎得主與會。汕頭大學給每位諾貝爾獎得主分派一位接待學生，翁帆正是楊振寧和太太杜致禮的接待。幾天相處，他們很喜歡翁帆，往後翁帆與他們偶有通信往來，二〇〇四年再有連絡時，翁帆是廣東外語外貿大學英語翻譯專業碩士研究生。翁帆在賀卡上寫了她的電話，楊振寧給翁帆打電話，後來翁帆到香港看楊振寧，兩人開始交往。

楊振寧說翁帆第一次是到香港中文大學來看他，他將自己用電腦軟體剪接的一個過去生活和家庭的電影，放給翁帆看。後來楊振寧把這個自己剪輯的影片，送給香港電影鉅子邵逸夫的夫人方逸華，方逸華是電影專業人士，她認為楊振寧沒有受過專業訓練，這個電影做得極好。

二〇〇四年十一月，楊振寧突然給極少數幾位親友發送一封電子郵件，告知他的訂婚消息。這封用英文寫的電子郵件內容是：

這是一封重要的信，向你介紹我的未婚妻，她的名字叫翁帆，她的朋友叫她帆帆。我現在也這樣叫她。我們在二〇〇四年十一月五日訂婚。

翁帆二十八歲，出生在廣東省潮州。致禮和我一九九五年夏天到汕頭大學參加一項國際物理學家會議時碰到她。那個會議有四位諾貝爾獎得主參加，因此學校挑選學生來做接待嚮導，當時還是大一學生的翁帆是我們的接待嚮導。那是一個只有上帝才會做的安排。

致禮和我立刻就喜歡翁帆。她漂亮、活潑、體貼而且沒有心機。她是英文系學生，英文說得極好。離開汕頭之後，我們和她偶爾的有些聯絡。

大學畢業後，她結婚了，幾年以後離婚。幾年以前她進入在廣州的廣東外語外貿大學，很快就要得到翻譯系的碩士學位。

有如天意，因為好幾年沒有聯絡，她今年二月給我們一封短信。信是寄到紐約石溪，後來轉到我所在的香港。也因此我們在過去的幾個月中逐漸熟識。

我發現現在已是一個成熟女人的翁帆，依然保有九年前致禮和我特別欣賞她的率真。在我最近寫的一首關於她的詩，其中有下面的幾句：

沒有心機而又體貼人意，
勇敢好奇而又輕盈靈巧，
生氣勃勃而又可愛俏皮，
是的，永恆的青春！

青春並不只和年紀有關，也和精神有關。翁帆既成熟又青春。我深信你們看到她都會喜歡她。

我也知道，雖然在歲數上已經年老，在精神上我還是保持年輕。我知道這也是為什麼翁帆覺得我有吸引力的部分原因。

我們當然都清楚的知道，我們有很大的年歲差距。但是我們知道我們都能夠也將會以許多不同的方式，奉獻給我們的結合。我們的親人都祝福我們。

請讀一下下面的句子，這些句子說明了我對於她在我生命中扮演的以及即將要扮演角色的感覺：

噢，甜蜜的天使，

妳真的就是——
上帝恩賜的最後禮物，
給我的蒼老靈魂，
一個重回青春的欣喜。

接到楊振寧電子郵件的筆者立即與楊振寧聯絡，據他告知，他和翁帆是在電話上訂婚。他也說之後他便將翁帆以及他們訂婚的消息，告訴他在美國的孩子和他的弟弟妹妹，他們都祝福他。他當時也說，另外一位也接獲訊息的物理學家朋友回信，特別舉出西班牙大提琴家卡薩爾斯八十一歲時和他二十一歲學生結婚的例子，做為對楊振寧的祝福。楊振寧說他知道自己和翁帆五十四歲的年紀差距，難免要引起議論，但是自己在心理上已經有了準備。他也說將來大家會知道，他和翁帆是一個浪漫的愛情故事。

楊振寧訂婚的消息很快在筆者當時創辦的《知識通訊評論》刊出，消息也由台北的報紙刊布，立時引起轟動，大陸和香港媒體也紛紛跟進。

其實那年十月，楊振寧在美國的弟弟楊振平一家還到北京清華暫住，楊振寧、楊振平一家也與住在香港的弟弟楊振漢夫婦同去九寨溝旅遊。當時他的弟弟並不知情，結果不到一個月獲知此事，自是意外。

楊振寧傳出喜訊後，受到媒體緊密追蹤，原本還有些擔心的楊振寧立即和翁帆辦理結婚手續，然後到海南島度蜜月，媒體緊迫盯人，兩人在飯店曬太陽以及同騎雙人腳踏車的照片，都登在報上。那年年底南亞突然發生大海嘯，新聞焦點於是轉移。

楊振寧和翁帆結婚之後，生活上有了伴侶和照料，楊振寧在北京清華教書，在大陸演講，偶爾住到香港中文大學，出席邵逸夫獎的頒獎，並且到台灣和新加坡訪問多次，期間還有去日本和歐洲出席會議的行程，都有太太翁帆作伴。

二〇〇六年三月底，楊振寧偕太太翁帆去美國，這是翁帆頭一次到了美國。他們除住到楊振寧原來紐約石溪的家中，也和楊振寧在美國的家人見面。楊振寧有兩個兒子和一個女兒，都是美國出生長大，那時兩個兒子都已在北京和香港與翁帆見過面，在美國的弟弟和妹妹，也都到北京見過翁帆。那一次楊振寧也帶翁帆同去了蒙他拿州，看望住在那做醫生的女兒，也在女兒家小住。

其實那一次的美國之行，楊振寧還參加了一個特別的會議，那也讓楊振寧回想起四十九年前的事，那年他初得諾貝爾獎時才三十五歲。如果看他去瑞典斯德哥爾摩領獎的照片，瘦瘦的楊振寧，有著兩個特別大的眼睛，顯得特別年輕，看起來還像是一個大孩子。但是比起較他早一輩的大物理學家海森堡和狄拉克，楊振寧似乎也並不特別的青稚。一九三三年三十二歲的海森堡和三十一歲的狄拉克，在同一年去斯德哥爾摩獲頒諾貝爾獎，他們兩人都是由母親陪著去的。一九五七年楊振寧是和太太杜致禮同行，也已經有一個六歲的大兒子楊光諾。

二〇〇六年楊振寧會回顧近五十年前他的生命歷程，其來有自，原因是四月間在美國德州的達拉斯，舉行了一個宇稱不守恆五十週年的研討會。研討會由當年首先做出實驗結果，證實那個物理觀念革命的吳健雄的一位女弟子庫勒（N. Koller）籌劃，吳健雄實驗得到確實結果，是在一九五六年的年底，那年正好是第五十年。

吳健雄最早做出了實驗結果，造成楊振寧和李政道得到諾貝爾獎。被許多人認為應該共同獲獎的吳健雄，一九九七年已經去世，無緣與會，吳健雄的兒子袁緯承也是物理學家，他出席會議講述母親的生平和工作，此外李政道以及當年也做了一個實驗證實了宇稱不守恆，後來因他項工作得到諾貝爾獎的萊德曼（L. Lederman），都在會上發表演講。

楊振寧在會中的演講，題目是〈門在哪個方向？〉（In which direction is the door?）。楊振寧講這個題目，是因為一九五七年年初，楊振寧得知吳健雄實驗有了確實的結果之後，給當時在維京群島度假的歐本海默（J. R. Oppenheimer）發了一封電報，告知這個結果。二戰時曾領導美國原子彈發展計劃的歐本海默，與楊振寧可說亦師亦友，他給楊振寧回電只有短短幾個字，「走出房門。」歐本海默之所以回這樣一個電報，是因為楊振寧在一九五六年的一個報告中，曾經將當時物理學界面對宇稱不守恆的情況，比喻為一個在間黑暗房子裡的人，他知道在某一個方向一定有一扇門，但是門在什麼方向呢？

二〇〇六年的四月二十二日，當年曾經密切合作，後來爭吵決裂的楊振寧和李政道，在達拉斯的這個會上碰面。李政道先做的演講，討論了一些微中子的研究，也談到吳健雄和她的實驗，沒有觸及當年與楊振寧的合作。接下來萊德曼的演講，談論他當年做另外一個證實宇稱不守恆實驗的過程，楊振寧都在座上。

楊振寧在下一會程中演講〈門在哪個方向？〉，也沒有觸及敏感的與李政道的合作問題，他在演講中引述了當時方甫去世的傑出物理學家達利茲（R. Dalitz），一九八二年在巴黎一個物理學歷史會議中的談話，達利茲談到當年自己如何錯失了宇稱不守恆的想法。楊振寧演講中有一句話，大意是「李和我寫論文之後，也不認為宇稱一定是不守恆的，於是我們轉而研究統計物理」。

這時坐在台下的李政道立刻大聲說，「這是你的想法。」（That's what you think）。楊振寧沒有理會。接著打出一張有名的照片，那張照片當年曾經登在美國物理學會的《今日物理》封面上，照片是一頁物理的筆記，是楊、李寫出宇稱不守恆論文之後李政道的一個筆記，而內行的物理學家一看便知道，筆記上多半都是統計物理的問題。楊振寧說，李政道看到這張投影片，又在台下大聲說，「這是我的，與你無關。」（That's mine, nothing to do with you）。這是那一年楊振寧三個月美國旅程中的一個插曲。

二〇〇六年六月間，楊振寧和翁帆由美國回到香港，再度受到新聞界的關注，也問起他們懷孕生子的傳聞，後來楊振寧私下談起此事，說他們也曾考慮此事，但是還是決定不宜有孩子。七月初楊振寧偕翁帆一同到台北參加中研院院士會議，由於是兩人婚後頭一回到台北，自然引起新聞的熱潮，也有人再追問懷孕之事，楊振寧神情愉暢，翁帆應對自在，兩人出入都拉著手。在媒體訪談中，楊振寧談到有翁帆做他的伴手，讓他覺得安全，他也不諱言談到生死問題，顯見他們緣近氣投的情感，得到普遍的好評。

當然，正如楊振寧在和翁帆訂婚時所說的，他知道兩人年歲的差距，免不了要引起議論，後來在大陸，或有人以諾貝爾獎得主是有權勢地位的，而對這樣的婚姻提出嚴厲批評，在香港也曾經有一位出名的女性作家，以性別主義和傳統文化的角度，對楊振寧和翁帆的結婚提出批判，楊振寧和翁帆還聯名寫了一篇短文回應，這先後的兩篇文章，後來都收錄入楊振寧出版的一本新書《曙光集》中。楊振寧在新加坡的一次訪問中也說，他並沒有做過統計，不過覺得在報紙、雜誌和網路上，對於他和翁帆的結婚，百分之七、八十是正面的，只有百分之一、二十是負面的。

對於老年喪偶再婚這樣的事，楊振寧是採取一種務實的態度。他在與翁帆結婚後曾公開說過，如果沒有和翁帆結婚，他也可能和別的女士結婚。他曾經舉出一個例子，那就是楊振寧認為曾經做出十分重要數學工作，十九世紀的英國數學家漢彌爾頓（W. R. Hamilton），漢彌爾頓在太太過世之後，過了相當漫長的孤獨日子，甚至書頁上都有飲食的汙漬。楊振寧說，他不要過那樣的日子。

楊振寧直到逾八旬之齡，健康情形都很良好、思慮清明、眼力未衰，只有在大演講廳裡，需要助聽器幫忙改善聽力。過去一向有驚人記憶力的楊振寧，還是舊事新物、博聞強記，不過私下會半開玩笑的承認，過去如果有人說他記不住事情，他絕對不信，後來開始相信了。

他和翁帆的生活，除了在外旅行，多是居家生活，翁帆過去並不長於家事烹飪，不過楊振寧對飲食不講究，有時翁帆在家做些簡單的食物，楊振寧也都很能欣賞。兩人在家有時消遣會看一些電影，對許多事認知能力過人的楊振寧，對於電影中的角色關係，常會弄不明白，總要靠翁帆的解說，楊振寧也承認自己認識人的眼力，似乎比較慢。他還犯過一個錯誤，就是頭一天見到一位知名的女作家，第二天再見面時，居然很高興的把這位女作家稱呼作另一位女作家。

翁帆的個性一如楊振寧在宣布他們訂婚短信中形容的，開朗樂觀，雖然她認為楊振寧很固執，做事的性子很急，但是她並不會把兩人的關係推向一個僵局，有著比她年齡更成熟的歷練。在物理界一向以不善於動手出名的楊振寧，也是翁帆眼中不動手的人，不過楊振寧倒是很熱中於在電腦上編製他過去生活和家庭的電影。

楊振寧也曾經說過，一個人年紀大了，對於婚姻的態度和年輕的時候會有不同，不會想要去改變你的配偶，他說和翁帆在一起後，使他更瞭解了像翁帆的中國這一代年輕人的想法。

楊振寧的研究興趣是物理數學方面，有時也會出個數學題目讓翁帆試試，兩人在外訪問旅行，如果參觀博物館或美術館，會玩一個小遊戲，就是在裡頭參觀時不討論，出來後交換意見，看各自最喜歡哪一幅畫。翁帆覺得楊振寧是一個很有意思的人，不會令她沉悶，她也十分尊敬楊振寧為人的品德。

如果是在北京清華大學或者香港中文大學，楊振寧每天早上都會到辦公室工作，下午基本不去，也會睡一個多鐘頭的午覺，他在電腦網路上相當積極，一般來說電子郵件的回覆相當迅速。

耄耋之齡的楊振寧，雖然也已不如過去那樣奮力在物理前沿工作，但是仍然寫了幾篇很好的論文，發表在一流期刊。這些工作是延續他一九六〇年代所做的統計物理研究，這方面研究當年因為沒有實驗技術可以證實，所以到七十年代他就不再做了。近年這方面的實驗技術精進，有了許多極其美妙的新的實驗，成為一個被稱之為「冷原子」的熱門領域，他六〇年代的工作也多被證實，楊振寧於是重拾舊筆，再成新篇。

楊振寧也說自己十分幸運，到了這樣的年紀，還有機會和能力能夠在科學前沿上工作，他說在科學歷史上，這樣的情形是很少見的。

搬回北京之後，楊振寧除了在清華高等研究院教書，更多關心廣面的教育、文化甚至政治問題，他不但經常受邀在大陸公開演講，也在香港、台北、新加坡等華人地區多次演講。

對於大陸的大學教育，楊振寧以他在美國大學教書五十多年的經驗，認為中國大學學生的平均貢獻，並不低於美國的頂尖大學，這種言論與中國大陸知識界有的一種「批評才是硬道理」潮流，似乎形成對立之勢，因而有些人就批評楊振寧的看法，是為了討好中國政府。

二〇〇四年楊振寧作了一個「《易經》對中華文化的影響」的演講，他提出《易經》影響了中華文化的思維方式，也認為是造成近代科學沒有在中國萌芽的重要原因之一。另外他大膽提出假設，認為《易經》的濃縮、精簡和符號化精神，影響了單音漢字的發展，以及中華文化的審美觀。

楊振寧的這個演講和後來寫成文章，並沒有批評《易經》和中國傳統的哲學，主要還是在指出中國文化的發展是與西方走了一個不同的方向，但是同樣是不符合中國大陸近年某一種以西方為進步思維的影響，尤其是他說的《易經》沒有演繹法，而造成中國沒能發展出近代科學的觀點，更引起《易經》專家和一些持科學進步論點看法人士的大力批評。

另外一回，他回答記者中國該如何創新的問題，說現在全世界都在提倡創新，他認為有四種創新，一是愛因斯坦式的創新、一是杜甫式的創新、一是比爾蓋茲式的創新、一是任天堂式的創新。楊振寧認為，這些創新名字是一樣的，但是性質很不同。

他認為，必須注意這些性質的創新，哪些對當前社會最為重要。他說，對中國來說，比爾蓋茲和發明任天堂的創新，對當今中國是最需要的。他也說比起這些，得諾貝爾獎，反而不是最重要。結果，報紙出來，變成楊振寧主張諾貝爾獎無用論，使他又被痛罵。

在許多世事中，他和李政道之間的紛爭，也一直縈繞在心。這一本《楊振寧傳——規範與對稱之美》的繁體字版，早於二〇〇二年十一月在台北出版，李政道當時就特別購買了相當數量的《楊振寧傳》，分送大陸黨政高層，以及大陸和港台的一些學界人士，並附上一封信函，表示《楊振寧傳》是扭曲事實，惡意攻訐。

因此當時大陸教育部便訂下了一個原則，就是不要擴大楊、李二人的矛盾。因為有這樣一個原則，原本已準備在大陸發行簡體字版的復旦大學和清華大學出版社，都只得放棄。

二〇〇三年李政道以回答《科學時報》記者提問方式，先在網路上刊布了一個他反駁《楊振寧傳》的回答，到二〇〇四年又再加上《楊振寧傳》中也引用了的李政道過去發表的文章，以及一些新的資料，集成一本小書《宇稱不守恆發現之爭論解謎》，由甘肅科學技術出版社出版。

二〇〇九年底，李政道再與他多年的助手合作，由國際文化出版公司出版了一本介乎傳記和口述歷史之間的《諾貝爾獎中華風雲——李政道傳》，書中除了敘述李政道的生平和科學工作，也有大量篇幅討論與楊振寧相關的細節。

楊振寧看到《李政道傳》之後，十分不以為然，雖然有幾位親近友人都力勸他勿再回應，因為那些技術細節，外人無由分辨弄清，只會徒增反感。但是個性堅執的楊振寧，顯然執念於留下一個歷史紀錄，因此未顧勸告，在大陸《中華讀書報》發表反駁專文〈關於季承的《李政道傳》及《宇稱不守恆發現之爭論解謎》〉，這篇文章後來在二〇一〇年四月號的香港《二十一世紀》雙月刊亦刊出。

楊振寧在文章中說，他要回應的理由是「由於書《李傳》中有大量篇幅涉及我本人，以及我與李合作的細節，而所說的或則沒有包括全部事實，或則根本錯誤，很容易造成歪曲、偏頗的印象，我不得不做回應，以正視聽。」這篇文章寫作嚴謹、引徵詳盡，是一篇極有價值的歷史文件。

二〇一〇年九月楊振寧從四川回到北京，九月十三日突然發生嚴重嘔吐併發高燒，有幾小時是半昏迷狀態，自己甚至有神形分離的感覺，雖然意識還清楚，但是說的話別人卻聽不懂，翁帆也嚇壞了。幸好住協和醫院一個禮拜，就完全康復出院了。

十月底楊振寧完全康復後，轉到香港沙田住處，準備停留較長時間。雖然經過一場突發急恙，楊振寧復原甚佳，氣色精神如昔。談起這次住院，說醫生認為是他長年吃抑制胃酸的藥，影響了身體對病菌的壓制，因而造成感染。他到底是學科學的，談起自己病中的神形分離經驗，說恐怕是人腦中海馬區的作用造成。他也談到，十三年前由心臟血管繞道手術的麻醉甦醒過來，看到恢復室外的家人，當時自己不會說話，想告訴家人神志清楚，還能做微積分，就用手指在空中畫了一個積分符號，但是沒人能懂他畫的意思。

二〇〇八年一月份，北京三聯書店發行了楊振寧的一本新書《曙光集》，三月間新加坡的世界科技出版公司也發行了《曙光集》的繁體字版。《曙光集》是楊振寧一九七九年以後的一些文章、演講、訪問以及少數其他人來信和文章的集子。這個集子的出版，反映了楊振寧近二十多年來關心的科學與科學以外的問題，他自己生活的重心，以及他對自己科學歷史地位的一種評價。整體來說，其重要性和代表性比起他以前出版過的《讀書教學四十年》和《讀書教學再十年》來得更高。

《曙光集》中除了有文章談論一些著名的大科學家，也有文章是關於與他合作的科學家，譬如談與他共同做出「楊─密爾斯理論」的密爾斯（Robert Mills）過分謙抑而未得應有評價，以及和他有長久友誼的黃昆、鄧稼先、和熊秉明。這些人都有一個似乎特別吸引楊振寧的特質，綜合起來講，可以用楊振寧過去的一句話來形容，就是「寧拙毋巧」。文章中顯現楊振寧對於這些朋友的深厚感情，對於他們為人處事風格的深刻欣賞，也展現了楊振寧自己對於人生的一種評價和標準。

在《曙光集》的前言中，楊振寧說明了他以《曙光集》做為這個集子名稱的道理。楊振寧提出魯迅一九一八年給錢玄同的一封信，王國維的自沉頤和園留下的遺囑以及陳寅恪的文章，顯現出當時知識份子對於國家處境的一種悲觀想法。他的前言中寫道，魯迅、王國維和陳寅恪的時代是中國民族史上的一個長夜，而他自己就成長於這個看似無止境的長夜中。

他繼續寫道，「幸運地，中華民族終於走完了這個長夜，看見了曙光。我今年八十五歲，看不到天大亮了。翁帆答應替我看到，……」這個集子的許多編輯和翻譯工作，也正是翁帆做的。

二〇一八年楊振寧再出版了一個文章集子《晨曦集》，他在書的前言寫道，十年前出版的《曙光集》，是因爲回顧自己經歷過的魯迅、王國維和陳寅恪的時代，那段時間有如中華民族歷史上的一個長夜，他認為中華民族走過長夜，已看見了曙光。當時覺得改革開放三十年，才迎來了曙光，天色大亮恐怕還要三十年。他說，沒想到十年時間，國內與世界都有驚人的巨變，雖然天還沒有大亮，但是曙光已轉為晨曦，因此新書就用了《晨曦集》的書名。

《晨曦集》中收錄有楊振寧自己的八篇文章，雖然不到全書一半篇幅，但是其中幾篇文章反映的是楊振寧對物理科學的一種價值視野，在科學歷史上的有重要代表意義，值得特別一提。

《晨曦集》中的頭一篇文章〈二十世紀物理學的三個主旋律：量子化、對稱性、相位因子〉，是二〇〇二年楊振寧在巴黎國際理論物理學會議所做的報告，這篇文章除了彰顯楊振寧一貫思維中，透視近代物理學「對稱決定交互作用」的概念，文章之後還收錄了二〇〇七年所寫的文章附記，提出他對於二十一世紀理論物理學的主旋律的一些想法。他在附記中寫道，「由於人類面臨大量的問題，二十一世紀物理學很可能被各種應用問題主導，這些當然非常非常重要，但是與二十世紀的主旋律相比較，它將缺乏詩意和哲學的品質。」清楚展現著楊振寧對於物理科學的一種欣賞品味。

《晨曦集》的第二篇文章〈菩薩、量子數與陳氏級〉與第三篇文章〈麥克斯韋方程和規範理論的觀念起源〉，闡明的是楊振寧一生最重要工作「楊─密爾斯規範理論」的概念源起，也意在言外展現了他對於物理概念數學完美性的偏好，甚有深意。

《晨曦集》中另外也收錄了〈物理學的未來　追憶麻省理工學院百年校慶時對物理學的未來的討論〉，主體是二〇一五年楊振寧在新加坡「楊─密爾斯規範理論六十年」會議上所發表的〈物理學的未來　重新思考〉一文，因爲文末還加上了當年費曼與楊振寧在麻省理工學院發言的兩個附錄，因此用了一個更為統合性的文章題目。

楊振寧的〈物理學的未來〉文章，是一九六一年他在麻省理工學院百年校慶一個小型座談會上的發言，參加那個「物理學的未來」為主題座談會的有四位物理學家，分別是柯考夫特（John Cockcroft）、佩爾斯（Rudolf Peierls）、費曼（Richard Feynman）和楊振寧。柯考夫特和佩爾斯當時年過六旬，都是有重要貢獻的物理學家，最年輕的楊振寧三十九歲，費曼長他四歲。

楊振寧在座談會上是第三個發言，他所講的〈物理學的未來〉內容，展現出年輕楊振寧很早便有的一種對於物理學的評價視野，五十四年後他再續〈物理學的未來〉前章，重新談論他對於物理科學未來的展望，更有其特殊的時代意義。

就如同一九六一年楊振寧在〈物理學的未來〉中所說，二十世紀前半物理科學的發展，宛如一首英雄史詩，在物理學領域不但有擴展我們物理知識的重大發現，還經驗到不只一個、不只兩個，而是三個物理概念的革命性變化，那就是狹義相對論、廣義相對論以及量子理論。

但是楊振寧卻很清楚的指出來，二十世紀二戰後的物理科學理論發展，「由可觀察經驗向著非物理範疇經驗的延伸解析」和「以外推探究無可探知領域的化約齊一性」，都在一起步便遭遇了困難。這些困難，其實也包括了他自己與密爾斯在一九五四年所探討的規範對稱性工作，雖說他當年所提出的這個數學探討解析，對於往後基本粒子物理理論的對稱結構數學發展，帶來了巨大的突破貢獻，但是楊振寧卻直觀的意識到其中的不周全性，這也正反映在一九五四年他面對鮑立（W. Pauli）質疑時的回答態度之上。

一九六一年楊振寧在〈物理學的未來〉文中，雖然提出那些年中物理科學實驗操作層面的大幅進展，也給其他科學帶來影響，但是他卻清楚指出來，物理科學實驗探究能力的擴大，以及對於其他科學帶來的影響，並不是物理科學最重要的。楊振寧關鍵展現他對於物理科學價值的字句便是，「物理科學能成為一個獨特智力成就，主要在於一些概念形成的可能性。」

楊振寧再指出來，「一個實驗的結果要有意義，概念必須建構在我們直接感受的經驗和實驗實際運作的每一個層次」，實直指了當時所謂的實驗證據的瑕疵盲點。他也以大物理學家威格勒所說，探究當時的物理理論，概念上至少要穿透四個層次，點出當時要擬想一個更深入、完整的物理理論體系結構，將面臨巨大的困境。

接著楊振寧清楚說明了他對物理科學的信念，「在此物理學家面對了困境，那就是物理學家的最終判斷在現實中。」物理學家「不同於數學家或是藝術家，不能憑藉自由想像去創造新的概念、建構新的理論。」

其後楊振寧再借助一些例子，說明人類進行實驗設計時受制於先天概念選擇的盲點，以及人類構思宇宙自然問題所面對的智能極限挑戰，總結他對於物理學未來發展的一種審慎持疑看法。

一九六一年麻省理工學院座談會上接著楊振寧在最後發言的費曼，以他一貫風格的一種善於言辭的表達方式，做了較長論述。簡單來說，費曼對於楊振寧的持疑審慎不表贊同，認為任何時代都有困難，但應有勇氣。他甚至以一千年尺度來做回溯與前瞻，提出一種樂觀態度看待物理學的未來，認爲可能會有最終的答案。

二〇一五年楊振寧在新加坡發表的〈物理學的未來　重新思考〉，雖說是一篇很短的文章，卻是楊振寧物理科學信念的再次清楚闡釋，未來將會是物理科學歷史中一個極為重要的文獻。文章中楊振寧簡單重述了當年他自己與費曼的論點要旨，也很直接針對當年提出也許物理科學很快會有終極解決的費曼觀點，提出質疑。

楊振寧在文章中說，「費曼是與我同世代一位具有了不起直觀的物理學家。看他的這些文句，我好奇的是：

（一）一九六一年他腦中想的最終答案是什麼形式，而

（二）他在晚年是否依然有那樣樂觀的看法。

楊振寧接著列出了過去五十多年物理科學上一些重要的發展，包括一個特殊的對稱破缺模型、電弱理論、非交換規範理論的重整化、漸近自由和量色動力學、二〇一二年希格斯粒子戲劇性的實驗發現以及一個可運作的標準模型和一個SU(3)xSU(2)xU(1)規範場等。

楊振寧說，一九六一年以後的五十多年，在物理概念上更上了一個層次。接著他一連串的自問自答方式說，是不是有更多的物理概念層次，比我們現在所達到層次更深一層？我相信有，很多。我們何時可能達到下一個層次？如果有可能，我相信也是在遙遠的將來。

接著他說，為什麼你如此悲觀？我不是悲觀，我只是實事求是。

二〇一五年七月底在北京，我曾經以他當年那篇先諭式的文章，以及一九六一年他的看法與費曼十分樂觀看法的差異，就教於他。楊振寧的回答是，「我在一九六一年對物理學前途的態度與費曼面對物理學前途的態度，基本反應了兩個不同文化背景對物理學前途的認識。我是從中國傳統儒家『吾日三省吾身』的教訓下引導出來的一種世界觀，他是美國文化的世界觀。」

在楊振寧十分含蓄的說法中，隱含著一個文化差異性的根本問題。其實看一九六一年費曼在發言中說的，「科學研究的精神不一定會再度萌生，因為科學精神主要是靠北半球的先進國家在發揚，不是普遍存在於世界各地。」便可以清楚看出來，近代科學與西方文化依違相生的深遠關聯。

二○一五年，因爲協助大陸《環球科學》製作愛因斯坦廣義相對論一百年的專題，與楊振寧作了一次訪談。我特別以他一九六一年文章所說人類有限智慧探究無窮宇宙的困境，與愛因斯坦所說，「我只知道兩個事情是無限的，一個是宇宙，另一個是人類的愚昧，我對前一個還不能確定」的說法相提並論，也問他現在物理科學的一些新理論雖說數學推演很好，在物理上卻面臨是否可以運作的問題，我在提問中認爲這既是一個終極的哲學問題，也是一個科學問題。

楊振寧當時回答說，「不錯。像超弦論，它已有了極重要的數學影響，但是否與物理現象有關還是未知數。另外，我對超對稱不那麼樂觀。有兩個原因，第一，一個數學的東西如果被基本物理學採用，就一定是很妙的數學，這有過去很多的例子。可是超對稱的數學不是最妙的，所以我猜想不是基本物理的基石。關於這一點我在一九七九年的一次紀念愛因斯坦誕生百週年討論會上就討論過。另外，它搞了好幾十年，還沒有任何與實驗相關的結果，所以我對它的未來表示懷疑。」

對於物理科學的價值評斷，當然也影響著楊振寧對一些科學計畫的態度，其中最是顯著的例子便是中國近年是否應建造高能量超大加速器的爭議。因此《晨曦集》中也收錄了二〇一七年他在微信公眾號《知識份子》上發表的文章〈中國今天不宜建造超大對撞機〉。

楊振寧這篇文章雖說不長，但是論述卻十分清楚。他舉出超大加速器過去的發展爭議，未來超大加速器的必然耗費不貲，中國人均ＧＤＰ還只是發展中國家以及將排擠其他基礎科學經費的幾個理由，做為他的反對依據。

他也說雖然過去七十年高能物理有許多進展，卻沒有解決引力場以及其與質量的根本問題，他認爲物理學家希望以建超大加速器來解決此些問題的想法，是不切實際的猜想，不會有成果，而且高能物理建成超大加速器，對於人類的短期到中、長期生活都不會有好處，而且以目前高能物理中的人才比例，這個燒大錢的計畫既不能自我主導，縱能得到諾貝爾獎也將外落他人。

不出意外的，在中國大陸近年一片熱中於搞大型科學計畫的風潮中，楊振寧的逆勢而行，遭到了不少的批評甚至怨恨。其實楊振寧對於高能物理的看法，非始於今，在《晨曦集》中就收錄了一九七二年楊振寧第二次訪問中國大陸一次座談會的紀錄〈關於大加速器的座談〉，在那個座談會上楊振寧獨排眾議，不贊成中國大陸在那個時候建造高能量的加速器，全力發展高能物理實驗研究的計畫，而這個座談會的紀錄，後來在中國大陸科學界有一個「楊振寧舌戰群儒」的名稱。

經過近半個世紀，中國大陸經濟突飛猛進，早非昔日景況，為什麼楊振寧依然不改初衷，還是以當年中國經濟才起步，投資建大加速器非當務之急的理由反對其事，這當然要引起許多高能物理學家的大不滿意。

如果探究楊振寧反對其事的道理便可以知道，楊振寧看似頑固的反對，實出自他對於物理科學價值的一貫思維，近幾十年高能物理雖說得到了不少成就，甚至是得到了諾貝爾獎的肯定，但是整體來說，都不是楊振寧認爲的有了物理科學最重要的「建構出一個認知宇宙的新概念」，多只是拼湊補綴，因此他不贊成大陸以龐大經費去搞超大加速器。

二〇一七年中國大陸物理學界因是否建造超大加速器引起辯論爭吵時，有一份文件公諸於眾，那個文件是楊振寧與著名的物理學家黃克孫的一段訪談紀錄。黃克孫是美國麻省理工學院的一位理論物理學家，他在統計物理方面有極為傑出的貢獻，曾經與楊振寧合寫論文，也英譯了中國的《易經》，還把波斯詩人海亞姆的《魯拜集》譯為七言古詩，文采出眾。

二〇〇〇年黃克孫在香港中文大學做訪問學者，曾經和楊振寧有過長時間訪談，訪談中的一段紀錄，收錄在《晨曦集》之中，名之為〈「盛宴已經結束！」——高能物理的未來〉。這個約九個問答的短文之所以用了「盛宴已經結束！」作題目，其中有個緣由，因為在這個短文中，楊振寧說出了他一九八〇年在一個座談會上發言的真相。

一九八〇年美國維吉尼亞理工學院舉行一個高能物理的研討會，那個研討會是美國著名物理學家馬夏克（Robert Marshak）組織召開，為的是他十分仰慕的中國物理學家周光召到維吉尼亞理工學院來做訪問研究。周光召是中國大陸非常傑出的物理學家，年輕時在中國造原子彈計畫中做出過極重要的貢獻，為人稱道，後來也擔任了中國科學院院長。

在研討會的最後有一個小組討論會，主題是高能物理的未來，參與小組討論的成員有十位，馬夏克之外，有李政道、溫伯格、格拉蕭、佩爾、南部陽一郎等幾位當時與後來的諾貝爾獎得主，另外有周光召、土耳其傑出物理學家Feza Gürsey以及幾位歐洲物理學家，當時也與會的楊振寧也受邀參與討論會，不過他以沒有許多話要說而拒絕了。

小組會討論的重點，是前兩年才得到諾貝爾獎溫伯格和格拉蕭的理論推測，會不會有實驗證據上的發現，小組會上有些人認為終會有發現，另一派則說不會有結果，但是大部分都認同不被發現比較好。

討論了近一個小時到尾聲時，小組會成員也希望聽楊振寧的意見，楊振寧依然拒絕，後來在馬夏克持續堅持以及同意了楊振寧要求不公開他說法的條件下，楊振寧才說出他真實的意見。

楊振寧當時的說法是，「在未來的十年，我估計高能物理界上最大的發現就是：『高能物理的盛宴就要完結了。』」楊振寧說完全場一片寂靜，沒有人說出一句話，馬夏克隨即宣布休會。

由於楊振寧在發言前曾提出不公開他說法的但書，因此後來不但馬夏克沒有公開此事，楊振寧自己在提起此事時，也只用了「盛宴已經結束了」（The party is over）一語帶過。（參見本書第十三章「追求科學美感的獨行者」）

在《晨曦集》收錄的〈「盛宴已經結束！」——高能物理的未來〉短文之後，還有一個附記，注明了是二〇一七年楊振寧寫下的。楊振寧在附記開頭就寫道，「我今天仍然認為我那句話『The party is over』是正確的。」因爲一九八〇年之後所有高能物理的發現與發展，其理論基礎都源於一九八〇年以前。他接著提問說，為什麼一九八〇年之後理論物理沒有重要發展呢？他說在科學歷史上，由力學、熱力學、電磁學、量子力學，理論的發展幾乎都起源於實驗，可是到了一九八〇年左右，由於實驗設置已變得極大，高能實驗物理變成了大計畫、大預算，失去了由小實驗探索自然奧祕的精神與感受，高能物理也因此失去了實驗結果所帶來的啟發。

楊振寧最後特別引用一九六二年他寫的一本英文小書《基本粒子》（*Elementary Particles*）中的幾段文句：「必須的朝向巨大的趨向是不幸的，因為它阻窒了自由與自發性的動念。它讓研究變得較不親歷直接，較少有啟發性也較少可控性。但是這卻是現實中無可如何的選擇。

儘管面對著物理設置、探測器以及實驗規模的巨大化，但是讓我們抱持著勇氣，因爲所有這些實驗還是建基於有著相同樣的簡明、親近直接和可控性的物理概念之上，而那些物理概念也一直帶來了令人振奮與啟發性的研究。」

《晨曦集》中楊振寧另外收錄的一篇文章，也值得討論，那就是〈伯恩斯坦的獨白〉。這篇文章題目中的伯恩斯坦（Jeremy Bernstein）是一位有猶太血統的理論物理學家，哈佛大學畢業，他文筆很好，常在紐約著名的《紐約客》雜誌寫文章，也出版了許多本書，可說著作等身。他在紐約地區教書研究，與楊振寧與李政道都認識，後來楊振寧與李政道友誼破裂交惡，一般認為伯恩斯坦在《紐約客》雜誌上寫的一篇文章〈宇稱的問題〉正是肇因之一。（參見本書第七章「分合李政道」）

〈伯恩斯坦的獨白〉是楊振寧寫的一篇英文文章的中譯，英文原文刊登在物理期刊《近代物理通訊A》（*Modern Physics Letter A*），楊振寧之所以會寫這篇文章，是因爲伯恩斯坦二〇一七年在網上流傳了一篇關於他一九六二年在《紐約客》雜誌寫那篇文章的獨白，獨白中伯恩斯坦為自己的捲入楊、李之爭感覺無辜，說他只是寫了一篇傳略，卻遭到指責。

伯恩斯坦在獨白中寫了一段話，「開始合作時，李還是個年輕的晚輩，楊年齡稍長而且來自中國不同的社會階層。在合作過程中，我想點子大多是李先提出的，榮譽大部分歸楊。」這大概也是楊振寧一定要回應的道理。

楊振寧在文中先引述了伯恩斯坦的大半獨白，然後他評論伯恩斯坦的獨白是老年時的自白。認為「他相當含混，把不同時期的真實事件和憑空想像黏接在了一起」。

楊振寧指出雖然伯恩斯坦在獨白中自承內疚，認為對楊、李決裂負有一定責任，但是卻沒有認識到科學合作雖建立在合作者各自的才具之上，但是合作的成功卻需要信任與體諒，任何對於成功合作私密性的刺探公開，都可能造成很強的破壞性。

楊振寧特別以英國兩位極具實力的數學家哈代（G. H. Hardy）和李特伍德（J. E. Littlewood）為例，說這兩個人性格迥異，研究風格也不同，卻能夠在近三十年的合作中做出亮眼的數學成果。楊振寧特別引用了替哈代的一本小書《一個數學家的辯白》寫了前言的史諾的話，說哈代雖然和他談論許多的事，卻從來沒有和他談論與李特伍德的合作關係。

楊振寧最後結尾說，「我想，如果這段話寫在一九六二年以前，如果伯恩斯坦讀過這段話並且深刻領悟到哈代和李特伍德的智慧，不知他是否會意識到自己不應該介入成功的李－楊的合作？」

楊振寧與李政道曾經令人「既羨又妒」的合作，最後以感情交惡決裂收場，無疑是物理科學歷史中的一件憾事，二〇〇二年楊振寧傳出版之後，我曾經寫過一篇文章〈他們爲什麼要吵架〉，發表在《中國時報》，文章的最後一段文字是，「我曾經問人，也曾經自問，如果換作是我們，會為這樣的事爭吵嗎？許多人認為他們不應該為這樣的事再爭吵，但是我們不都曾經為更小的事和親人、朋友爭吵嗎？那麼，這兩個堅持追求知識真理，個性又強人一截的人物，怎麼會不為這個攸關他們歷史地位的事而爭吵呢？」我最後寫道，「他們為什麼不能吵，讓他們吵吧！」因為他們雖是傑出的科學家，但是再傑出的科學家也還是有七情六慾的凡人，不會是聖徒。

近八年來楊振寧因年過九旬，活動難免受到一些影響而減少許多，但還是在中國大陸出席一些特別重要的學術活動，只是發表公開演講多時坐著，偶爾也會由北京清華大學校園內的住處到香港新居小住，二〇一五年他曾經到台灣接受台大頒贈的榮譽學位，也到新加坡出席「楊—密爾斯規範理論六十年」會議，發表演講。二〇一七年北京清華大學曾舉辦楊振寧九十五歲誕辰以及他創辦的清華高等研究院二十週年討論會，也有小規模的慶祝宴會，參加的多是學術近人與摯友。

楊振寧雖說走長路腳力大不如前，但是如無他事，晨間多還是由住家坐車到五分鐘車程的辦公室，偶爾下午也去，處理文件或與來訪賓客見面談話，大體來說身體不錯，偶有些小恙會到醫院看診治療。二〇一七年大陸媒體報導了楊振寧放棄美國國籍的消息，引起熱議，其實他是二〇一五年就正式申請放棄了美國國籍，在那之前他因在香港中文大學任講座教授多年，香港回歸後也早已成為香港特別行政區的居民。

已屆九八高齡的楊振寧，平日居家生活正常，與太太翁帆互動很好，翁帆除平日生活，也會陪同楊振寧出外訪問，二〇一八年她也與楊振寧和由美國來訪的三個子女同遊三峽大壩並且留影。翁帆七年前開始在清華大學藝術研究所攻讀西方藝術史的博士學位，二〇一九年七月完成論文畢業，另外她在偶然機緣下參加了清華大學的西洋劍社團，學習西洋劍運動。

二〇一八年出版的《晨曦集》，翁帆在書的最後寫下一個很短也很好的後記。翁帆在後記中寫道，「《晨曦集》的出版又值先生九十五歲壽誕。先生常說他的一生非常非常幸運。與先生在一起十幾年，漸漸明白了，一個如此幸運的人，他關心的必然是超越個人的事情。同樣，一個如此幸運的人，自然是率真、正直、無私的，因為他從來不需要為自己計較得失。」

「他本可以簡單地做一位居於科學金字塔頂端的活神仙，可是他對國家民族的責任感，讓他義無反顧地堅持他認為重要的事情。」

「先生很喜歡《晨曦集》這個名字，因為它寄託了先生一生的期望。」

江才健

二〇二〇年七月二十二日

附錄一　楊振寧致吳大猷信函

(A89a)

附件(一)

大猷師：

謝謝您寄下的《在台工作回忆》，是吾師三十年在台工作的总结，读後感慨甚多。

1967年以来吾師在台不愉快的事，自書中多處可以看到。今日公諸於世也好。大公無私，直言不諱的精神是会受到有識者的敬仰的。

关於马仕俊師的事蹟我是第一次看到。

多年来知道吾師極关懷政道与我1962年决裂的事，因为我嚴格遵守"君子交恶，不出恶声"的原則，始终没有向吾師与吴太太说及詳情。今日簡要地说一下：

I. 1962年以前与以後我一直不同任何人谈李与我的关係，除了和我父母弟妹和西佳家庭朋友以外。这是我的原則。政道則四處乱講，说我与他在粒子方面的工作主要是他带頭的，等等。我虽多次聽到关於他这种胡说的謠言，並没有改变自己的原則，直到1979年。那年夏天我

大猷師：

謝謝您寄下的《在台工作回憶》，是吾師三十年在台工作的總結，讀後感慨甚多。

一九六七年以來吾師在台不愉快的事，自書中多處可以看到。今日公諸於世也好。大公無私，直言不諱的精神是會受到有識者的敬仰的。

關於馬仕俊師的剪報我是第一次看到。

多年來知道吾師極關懷政道與我一九六二年決裂的事，因為我嚴格遵守「君子交惡，不出惡聲」的原則，始終沒有向吾師與吳太太談及詳情。今日簡要地談一下：

Ⅰ。一九六二年以前與以後我一直不同任何人談李與我的關係，除了和我父母弟妹和兩位家庭朋友以外。這是我的原則。政道則四處亂講，說我與他在粒子方面的工作主要是他帶領的，等等。我雖多次聽到關於他這種胡說的謠言，並沒有改變自己的原則，直到一九七九年。那年夏天我偶然看到李一九七〇年的文章〈History of Weak Interactions〉（翻印在李《*Selected Papers*》中），才了解到謠言並非全無根據，才了解到他背後怎樣在歪曲我和他的關係。震驚之餘我才決定寫出真相，這是一九八三年我的《*Selected Papers*》第30頁足註的背景。

Ⅱ。一九八三年以後我仍然避免談李和我的關係，可是政道卻繼續亂講。近年來他發表了幾篇文章，包括：〈Broken Parity〉在T. D. Lee《*Selected Papers*》（1987）中；〈Reminiscences〉在《*Thirty Years Since Parity Nonconservation*》中（Birkhauser 1988）。

在這些文章中他主要講的是：

（a）他和我的關係自一九四六年始即是平等合作的。

（b）關於Parity的文章（一九五六）主要是他起頭的。

關於（a）點：一九四六至一九四九年我把他當弟弟待。我指點他學場論，學統計力學，還直接影響了他處世作人的方法與態度。以後我盡力幫他的career：他一九四九至一九五〇年在Williams Bay與Chandrasekhar吵翻了，我介紹他去Berkeley；次年他在Berkeley不快活，我介紹他來Institute，才開始了他在基本粒子方面的career；一九六〇年我力主請他做了Institute的教授。至於他的研究工作：一九四八年底Rosenbluth和我在合作關於Meson Interaction的文章，那時李還沒有寫過任何一篇文章，只因為他時常來我的辦公室，所以我把他的名字加了上去。那是他生平第一篇文章，也是他一九五三年以前惟一的一篇粒子物理的文章。他今天竟說這篇文章是我們三人平等合作的。一九四八年以來我們長期合作的許多文章，不論是粒子方面或統計力學方面的，九〇%是我起的頭，我作的主要突破，我執筆寫的文章，包括Parity文章在內。

關於（b）點：Parity一文（一九五六年）的起源我已於我的《*Selected Papers*》第24至

37頁有詳細的描述：Parity文中的reference 7是Yang and Tiomno（1950年）的文章，是引入C與C′＋個Couplings之idea的來源。該一九五〇年的文章，與我一九四八年Ph.D.論文，與一九五四年Snow, Sternheimer and Yang的文章是一九五六年Parity文章的起源觀念的背景。即時大家都在討論$\theta-\tau$謎，可是只有我集此諸背景於一身，所以有了Parity Nonconservation in Weak Interactions的觀念。（見我的《*Selected Papers*》第24至37頁。）

政道今日說Budde et al. 1956年（Schwartz是主要合作者）的一文才是Parity idea的起始，是他（李）介紹給Schwartz的。（這是他六十生日會上他所打出的一張王牌。）如果此說能成立，為什麼一九五六年我們的Parity文一字未提Schwartz？為什麼一九五七年我的與李的Nobel Speeches都一字未提Schwartz？為什麼李的一九七〇年〈History of WeakInteractions〉仍一字未提Schwartz？

Ⅲ。政道和我的關係在我的《*Selected Papers*》第53至54頁有濃縮了的，感情豐富的描述，請吾師參考。大體講來我們的關係可分四個階段：

第一階段（一九四六至一九五一年）：我是他的長兄，是他的老師。

第二階段（一九五一至一九五七年）：我引導他進入統計力學與對稱原理的研究。在這段時間內我們親如兄弟，合作無間。我知道他不願被別人認為是我的副手，所以「Keenly aware that he had to get out of my shadow, I bent over backward to attempt to help him in his career while maintaining strict public silence about the nature of our partnership.」（我的選集，第54頁。）

第三階段（一九五七至一九六二年）：我們成了名以後，政道內心起了恐懼。他自知對Parity工作貢獻很小，極怕世人會說他其實不應得諾貝爾獎。這種恐懼與他的強烈的競爭心交織在一起，腐蝕了他的人品。下面一個例子是我永遠不會忘記的，顯示了我們的複雜心理：

一九五七年去瑞典領獎前我們每人寫了一份短短的自傳（附上複本），這是獎金委員會循例要我們寫的。我們交換看了稿子。使我十分驚訝的是政道的稿子中完全沒有提到您和Fermi。我的直覺反應是我要告訴他這樣十分不妥，可是繼而一想，我了解到他沒有寫的原因：他受到我的影響遠比他受到您或Fermi的影響為多，而他不能（is incapable of）公開講出來我對他的影響。我知道這是他最敏感、最痛苦的地方，所以就沒有向他提了。

第四階段（一九六二年至今天）：這階段裡，為了保護他自己（？），為了蒙混世人（？），政道到處散布謠言，前面已經提到過了。

IV。政道是一個極聰明的物理學家，吸收能力強，工作十分努力。可是洞察力（Insight）與數學能力（Mathematical Power）略遜一籌，所以一九六二年以後文章雖寫得很多，沒有什麼特別重要的，沒有大影響。越是這樣，他的恐懼心病就越厲害，這是一個大悲劇。

V。政道和我的合作，和我們的決裂，都是我一生的大事。我對政道有沒有做過不道德的事呢？有沒有做過錯誤的事呢？

關於前者：沒有。絕對沒有。我們決裂以前，我雖然同我父親母親在歐洲見過三次，可是我從來沒有向他們提起政道和我的關係。決裂以後，於一九六二年秋我寫信給我父親向他交待政道和我決裂的情形時，只說政道和我的關係的發展很複雜，不是一時能講清楚的，可是我可以向父親報告的是一九四六至一九六二年十六年間我從來沒有做過任何對不起政道的事。今天我可以向吾師報告的是一九六二年以來二十七年間我仍然保持了這個紀錄。

關於後者：我做過大錯事：如果一九五六年Parity文章我寫了以後，把作者簽為Yang and Lee，就不會發生後來的悲劇。

這封信會給您帶來不快甚至痛苦，請原諒。即問

夏安

生 振寧上

八九年七月七日

附錄二　吳大猷回楊振寧信函

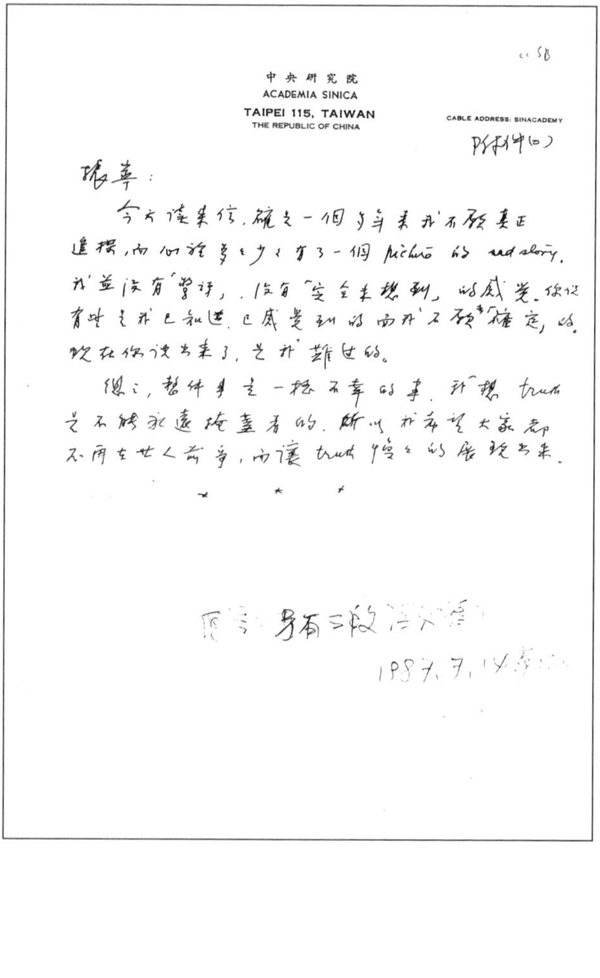

中央研究院
ACADEMIA SINICA
TAIPEI 115, TAIWAN
THE REPUBLIC OF CHINA

CABLE ADDRESS: SINACADEMY

附件(四)

振寧：

今天讀來信，確是一個多年來我不願真正追探，而但誰多多少少有了一個 Michio 的 sad story。我並沒有「驚訝」，沒有「完全未想到」的感覺。你說有些是我已知道、已感覺到的而我不願「確定」的。現在你說出來了，是我難過的。

總之，整件事是一樁不幸的事。我想 truth 是不能永遠掩蓋着的。所以我希望大家都不用在世人前爭，而讓 truth 慢慢的展現出來。

* * *

原信另有三段 [illegible]

1987.7.14 [illegible]

振寧：

今天讀來信，確是一個多年來我不願真正追探，而心裡多多少少有了一個picture的sad story。我並沒有「驚訝」，沒有「完全未想到」的感覺。你說的，有些是我已知道，已感覺到的而我不願去「確定」的。現在你說出來了，是我難過的。

總之，整件事是一極不幸的事，我想truth是不能永遠掩蓋著的，所以我希望大家都不再在世人前爭，而讓truth慢慢的展現出來。

* * *

（注：原信下另有三段談他事，略去。）

大猷，July 14, 1989

附錄三　楊振寧先生簡歷

生　日：1922年10月1日
出生地：中國安徽合肥

經　歷：

1948-1949	芝加哥大學講師
1949-1955	普林斯頓高等研究院研究員
1955-1966	普林斯頓高等研究院正教授
1966-1999	紐約州立大學石溪分校愛因斯坦講座教授
1966-1999	紐約州立大學石溪分校理論物理研究所主任
1986-	香港中文大學博文講座教授
1993-1998	香港中文大學數學研究所主任
1998-	北京清華大學教授
1999-	紐約州立大學石溪分校榮休教授

獎　項：

1957	Nobel Prize（諾貝爾獎）
1980	Rumford Premium（拉姆福德獎）
1986	National Medal of Science（美國國家科學獎）
1993	Benjamin Franklin Medal（富蘭克林獎）
1994	Bower Award（鮑爾獎）
1996	N. Bogoliubov Prize（包古列波夫獎）
1999	Lars Onsager Prize（翁薩格獎）
2001	King Faisal International Prize（費瑟國王國際獎）

榮譽學位：

1958	Princeton University（美國普林斯頓大學）
1965	Brooklyn Polytechnic Institute（美國布魯克林理工學院）
1974	University of Wroclaw, Poland（波蘭Wroclaw大學）
1975	Gustavus Adolphus College, Minnesota（美國Gustavus Adolphus 學院）
1979	University of Maryland（美國馬里蘭大學）
1979	University of Durham, England（英國杜翰大學）
1984	Fudan University, China（中國復旦大學）
1987	Eidg. Technische Hochschule (ETH, Switzerland)（瑞士蘇黎世理工學院）
1992	Moscow State University（俄國莫斯科大學）
1995	Drexel University（美國德列斯大學）
1996	Tsing Hua University, Taiwan（台灣清華大學）
1996	Chiao Tung University, Taiwan（台灣交通大學）
1997	Chinese University, Hong Kong（香港中文大學）
1998	University of Michigan（美國密西根大學）
1999	State University of New York, Stony Brook（美國紐約州立大學石溪分校）
1999	Washington College（美國華盛頓學院）
1999	Baptist University, Hong Kong（香港浸會大學）
2000	Chung-Cheng University, Taiwan（台灣中正大學）
2002	Hong Kong University of Science and Technology（香港科技大學）
2015	National Taiwan University, Taiwan（台灣大學）
2015	University of Macau（澳門大學）

主　席：

1965　Panel of Theoretical Physics, Physics Survey Committee, National Academy of Sciences
（美國國家科學院，物理委員會，理論物理組）

1972-1976　Div. of Particles and Fields of the International Union of Pure and Applied Physics（國際純粹和應用物理聯合會，粒子物理和場論組）

1970-1971　Div. of Particles and Fields of the American Physical Society
（美國物理學會，粒子物理和場論組）

1980-1983　Fachbeirat of the Max Planck Institute of Physics, Munich
（德國馬克斯蒲郎克研究院）

會　長：

1977-1980　National Association of Chinese Americans (NACA)
（全美華人協會）

1989-1994　Association of Asia Pacific Physical Societies（亞太物理學會）

1996- 2001　Asia Pacific Center of Theoretical Physics (APCTP)
（亞太理論物理中心，總裁）

會　員：

1963-　Governing Council of the Courant Inst. of Mathematical Science
（庫倫數學科學研究所評議會）

1966-1971　Science Advisory Committee of IBM
（IBM科學諮議委員會）

1968-1970　High Energy Physics Advisory Panel (HEPAP)
（高能物理諮議委員會）

1970-1976　Board of Trustees of Rockefeller University
（洛克菲勒大學董事會）

1962-1978　Woods Hole Oceanographic Institution

1981-	Board of Trustees of Ben Gurion University （以色列本古里昂大學董事會）
1975-1979	Board of Directors of the AAAS （美國科學促進會理事會）
1978-1989	Board of Trustees of the Salk Institute （美國沙克研究院董事會）
1983-1988	Board of Directors of the Neuroscience Institute （美國神經科學研究院理事會）
1983-1990	Board of Directors of the Scientific American Inc. （科學美國人雜誌理事會）
1990-	Council of Scholars The Library of Congress （美國國會圖書館學者評議會）
1981-1999	Board of Trustees, Stony Brook Foundation （石溪基金會董事會）
1998-1999	Board of Trustees, Brookhaven Science Associates （布魯克哈芬科學聯合會董事會）

講　座：

Gibbs Lecturer, American Mathematical Society
（美國數學學會吉布斯講座）

Loeb Lecturer, Harvard University (1957, 1972 and 1997)
（美國哈佛大學羅布講座）

Vanuxem Lecturer, Princeton University
（美國普林斯頓大學Vanuxem講座）

Lincoln Lecturer, Bd. of Foreign Scholars (Fulbright Bd.) of the State Dept.
（美國國務院傅爾布萊特外國學者林肯講座）

Pauli Lecturer, ETH, Zurich （瑞士蘇黎世理工學院鮑立講座）

Courant Lecturer, New York University（美國紐約大學庫倫講座）

Fermi Lecturer, Scuola Normale Superiore, Pisa
（義大利比薩史庫拉高等師範學院費米講座）
Oppenheimer Memorial Lecturer, Los Alamos
（羅沙拉摩斯歐本海默紀念講座）
Lorentz Professor, Leiden（荷蘭萊頓大學勞倫斯講座）
Klein Memorial Lectures, Stockholm（瑞典斯德哥爾摩克蘭紀念講座）
Ta-You Wu Lecturer, University of Michigan
（美國密西根大學吳大猷講座）
Goudsmit Lecturer, University of Michigan
（美國密西根大學高斯密講座）
Wu-Zhi Yang Lecturer, Fudan University, Shanghai
（上海復旦大學楊武之講座）
Primakoff Lecturer, APS（美國物理學會普馬柯夫講座）
Oppenheimer Lecture, Berkeley（美國加州大學柏克萊分校歐本海默講座）

索　引

七劃

八劃

十劃

九劃

十一劃

十三劃

十二劃

十六劃

十四劃

十五劃

二十劃

二十一劃

十七劃

十八劃

十九劃

國家圖書館出版品預行編目(CIP)資料

楊振寧傳：規範與對稱之美／江才健作 -- 第二版.
--臺北市：遠見天下文化, 遠哲科學教育基金會,
2020.09
面；公分．--（科學文化；197）
ISBN 978-986-5535-67-4（精裝）

1. 楊振寧 - 傳記

782.886　　109013254

科學人文197

楊振寧——規範與對稱之美（增訂版）

才健
作　　者——林和（總策畫）、牟中原、李國偉、周成功
科學叢書
——吳佩穎
總編——林榮崧
編輯顧——徐仕美；吳育燐
責任
美術暨封面設計——蕭伊寂
封面片提供——楊振寧
封、書名頁、書眉題字——熊秉明

出版者——遠見天下文化出版股份有限公司
創辦人——高希均、王力行
遠見・天下文化・事業群　董事長——高希均
事業群發行人／CEO——王力行
天下文化社長——林天來
天下文化總經理——林芳燕
國際事務開發部兼版權中心總監——潘欣
法律顧問——理律法律事務所陳長文律師
著作權顧問——魏啟翔律師
社　　址——台北市104松江路93巷1號2樓
讀者服務專線——02-2662-0012　　傳真——02-2662-0007；02-2662-0009
電子信箱——cwpc@cwgv.com.tw
直接郵撥帳號——1326703-6號　遠見天下文化出版股份有限公司

共同出版者——遠哲科學教育基金會
創會董事——李遠哲
董事長——林福來
執行長——馬蕙蘭
會　　址——台北市10644大安區和平東路一段238號4樓
電　　話——02-2363-3118　　傳真——02-2363-3425
網　　址——www.ytlee.org.tw

電腦排版——黃秋玲
製版廠——東豪印刷事業有限公司
印刷廠——祥峰印刷事業有限公司
裝訂廠——精益裝訂股份有限公司
登記證——局版台業字第2517號
總經銷——大和圖書書報股份有限公司　　電話——02-8990-2588
出版日期——2020年09月30日第二版第1次印行

定　　價——700元
書　　號——BCS197
ISBN——978-986-5535-67-4
天下文化官網——bookzone.cwgv.com.tw

天下文化
BELIEVE IN READING